JN021491

ライブラリ 法学基本講義　6-I

基 本 講 義

債権各論I
契約法・事務管理・不当利得
第4版

潮見佳男 著

新 世 社

編者のことば

21世紀を迎え，わが国は，近代国家としての歩みを開始して足かけ3世紀目に入った。近代国家と法律学は密接な関係を有している。当初は藩閥官僚国家と輸入法学であったものが，とりわけ第2次大戦後，国家と社会の大きな変動を経て，法律がしだいに国民生活に根ざすようになるとともに，法律学各分野はめざましく発展し，わが国独自の蓄積を持つようになってきている。むしろ，昨今は，発展途上国に対して，法整備支援として，法律の起草や運用について，わが国の経験に照らした知的国際協力が行われるまでに至っている。他方で，グローバリゼーションの急速な進展は，海外の法制度とのハーモナイゼーションをわが国に求めており，外国法の影響も明治の法制度輸入期とは違った意味で大きくなっている。

そのような中で，2001年6月に出された司法制度改革審議会意見書は，2割司法と言われた従来の行政主導・政治主導型の国家から，近代国家にふさわしい「より大きな司法」，「開かれた司法」を備えた国家への転換を目指そうとしている。このためには，司法制度整備，法曹養成，国民の司法参加のいずれの面においても，法律学の役割が一層大きくなることが明らかである。

このような時期に「ライブラリ法学基本講義」を送り出す。本ライブラリの各巻は，教育・研究の第一線で活躍する単独の中堅学者が，法律学の各基本分野について，最新の動向を踏まえた上で，学習内容の全体が見通しやすいように，膨大な全体像を執筆者の責任と工夫においてコンパクトにまとめている。読者は，本ライブラリで学習することによって，法律学の各基本分野のエッセンスを習得し，さらに進んだ専門分野を学ぶための素地を養成することができるであろう。

司法改革の一環として，大学法学部とは別に，法曹養成のための法科大学院（ロースクール）が新たにスタートすることとなり，法学教育は第2次大戦後最大の変動期を迎えている。より多くの読者が，本ライブラリで学んで，法曹として，また社会人として，国民として，開かれた司法の一翼を担うにふさわしい知識を身に付けられることを期待する。

2001年7月

松本 恒雄

第4版へのはしがき

　姉妹書である『基本講義 債権各論Ⅱ　不法行為法』に続いて，本書も第3版から5年を迎えたことから，このたび，第4版を出すことにしました。

　本書で扱う分野は，債権法改正の標語で語られる2017年（平成29年）の「民法の一部を改正する法律」（平成29年6月2日法律第44号）により，その内容が大きく変容しました。その後，法改正から5年近く経過し，改正法が2020年（令和2年）4月1日に施行される中で，改正内容を反映した体系書・注釈書・教科書等が多く刊行され，また，改正法を扱った本格的な研究論文も多数登場するようになりました。さらには，法改正直後は考えられていなかった新たな論点が脚光を浴びる機会も増えてきました。そこで，第4版では，こうした動きを見据えながら，その後の理論の展開を踏まえて必要と思われる箇所に加筆修正をし，他方で，改正前民法に関する記載のうちで参照する意味が相対的に薄くなったものを簡略化することを試みてみました。

　『債権各論Ⅱ』の第4版でのはしがきでも触れたように，本書の初版を出した時期は，ちょうど，法科大学院制度・新司法試験制度が発足して間もない頃でした。本書の初版も，法学未修者1年生をターゲットに，おおよそこの程度のことを理解していれば法学既修者と一緒に学ぶ場や国家試験でも大きな苦労はしないであろうというレベルを意識して，執筆したものでした。それから20年近くがたち，いまや，学部における法曹コースの設置，学部と法科大学院の連携教育，司法試験の在学中受験が脚光を浴びる時代になっています。世の中も変わりました。それでも，法学部での専門教育として契約法，事務管理・不当利得法を学ぶ際に到達が求められるレベル（基礎レベルの学識）は，20年前と今とでは，大きな違いはないと思います。もともと法学未修者のアクティブ・ラーニングのために作成した本書が，新型コロナ禍の中での法学部専門科目のオンライン授業に使えたのは，思わぬ収穫でした。本書がこれまでの版と同様，読者のみなさんの学びに少しでも役立つことを願ってやみません。

　本書第4版の刊行にあたっては，新世社の御園生晴彦氏と谷口雅彦氏に大変

お世話になりました。心よりの御礼を申し上げます。

2022年 1 月19日

潮見 佳男

第3版へのはしがき

　法制審議会による2015年（平成27年）2月の「民法（債権関係）の改正に関する要綱」の法務大臣への答申から2年余りを経て，今般，ようやく債権関係法の改正が実現しました。この改正にあわせて，『基本講義　債権各論Ｉ』の内容に対して変更を加え，新法対応版として刊行することとしました（表現としては正確ではありませんが，本書では，改正前と改正後の民法を対比する文脈で，「旧法」・「新法」という表現を用いています）。

　今回の民法改正では，契約・事務管理・不当利得の領域に属するもののなかでも，改正前の民法と比べ制度全体が大きく変容するもの（契約の成立〔申込み・承諾〕，定型約款，原始的不能，解除と危険負担，売買や請負の担保責任・契約不適合責任，消費貸借・使用貸借・寄託など），従前の支配的学説や判例法理を明文化したもの（賃貸不動産の譲渡と賃貸人の地位の移転，委任における任意解除と損害賠償など），新法の基本的考え方が従前の理論に質的転換をもたらすもの（約款における不当条項規制，担保責任と錯誤の関係など）がある一方で，法制審議会民法（債権関係）部会において改正に向けた具体的な検討がされたものの，結局は現状維持となったものも少なくありません（契約交渉過程の義務，事情変更の法理，不安の抗弁権，準委任に関する規律など）。他方で，改正前の条文に変更が加えられていないものの，他の領域での改正の影響を受けてこれまでの解釈論や判例法理がそのままの形で維持されないのではないかと思われる箇所も，いろいろと出てきそうです（不当利得法制〔類型論〕など。そうしたなかで，とりわけ，「判例によれば……」という表現を用いる際には，学生のみならず，研究者や実務家の方々も，今後は周到な注意が必要と思われます）。

　本書は，この間の法制審議会民法（債権関係）部会での審議を踏まえ，また，従前の学説・判例の意味を再確認した上で，新法のもとで契約・事務管理・不当利得の領域を学ぶ人たち（そのなかには，既に実務に従事していて，今回，新しい民法についての理解を確認しようと考えている方々を含みます）にとって，この程度までは理解しておけば，ひとまず十分ではなかろうかと著者が考えるところをまとめたものです。そのスタンスは，多くの読者に支えられてきた第2版までのものと基本的に異なるところがありません。いずれ，新法が浸透していくにつれ，学説が深化し，新たな判例が登場し，さらに，改正前民法下での判例法理の射程と限界も明らかとなってくるでしょうが，将来，機会があれば，本書の叙述もこれらに合わせて少しずつ補正をしていくことができればよいと考えています。

本書第3版の刊行は，2014年（平成26年）12月に次年度からの京都大学法学研究科長・法学部長への就任が決まって以降，翌年の3月末までかけて作成した原稿を，その直後に新世社においてゲラ化していただき，平成27年度・28年度における法科大学院と学部演習の準備の際に，これに細々と加筆修正をしていくという経緯をたどりました。作業工程に関するあつかましいお願いを受け入れてくださった新世社の各位のご好意，研究時間が実質ゼロの状況下（京都大学法学研究科長たるもの，任期中は研究科長職に専念すべきだと思いますし，そもそもこんなことを言わなくても，あまりの問題山積で，とても研究どころではありません）で，せめて学生に対する授業だけは恥ずかしくないものにしなければいけないという切羽詰った状況，そして，特に学部演習において2年間，より正確には民法（債権法）改正検討委員会の時代から数えて6年間にわたって，さまざまな角度から債権法の改正をめぐる議論の検討につきあっていただいた学生の皆さんの叡智が，この時期における第3版の刊行となって現れたものと思っています。その意味で，新世社のスタッフの皆様，とりわけ，御園生晴彦氏と谷口雅彦氏，さらには，一々お名前は挙げませんが，この間の京都大学法学部における私の演習参加学生の皆さんには，感謝の言葉を知りません。

　『基本講義 債権各論Ⅱ』とともに，本書を活用していただければありがたく存じます。

　　2017年6月

　　　　　　　　　　　　　　　　　　　　　　　　　　　潮見　佳男

第2版へのはしがき

　本書の初版を2005年に刊行してから，約4年の月日が経過しました。おかげさまで多くの読者のみなさんに支えられ，今日までに10回を超える増刷をおこないました。この間，本書で扱った領域では，大きな動きがいくつかありました。労働契約法の制定，消費者契約法・割賦販売法・特定商取引法の改正，国際物品売買契約条約（ウィーン売買条約）のわが国での発効などの立法面での動き，判例変更をも伴うものもある重要な最高裁判決の連鎖，さらには債権法改正に向けた様々な動きなど，法律の初学者の方でも報道等で一度は目にしたこともあるかと思います。私自身も，「民法（債権法）改正検討委員会」に参加する機会を得て，たいへん貴重な経験をしました（2009年4月公表の同委員会の提案と提案要旨については『債権法改正の基本方針』〔別冊NBL126号〕，手みじかには『シンポジウム「債権法改正の基本方針」』〔別冊NBL127号〕，これから逐次刊行される各提案の解説書もご参照ください）。さらに，本書について言えば，初版執筆時には想定もしていなかった対象の読者（法科大学院の既修者・修了者レベルの方々）にも，本書が利用されているという新たな発見もありました。

　そこで，今回，この間の法改正や判例の動きをフォローするとともに，入門レベルを過ぎた方々にも記述面での不安のないように（しかし，初学者には情報過多とならないように配慮しつつ）内容を改訂しました。あわせて，気がついた誤記・不適切な記述内容を修正しました。

　この間，私自身が本書を教材として使用した際に貴重なご意見等をいただいた京都大学法科大学院・法学部の院生・学生のみなさん，ならびに平成21年度入学の大阪大学法科大学院未修者クラスのみなさんには，この場を借りて心よりの感謝を申し上げます。また，校正その他では，新世社の清水匡太氏と出井舞夢氏に大変お世話になりました。

　少し先行して第2版としてリニューアルした『基本講義 債権各論Ⅱ 不法行為法［第2版］』とともに，本書を活用していただければ，著者としては望外の喜びです。

　2009年9月

潮見　佳男

初版へのはしがき

　ライブラリ法学基本講義については，数年前に，編者であり大学の先輩でもある松本恒雄一橋大学教授から，債権各論部分の執筆を依頼されていました。そして，本年7月に，不法行為の領域を『基本講義　債権各論II』として公刊しました。本書は，その姉妹編にあたるものであり，来年度の京都大学法科大学院の授業で，未修者を対象として契約から事務管理・不当利得までを教える際の読本として用意したものです。

　『基本講義　債権各論II』と同様に，本書は，これまでの講義資料と別途予定している体系書のための基礎データをもとにして，法学部や法科大学院で獲得した法律知識を社会に活かすことを考えている民法の初学者ならば契約・事務管理・不当利得についてこの程度まで理解できておればもはや十分であろうと思われるところをめざして，書き下ろしたものです。また，これとあわせて，本書は，法科大学院法学既修者で，諸般の事情により学部でこれらの領域について十分に学ぶ時間がとれなかったり，大学の講義を離れて自習したために妙な知識と理解を身につけてしまっている人たちに対し，基本的な学び方を示すという趣旨も持ちあわせたものとなっています。その意味で，本書は，法科大学院の法学既修者にとって，既に学んだ点の確認と点検にも役立つものとなっているのではないかと思います（文献の引用をしていないのは，『基本講義　債権各論II』と同じ趣旨によるものです。また，私自身の考え方については，凡例に掲げた2冊の体系書や，この分野のほぼ全般を通じて発表している諸論文・判例評釈を参照してください）。

　なお，各章の冒頭には言い分方式の例をつけることも考えたのですが，全体の分量と想定されるケースの多様性を考慮し，本書では，特に冒頭の言い分を挙げることはしませんでした。しかし，当事者の主張したいこと，重視していることを拾い上げていくことが大事だという点は，理解してください。

　本書が成るにあたっては，『基本講義　債権各論II』と同様に，新世社の御園生晴彦氏と安原弘樹氏に大変なご無理をお願いすることとなりました。末尾ながら，心からの感謝を申し上げます。

　2005年10月

京都大学法学部北館研究室にて

潮見　佳男

目　次

第5章　売　買（1）——売買契約の成立・買戻し　　73

第6章　売　買（2）——売買の効力　　85

第11章　賃　貸　借（2）——賃貸借契約と第三者　　179

凡 例

(1) 判例集・法律雑誌については，次の略称を用いています。

民録	大審院民事判決録
民集	（大審院または最高裁）民事判例集
下民集	下級最判所民事判例集
刑集	（大審院または最高裁）刑事判例集
裁判集民事	最高裁判所裁判集民事
新聞	法律新聞
判時	判例時報
判タ	判例タイムズ
金判	金融・商事判例
金法	金融法務事情

(2) 判決・決定の表記方法については，次のように表記しています。

> [**例**] 大判大 5 ・ 6 ・ 1 民録22-1088
> → 大審院大正 5 年 6 月 1 日判決・民録22輯1088頁
> 最判平15・10・16民集57- 9 -1025
> → 最高裁平成15年10月16日判決・民集57巻 9 号1025頁

(3) 民法に関する本格的な注釈書としては，『注釈民法』（有斐閣）があります。一部は新版に改訂されていますが，旧版だけの箇所もあります。さらに，『新注釈民法』の刊行も始まっています。

(4) 判例評釈のうち，公式判例集登載の最高裁判決・決定については，各年度の『最高裁判所判例解説民事編』（法曹会）に収録された調査官解説（新しいものは，定期的に刊行される『法曹時報』に——さらに，その簡略版としては，『ジュリスト』中の「時の判例」欄にも——掲載されます）を読むことを強く薦めます。学者が中心となって執筆したものとして手ごろなものには，約 5 年置きに改訂される『民法判例百選Ⅰ・Ⅱ・Ⅲ』（有斐閣）があります。その他，最新の判例を年度ごとにまとめたものとしては，『ジュリスト　重要判例解説』（有斐閣）が便利です。さらに，『法学協会雑誌』と『民商法雑誌』，また，年 2 回刊行される『私法判例リマークス』（日本評論社）には，本格的な判例研究がコンスタントに掲載されています。

(5) 本書収録の領域を扱う講座もの等としては，次のものが便利です。

星野英一編集代表『民法講座』（別巻2巻を含み）全9巻（有斐閣）

広中俊雄・星野英一編『民法典の百年』全4巻（有斐閣）

契約法大系刊行委員会編『契約法大系』全7巻（有斐閣）

遠藤浩ほか編『現代契約法大系』全9巻（有斐閣）

水本浩・田尾桃二編『現代借地借家法講座』全3巻（日本評論社）

稲葉威雄ほか編『新借地借家法講座』全3巻（日本評論社）

民法(債権法)改正検討委員会編『詳解 債権法改正の基本方針』全5巻（商事法務）

[体系書・教科書類（主として単独執筆のもの）50音順]

より詳しい体系書・教科書としては，次のようなものがあります。本書で学んだあとに，研究論文等にあたりたい場合を含め，以下の書物を参考に，理解度を高めてください。

石田穣『民法V（契約法)』（青林書院，1982)

内田貴『民法II 債権各論［第3版］』（東京大学出版会，2011)

近江幸治『民法講義V 契約法［第3版]』（成文堂，2006)

近江幸治『民法講義VI 事務管理・不当利得・不法行為［第3版]』（成文堂，2018)

大村敦志『新基本民法5 契約編［第2版]』（有斐閣，2020)

加藤雅信『事務管理 不当利得』（三省堂，1999)

加藤雅信『新民法体系V 事務管理・不当利得・不法行為［第2版]』（有斐閣，2005)

北川善太郎『債権各論［第3版]』（有斐閣，2003)

来栖三郎『契約法』（有斐閣，1974)

澤井裕『テキストブック事務管理・不当利得・不法行為［第3版]』（有斐閣，2001)

潮見佳男『新債権総論I』（信山社，2017)

潮見佳男『新債権総論II』（信山社，2017)

潮見佳男『新契約各論I』（信山社，2021)

潮見佳男『新契約各論II』（信山社，2021)

四宮和夫『事務管理・不当利得・不法行為（上巻)』（青林書院，1981)

鈴木禄弥『債権法講義［4訂版]』（創文社，2001)

鈴木禄弥『借地法［改訂版］（上巻・下巻)』（青林書院，1980)

中田裕康『契約法［新版]』（有斐閣，2021)

野澤正充『セカンドステージ債権法I 契約法［第3版]』（日本評論社，2020)

平井宜雄『債権各論Ⅰ（上巻）』(弘文堂，2008)

平野裕之『債権各論Ⅰ　契約法』(日本評論社，2018)

広中俊雄『債権各論講義［第6版］』(有斐閣，1994)

藤原正則『不当利得法』(信山社，2002)

星野英一『民法概論Ⅳ　契約』(良書普及会，1986)

星野英一『借地・借家法』(有斐閣，1969)

松坂佐一『事務管理・不当利得［第5版］』(有斐閣，1993)

三宅正男『契約法（総論）』(青林書院，1978)

三宅正男『契約法（各論）（上巻・下巻）』(青林書院，1983，1988)

山野目章夫『民法概論4　債権各論』(有斐閣，2020)

山本敬三『民法講義Ⅳ-1　契約』(有斐閣，2005)

吉田邦彦『契約各論講義録（契約法Ⅱ）』(信山社，2016)

我妻栄『事務管理・不当利得・不法行為』(日本評論社，1937)

我妻栄『債権各論（上巻・中一巻・中二巻・下一巻)』(岩波書店，1954〜1972)

［法制審議会民法（債権関係）部会関係］

商事法務編『民法（債権関係）の改正に関する中間的な論点整理の補足説明』

商事法務編『民法（債権関係）の改正に関する中間試案の補足説明』

潮見佳男『民法（債権関係）改正法案の概要』(きんざい)

第1章

契約の基本原則

1.1　私的自治の原則と契約自由の原則

1.1.1　総　論

　近代民法のもとでは，個人は他者からの干渉を受けることなく，みずからの意思に基づき，みずからの生活関係を形成することができます。そして，国家はこれを尊重し，保護しなければなりません。これを私的自治の原則といいます。

　私的自治の原則が契約の局面で具体化したのが，契約自由の原則です。契約自由の原則には，次のものがあります。

1.1.2　契約締結の自由

　何人も契約をするかどうかを自由に決定することができます（民法521条1項）。契約を締結してもよいし，締結しなくてもかまいません。特定の者との契約の締結を強制されることはありません。

　もっとも，契約締結の自由は，法令に特別の定めがある場合には，これによる制限を受けます。正当な理由がなければ契約の締結を拒絶することができないことが法律上定められている場合の例として，道路運送法13条（一般旅客自動車運送事業者の運送引受義務），鉄道営業法6条（鉄道の貨物運送引受義務），ガス事業法47条（一般ガス導管事業者の託送供給義務），水道法15条1項（水道事業者の給水義務），電気事業法17条1項（一般電気事業者の電気供給義務），医師法19条

1項・歯科医師法19条１項（医師・歯科医師の応召義務〔診療治療の求めがあった場合に，正当な理由がなければ，これを拒むことができないとの義務〕）があります。これらの義務に違反する行為がされたとき，契約締結の履行強制（間接強制の方法によります）の可能性が開けるほか，不法行為を理由とする損害賠償責任が発生します。

1.1.3 相手方選択の自由

何人も契約の相手方を自由に選択することができます。相手方選択の自由は，民法には明示されていないものの，契約自由の原則の一場面として認められています。

もっとも，相手方選択の自由は，法令に特別の定めがある場合に，これによる制限を受けます。たとえば，労働者の募集・採用に際して，男女雇用機会均等法５条・７条や障害者雇用促進法37条・43条など労働者選択の自由を制限することを目的とした法律に違反する行為がされたとき，契約締結の強制はできませんが（使用者には労働契約締結の自由〔採用の自由〕があります），その行為は民法709条の不法行為と評価されて損害賠償責任を生じさせることがあります。また，法令に特別の定めがなくても，憲法14条の平等権を故意・過失によって侵害する相手方選択行為（外国人であることを理由としたマンション賃貸借契約の締結拒否の場合など）は，民法709条の不法行為と評価されて，損害賠償責任を生じさせることがあります。

1.1.4 方式の自由

何人もどのような方式で契約を締結してもよいし，方式を備えることすら不要です（諾成主義）。契約の成立には，法令に特別の定めがある場合を除き，書面の作成その他の方式を具備することを必要としません（民法522条２項）。方式の自由は，わが国と異なり方式主義の伝統をもつ法体系（とりわけ，英米法圏）においては，方式からの解放という意味において重要な意義を有する原則です。

もっとも，方式の自由は，法令に特別の定めがある場合には，これによる制限を受けます。一定の方式を備えていることが契約の成立要件とされている場合（要式契約。保証契約〔民法446条２項・３項〕や，諾成的消費貸借〔民法587条の２〕が，

その例です）や，要式契約とはされていないものの，契約の拘束力との関係で，方式を備えることに一定の意味をもたせられている場合（書面による贈与〔民法550条〕，書面による使用貸借〔民法593条の2〕，書面による無償寄託〔民法657条の2第3項〕や，訪問販売・割賦販売などにおける書面の交付とクーリング・オフに関する規律〔特定商取引法4・5・9・18・19・24・37・40・42・48・55・58条・58条の7・58条の14，割賦販売法4・5条ほか〕が，その例です）があります。

1.1.5　内容形成の自由

　契約の当事者は，契約の内容を自由に決定することができます（民法521条2項）。内容形成の自由は，「適法に形成された契約は，それをおこなった者に対しては法律に代わる効力をもつ」（フランス民法1103条には，このような規定があります）という意味において，契約規範の正当化根拠が当事者の意思にあるという点を明らかにするものでもあります。

　もっとも，内容形成の自由は，法令の制限を受けます。しかし，内容形成の自由は私的自治の根幹にかかわる原則ですから，ここでの法令の制限は，契約締結の自由・相手方選択の自由・方式の自由とは異なり，**公序良俗・不当条項規範**（民法90条〔強行法規違反・暴利行為を含みます〕，消費者契約法10条。なお，定型約款に関しては，民法548条の2第2項も参照してください〔後述 2.6.4(2)〕）によるものに限るべきでしょう。

1.2　契約の拘束力——自己決定に基づく自己責任

　私的自治の原則は，**自己決定に基づく自己責任の原則**，すなわち，みずからの生活関係をみずからの意思により形成した者は，みずからの意思により決定した結果に拘束され，責任を負担しなければならないとの原則を派生的に生み出します。

　自己決定に基づく自己責任の原則は，契約の世界では，当事者はみずからの意思で契約を締結した以上，締結した契約に拘束されるとの考え方としてあらわれます。契約は，当事者の合意によって成立し，合意された内容の実現に向けて当事者を拘束する規範となるのです。契約の拘束力とは，このことを意味

します。古い格言では，「合意は守られなければならない」(pacta sunt servanda)
と表現されていました。

　要するに，自由主義社会を基礎として成立した近代民法のもとでは，当事者
は，相手方と契約を締結するかどうか，また，どのような内容の契約を締結す
るかについて，自由を有します。しかし，契約が成立すれば，当事者は契約に
拘束されます。したがって，一方の当事者が契約内容を実現しない場合には，
相手方は，この者に対して，契約内容の実現を強制することができますし，契
約違反（債務不履行）を理由として様々な救済手段（追完請求，損害賠償請求，解
除など）を用いることもできます。

1.3　契約前の責任——契約交渉段階における注意義務違反

1.3.1　総　論——「契約締結上の過失」の理論

　契約を締結することによって，当事者は契約に拘束されます。他方，契約を
締結する前の交渉段階では，当事者は，契約を締結するかどうかについて自由
に判断することができますし，そもそもこの段階では契約が成立していません
から，当事者が契約に拘束されるということは起こりません。

　しかし，契約交渉段階における当事者の一方の言動が原因となって相手方の
権利や利益に不利益が生じることがあります。ここから，わが国では，明治時
代の後期以降，主にドイツ法の影響を受けて，契約締結上の過失 (culpa in con-
trahendo) の理論が説かれるようになりました。

　契約締結上の過失の理論とは，契約交渉段階に入った当事者間の関係は，な
んら特別の関係のない者の間の関係よりも緊密であるから，そのような関係に
ある当事者は，相手方に損害を被らせないようにする信義則上の義務を負い，
その義務に違反して相手方に損害を生じさせた場合には，その賠償をしなけれ
ばならないとの考え方です。

　このような契約締結上の過失が問題となる場面として伝統的学説があげてき
たもののうち，現民法のもとでも考えうるのは，主に次の3つです（なお，旧
法下で，原始的不能の給付を目的とする契約は無効であるとの考え方が妥当していたと

きには，この場面も，これらとともにあげられていました。しかし，新法412条の2第2項は，債務の履行が原始的に不能であるとの理由によって契約は無効とならないとの立場を採用しています。後述1.4）。

① 交渉当事者の一方が，契約交渉を不当に破棄した場合
② 契約交渉にあたり，交渉当事者の一方が相手方に対して，信義則上必要とされる説明・情報提供をしなかったことにより，相手方を契約の締結へと至らせた場合
③ 契約交渉の際に，交渉当事者の一方が，その責めに帰すべき事由により，相手方の生命，身体，財産その他の利益（完全性利益）を害した場合

さらに，これ以外にも，次のような場合が考えられます。

④ 「必ず儲かる」・「絶対に痩せる」など，合理的な根拠もなく断定的な意見を表明した場合（断定的判断の提供）
⑤ 相手方の知識・経験，資産状態ならびに取引目的に照らして明らかに過大なリスクを伴うような商品・サービスを提供した場合（適合性の原則に対する違反。最判平17・7・14民集59-6-1323。「証券会社の担当者が，顧客の意向と実情に反して，明らかに過大な危険を伴う取引を積極的に勧誘するなど，適合性の原則から著しく逸脱した証券取引の勧誘をしてこれを行わせたときは，当該行為は不法行為法上も違法となると解するのが相当である」としました。適合性の原則とは，事業者は顧客の知識・経験，取引目的，資産状況に照らして不適合な商品・役務を勧誘してはいけないとの原則のことをいいます。）
⑥ 相手方が必要とする量を著しく超えた量を販売した場合（過当取引・過量販売）

ところで，これまで，わが国の学説がこれらの場面を契約締結上の過失という枠組みのもとで扱おうとしてきたのには，理由があります。すなわち，契約締結上の過失の理論は，契約交渉段階での注意義務違反を理由とする責任は契約責任または契約責任に類似する責任であって，不法行為責任ではないとの主張と結びつけられ，展開されてきたのです。不法行為責任は特別の接触関係のない者の間での責任を扱うものであるところ，契約交渉段階での注意義務違反を理由とする責任は特別の接触関係のある者の間での責任を扱うものであるから，ここでの損害賠償責任は，契約締結上の過失という独立のカテゴリーに属する契約責任またはこれに類似する責任として捉えるのが適切であると考えたのです。

1.3.2 契約交渉段階における注意義務違反の法的性質
——不法行為責任

しかしながら，このような契約締結上の過失の理論には，問題があります。

第1に，契約締結上の過失の理論は，不法行為責任の成立する場面が民法の規定上で制約されているドイツで，被害者に救済を与えるために，契約交渉段階における注意義務違反を理由とする責任を契約責任に仮託する方法として認められたものです（ドイツでは，不法行為の成立面で絶対権侵害を中心とする個別構成要件主義が採用されていて，日本民法709条のような包括的構成要件主義を採用していません。また，ドイツでは，日本と異なり，使用者責任における使用者の免責立証〔民法715条1項ただし書〕が機能しています。関心がある方は，より詳しい債権法・契約法の解説書をご覧ください）。この点において，わが国は状況を異にします。

第2に，不法行為責任は特別の接触関係のない者の間での責任に妥当するとの前提自体が奇妙です。医療過誤事件や，取引的不法行為の事件など，特別の接触関係において不法行為責任が機能している領域は少なくありません。

第3に，契約交渉段階での注意義務は契約の締結に向けた義務として当事者に課されるものなのに，その義務違反を理由とする責任を，その後に成立した契約を根拠に契約責任としたり，これと同視したりするのは，本末転倒のように思われます。

このような疑問を抱く立場からは，契約交渉段階における注意義務違反を理由とする損害賠償責任は不法行為責任として捉え，不法行為責任に妥当する規範を適用して処理すれば足りるということになります。わが国の民法709条は「権利」だけでなく「法律上保護される利益」も保護の対象としていて，権利・法益には，生命・身体・所有権のほか，営業上の利益などの経済的利益や，自己決定権（契約を締結するという意思決定をする権利）なども含まれていますから，不法行為責任と性質決定することによる支障は，交渉補助者の行為により生じた損害の賠償の場面（ここでは，使用者責任の枠組みでは，独立的補助者〔独立事業者〕の行為を被用者の行為として捉えることができません）を除き，基本的に存在しません（交渉補助者の行為による場合も，交渉当事者自身の選任・監督義務違反や組織編成義務違反を理由として，不法行為に基づく損害賠償を導くことができます）。

わが国では，「契約締結上の過失を理由とする責任」などという枠組みを用いなくても，交渉過程において交渉当事者が信義則上尽くすべき注意義務は何

かを個別具体的事案に即して決定し，その違反を理由とする損害賠償責任を認めれば足ります。そして，この損害賠償責任については，**不法行為責任として**の性質を与えれば十分です（投資勧誘の際に金融機関の担当者が顧客に対して十分な説明をしなかった事件につき，最判平23・4・22民集65-3-1405）。

1.3.3　各 論 ①──契約交渉の不当破棄

交渉当事者には契約を結ばない自由があるし，契約交渉のコストは各当事者の自己負担であるのが原則です。

しかし，交渉当事者の一方の言動により，相手方が契約の成立が確実であると信頼したところ，その後，前者が契約交渉を破棄した場合には，この者による交渉破棄が信義に反し，不誠実と評価されれば，この者は，これによって相手方が被った損害を賠償する義務を負います。マンション購入予定者が売却予定者に，マンションの設計変更・施工に大きな変更を求め，後者がこれに応じた工事をするのを容認しながら，契約を破棄した事例（最判昭59・9・18判時1137-51），ゲーム機の買取契約が確実に締結されるとの過大な期待を抱かせてゲーム機の開発，製造に至らせた後に交渉を破棄した事例（最判平19・2・27金判1274-21）。元請契約締結前に下請工事が開始されたところ，その後に施工計画が中止された事例（最判平18・9・4金判1256-28。交渉相手でない者の責任を肯定したものです）などが，その例です。

交渉破棄が信義則に反するとされる場面には，交渉を破棄したこと自体が不当とされる場合と，相手方に信頼を惹起させた交渉過程での言動が不当とされる場合があります。交渉を破棄したことが信義則に反するかどうかを判断する際には，相手方が契約の締結や債務の履行に必要な準備行為を始めたことを知りながら黙認するなどの当事者の先行行為があったかどうか，交渉の進捗状況がどの程度にまで達しているか（契約条項の大部分が合意されているか）のほか，当事者の属性や当事者間の従来の関係など，その取引に関する諸般の事情が考慮されます。

契約交渉の不当破棄を理由として賠償されるべき損害は，**信頼利益**，すなわち，契約が成立すると信頼したために相手方が被った損害であるといわれています。たとえば，①現地調査費用のように，相手方が契約交渉段階で投下した費用，②相手方が契約交渉段階で金融機関と融資契約を締結したために支払わ

なければならなくなった借入金利息，③契約が成立すると信じたことによって相手方が他の有利な契約の機会を失ってしまった場合における期待利益（機会の喪失による損失）などが，これにあたります。

　他方，通説は，契約交渉の破棄の場合に，履行利益，すなわち，契約が履行されれば得たであろう利益の賠償は認められないといいます。履行利益の賠償まで認めたならば，契約が成立したのと同じ経済的価値（契約の履行がされたのと同じ価値）を相手方に与えることとなるところ，これだと，当該事件で契約は成立しなかったとの評価を下すことと矛盾する結果を招いてしまうというのが，その主たる理由です（このような見方からは，信頼利益の賠償が認められる場合でも，その金額は履行利益の額を超えてはいけないとの帰結も導かれます）。

1.3.4　各論 ②
——契約締結過程における説明義務・情報提供義務違反ほか

　契約を締結するかどうかの決定の基礎になる情報は，当事者がみずから収集すべきです（情報収集リスクの自己負担）。また，当事者は，自己決定にあたり，みずからの責任において判断し，決定をしなければなりません（判断・決定リスクの自己負担）。

　しかし，交渉当事者の一方が，交渉過程における相手方に対する情報の提供や判断・決定に関する義務の違反を理由として，責任を問われる場合があります。このことは，たとえば，みずからと同等の地位に置かれた合理人ならばしたであろう説明や情報提供をしなかった場合や，契約準備交渉段階でおこなった説明や情報提供が不正確であった場合に問題となります（金融商品への投資勧誘に際しての説明義務に関しては，金融サービスの提供に関する法律4条に明文の規定が設けられています。また，最判平17・9・16判時1912-8は，マンションの販売委託を受けていた宅建業者が，購入希望者に対し，防火戸の操作方法等の説明をすべき義務を負うとした事例を扱ったものです）。

　これらの場面では，契約締結についての相手方の自己決定権の侵害が，権利侵害として評価されます。問題は，どのような観点から一方当事者の説明義務・情報提供義務違反を導くことができるかにあります。義務違反の根拠としては，次のものが考えられます。

　①　交渉当事者間の助言契約から，説明・情報提供・助言等をするべき義務を導くことができる場合に，このような義務の違反を理由として，損害賠償責

任が課されることがあります。

② 相手方の意思決定過程への不当な干渉や操縦がされたこと（契約締結の不当誘導）を理由として，損害賠償責任が課される場合があります。

③ 交渉当事者間に情報格差が存在する際に，情報の重要度，情報の所在，当事者の社会的地位を考慮した場合に，当事者間の情報格差の是正措置を優位当事者に課すことで当事者間の実質的対等性を確保するのが劣位当事者の自己決定権基盤の確保という観点から正当化されるときには，情報提供義務の違反（自己決定基盤確保のための情報提供義務違反）を理由として，損害賠償責任が課されることがあります。

④ 一方当事者の地位・職種の専門性，あるいはみずからのした先行行為に基づき，相手方の判断・決定過程に積極的に介入し，相手方の利益に配慮して説明・情報提供，指導助言，誤解の指摘・是正等をするべき義務が課される場合には，それらの行為義務の違反を理由として，損害賠償責任が課されることがあります（この種の義務は，宅地建物取引業法35条，旅行業法12条の4のように，法律で定められている場合があります。さらに，指導助言義務に関しては，前掲最判平17・7・14における才口千晴裁判官の補足意見を参照してください）。

次に，説明義務・情報提供義務などに対する違反が認められる場合の効果について触れます。ここでは，(i) 十分な説明・情報提供などがされていたならば，相手方がおよそ契約の締結などしなかったであろうと評価されるときには，契約がなかった状態（自己決定をしなかった状態）を金銭で原状回復させることを内容とする損害賠償が認められます（原状回復的損害賠償ともいいます。「契約が有効に成立したと信じたことによって被った損害」，すなわち，信頼利益の賠償ではないことに注意してください）。また，(ii) そこまでいかないときでも，判例は，説明・情報提供等に対する義務の違反の結果として契約が締結されたことにより，義務違反がなかった場合と比較して相手方の財産状態がどのように推移したかに着目することで，現実の財産状態と仮定的財産状態の差額のうち，義務違反と相当因果関係のあるものの賠償を認めています（最判平23・9・13民集65－6－2511，最判平23・9・13判タ1361-103（いずれも，西武鉄道事件〔有価証券報告書等の虚偽記載〕）。これも，信頼利益の賠償ではありません）。なお，(i)(ii) のどちらの場合にも，大幅な過失相殺がされることが少なくありません。

1.4 原始的不能

　契約が締結されたものの，その内容とされた債務を履行することが契約締結時点で既に不可能となっていた場合のことを，**原始的不能**といいます。たとえば，ソマリア沖の海上を航行中の船舶の積荷の売買契約を締結したところ，契約締結時にはその船舶が海賊に襲われ，積荷が奪われてしまっていた場合や，特殊なデータ処理のためのコンピュータ・ソフトの開発委託契約をしたところ，受注業者にはそのようなソフトを開発するための専門技術がそもそも欠けていたような場合が，これにあたります（これに対して，契約締結後に履行が不可能になった場合のことを，**後発的不能**といいます）。

　これまで，わが国では，かつてのドイツ民法306条に示唆を得て，「原始的不能の給付を目的とする契約は，無効である」とする考え方が長く支配的な地位を得ていました。この考え方は，①契約の対象は物理的に履行が可能なものでなければならないとの認識に支えられるとともに，②契約締結時点で履行不能が知られていたならば，この給付を目的とする債務を約束しなかったというのが契約当事者の意思であるとの認識に結びつけられて，正当化されてきました。

　しかし，「原始的不能の給付を目的とする契約は，無効である」との考え方は，今日の契約法の国際的なモデル準則では支持されていません。これに代わって，「契約は，給付が原始的に不能であることを理由としては，無効にならない」というルールが支持を集めています（ドイツ民法も，2001年にこの方向で改正されました。現ドイツ民法311a条）。

　わが国の民法も，この流れに従い，2017年改正により，「契約に基づく債務の履行がその契約の成立の時に不能であったことは，第415条の規定によりその履行の不能によって生じた損害の賠償を請求することを妨げない。」との規定を新設しました（民法412条の2第2項）。これは，「契約に基づく債務の履行がその契約の成立の時に不能であったときであっても，契約は，そのためにその効力を妨げられない」との考え方を基礎に据えたうえで，そのもっとも代表的な法的効果である債務不履行を理由とする損害賠償，いわゆる履行利益の賠償を条文上に表記したものです。

　民法412条の2第2項のもとでは，一般の契約解釈の手法に従い，当該契約のもとで当事者が原始的不能のリスクをどのように分配したのか（当事者が契

約の締結にあたって，対象の存否や給付の可能性につきどのようなイメージを抱き，どのようなリスク負担を引き受けるつもりで契約を締結したのか）を基礎に据えて，契約の有効・無効を考えることになります。そして，給付が不能であることのリスクを債務者が引き受けるとの意図で契約を締結した事情が認められる場合には，それが原始的不能の給付を目的とするものであったとしても，その契約は有効とされます。

原始的不能の給付を目的とする契約が有効とされた場合には，原始的不能を理由とする債権者の救済は，後発的不能の場合と同様の準則によることになります（債権総論の教科書を参照してください）。注意をする必要があるのは，前述したように，履行利益の賠償は，契約が有効とされた場合のもっとも代表的な法的効果であって，唯一の効果ではないという点です。民法は，原始的不能を理由とする契約解除を否定するものではありません。また，代償請求権その他の履行不能に妥当する規定の適用が否定されているものでもありません。

1.5　契約締結後の事情変更──事情変更の法理

たとえば，(i) 原油の供給契約が締結された後に，中東紛争のために原油の調達価格が著しく高騰したため，原油の調達が著しく困難になった場合（経済的不能と呼ばれる事例），(ii) 有名な野球チームの20年ぶりの優勝パレードを見るために，道路沿いの一室を通常よりも高い賃料で借りていたところ，部屋の賃貸借契約後にこのパレードの中止が発表された場合（契約目的の達成不能と呼ばれる事例），あるいは，(iii) コーヒー豆の売買契約で，支払通貨をA国のBという通貨にしていたところ，契約締結後にA国で革命が起こり，引き続いてインフレーションが生じたため，通貨Bの貨幣価値が1000分の1に暴落した場合（等価関係の破壊と呼ばれる事例），契約当事者は，それでもなお，当初の契約に拘束されるでしょうか。

このような場面で問題となるのが，**事情変更の法理**（事情変更の原則）です。事情変更の法理とは，①契約締結の際に前提とされた事情が，②当事者の予想しえた範囲を超えて事後的に著しく変化し，③当初の契約内容を形式的に維持すると当事者の一方にとってきわめて不公平な結果をもたらす場合に，不利益を受ける当事者に契約内容の改訂を目的とした再交渉請求権（相手方からみれば，

再交渉義務）や契約解除権が認められるべきであるとの考え方をいいます。条文上の根拠は，民法1条2項の信義則に求められます。

　事情変更の法理は，通説によれば，「契約は守られなければならない」との原則に支えられた契約の拘束力に対する例外となるものであって，わが国でも一般理論としては学説・判例で承認されています（最判昭29・2・12民集8-2-448）。しかし，具体的な事案を扱った最高裁判決で，この原則が適用されて契約の拘束力が否定されたものは，今のところ存在してしません（インフレによる貨幣価値の下落による金銭債権の価値低下につき，最判昭36・6・20民集15-6-1602，最判昭57・10・15判時1060-76。ゴルフ場の「のり面」の崩壊によるゴルフ場の開場遅延が事情変更にあたらないとしたものとして，最判平9・7・1民集51-6-2452）。その背後には，①契約締結後の事情が少しばかり変更したからといって契約の拘束力を失わせたのでは，利益獲得をめざした取引活動を展開するインセンティブを殺いでしまうとの危惧と，②みずからの意思で契約を締結した以上，たとえそれが不利益に作用するときでも責任をもって遂行するのが正義に適うとの考え方をみてとることができます。

　なお，事情変更の法理は，契約で引き受けられたリスクを対象とするものではありません。契約締結後に生じた事情であっても，契約で引き受けられたリスクに含まれるものは，不利を受ける当事者は当該リスクを引き受けることをみずからの意思で決定している以上，これを受け入れなければなりません。

1.6　契約総則の構成

　契約総則には，契約の成立，契約の効力，契約の解除という3つのジャンルがあります（民法第3編第2章第1節）。

　もっとも，民法典がパンデクテン体系を採用していることから，次の点に注意が必要です（パンデクテン体系については，民法総則の教科書で学んでください）。

　すなわち，契約の成立に関するルールのうち，他の意思表示・法律行為と共通のルールについては，民法総則の意思表示・法律行為の箇所に規定が設けられています。また，契約の効力に関するルールでも，他の原因（事務管理・不当利得・不法行為）に基づいて成立した債権の効力と共通のルールについては，債権編の総則にある「債権の効力」の箇所に規定が設けられています。さらに，

契約の対象が物である場合には，その物の支配や移転に関するルールについては，物権編に規定が設けられています。他方，契約の成立に関するルール，契約の効力に関するルール，契約の解除に関するルールであっても，ある特定のタイプの契約についてしか妥当しないルールは，契約総則にではなくて，個々の契約類型を定めた箇所に記述されています。

それゆえ，民法総則でも学んだでしょうが，契約をめぐる実際の事件処理のために民法のルールを適用して処理をするときには，「第3編第2章　契約」の箇所だけをみず，民法全体，ひいては特別法にも視野を広げて，検討をおこなうことが必要です。

1.7　契約各則の構成

1.7.1　典型契約と非典型契約

民法典の「契約」には，「総則」に続いて，贈与，売買，交換，消費貸借，使用貸借，賃貸借，雇用，請負，委任，寄託，組合，終身定期金，和解など，13の契約類型が並べられています（民法第3編第2章第2節〜第14節）。これら13の契約は，法典において名前と型を与えられているもので，典型契約といわれます。もとより，典型契約（または有名契約）は，何も民法典に限って存在するわけではありません。たとえば，商法にも，運送契約や保険契約などといった典型契約が多く存在しています。

これに対して，世の中には，こうした典型契約にあてはまらないような契約類型も，数多く存在しています。たとえば，リース契約，フランチャイズ契約，旅行契約などといったようなものが，それです。こうしたものは，法典において名前と型を与えられていないことから，非典型契約（または無名契約）といわれます。さらに，製作物供給契約（当事者の一方が相手方の注文に応じてもっぱら自分の所有する材料を用いて物を製作し，完成物を供給して対価を得るという内容の契約）のように，複数の契約のタイプの構成分子を包含しているタイプの契約は，混合契約と呼ばれることがあります（製作物供給契約は，請負契約の要素と売買契約の要素とを包含しているとされます。後述 15.1.3）。

1.7.2 伝統的な理解──典型契約に関する民法の規律に対する消極的評価

わが国の学説は，これまで，民法の定める典型契約がある一定の発展段階にある社会において妥当するものとして生み出されてきたものである点を強調し，むしろ，社会が進歩・変動するとともに取引が複雑化するなかで，今日，具体的に問題となる契約の法的処理にあたり，従来の経験に基づいて定められた典型契約とその規定が必ずしもすべての場合にあてはまるものではないとの理解をしてきました。

そこでは，①ある契約が典型契約の1つにあたるかどうかを認定する際には，きわめて慎重でなければならないこと，②1つの典型契約にあたるとされたときでも，その典型契約に関する民法の規定を当該契約に適用するのを排除しなければならない場合があること，③そもそも，民法の定める典型契約の基礎とされた類型的事実と異なる事実があるときには，その契約を民法典の典型契約のどれかに無理に入れるのではなく，独自の契約類型に構成するようにすべきであることが，声高に叫ばれました。

これにより，民法が定めている13の典型契約とその規定を重視するのではなく，現代社会にみられる非典型契約に適合した柔軟な解釈と法の適用が重視されるべきだとの方向が示されたのです。

1.7.3 最近の方向──「契約の類型的思考」の再評価

これに対して，最近は，現代社会における契約問題を処理する際に，事実の認識・確定や法の解釈・適用にあたって，「典型契約」という視点で類型的に考えること（契約の類型的思考）に意義を見出す見解が増えつつあります。

そこでは，まず，個々具体的な契約について現実に生じた問題を法的問題として捉え，法的意味を与えて処理するための法律家に共通の思考枠組み（準拠枠）として，「典型契約」が意味をもつことが指摘されています。この考え方からは，現実にみられる契約類型のなかから私法関係の基本的な枠組みを構成するものとして典型契約を捉えることで，現代社会に適合した「典型契約」を理論的に整備し，制度化していく方向が積極的に支持されることになります。また，現実の社会において必要性が高い契約類型（リース契約，フランチャイズ契

約など）についても，現実問題を法的に処理するための法律家に共通の思考枠組み（準拠枠）を設定する実際上の必要性に照らして，これらを「典型契約」として理論的に整備し，制度化していく方向が積極的に支持されることになります。

　他方，これとは別に，民法の典型契約に関する規律は契約内容の合理性・公正さを定めたものであるから，これを積極的に活用することによって**契約正義**が実現されるという点も指摘されています。この考え方からは，典型契約に関する規律に定められたものに現れている正義の内容を，個別の契約の内容を合理化する基準として活用していく方向が積極的に支持されることになります。

❖ リース契約（ファイナンス・リース）

　ファイナンス・リースとは，特定の物件（事務用機器，土木機械，医療機器，自動車など）を使用収益することを欲するユーザーが，この物件を所有するサプライヤーから当該物件の引渡しを受け，リース業者にその代金をサプライヤーに対して支払う義務を負わせるとともに，リース業者に対してリース料の支払（賦払）を約束するという取引形態です。

　契約書上は，サプライヤー・リース業者間の「物件売買契約」とリース業者・ユーザー間の「物件賃貸借契約」という形態が採られています。リース業者がサプライヤーから購入した物件をユーザーに賃貸するという形式になっているのです。しかし，リース取引では，むしろ，「リース業者がユーザーに対して金融の便宜を供与する」ことが契約の目的となっているのであり，賃貸借と異なる独自の契約類型として捉え，それにふさわしいルールを作り上げていくべきです（この先は，厚めの教科書および契約法の先端・応用を扱う科目で学んでください）。

第2章

契約の成立

2.1 合意による契約の成立

2.1.1 原 則——諾成契約

契約は，原則として，両当事者の合意（＝意思表示の合致）のみによって成立します。契約が成立するためには，特別の方式（契約書の作成など）や特別の行為を必要としません（前述 1.1.4）。このように，当事者の合意だけで成立する契約のことを諾成契約といいます。

2.1.2 例 外——要式契約・要物契約

例外的に，契約が成立するためには当事者の合意だけでは足りず，特別の方式が必要とされたり，特別の行為が必要とされたりする場合があります。

① 要式契約 契約が成立するために，合意のほか，書面その他の方式が必要とされるものを，要式契約といいます。慎重に意思表示をすることが当事者に求められる場合や，意思表示の有無・内容について証拠を残しておく必要性が特別に高い場合に，このような処理がされます。保証契約（民法446条2項・3項）が，その典型例です。

② 要物契約 契約が成立するために，合意のほか，目的物の引渡しが必要とされるものを，要物契約といいます。たとえば，消費貸借に関しては，民法は，(i) 消費貸借は，目的物の引渡しがあり，借主がこれを受け取ったときに契約が成立するものとしつつ（民法587条。要物契約），(ii) 消費貸借の合意の

みで契約を成立させたい場合には，当事者はこの合意を書面にしなければならない（「書面でする消費貸借」）としています（民法587条の2第1項・第4項。諾成契約であり，かつ，要式契約です）。(i) の場合は，(ii) の場合と異なり，10万円を借りる消費貸借契約の場合に，「10万円を貸し借りする」という合意が成立しただけでは，消費貸借契約は成立しません。貸主から借主に10万円が交付されてはじめて，消費貸借契約が成立します（なお，旧法は使用貸借〔旧法593条〕と寄託〔旧法657条〕も要物契約としていましたが，新法では，使用貸借と寄託は諾成契約に改められています〔新法593条・657条〕）。

2.2 申込みと承諾

2.2.1 意思表示の合致による契約の成立

契約が両当事者の合意により成立する場面では，その合意は，申込みと承諾という2つの意思表示から成り立っています。これが原則です。民法は，申込みの意思表示と承諾の意思表示が合致することで契約が成立するという考え方を採用しています。

もっとも，次のように，これと異なる形態によって契約が成立する場合もあります。

① 意思実現による契約の成立　申込みに対して，申込者の意思表示または取引上の慣習により，相手方が承諾の意思表示をしなくても，承諾の意思表示と認めるべき事実があった時に，契約の成立が認められる場合があります（民法527条）。これを，意思実現による契約の成立といいます。近所の米穀店にいつもの米10kgを注文する旨の FAX を入れておいたところ，この米穀店が留守中に玄関先まで米10kgを配達してくれていたような場合が，この例です。

② 交叉申込み　2人の当事者が同じ内容の申込みを互いにした場合のことを，交叉申込みといいます。通説は，両当事者の意思表示の内容が一致していることから，契約の成立を認めてよいとしています。

③ 交渉による契約の成立（練り上げ型の契約）　社会でおこなわれる契約では，契約交渉に入った当事者が個別の交渉を重ねながら法的拘束力をもつ契約

の締結へと進んでいくタイプのものが多くみられます。不動産取引，企業間の継続的契約，事業提携契約など，枚挙にいとまがありません。ここでは，当事者の一方による申込みと，他方による承諾という形態はとられていません。そのため，契約の成立に関して，申込みと承諾に関する民法典の規定が適用されるものではありません。しかし，このような成立形態をとる契約においても，両当事者の意思表示の合致（合意）により契約が成立する点では，申込みと承諾による契約の場合と違いはありません。

2.2.2　申込みと承諾の意義——「契約上の拘束を受ける意思」

　契約は，両当事者が契約上の拘束を受ける意思を有していることを前提としています。その意味で，申込みとは，それに対する承諾があった場合には契約を成立させるという意思の表示でなければなりません。民法は，申込みを，「契約の内容を示してその締結を申し入れる意思表示」と定義しています（民法522条1項）。ここには，①契約の締結を申し入れる意思表示であることという要素に加え，②契約の内容を示したものであることという要素が示されています。

　また，承諾は，特定の申込みに対して，その内容どおりの契約を成立させるという意思の表示でなければなりません。

　申込みの内容と承諾の内容は一致していなければなりません（mirror image rule〔完全一致準則〕とも呼ばれます）。そうでない場合は，変更を加えた承諾とされ，申込みの拒絶とともに新たな申込みをしたものとみなされます（民法528条〔後述 2.2.4〕）。

2.2.3　申込みの誘引

　契約を締結する意思を一方の当事者が有していないときには，契約は成立しません。たとえば，空車表示のタクシーが目の前を通りかかっているときに，道路の反対側に立っている友人に合図を送るために手を挙げたという例では，手を挙げたことは運送契約締結のための承諾の意思表示といえません。

　この関連でとりわけ重要なのは，何が申込みにあたるかという問題です。新聞の折込みチラシに書かれていた商品の広告は申込みといえるのか，電器店店

頭の冷蔵庫に表示されていた15万円という値札は申込みといえるのかといった問題です。

2.2.2で述べたように，契約が申込みと承諾によって成立するためには，申込みに対して相手方から承諾がされれば自分は契約に拘束されるとの意思を申込者が有しているのでなければなりません。この意味での「契約上の拘束を受ける意思」がない場合には，申込みは認められず，単なる申込みの誘引（invitation）にすぎません。もっとも，申込みか，申込みの誘引にすぎないかは，結局のところ，個別具体的な事件（類型）ごとに，「契約上の拘束を受ける意思」の有無を判断して決定しなければなりません。

2.2.4 変更を加えた承諾——新たな申込みとの擬制

申込者による申込みに対して，相手方が内容に変更を加えた承諾をすることがあります。この場合には，承諾者が申込みを拒絶したうえで，自分から新たな申込みをしたものとみなされます（民法528条）。それゆえ，ここでは，この新たな申込みに対して，最初の申込者の側での承諾があってはじめて，契約が成立します（なお，この場合は，2.3.2で述べるように，民法が承諾について到達主義を採用している結果，契約が成立するのは，最初の申込者がした承諾が到達した時点であって，変更を加えた承諾を最初の申込者が新たな申込みとみなした時点ではありません）。

2.3 契約の成立時期

2.3.1 発信主義と到達主義

契約は，申込みに対して承諾がされることによって成立します。契約がいつの時点で成立するかについては，理論的には2つの考え方があります。

第1は，発信主義といわれているものであり，申込みの相手方が承諾の通知を発信した時に契約が成立するというものです。

第2は，到達主義といわれているものであり，申込みの相手方による承諾の

通知が申込者に到達した時に契約が成立するというものです。

　両者の違いは，次の点にあらわれます。

　①　申込者の相手方が承諾の通知を発信したものの，これが申込者に到達しなかった場合に，契約は成立するでしょうか。発信主義をとれば，承諾の通知の発信により契約は成立します。到達主義をとれば，承諾の通知が到達していないから，契約は成立しません。

　②　申込者による申込みの撤回の通知が申込みの相手方に到達する前に，申込みの相手方が承諾の通知を発信した場合に，契約は成立するでしょうか。発信主義をとれば，申込みの撤回の通知が到達していない段階でされた承諾の意思表示は有効であり，この承諾の通知が発信されることにより契約は成立します。到達主義をとれば，申込みの撤回の通知の到達と承諾の通知の到達の先後により契約の成否が決せられます。すなわち，申込みの撤回の通知の到達が先であれば契約は成立せず，承諾の通知の到達が先であれば契約は成立します。

　③　申込みの相手方が承諾の通知を発信した後に，この承諾の通知を撤回する通知を発信した場合に，契約は成立するでしょうか。発信主義をとれば，承諾の通知の発信によって契約は成立しますから，もはや承諾の通知の撤回は意味がありません。到達主義をとれば，承諾の通知よりも前に承諾の通知の撤回の通知が申込者に到達したときは，契約は成立しません。

2.3.2　民法の考え方──到達主義の採用

　旧法は，発信主義を基礎に据えた規律体系を採用していました（旧法526条1項参照）。これに対して，新法は，到達主義を基礎に据えた規律体系に改めています。2017年改正で旧法526条1項が削除された結果として，承諾についても民法97条1項の一般準則が適用されるため，到達主義のもとで処理されることになったのです。

2.3.3　申込者の死亡・意思能力喪失・行為能力制限と申込み・承諾の効力

　民法の一般原則によれば，意思表示の効力発生時期について到達主義が妥当する場面で，表意者が通知を発信した後に死亡したり，意思能力を喪失した常況にある者となったり，行為能力の制限を受けたりしたとしても，意思表示は

その効力を失うことがありません（民法97条3項）。

　これに対して，民法は，申込みの意思表示について，この民法の一般原則に対する例外を定めています。それによれば，①申込者が申込みの意思表示を発信した後に（i）死亡したり，（ii）意思能力を有しない常況にある者となったり，（iii）行為能力の制限を受けたりした場合において，②（i）申込者がその事実が生じたとすればその申込みが効力を有しない旨の意思を表示していたときや，（ii）申込みの相手方が承諾の通知を発するまでにその事実を知ったときは，申込みはその効力を有しません（民法526条）。

　民法526条により申込みの効力が失われるのは，（a）申込みの発信後，その意思表示が相手方に到達するまでの間における申込者の死亡・意思能力喪失・行為能力制限の事例に限られません。（b）申込みの到達後，相手方による承諾の通知が発信されるまでの間における申込者の死亡・意思能力喪失・行為能力制限の事例でも，同条により申込みの効力が失われます（民法97条3項が，意思表示の発信から到達までの間における表意者の死亡・意思能力喪失・行為能力制限の事例のみを対象としているのと異なります）。

　これに対して，承諾の通知が発信された後に，それが申込者に到達する前に承諾者が申込者の死亡・意思能力喪失・行為能力制限の事実を知ったときは，申込みの効力はこれによって妨げられるものではありません（民法526条の反対解釈）。承諾の通知が到達していないとはいえ，承諾者は契約を成立させるためにするべきことをしているのであって，契約の成立を期待するのが承諾者の通常の意思であると考えられるからです。したがって，この場合は，承諾通知の到達をもって，契約が成立します。

　民法526条は，隔地者に対する申込みのみならず，対話者に対する申込みについても適用されます。

2.4　承諾期間の定めがある申込み

2.4.1　緒　論

　申込みと承諾の合致による契約の成立について，民法は，いくつかのルール

を設けています。そこでは，民法は，申込者が承諾期間の定めがある申込みをした場合と，承諾期間の定めがない申込みをした場合を区別して扱っています。

2.4では，まず，申込者が承諾期間の定めがある申込みをした場合を扱い，次に，2.5で，承諾期間の定めがない申込みをした場合を扱います。

❖ 隔地者間の契約と対話者間の契約 ══════════════════════

　民法は，一定の場面で，隔地者間での契約の場合と対話者間での契約の場合を区別した処理をしています。隔地者とは，意思表示の発信から到達までに時間的な隔たりがある者のことをいいます（物理的な距離のある者という意味ではありません）。他方，対話者間の契約とは，相手方が直ちに反応することが予定されており，また，相手方の反応を直ちに認識することができるというように，両者の間で双方向のコミュニケーションが可能である場合を指します。

2.4.2　申込みの拘束力（撤回可能性）

　承諾の期間を定めてした契約の申込みは，撤回することができません（民法523条1項本文）。申込みの撤回ができないことを，**申込みの拘束力**といいます（申込みの拘束力とはいえ，申込者に対する拘束力を意味するものであって，申込みの相手方が申込みに拘束されるわけではありません。申込みの相手方は，申込みに対して，諾否の通知義務ほかいかなる義務も負いません。商法509条〔諾否通知義務〕，商法510条〔物品保管義務〕は，この特則です）。

　ただし，申込者が「撤回をする権利を留保したとき」は，この限りでありません（民法523条1項ただし書）。

　以上に述べたことは，隔地者間の契約と対話者間の契約のいずれにもあてはまります。

2.4.3　申込みの効力（承諾適格）

　申込者が承諾期間の定めがある申込みをした場合，相手方の承諾の通知が承諾期間内に到達しないと，申込みは，当然に効力を失います（民法523条2項）。**申込みの効力**は，申込みに対応する承諾によって契約が成立する効力の意味で，**承諾適格**ともいわれます。

以上に述べたことは，隔地者間の契約と対話者間の契約のいずれにもあてはまります。

2.4.4　承諾が延着した場合──新たな申込みとしての擬制

承諾が延着した場合，申込者は，遅延した承諾を新たな申込みとみなすことができます（民法524条）。したがって，申込者は，この新たな申込みに対して承諾の意思表示をすることで，契約を成立させることができます。

この場合には，契約が成立するのは，申込者による承諾の意思表示が相手方に到達した時点です。遅延した承諾通知が申込者に到達した時点や，申込者が遅延した承諾を新たな申込みとみなした時点ではありません。

2.5　承諾期間の定めがない申込み

2.5.1　申込みの拘束力（撤回可能性）

（1）原　則　　承諾の期間を定めないでした申込みは，申込者が「承諾の通知を受けるのに相当な期間」を経過するまでは，撤回することができません（民法525条1項本文）。「承諾の通知を受けるのに相当な期間」が経過するまでは，申込みには拘束力があります。申込みを受けた者（相手方）は承諾をするまでの間に調査や準備をするであろうところ，突然に申込みの撤回をされたのでは，この者が予期しない損失を被ってしまいます。このことを考慮して，このような規定が設けられたのです。

もっとも，申込者が「撤回をする権利を留保したとき」は，この限りでありません（民法525条1項ただし書）。

（2）例　外──対話継続中の対話者間における申込みの撤回　　対話者間における承諾期間の定めがない申込みは，その対話が継続している間は，いつでも撤回することができます（民法525条2項）。

対話者間における申込みがされた場合は，対話が継続している間は申込者が相手方の反応を察知して新たな内容の提案をすることがあります。また，対話

の継続する期間にも限度があるため，対話が継続している間に相手方が調査や準備をすることは考えにくいです。さらに，対話継続中は申込みが撤回されないであろうとの相手方の期待や信頼は保護するに値しないし，申込みが撤回されることによって相手方に損失が生じることも考えにくいです。それゆえに，対話者間における承諾期間の定めがない申込みは，その対話が継続している間は，いつでも撤回することができるのです。

2.5.2 「承諾の通知を受けるのに相当な期間」が経過した場合の 法律関係

（1） 申込みの拘束力の消滅と，申込みの効力（承諾適格）の存続　「承諾の通知を受けるのに相当な期間」が経過すれば，申込みの拘束力は消滅します。その結果，申込者は，いつでも申込みの撤回をすることができるようになります（民法525条1項本文の反対解釈）。

しかし，申込みの拘束力が消滅したからといって，実際に申込者が申込みを撤回していない場合には，申込みの効力（承諾適格）は失われません。申込者が申込みの撤回の通知（意思表示）をし，撤回の通知が相手方に到達した時にはじめて，申込みは効力を失うのです。

したがって，申込者が申込みの撤回の通知をして，それが相手方に到達するまでの間に相手方が承諾の通知をしたときは，申込みの撤回通知が相手方に到達するのよりも前に相手方の承諾の通知が申込者に到達すれば，契約は成立します（到達主義からの帰結）。

（2） 相当期間の経過による申込みの効力（承諾適格）の消滅　（1）のように考えたのでは，申込者が申込みの撤回通知をしなければ，申込みがいつまでも効力を有し続けることになってしまいます。申込みが撤回されなかったり，申込みの撤回の通知がされてもそれが相手方に到達していなかったりした場合は，相手方は承諾の通知を発信して，それが申込みの撤回の通知よりも前に申込者に到達しさえすれば，契約が成立するということになるからです。

しかし，申込みの撤回がされない限り申込みの効力が永久に続くのは，不自然です。そこで，学説は，「承諾の通知を受けるのに相当な期間」が経過した後にさらになお「相当な期間」（＝もはや相手方は承諾することがないと合理的に考えられる期間）が経過すれば，申込みは「効力を失う」と説いています。その際に参考とされているのは，「商人である隔地者の間において承諾の期間を定

めないで契約の申込みを受けた者が相当の期間内に承諾の通知を発しなかった
ときは，その申込みは，その効力を失う。」とする商法508条1項の規定です。

　（3）　対話者間における申込みにおける申込みの効力（承諾適格）の特則　　対話者
間における承諾期間の定めがない申込みは，その申込みに対して対話が継続し
ている間に申込者が承諾の通知を受けなかったときは，その効力を失います
（民法525条3項本文）。これは，対話者という関係に置かれた当事者の通常の意
思を考慮するとともに，対話者間における取引の迅速処理の要請も考慮に入れ
た特則です。

　もっとも，申込者が対話の終了後もその申込みが効力を失わない旨を表示し
たときは，この限りでありません（民法525条3項ただし書）。

2.6　約款による契約

2.6.1　約款の意義

　日常生活では，約款を利用して契約が締結される場合が少なくありません。
　約款とは，多数の契約に用いるためにあらかじめ定式化された契約条項の総
体のことをいいます。約款は，取引条件の一元的処理による合理化・効率化を
ねらって事業者側が使用するものであり，旅行・宿泊・運送・保険・建築請負
など，様々な場面で用いられています。①多数の契約を処理する目的で作成され
たものであること，②あらかじめ作成されたものであること，③契約条項が定型化
（定式化・画一化）されたものであることに，その特徴があるといえます。

　もっとも，約款による契約では，契約条件について個別交渉がなく，一方当
事者が作成または使用した契約条件を他方が受け入れるのが通例です。また，
相手方にとっては，その契約条件を受け入れるか否かの自由しかないのが通例
です。それゆえ，相手方（とりわけ，消費者）が自己決定権を行使する機会が保
障されているのか，約款による契約が私的自治の原則に合致するといえるのか
が問題となります。さりとて，約款が契約内容になっていないとし，そこに含
まれる個々の条項について合意がされていないことを理由にその拘束力を否定
したのでは，取引の実態やニーズに合いません。約款は，取引交渉のコストを

低く抑え，事業者の活動を効率化し，結果的に社会全体の効用を増すからです。

そこで，わが国では，約款の拘束力を認めるための法理の構築が試みられるとともに，拘束力を認められた約款の条項についても，それが相手方の利益を不当に害するときには，その条項を不当条項として無効にするための法理の構築が試みられています。

2.6.2　約款の拘束力──「組入れ合意」と事前開示

約款中の個々の契約条項については，当事者の合意がされているとは限りません。むしろ，個々の契約条項についての個別の合意がなくても，当該条項を含む約款が当事者間で法的拘束力をもつこと，したがって，約款が契約の内容になることが，約款による契約では重要です。しかしながら，他方で，契約の拘束力の根拠を当事者の意思に求める場合には，個別に合意もしていない契約条項がなぜ当事者間で法的拘束力を有するのかを説明する必要があります。

この点をめぐって，かつては，約款が法規であるとか，約款が拘束力を有するのは慣習の作用によるものであるといった説明（ある種の取引では「約款による」という慣習が成立しており，この慣習により約款の拘束力が認められるとの立場であり，「白地商慣習説」といわれます）がされることがありました。他方で，判例は，保険約款の拘束力に関するものですが，約款の拘束力が顧客の意思に基礎づけられるべきことを前提としたうえで，「いやしくも当事者双方が特に普通保険約款によらない旨の意思を表示しないで契約したときは，反証のない限り，その約款による意思をもって契約したものと推定すべきである」としています（大判大4・12・24民録21-2182）。

今日の学説の多くは，約款の拘束力は約款を契約に組み入れるとの当事者の意思に根拠づけられるとする考え方を支持しています。当該約款を契約に組み入れるとの当事者の合意（組入れ合意）を要求する立場です。

こうして，組入れ合意を約款の法的拘束力の基礎に据える場合には，次の3つの点が重要になります。

第1に，個別交渉がされた契約条項（個別合意条項〔個別交渉条項〕）を「約款」と捉え，約款規制の対象としてよいか，それとも，個別合意条項については，通常の意思表示・法律行為法の準則によって処理すれば足りるかという問題があります。個別合意条項については当該条項の拘束力についての特殊性を問題

とする余地がありませんから，後者のように考えるのが妥当です。

　第2に，組入れ合意がされるためには，当事者が組み入れられる対象の約款を認識し，これを契約に組み入れるとの合意をすることが不可欠です。そのためには，組入れ合意をする前提として，約款使用の相手方には，契約に組み入れられる約款の内容を認識する機会が保障されていなければなりません。この問題は，従来は，約款の事前開示の問題として論じられてきた問題ですが，約款が事前に開示されたとの事実が本質的ではなく，約款内容を知る機会が事前に相手方に対して与えられていることが本質的です。

　第3に，政府の認可約款のように，国家により内容の公正さが担保されたものについては，組入れ合意を待つまでもなく，当該約款に対して拘束力を認めてよいのではないかという問題があります。もっとも，ここで問題となる約款は「定型約款」(次述) に該当し，特別の規定によって処理されますので，次の項目を参照してください。

2.6.3　定型約款①——定型約款の定義

　定型約款とは，「定型取引」(「ある特定の者が不特定多数の者を相手方として行う取引であって，その内容の全部又は一部が画一的であることがその双方にとって合理的なもの」) において，「契約の内容とすることを目的としてその特定の者により準備された条項の総体」をいいます (民法548条の2)。

　ここには，定型約款とは，次のすべての要件を充たす「条項の総体」であることが示されています。②・③の要件を充たしても，①の要件を充たさないものは，「約款」にあたることはあっても，「定型約款」ではありません。逆に，①・②・③の要件を充たすものであれば，事業者間の取引において用いられるものであっても，「定型約款」として取り扱われ，「定型約款」に関する規定の適用を受けます。

　①　「定型取引」に用いられるものであること　　「定型取引」とは，次のいずれをも充たす取引のことをいいます。

　①-1　特定の者が「不特定多数の者」を相手方としておこなう取引であることこれは，相手方の個性に着目せずにおこなう取引であるか否かに注目した要件です。たとえば，労働契約は，相手方の個性に着目しておこなわれる取引であるため，①-1の要件を充たさず，定型取引にあたりません。他方，「一定の集

団に属する者」との間でおこなわれる取引でも，それが相手方の個性に着目せずにおこなわれるものであれば，①-1の「不特定多数の者」の要件を充たします。

　①-2　取引の内容の全部または一部が画一的であることが当事者の双方にとって合理的なものであること　「取引の内容の全部又は一部が画一的であることがその双方にとって合理的な取引」とは，(i) 多数の相手方に対して同一の内容で契約を締結することが通常であり，かつ，(ii) 相手方が交渉をおこなわず，一方当事者が準備した契約条項の総体をそのまま受け入れて契約の締結に至ることが取引通念に照らして合理的である取引——交渉による修正や変更の余地のないもの——を意味します。取引内容を画一的に定めることについて当事者の一方にとって主観的な利便性が認められるということだけでは足りません。取引内容を定めることが「双方にとって合理的」であることが証明されてはじめて，「定型取引」であることが認められます。

　②　契約内容とすることを目的として準備されたものであること
　③　当該定型取引の当事者の一方により準備されたものであること

　「定型取引」の意味として上記のような理解をすることから，当事者が個別合意をした条項（個別合意条項〔個別交渉条項〕）は，民法548条の2にいう「定型約款」にあたらず，「定型約款」に関する民法の規定は適用されないものというべきです。社会において「ひな型」と呼ばれるものは，上述した定型約款の定義（とりわけ，①の要件——なかでも，交渉による修正の余地のないこと——）を充たすか否かにより，定型約款といえるかどうかが決まります（「ひな型」ゆえに定型約款であるとか，「ひな型」ゆえに定型約款ではないという論は，定型約款に関しては立ちません）。

　上記の定義の内容からすれば，生命保険約款，損害保険約款，旅行業約款，宿泊約款，運送約款，預金規定，コンピュータ・ソフトウェアの利用規約など，わが国で一般に「約款」と呼ばれているものは，ほとんどがこの定義に該当するでしょう。

2.6.4　定型約款②——みなし合意

　(1)　個別条項についての合意擬制——そのための要件　　民法548条の2第1項は，定型約款によって契約の内容が補充されるための要件について，次のよう

に述べています。

① 「定型取引合意」をした者が定型約款を契約の内容とする旨の合意をしたときは，定型約款の個別の条項についても合意をしたものとみなします（同項1号）。「定型約款を契約の内容とする旨の合意をした」というのは，「組入れの合意をした」という意味で理解されるべきです。

② 定型約款準備者（定型約款を準備した者）があらかじめその定型約款を契約の内容とする旨を相手方に表示していたときも，定型約款の個別の条項についても合意をしたものとみなします（同項2号）。この規定の立案の際には，あらかじめ定型約款が相手方に対して表示されたことを，定型約款に拘束されることの根拠とするということが考えられていました。しかし，当事者があらかじめ定型約款が相手方に対して表示された上で両当事者が定型取引に関する合意をする場面が想定されているところから，相手方があらかじめ表示された定型約款が契約の内容になることに対して黙示の同意をして，定型取引に合意したものとみるべきではないでしょうか（これによって，②を①と同質のものと位置づけることができます）。

③ 取引自体の公共性が高く，かつ，約款による契約内容の補充の必要性が高い一定の取引で用いられる定型約款については，定型約款準備者が当該定型約款によって契約の内容が補充されることをあらかじめ公表していた場合も，当事者がその定型約款の個別の条項について合意をしたものとみなします。鉄道・軌道・バス等による旅客運送取引，高速道路等の通行に関する取引，郵便事業や電気通信事業に関する取引（鉄道営業法18条の2，軌道法27条の2，海上運送法32条の2，道路運送法87条，航空法134条の3，道路整備特別措置法55条の2）がその例です。③にあたるものは，民法ではなく，特別法で定められています（限定列挙です）。

これらのうち，①（さらに，私のように意味を読み込んだ場合の②）では，定型約款への拘束力の根拠を，両当事者の意思（合意）に求めることができ，約款の一般理論で支配的となっている「組入れ合意」に約款の拘束力の根拠を求める立場と，かろうじて接合することができます。これに対して，③は，定型約款準備者の一方的な公表により定型約款への拘束力を肯定するという枠組みを基礎に据えたものであり，「組入れ合意」による約款の拘束力の正当化とは異質な考慮に出たものです。

（2）**不当な個別条項は契約内容とならず**　民法548条の2第2項は，①相手

方の権利を制限し，または相手方の義務を加重する条項であって，②その定型取引の態様およびその実情並びに取引上の社会通念に照らして民法1条2項に規定する基本原則に反して相手方の利益を一方的に害すると認められるものについては，合意をしなかったものとみなすとしています。

①・②は，消費者契約法や約款の不当条項規制に関する理論と異なり，不当条項はそもそも契約に組み込まれないこと（したがって，契約内容とならないこと）を述べるものです。ここで採用されているのは，消費者契約法10条とは違い，契約内容となったうえで不当性ゆえに無効とされるという枠組みではありません。

民法548条の2第2項にいう「その定型取引の態様及びその実情並びに取引上の社会通念に照らして第1条第2項に規定する基本原則に反して相手方の利益を一方的に害すると認められるもの」というのは，事業者・消費者間の情報格差・交渉力格差に照準を合わせた消費者契約法10条における不当条項規制とは異なり，合意内容の希薄性（組入れ合意で足りること），契約締結の態様，健全（合理的）な取引慣行等を考慮に入れて当該条項の不当性の有無が評価されるということを含意するものです。ここでは，条項の内容がどのようなものであったか（内容の不当性）だけでなく，取引の過程・態様がどのようなものであったか（締結過程の不当性）も考慮されることが，消費者契約法10条よりも明確に示されています。債権法改正の際の立案担当者は，その条項が相手方にとって不意打ちとなるかどうかも，ここでの考慮事由の一つになると考えています（不当条項禁止のルールとともに，不意打ち禁止のルールも組み込まれていると理解するわけです）。

2.6.5　定型約款③——定型約款の内容の開示義務

(1)　定型約款準備者が開示義務を負う場面——相手方からの請求　　民法548条の3第1項は，定型約款において，定型約款準備者の約款内容の開示義務を，定型取引合意の前または定型取引合意の後相当の期間内に相手方から請求があった場合に限っています。これは，(a) 定型約款を用いて契約を締結する場面では，相手方も定型約款の中身を逐一見ようとしない場合が多くあると考えられるため，常に相手方に事前に内容を開示しなければ契約内容とならないとすると，かえって煩雑になることと，(b) 相手方が，みずからが締結しようとし

た契約，または締結した契約に用いられる定型約款の内容を確認することができるようにすることが必要であることとの間でバランスをとった結果です。

　その結果，相手方からの事前の開示請求がされずに定型約款を用いた契約が締結されたときも，民法548条の2の定める要件を充たせば，その定型約款は契約内容となります（約款の拘束力と開示の問題の分離）。

　なお，民法改正を審議した法制審議会民法（債権関係）部会でのやり取りからは，取引の定型的状況に照らすと相手方から請求することがそもそも定型的に期待できないという場面は，民法548条の3第1項の規律対象外であり，この場合の処理は解釈にゆだねられているとみるべきでしょう。

　（2）　開示の位置づけ──約款の一般理論との相違点　　定型約款を対象とした民法548条の3第1項では，①開示が約款の拘束力（＝約款が契約内容となること）を認めるための必須の要件とはなっていないこと（約款の拘束力と開示の問題とが切り離されていること），②定型約款準備者に開示が義務づけられるのは，一定期間内に相手方からの請求があった場合に限られていることが，前述した約款の一般理論とは大きく異なっています。

　（3）　定型約款準備者が開示義務を負わない場合　　定型約款準備者が定型取引合意の前に，相手方に対して定型約款を記載した書面を交付し，またはこれを記録した電磁的記録を提供していたとき（CDの交付やメールでのPDFファイルの送信など）は，定型約款準備者には合意時・合意後の開示義務がありません（民法548条の3第1項ただし書）。これは，定型取引合意の前に定型約款を記載した書面等の交付があれば，これによって相手方は定型約款の内容を確認する機会を得たものと評価することができる（したがって，重ねての開示を要しない）と考えられたことによります。

　（4）　定型約款準備者が開示請求を拒絶した場合の効果　　定型約款の開示請求と契約内容の関係は，次のようになります。

　①　事前の開示請求がなかった場合　　定型約款は，民法548条の2第1項の要件を充たせば，契約内容になります。

　②　事前の開示請求があった場合　　定型約款準備者が開示しなければ，一時的な通信障害が発生した場合その他正当な事由がある場合を除き，個別条項についての合意擬制は働きません。したがって，当該定型約款は契約内容になりません（民法548条の3第2項）。

　③　定型取引合意後・相当期間内に開示請求がされた場合　　定型約款準備者

が開示に応じなくても，定型約款は契約内容になったままです。開示義務違反を理由とする損害賠償・解除の可能性が残るのみです。

2.6.6　定型約款④——定型約款の変更

（1）**定型約款変更ルールの必要性**　定型約款を用いて多数の取引をした後に，定型約款準備者の側が定型約款中の条項について変更を必要とする事態が生じたとします。この場合に，定型約款準備者が定型約款を用いて既に取引をした多数の者との間で個別に約款条項の変更について合意をしなければ変更の効力が生じないとしたのでは，取引において定型約款を用いる意味がなくなります。さりとて，定型約款準備者がその一方的意思によって約款条項の内容を随意に変更することができるとしたのでは，契約に拘束力が与えられる根拠（当事者の合意）を無視することになり，適切ではありません。

そこで，民法は，所定の要件を充たせば，定型約款の変更をすることにより，変更後の定型約款の条項について合意をしたものとみなし，個別に相手方と合意をすることなく契約の内容を変更することができるとしています（民法548条の4第1項）。

定型約款準備者による一方的変更が認められるためには，①変更内容が合理的であることと，②変更の効力の発生する時期を定めたことが必要です。さらに，③一定の場合には，定型約款準備者が周知義務を尽くしたことも必要です。

（2）**変更内容の合理性**　定型約款の変更が認められるためには，変更内容が合理的なものでなければなりません。民法548条の4第1項は，このための基準（変更の合理性についての判断基準）を定めるものです。それによれば，(a) 定型約款の変更が，相手方の一般の利益に適合するか，または，(b) 定型約款の変更が，契約をした目的に反せず，かつ，「変更の必要性，変更後の内容の相当性，この条の規定により定型約款の変更をすることがある旨の定めの有無及びその内容その他の変更に係る事情に照らして合理的なものである」のでなければなりません（民法548条の4第1項第1・2号）。これは，変更される条項の内容が個別合意の対象となることなく，契約に組み込まれることから，定型約款準備者の一方的な行為による定型約款の内容の変更が正当化されるためには，その変更内容が相手方にとって利益になるか，または当該定型約款の内容等に照らし合理的であることを要すると考えられたからです（変更内容の

合理性は，もっぱら民法548条の４第１項によって判断されます。この基準は，民法548条の２第２項の要件よりも厳格なものですから，民法548条の２第２項の規定は，定型約款の変更の合理性を判断する際には適用されません。民法548条の４第４項は，このことを定めたものです。もとより，民法548条の４第１項は，民法548条の２第２項の適用を前提としますから，定型約款のなかで定型約款準備者が個別に相手方と合意をすることなく契約内容を変更することができる旨の条項〔変更条項〕が定められている場合には，この変更条項の内容が同項により不当条項と評価されるときには，そもそも当該変更条項は契約内容に取り込まれません。もっとも，これによって，民法548条の４第１項による定型約款の変更ができなくなるわけではありません）。

なお，民法548条の４第１項による定型約款の変更が認められるためには，変更の時点において現に変更の対象となる定型条項を契約の内容とした相手方が不特定多数であることを要しません。

（3）定型約款準備者の周知義務　　定型約款の変更をする場合には，定型約款準備者は，インターネットの利用その他の適切な方法により，定型約款を変更する旨，変更後の定型約款の内容ならびにその効力発生時期を周知させる義務を負います（民法548条の４第２項）。民法548条の４第１項第２号による定型約款の変更は，変更後の定型約款の効力発生時期が到来するまでに周知をしなければ，その効力を生じません（民法548条の４第３項）。これに対して，民法548条の４第１項第１号による定型約款の変更は，同条３項の適用対象外です。同号が定めているのは相手方の一般の利益に適合する変更ゆえ，周知義務を課すことで変更を制約する必要がないからです。

❖ 給付・対価条項と定型約款 =================================

　　契約の目的である給付とその対価（反対給付）については，定型取引にあたる取引においても，これへの拘束が認められるためには，当事者の個別の合意を必要とします。「いかなる物品・サービスを，いかなる対価で提供するか」は，両当事者の合意（主体的判断）によってしか形成できない部分——擬制をすることに親しまない部分——であり，裁判所が自由に決められないものだからです。したがって，給付対象を記述する条項（給付記述条項）や価格を取り決めた条項（価格条項）は，民法548条の2の定める個別合意擬制の対象ではなく，定型約款に関する規律の適用対象外と解すべきです。もっとも，消費者法を研究する学者・実務家の多数は，定型約款に関する規律の適用を肯定しています。

　　たしかに，民法548条の2以下の定型約款に関する規律では，規定の文言上は，給

付・対価条項と付随的条項とを区別していません。しかし，このことをもって，給付・対価条項にも定型約款に関する規律が及ぶとの態度決定が起草段階でされたものと解することはできません。約款における不当条項規制に関する規律が給付・対価条項に及ぶか否かについては，法制審議会民法（債権関係）部会に関与した研究者委員・幹事の間でも意見は二分されていましたし，約款変更に関する民法548条の4の規定が付随的条項を超えて給付・対価条項にまで及ぶか否かについても意識的に議論された形跡はありません。これらの問題に関しては，定型約款に関する民法の規律自体はニュートラルであり，解釈にゆだねられているものとみるべきです。そして，私自身は，給付・対価条項の問題は，約款（定型約款）に関する規律ではなく，意思表示・法律行為法の一般法理，とりわけ，暴利行為・公序良俗規範や，「契約条項は，明確かつ理解しやすく（平易に）記述・記載されなければならない」（透明性を欠く条項は無効である）との透明性（transparency）の原則によって処理すべきであると考えるものです。

❖ 懸賞広告

　迷子のペットの懸賞金つき捜索ポスターにあるように，ある行為（指定行為）をした者に一定の報酬を与える旨の広告のことを懸賞広告といいます。懸賞広告は，当該広告に対して指定行為をすることで報酬請求権が発生する点に特徴があります。そして，これを申込みと承諾に類似する関係と捉えれば，懸賞広告は特殊な契約であるといえます。民法は，懸賞広告に関する規定として，①指定行為と報酬請求権に関する規定，②懸賞広告の効力の存続期間（いつまでに指定行為をすれば，当該行為をした者は報酬請求権を取得することができるか）に関する規定，③懸賞広告の撤回に関する規定を置いています（民法529条以下）。

第3章

契約の効力
——同時履行の抗弁・第三者の ためにする契約

3.1 「契約の効力」の箇所に定められている内容

　既に第1章で述べたことですが，契約総則の第2款「契約の効力」で定められている事柄は，契約のすべての効力を網羅しているわけではありません。他の原因に基づいて発生した債権とも共通する効力は債権総則中の「債権の効力」に規定されていますし，契約一般にあてはまるのではない契約の効力は，個々の契約類型の箇所に規定されています。

　契約総則の第2款「契約の効力」で定められているのは，同時履行の抗弁・危険負担・第三者のためにする契約の制度のみです。しかも，注意が必要なのは，契約一般にあてはまる効力に関係する制度でありながら，民法典に規定されていない制度も存在するということです。後で述べますが，不安の抗弁権は，その一例です。また，1.5で扱った事情変更の法理も，契約の効力に関係するものといえます。

　以上の点を確認したうえで，本章では，同時履行の抗弁権と第三者のためにする契約を中心にとりあげることにします。危険負担については，解除とまとめて，第4章でとりあげます。

3.2 同時履行の抗弁権

3.2.1 同時履行の抗弁権とは？

　AとBとの間で，AがBに「甲」という絵画を代金500万円で売却する契約が締結されたとします。このとき，売主Aは，買主Bが500万円を提供するまで，「甲」の提供を拒むことができます。同様に，買主Bは，売主Aが「甲」を提供するまで，500万円の支払を拒むことができます。これを，同時履行の抗弁権といいます。民法533条は，「双務契約〔筆者注。契約当事者が相互に債務を負担しあっている契約のことです〕の当事者の一方は，相手方がその債務の履行（債務の履行に代わる損害賠償の債務の履行を含む。）を提供するまでは，自己の債務の履行を拒むことができる。ただし，相手方の債務が弁済期にないときは，この限りでない。」と定式化しています。

　同時履行の抗弁権は，双務契約において債務と反対債務が互いに結びつけられている点（牽連性といいます）に着目し，自分だけが履行して相手方から反対給付を受けることができないという事態の発生を防ぐことで，双務契約当事者間の公平を確保することをねらったものです。また，みずからの債務の履行の提供を一時拒絶することで，相手方に履行を促すという機能も有しています。

　同時履行の抗弁権が主として問題となるのは，①相手方から履行請求がされた場合に，同時履行の抗弁権に依拠して履行を拒絶する場面（3.2.2）と，②相手方から履行遅滞を理由とする損害賠償請求がされたり，契約の解除の意思表示がされたりした場合に，債務者に同時履行の抗弁権があるため，履行をしないのが正当化される——その結果，損害賠償請求や解除が認められない——という場面（3.2.3）です。

3.2.2 履行請求と同時履行の抗弁権

　前記の例で，売主Aが買主Bを被告として代金500万円の支払を求めて訴えを提起したとき，Aは，A・B間での売買契約締結の事実（売買目的物と代金）を主張・立証すれば，これにより，AのBに対する履行請求権（したがっ

て，500万円の支払請求権）の発生が基礎づけられます（通説によれば，履行請求を
する売主Aは，履行期の合意や，履行期が経過したことを主張・立証する必要はありま
せん。「契約には履行請求権能が内在している」との理解と，「期限の利益は債務者にあ
る」のだから〔民法136条1項〕買主Bの側が履行期の合意を主張・立証すべきであると
の理解が，その背後にあります）。

　ここでは，同時履行の抗弁権は，Aの履行請求に対するBの抗弁として現
れます。Bは，「Aが甲を引き渡すまで，代金の支払を拒絶する」との抗弁を
主張することができるのです（権利抗弁です。この意味については，民事訴訟法の
教科書を参照してください。なお，Bは，いまだ到来していない履行期の合意を主張・
立証することもできます）。

　Bから同時履行の抗弁が提出され，これが認められたときには，Aに対して
は，「原告の請求を棄却する」との敗訴判決が下されるのではなく，「被告は，
原告から甲の引渡しを受けるのと引き換えに，原告に対し，金500万円を支払
え。〔原告のその余の請求を棄却する。〕」という引換給付判決が下されます。

　ちなみに，Bから同時履行の抗弁が出されたとき，Aは，（1）自分が債務
の本旨に従った履行（の提供）をしたことや（履行の提供で足りるのは，民法533
条本文によるものです），（2）Bが自己の債務を先に履行するとの合意があった
こと（先履行の合意）などを，再抗弁として主張・立証することができます。

❖ 引換給付判決と執行段階での処理 ══════════════════════

　　債務者（B）の給付が反対給付と引き換えにされるべき場合，この引換給付判決
　に基づく強制執行は，債権者（A）が反対給付を履行したこと，または履行の提供
　があったことを証明したときに限って，開始することができます（民事執行法31条
　1項。例外については，民事執行法で学んでください）。その結果，債権者（A）は，
　みずからの反対給付を履行した事実または履行の提供をした事実を執行機関に証明
　しないと，強制執行が開始されません。このため，双務契約において給付と反対給
　付が実体上は引換給付の関係にあるとされながら，債権者（A）は，事実上，自
　己の反対給付についての先履行が強いられることになるのです。

3.2.3　履行遅滞を理由とする損害賠償請求と同時履行の抗弁権

　同時履行の抗弁権は，相手方から履行遅滞（民法412条）を理由とする損害賠

償請求がされた場合に，債務者に同時履行の抗弁権があるから履行をしないのが正当化されるという場面でも，問題となります（解除の場合も，同じように考えてください）。

前記の例で，買主Bが，売主Aによる「甲」を引き渡す債務の不履行（履行遅滞）を理由に，民法415条1項に基づき，Aを被告として損害賠償請求をしたとします。ここでは，原告Bは，請求原因として，まず，①A・B間での売買契約締結の事実，②催告（民法412条3項。ちなみに，履行期の定めがある場合には，履行期の合意と履行期の経過），③損害の発生とその額（および，履行遅滞と損害との因果関係）を主張・立証しなければなりません。

ところが，このとき，売買契約は双務契約ですから，Bが「A・B間での売買契約締結」の事実を主張・立証したことによって，Aの債務とBの債務とが同時履行関係にあるということが明らかとなります。その結果，履行遅滞を理由とする損害賠償をBから求められたAは，Bからの履行の提供がない限り，自分が履行をしないことが正当化されます（履行遅滞を理由とする損害賠償責任を負わなくてすみます）。それゆえ，Bとしては，履行遅滞を理由とする損害賠償請求を認めてもらうためには，請求原因のなかで，①・②・③に加えて，④みずからが履行の提供をしたこと，つまり「BがAに代金500万円を支払った（あるいは，提供した）」ことも主張・立証しなければなりません（**存在効果説**と呼ばれる立場です）。

このように，履行遅滞を理由とする損害賠償請求がされる場面で同時履行の抗弁権が問題となるときには，履行請求の場合とで，攻撃防御における同時履行の抗弁権の現れ方が異なる点に注意してください（以上に述べたのは，あくまでも，通説からの説明です。著者は行使効果説）。

ちなみに，Bからの損害賠償請求に対し，Aは，みずからが債務の本旨に従った履行の提供をしたことを，抗弁として主張・立証することができます（履行の提供をしたことで足りるのは，民法492条があるからです）。

3.2.4　同時履行の抗弁権の拡張

同時履行の抗弁権の背後には，双務契約では，債務と反対債務の間に牽連性があり，互いの義務を関連づけて履行させるのが公平に適するので，両義務の間に引換給付の関係を認めるのが適切であるとの考え方があります。この考え

方は，双務契約上の債務と反対債務の履行の場面のみならず，他の場面にも応用することができます。

　実際，民法その他の法律は，いろいろな場面で，明文の規定をもって民法533条を準用しています。たとえば，契約が解除された後の原状回復関係において相互に返還されるべき給付と反対給付の同時履行関係を扱う民法546条が，その例です。また，民法は，弁済をする者は，弁済の提供と引き換えに，弁済を受領する者に対して受取証書の交付を請求することができると定めていますが（民法486条1項），これも，弁済の提供と受取証書の交付が同時履行の関係にあることを述べるものです（詳しくは，債権総論で学習してください）。さらに，この種の明文の規定がない場面でも，解釈により同時履行関係が認められている場合があります。売買契約が無効であったり，取り消されたりした場合において不当利得を理由として返還されるべき給付と反対給付の返還が同時履行であると解されている場合や，借地関係において借地権者が建物買取請求権を行使した場合における借地の明渡しと建物代金の支払が同時履行であると解されている場合が，その例です。

3.2.5　履行に代わる損害賠償・追完に代わる損害賠償と対価の履行請求権との同時履行関係

　(1)　総論　たとえば，売買契約において売買の目的物が売主の責めに帰すべき事由により滅失した場合に，売主の引渡債務は履行不能になり，買主は売主に対して履行に代わる損害賠償を請求することができますが（民法415条2項1号），このとき，買主の履行に代わる損害賠償請求権と売主の代金請求権とは，同時履行の関係に立ちます。民法533条は，「債務の履行」に括弧書を付けて「債務の履行に代わる損害賠償の債務の履行を含む」とすることを通じて，このことを明らかにしています。

　また，請負契約において仕事の目的物が契約内容に適合していなかった場合（たとえば，建物の建築請負で完成した建物の耐震強度が契約で予定していたものに不足していた場合）に，注文者は請負人に対して不適合の追完（修補など）を請求することができますし，追完に代わる損害賠償を請求することができます（後述15.6）。この場合に，注文者の追完請求権と請負人の報酬請求権とは，同時履行の関係に立ちます。注文者は，不適合の追完がされるまで，請負人に対する報酬の支払を拒絶することができます。通説によれば，追完請求権は履行請

求権が具体化したものといえますから，これも，民法533条の適用事例です。また，注文者の追完に代わる損害賠償請求権と請負人の報酬請求権も，同時履行の関係に立ちます。通説によれば，追完に代わる損害賠償請求権は履行に代わる損害賠償請求権が具体化したものといえるからです。これも，民法533条の適用事例です（以上に述べたことは，請負の場合のみならず，売買その他の双務契約における追完請求権や追完に代わる損害賠償請求権についても妥当します）。

（2）「全体として」の同時履行関係　　旧法下の請負に関する判例に従えば，注文者が請負人に対して請負契約に基づいて報酬全額の支払を請求したとき，追完（修補）に代わる損害賠償請求権と報酬請求権は全体として同時履行の関係に立ち，請負人から報酬全額の支払を請求された注文者は，請負人から追完に代わる損害賠償の支払を受けるまでは，報酬全額の支払を拒むことができ，履行遅滞による責任も負わないとされます（最判平 9・2・14民集51-2-337。なお，この判決は，「瑕疵〔注。契約不適合に相当するものです〕の程度や各契約当事者の交渉態度等に鑑み，右瑕疵の修補に代わる損害賠償債権をもって報酬残代金債権全額の支払を拒むことが信義則に反すると認められるときは，この限りではない」とも述べています）。

判例が修補（追完）に代わる損害賠償請求権と報酬請求権との間の「全体としての」同時履行関係を原則として承認したのは，修補請求権（追完請求権）と報酬請求権との同時履行関係が問題となる局面（①）と，修補（追完）に代わる損害賠償請求権と報酬請求権との同時履行関係が問題となる局面（②）との間のバランスを重視したからです。

すなわち，請負人から報酬の支払を請求された注文者が修補請求（追完請求）との同時履行の抗弁を主張した場合（①）には，修補請求権と報酬請求権との間に同時履行関係が発生するため，注文者の報酬支払債務については履行遅滞の発生が回避されます。

他方，請負人から報酬の支払を請求された注文者が修補（追完）に代わる損害賠償請求との同時履行の抗弁を主張した場合（②）に，修補（追完）に代わる損害賠償請求権と報酬請求権との同時履行関係について，もし損害額と報酬額の「対当部分」についてのみ同時履行関係を肯定したのでは，損害額が報酬額を下回る事例（たとえば，修補〔追完〕に代わる損害が2000万円で請負報酬が7500万円）では，「差額部分」（この例だと，5500万円）にあたる報酬債務につき，注文者が履行遅滞に陥り，遅延損害金が発生することになります。

そこで，注文者が修補請求（追完請求）との同時履行の抗弁を主張した場合とのバランスを考慮に入れ，注文者が修補請求（追完請求）を選択した場合と修補（追完）に代わる損害賠償を選択した場合との間で遅延損害金に関して生じる不均衡を回避し，両者の場合における履行遅滞の発生を阻止するため，注文者が請負人から報酬の支払を請求された場面で，修補（追完）に代わる損害賠償請求権と報酬請求権との間の「全体として」の同時履行関係を承認したのです（さらに，その背景として，請負人が修補請求〔追完請求〕に応じない場合——したがって，注文者として損害賠償の手段によらざるを得ない場合——が多いことを危惧している点が考えられます）。

　以上に述べたことは，売買契約において契約の目的物に不適合があった場合の追完に代わる損害賠償請求権と代金請求権の同時履行関係についても妥当します。ここでも，売主が代金の支払を請求したとき，追完に代わる損害賠償請求権と代金請求権とは「全体として」同時履行の関係に立ち，買主は，追完に代わる損害賠償請求権をもって代金債権全額の履行を拒むことができます。

　(3)　「全体としての同時履行」と，残報酬支払債務が履行遅滞となる時期　　上記(2)のように考えたときには，上記の請負の例で，請負人の報酬請求（上の例だと，7500万円）に対し，注文者が修補に代わる損害賠償請求権（上の例だと，2000万円）を自働債権とする相殺の意思表示をした場合（このことは許されます。最判昭51・3・4民集30-2-48）に，相殺後の残報酬債務（上の例だと，5500万円）について注文者が履行遅滞の責任を負う——したがって，遅延損害金が起算される——のは，相殺の意思表示の翌日からということになります（差額部分についても，注文者がその履行をしないことが同時履行の抗弁権によって正当化されるからです）。いくら相殺の効果が相殺適状時にさかのぼる（民法506条2項）としても，相殺の意思表示をするまで注文者が報酬債務全額について履行遅滞の責任を負わなかったという効果に影響はないのです（最判平9・7・15民集51-6-2581）。

　他方，報酬請求権を自働債権とし，修補（追完）に代わる損害賠償請求権を受働債権とする請負人からの相殺は，注文者から同時履行の抗弁権を行使する機会（「全体として」の同時履行関係）を奪うことになるため，許されないように思われますが，判例は，報酬請求権を自働債権とする請負人からの相殺を認めています（最判平18・4・14民集60-4-1497，最判令2・9・11民集74-6-1693）。このときも，相殺後の残報酬債務について遅延損害金が起算されるのは，相殺の

意思表示の翌日からです。

　同様のことは，売買契約において契約の目的物に不適合があった場合にもあてはまります。

3.3　不安の抗弁権

　双務契約関係では，合意または慣習により，一方の当事者が相手方よりも先に履行をする義務（先履行義務）を負っている場合が少なくありません（異時履行の関係）。このような場合に，先履行義務を負っている当事者は，相手方に信用不安・財産状態の悪化など履行を期待することができない事情が生じたときでも，なお，みずからの先履行義務を尽くさなければならないのでしょうか。先履行義務を負った以上，もはや相手方からの履行請求を拒絶することはできないのでしょうか。

　異時履行の関係にある給付と反対給付も，時間的要素を別とすれば相互依存関係（牽連関係）にあるところ，相手方の信用不安・財産状態の悪化などによって反対給付実現への期待が動揺している状況下では，当該契約のもとで予定していた等価交換が将来において実現される保証がありません。このことを考慮して，わが国の学説は，明文の規定がないものの，信義則（民法1条2項）を根拠に，不安の抗弁権を導いています。

　不安の抗弁権とは，自分が先履行義務を負っている状況下で，相手方の信用不安・財産状態の悪化などにより反対債務の履行を受けることが期待できない状況が生じたとき，先履行義務者は，信義則に基づき，先履行を拒絶できるというものです。

　不安の抗弁権が問題となる場合としては，①契約締結時点では予期できなかった債権者の信用不安・財産状態の悪化などの事態が契約締結後に生じ，債務者が債権者からの反対債務の履行を受けることが危うくなった場合と，②契約締結時点で既に債権者について信用不安・財産状態の悪化などの事態が存在していたにもかかわらず，債務者がこのことを知らずに――知ることも期待できない状況下で――契約を締結し，その後にこの事態が発覚した場合とがあります。

　不安の抗弁権は，商品の継続的供給契約が締結されていて売主が商品を買主

に先渡しすること（代金が後払であること）が合意されている場合において，買主側に信用不安が生じたとき，売主が商品の出荷・供給を停止するといったような場面で役立つ制度です。もっとも，不安の抗弁権は，①先履行義務者が相手方からの履行請求を拒絶できることと，②先履行義務者が履行しなくても債務不履行責任を問われない（損害賠償を請求されたり，契約を解除されたりしない）という効果を導くにとどまります。これを超えて，③先履行義務者が相手方に対して担保提供まで求めることはできないというのが，一般の理解です。

そうはいうものの，契約相手方の信用状態・財産状態・給付能力等の見損ないについてのリスク（とりわけ，先履行を引き受けるリスク）は原則として自己負担が原則なのですから（自己決定に基づく自己責任），いくら対価的牽連性の実現が危うくなったからといって，不安の抗弁権を安易に認めることには問題があります。当該契約のもとで事後的信用不安を理由とするリスクがどのように両当事者に分配されていたのかを契約の解釈を通じて確定し，契約のもとで引き受けられていなかった信用不安・財産状態の悪化等により反対給付が実現されない危険が現実のものとなったときにはじめて，不安の抗弁権の成否も語ることができるというものです。

3.4　第三者のためにする契約

3.4.1　第三者のためにする契約とは？

第三者のためにする契約とは，契約から生じる権利を第三者に直接に帰属させることを目的とする契約のことをいいます（民法537条1項）。たとえば，AがBにパソコンを10万円で売るときに，代金10万円をBがCに支払うことを合意したような場合です（AがCから以前に10万円を借りていたが未返済であったという状況を，あわせて考えておけばよいでしょう）。あるいは，AがB保険会社との間で生命保険契約を締結した際に，保険金受取人としてCを指定していたという場合（保険法8条・42条・71条も参照してください）を考えれば，わかりやすいかもしれません。債務者と引受人との間で締結される併存的債務引受も，第三者のためにする契約の一種です（ここでは，引き受けられる債務の債権者が受益

者となります。民法470条4項は，第三者のためにする契約に関する規定に従うとしています）。第三者を受益者とする信託契約（信託法88条）も，第三者のためにする契約の例です。

第三者のためにする契約において，利益を受ける第三者のことを受益者（beneficiary）といい，受益者に対して給付をする人のことを諾約者（promisor）といい，この諾約者の契約相手方のことを要約者（promisee）といいます。また，諾約者と要約者の間に存在している法律関係のことを補償関係といい，受益者と諾約者の関係を給付関係（出捐関係），受益者と要約者の関係（上記のパソコンの売買の例では，A・C間に成立していた金銭消費貸借契約）を対価関係といいます。

3.4.2　第三者のためにする契約と契約の当事者

第三者のためにする契約では，受益者は契約当事者でありません。契約に基づき諾約者に対する権利を取得するだけです。裏返せば，第三者のためにする契約において，契約それ自体は，第三者の受益の意思表示に関係なく成立しているのです。

また，要約者と受益者との間の対価関係の存否も，第三者のためにする契約の成立とは無関係です。対価関係に瑕疵（不存在・無効・取消事由）があったとしても，第三者のためにする契約そのものは成立します。

受益者である第三者は，契約の締結時点で現存している必要はなく，特定している必要もありません。胎児や設立中の法人も，受益者とすることができます（民法537条2項）。もとより，受益者とされた者が現実に出現した場合には，この者が第三者のためにする契約の効果を受けるためには，次に述べるように，この者による受益の意思表示が必要です。

3.4.3　受益の意思表示

第三者のためにする契約において，受益者が権利を取得するには，受益の意思表示（「契約の利益を享受する意思」の表示）が必要です（民法537条3項）。その背景にあるのは，利益といえども意思に反して強制されないとの思想です。もっとも，法律上，例外的に受益の意思表示が不要とされている場合があるので，注意してください（保険法8条・42条・71条，信託法88条1項）。

受益の意思表示の相手方は，諾約者です（民法537条3項参照）。

受益の意思表示があれば，諾約者に対する受益者の直接請求権が発生します（民法537条1項・3項。その意味で，受益の意思表示は，形成権の行使です）。

受益の意思表示がされたことによって第三者の権利が発生した後は，諾約者や要約者は，受益者の権利を変更または消滅させることができません（民法538条1項）。これは，諾約者と要約者の合意により受益者の権利を変更・消滅させることができないという意味の規定です。

なお，受益の意思表示によって受益者が取得するのは，諾約者に対する債権に限られません。たとえば，第三者のためにする特定物の売買契約や，第三者のためにする特定物の贈与契約では，受益者は，受益の意思表示によって，目的物の所有権も取得します。

3.4.4　受益の意思表示後の諾約者の不履行

受益の意思表示をしたにもかかわらず，諾約者が受益者に対して履行をしない場合は，どのようなことになるでしょうか。まず，受益者は，諾約者に対して履行を請求できますし，債務不履行を理由として損害賠償を請求することもできます。しかし，受益者は，契約の解除をすることはできません。第三者のためにする契約において，契約当事者はあくまでも諾約者と要約者ですから，契約の解除権や取消権は，この者たちがもつだけです。

要約者も，契約に基づき，諾約者に対し，「受益者に対して履行するように」と請求することができますし，債務不履行を理由として損害賠償を請求することもできます（なお，諾約者に対する受益者の直接請求権と要約者の債権は，権利の内容が異なりますから，連帯債権ではありません）。

他方，要約者が契約を解除するには，（既に受益の意思表示をした）受益者の承諾を得る必要があります（民法538条2項）。第三者が受益の意思表示をした後は，諾約者である債務者が受益者に対する債務を履行しないからといって，受益者の諾約者に対する権利を要約者が受益者に無断で奪うのは相当でないとの理由で，要約者は受益者の承諾を要件として契約を解除することができるとしたのです。なお，解除の手続については，解除の一般規定によります。

3.4.5　諾約者の抗弁

　諾約者は受益者からの請求に対し，諾約者・要約者間の契約から生じる抗弁をもって，対抗することができます（民法539条）。たとえば，諾約者は，受益者からの給付請求に対し，要約者が自分に対して負担する債務（上記の例では，パソコンの引渡し）との同時履行を主張できますし，契約が無効であることや取り消されたこと，解除されたことを主張できます。

　もとより，諾約者が受益者に対して反対債権を有している場合には，通常の債務者の場合と同様に，民法505条のもとで相殺を主張することができるのは，いうまでもないことです。

第4章

契約の解除と危険負担

4.1 解除の意義

4.1.1 契約総則の定める解除権

　民法典が「契約の解除」の項で定めている契約の解除とは，当事者の一方が契約または法律の規定により，相手方に対する一方的意思表示によって契約を終了させることをいいます（民法540条1項）。この場合に，解除をする当事者が有している権利のことを，解除権といいます（解除権は，形成権です）。

　たとえば，売買契約で，買主が期日までに代金を支払わず，売主が一定の期間を指定して代金を支払うように催告してもなお支払わなかったときには，売主は，買主の債務不履行を理由として，一方的な意思表示により，売買契約を解除することができます。

　どのような場合に，債権者が解除権をもつかは，両当事者の契約で定められている場合と，法律の規定によって定められている場合とがあります（民法540条1項）。前者を約定解除，後者を法定解除といいます。

　解除の意思表示がされると，契約は終了し，その結果，未履行の債務は消滅しますし，それまでに給付・反対給付がされていれば，これらの給付については返還義務（原状回復義務）が生じることになります（民法545条1項本文）。

　以下では，一方的意思表示による解除のうち，主として，**債務不履行を理由**とする解除を扱います（なお，消費者契約では，事業者の債務不履行により生じた消費者の解除権を放棄させる条項や，事業者に解除権の有無を決定する権限を付与する条項は，不当条項として無効とされます。消費者契約法8条の2）。

4.1.2　解除に類似するもの

　世の中で「解除」といわれているものには，契約総則に定められた「契約の解除」にあたらないものがあります。

　①　契約当事者が事後的に契約を解消するという合意をし，この合意の結果として契約が終了する場合があります（合意解除）。このような合意のことを，解除契約といいます。

　②　契約を締結する際に，「これこれの出来事が生じたときには，契約は当然に終了する」といったような附帯条項が入れられている場合があります。こうした附帯条項のことを，解除条件といいます。また，契約に終了時期（終期）が付けられている場合もあります。これらの制度については，民法総則の教科書を参照してください。

　③　契約が一方的意思表示で解消される際に，それまでに契約当事者間でおこなわれた給付・反対給付を原状回復の関係に置かず，単に契約関係を将来に向かって消滅させるだけという場合があります。たとえば，賃貸借に関する民法620条前段は，「賃貸借の解除をした場合には，その解除は，将来に向かってのみその効力を生ずる。」と定めています。このような解除のことを，解約告知といいます（従前は，単に「告知」ということも多かったのですが，紛らわしいので「解約告知」といったほうがよいでしょう）。

　④　債務不履行が存在しないときでも，特別に，一方当事者に対し，一方的意思表示で契約を終了させる権利（任意解除権）が与えられている場合があります。たとえば，委任に関する民法651条1項は，「委任は，各当事者がいつでもその解除をすることができる。」と定めていますし，請負に関する民法641条は，「請負人が仕事を完成しない間は，注文者は，いつでも損害を賠償して契約の解除をすることができる。」と定めています。さらに，割賦販売法や特定商取引法などの特別法には，クーリング・オフと称される解除権（理由を問うことなく契約を終了させる権利）を定める規定がたくさんあります。

　⑤　その他，民法上の制度としては取消しや無効にあたるものが，一般社会では「解除」といわれている場合がありますので，注意してください（無効・取消しの制度については，民法総則で学びます）。

4.2　解除制度の目的
──債務不履行を理由とする解除の場合

4.2.1　債権者を契約の拘束力から解放すること

　債務不履行を理由とする解除は，何を目的とした制度なのでしょうか。

　かつては，解除は，債務不履行をした債務者に対して，債権者がその責任を
追及するための手段であると考えられていました。解除権は，損害賠償請求権
と並ぶものとして位置づけられていたのです。しかも，解除が債務者に対する
責任追及手段であるとされるときには，解除権が認められるためには，損害賠
償と同様，債務者に責任を負わせるのが相当な事由，すなわち，**債務者の帰責
事由**（債務者の責めに帰すべき事由）が必要であるとされていました。旧法のも
とでの伝統的見解は，この立場に依拠して，解除制度を説明していました（履
行不能が債務者の責めに帰することができない事由によるものであるときは契約を解除
することができないとしていた旧法543条は，そのあらわれでした）。

　これに対して，現民法は，解除制度の目的をこれとは異なった視点のもとで
捉えています。そこでは，解除は，債務不履行をされた債権者を「**契約の拘束
力**」から解放するための制度として立案されています。債務不履行により債権
者が契約を維持する利益ないし期待を失っている──したがって，債権者を契
約のもとに拘束しておくことが合理的にみて期待できない──との理由から，
「契約の拘束力」から離脱する権利を債権者に認めた，それが解除権であると
考えられているのです。

4.2.2　解除制度の目的からの帰結

　このことは，次の2つの点で，重要な帰結をもたらします。

　（1）**債務者の帰責事由は不要**　　解除権が認められるためには，債務者の帰
責事由は不要です。民法541条以下は，「債務者の責めに帰すべき事由」につい
て言及していませんが，これは，債務者の帰責事由を意図的に解除の要件から
外しているのです。

　（2）**重大な契約違反**　　債務者が債務不履行をしたとの事実から，直ちに解

除権が導かれるのではありません。契約の解除は，いったん認められた契約の拘束力を当事者の一方的な意思で事後的に失わせるという強力な効果を生じさせるものです。「債務者は債務不履行をしたのだから，解除されても仕方がない」などとは，一概にいえません。契約関係を維持しつつ，債務不履行によって債権者が被る不利益を別の手段（たとえば，損害賠償）で満足させることができるのであれば，契約の拘束力を失わせなくても債権者に不利益はないし，債務者にとっても，契約のもとでおこなってきた活動が否定されなくてすむからです。このような考え方からは，債務不履行を理由とする契約の解除が認められるためには，単に「債務の不履行があった」というだけでは足りず，債権者を契約のもとに拘束しておくことが合理的にみて期待できないような事情が付け加わったときにはじめて，解除権が与えられるべきだということになります（重大な契約違反）。

　もっとも，どのような場合に解除が正当化されるか（債務不履行＋αの，αにあたるものが何か）は，4.4 と 4.5 にみる催告解除の場合と無催告解除の場合とで異なっています。

4.3　解除権の発生障害
——債権者の責めに帰すべき事由による債務不履行

　債務不履行が債権者の責めに帰すべき事由によって生じた場合は，債権者は，債務不履行を理由として契約の解除をすることができません（民法543条）。この場合は，債務不履行のリスクは，これについて帰責事由のある債権者が負担すべきですから，債務不履行を理由に「契約の拘束力」から離脱する権利を債権者に与える必要はないのです。民法543条は，危険負担に関する民法536条2項（後述 4.9.4(2)）と同じ趣旨に出たものです。

　したがって，売買契約において，売主の債務不履行が買主の責めに帰すべき事由によるものである場合，たとえば，買主が売買の目的物である売主所有の中古カメラを不注意で壊してしまったため，このカメラの引渡しが不能となった場合，買主は履行不能を理由として契約を解除することはできませんし，売主は，買主に対して代金の支払を求めることができます。

　受領遅滞中の履行不能の場合で，履行不能が債務者の責めに帰することができない事由によって生じたときも，債権者の責めに帰すべき事由によるものと

みなされますから（民法413条の2第2項），債権者は，履行不能を理由として契約の解除をすることができません。

なお，民法543条により解除をすることができない場合に，債務者は，自己の債務を免れたことによって得た利益を債権者に償還しなければならないと解すべきです（民法536条2項の法意）。たとえば，A・B間の売買契約で，買主Bの責めに帰すべき事由により売主Aのもとで売買目的物が滅失した場合に，Bは売買契約の解除をすることができませんから，AはBに対して売買代金の支払を請求することができますが，Aが売買目的物の滅失により節約することができたこの物の運送費用・保管費用に相当する額は，Aが請求できる代金額から控除されます。

4.4　催告解除

4.4.1　基本的な考え方

当事者の一方がその債務を履行しない場合において，相手方が相当の期間を定めてその履行の催告をし，その期間を経過したときは，相手方は，契約の解除をすることができます。ただし，その期間を経過した時における債務の不履行がその契約および取引上の社会通念に照らして「軽微」であるときは，この限りでありません（民法541条）。

ここでは，相当期間が経過した時点で，当初の債務不履行後の催告に対する無応答という債務者の態度も加味すれば，当該債務不履行により債権者が契約を維持する利益ないし期待を失っているとの理解から，〔債務不履行〕＋〔催告〕＋〔相当期間の経過〕が全体として重大な契約違反となる──したがって，「契約の拘束力」からの解放を認めてよい──との考え方が採用されています（しかも，このとき，債務者には遅れた履行をする機会が相当期間確保されていたのですから，この相当期間内に履行をしなかった債務者が契約を維持することについての利益が奪われたとしても，不当とはいえません）。

他方，〔債務不履行〕＋〔催告〕＋〔相当期間の経過〕を全体として考慮したならば債務不履行が「軽微」と評価される場合には，当該債務不履行により

債権者が契約を維持する利益ないし期待を失っていないゆえに，解除権が否定されるものと考えられています。

4.4.2　催告解除の要件

たとえば，A・B間で，AがBに高級カメラを20万円で売却する契約を締結したとします。その後，AがBにカメラを引き渡したにもかかわらず，BはAに代金を支払ってくれません。このとき，Aは，契約を解除することができるでしょうか。

この例のように，債務者の履行遅滞（民法412条）を理由として契約を解除するとき，債権者は，次の(1)・(2)・(3)の事実を主張・立証しなければなりません（民法541条本文）。上記の例で，Aが，Bに対し，売買契約を解除したことを理由にカメラの返還を求めたという設定で説明します。

　(1)　履行遅滞が発生していること

①　A・B間での売買契約の締結（目的物，代金）

②　履行期（代金支払期限）の合意

③　履行期（代金支払期限）が経過したこと

④　AがBに対してカメラを引き渡したこと（または提供したこと）

ここでは，特に，④に注目してください。第3章で同時履行の抗弁権を解説した際に述べたように，①の事実から，Aの債務とBの債務とが同時履行の関係にあること，したがって，同時履行の抗弁権の存在が明らかになります。そして，同時履行の抗弁権の存在が認められるときにはBが債務を履行しないことが正当化されますから，Aとしては，解除が認められるためには，同時履行の抗弁権の存在を否定しなければなりません。したがって，④の事実，つまり，自分の債務の履行（の提供）をしたことを主張・立証しなければならないのです（存在効果説）。

なお，②・③は，確定期限つき債務の場合を例にとって示したものです。履行期の定めがない債務（民法412条3項）の場合には，「AがBに代金支払の請求をしたこと」が②・③の要件事実に代わります。また，不確定期限つき債務の場合（民法412条2項）には，②・③に加え，「代金支払期限の到来をBが知ったこと」または「履行期の到来後に，AがBに代金支払の請求をしたこと」も主張・立証しなければなりません。

(2)　催告および相当期間の経過　　民法541条には,「相手方が相当の期間を定めてその履行の催告をし, その期間内に履行がないときは…」と書かれています。一般に, 相当期間つき催告および相当期間の経過というように表現されることが多い要件です。

　しかし, 相当期間を定めないで催告をした場合や, 不相当に短い期間を定めた催告も, 無効ではありません。これらの場合でも, 客観的にみて相当期間が経過すれば解除権が発生すると考えられています (大判昭2・2・2民集6-133, 最判昭29・12・21民集8-12-2211)。したがって, ①履行を催告したことと, ②催告後に相当期間が経過したことというのが適切でしょう (このとき, 債務者は, 抗弁として,「相当期間経過前に, 債権者に対し, 遅延賠償を含め債務の本旨に従った履行の提供をしたこと」を主張・立証することで, 解除を免れることができます。大判大6・7・10民録23-1128)。

　なお, 催告不要の特約を契約当事者間で結ぶのも, 契約自由の原則より有効です (最判昭43・11・21民集22-12-2741。民法90条の公序良俗違反や消費者契約法10条の不当条項の問題は残ります)。

　さらに, やや細かな問題ですが, 期限の定めがない債務の場合には, (1)で述べたように債務者を履行遅滞に陥れるためには催告 (履行の請求) が必要なところ, この場合には, 履行遅滞に陥れる催告で解除権を発生させるための催告を兼ねることができ, 二度の催告をする必要はありません (債権者が催告をする前に債務者が履行遅滞に陥っている必要はないのです。大判大6・6・27民録23-1153)。

　(3)　相手方に対する解除の意思表示をしたこと　　前述したように, 解除権は形成権であり, 解除権の行使は, 相手方に対する一方的意思表示によっておこなわれます。

　もとより, 解除の意思表示不要の特約は, 原則として有効です (ここでも, 民法90条の公序良俗違反や消費者契約法10条の不当条項の問題は残ります)。

　解除の意思表示がされれば, もはやこれを撤回することは許されません (民法540条2項)。撤回を認めたのでは, 相手方の地位や法律関係の安定を害することになるからです。

　ちなみに, 契約当事者の一方が多数の者であるときには, この者たちに対する解除の意思表示は全員に対してしなければならず, この者たちからの解除の意思表示は全員でしなければなりません (民法544条)。これを, 解除権の不可分

性といいます。

4.4.3 催告解除が認められない場合——不履行が軽微な場合

　債権者が履行の催告をして，相当の期間が経過したものの，債務者がなお履行をしないにもかかわらず，これによって契約を維持することへの債権者の期待ないし利益が脱落したとまではいえない場合があります。この場合には，債権者による解除は認められません。民法541条ただし書は，「その期間を経過した時における債務の不履行がその契約及び取引上の社会通念に照らして軽微であるときは，この限りでない。」と規定することで，このことを明らかにしています。

　なお，「取引上の社会通念」という表現が入っているのは，不履行が軽微であるか否かが，当該契約の性質，契約をした目的，契約締結に至る経緯その他の取引をとりまく客観的事情をも考慮して定まることがありうることを示すためのものです。

　不履行が軽微な場合には，①違反された義務自体が契約全体からみて軽微な場合（付随的義務のうち，契約全体からみて重要度が低い義務に違反があった場合）と，②義務違反の態様が軽微な場合（給付の遅れや不完全さが軽微な場合）とが含まれます。軽微かどうかは，取引観念を考慮し，契約の趣旨に照らして判断されます。たとえば，居住用建物の内装工事請負契約で，内装に用いられた壁紙の色調が本来予定していたものと若干異なっていたため，注文者が壁紙の張替えを求めたものの，請負人が期間内に対応をしなかった場合を想定してください。

　ここで気をつけなければならないのは，相当期間が経過した後に履行がされていないにもかかわらず，契約目的はなお達成可能であるという場合であっても，不履行が軽微でないときは，催告解除が認められるという点です。債務者は，「契約目的の達成はなお可能である」と反論（主張・立証）したとしても，それだけでは解除を免れることができないのです（催告解除を否定するには，「不履行が軽微である」ことの主張・立証が必要です）。

4.5 無催告解除

4.5.1 基本的考え方——契約目的達成不能を理由とする解除

民法は，債務不履行を受けた債権者が，催告をして履行（ないし追完）をする機会を債務者に与えるまでもなく，債務不履行を理由として直ちに契約を解除することができる各種の類型を定めています（民法542条1項）。それらはいずれも，立案担当者の理解するところによれば，債務不履行によって契約目的の達成が不可能になった——その結果として，当該債務不履行により債権者が契約を維持する利益ないし期待を失っている——と評価できる場合です。

なお，解除に債務者の帰責事由が不要であることは，既に述べたとおりです（前述 4.2.2）。

4.5.2 無催告解除が認められる場面

無催告解除が認められるのは，以下の場合です（民法542条1項）。立案担当者によれば，④が，契約目的達成不能を理由とする解除の受け皿となる規定です。

① 債務の履行の全部が不能であるとき（1号）　　ここでの履行不能は，後発的不能のみならず，原始的不能も含みます（民法412条の2参照）。

② 債務者がその債務の全部の履行を拒絶する意思を明確に表示したとき（2号）　　明確な履行拒絶は，履行期後の履行拒絶のみならず，履行期前の履行拒絶も含みます。

③ 契約の性質または当事者の意思表示により，特定の日時または一定の期間内に履行をしなければ契約をした目的を達することができない場合（定期行為といいます。知人の結婚式で贈呈するブーケを注文したような場合）において，債務者が履行をしないでその時期を経過したとき（4号）

④ 債務者がその債務の履行をせず，債権者がその履行の催告をしても契約をした目的を達するのに足りる履行がされる見込みがないことが明らかであるとき（5号）

4.6 一部解除

　契約上の債務の一部について不履行がされた場合には，(a) 債権者は一部のみを捉えて契約の解除をすることができるかという問題と，(b) 債権者は契約全体の解除をすることができるかという問題があります。

　① 　給付義務の一部履行遅滞の場合（たとえば，数量不足であるが，残部の調達が可能な場合）に，債権者は，その一部について，相当期間を定めて催告をし，その期間内に当該部分についての履行がされないときは，債権者は，契約の一部解除をすることができます（民法541条からの当然の帰結です）。ただし，当該部分の履行がされないことが軽微な場合は，債権者は，一部解除をすることができず，損害賠償による保護によって満足しなければなりません。他方，残部のみの履行または遅れた一部履行では契約をした目的を達成することができないときは，債権者は，契約全体を解除することができます（民法542条1項5号）。

　② 　債務の一部の履行が不能である場合，または，債務者がその債務の一部の履行を拒絶する意思を明確に表示した場合には，債権者は，催告を要することなく，契約の一部の解除をすることができます（民法542条2項）。債務の一部の履行が不能である場合，または，債務者がその債務の一部の履行を拒絶する意思を明確に表示した場合において，残存する部分のみでは契約をした目的を達することができないときは，債権者は，催告を要することなく，契約の全部の解除をすることができます（民法542条1項3号）。

　③ 　給付義務については履行がされたものの，付随義務・保護義務に違反があった場合，(i) 債権者は，相当期間を定めて当該義務の履行を催告し，その期間内に義務の履行がされないときは，期間経過時における義務違反が契約全体からみて軽微でなければ，契約全体を解除することができ（民法541条），(ii) その義務が履行されないことにより，契約をした目的を達成することができないのであれば，債権者は，催告なしに契約全体を解除することができます（民法542条1項5号。もとより，当該義務の履行のみを独立に〔可分なものとして〕観念することができる場合には，その義務に係る部分のみを解除することもできます。たとえば，機械の売買契約で取換え用の予備の部品〔他の業者から調達することが可能なもの〕の供給が滞った場合）。

　たとえば，リゾートマンションの区分所有権の売買契約と，屋内スポーツ施設を利用するスポーツクラブ会員権の売買契約が締結されていたところ，スポーツ施設の完成が遅延したために，その利用が大幅に遅れることとなったとき，買主は，会員権売買契約を解除することができるとして（民法541条・542条），マンションの区分所有権の売買契約を解除することができるでしょうか。

　判例は，複数の契約が同一の当事者間で結ばれている事案で，①複数の契約の目的が相互に密接に関連付けられていて，②社会通念上，契約の一方が履行されるだけでは契約を締結した目的が全体としては達成されないときは，1つの契約に債務不履行による解除の原因があれば，債権者は複数の契約の全てを解除することができるとしています（最判平8・11・12民集50-10-2673）。

　なお，形式的には契約が複数存在するかにみえても，法的には1個の契約として評価すべき場合は，この問題は，一部不履行を理由とする契約の一部解除と全部解除という文脈で捉えられることになります。

4.7　解除権の消滅

4.7.1　相手方による催告と相当期間の経過

　合意や法律の規定によって解除権の行使期間が定められていないときには，解除の相手方は，解除されるかどうか不安定な状態に置かれます。そこで，相手方は，解除権を有する者に対して，相当期間を定めて解除をするかどうか確答するように，催告をすることができます。相当期間内に解除の意思表示が到達しなかったならば，解除権は消滅します（民法547条。解除権の行使期間の合意があることについては，解除権者の側が，解除権消滅の抗弁に対する再抗弁として，主張・立証責任を負います）。催告と相当期間経過との関係については，4.4.2(2) を参照してください。

4.7.2　解除権者の故意・過失による給付対象の損傷・返還不能・加工・改造

　解除権を有する者が，自己の故意または過失によって契約の目的物を著しく

損傷したり，返還不能にした場合や，加工・改造によって他の種類の物に変えたときは，解除権が消滅します（民法548条本文）。

　ただし，解除権を有する者が，解除権を有することを知らずに上記の行為をしたときは，解除権は消滅しません（同条ただし書）。解除後に目的物が滅失するなどして返還不能となった場合の処理については，後述する4.8.3をご覧ください。

4.7.3　解除権の消滅時効

　解除権は，債務不履行の時から10年または債権者が債務不履行の事実を知ったときから5年の消滅時効にかかります（客観的起算点からの10年の時効に関しては，旧法下のものですが，大判大6・11・14民録23-1965）。民法166条2項ではなく，「債権」に準じて同条1項で処理するのです。そして，解除の結果として生じる原状回復請求権は，解除によって発生した新たな債権であって，解除権とは別に，解除の時から5年で時効消滅します（この場合には，客観的起算点と主観的起算点はほとんどの場合に一致するでしょうから，10年の時効が問題となることは稀です。なお，旧法下のもの〔したがって，客観的起算点から10年の消滅時効についてのもの〕ですが，本文と同趣旨のことを述べた判決として，大判大7・4・13民録24-669，最判昭35・11・1民集14-13-2781）。

4.8　解除の効果

4.8.1　総　論

　解除の効果は，民法545条に定められています。それによると，解除が認められた場合，既におこなわれた給付については，原状回復がされることになります（同条1項本文）。ただし，解除前に登場した第三者の利益を害することはできません（同条1項ただし書）。また，解除がされたときであっても，債権者が債務者に対し，債務不履行を理由として損害賠償を請求することは妨げられません（同条4項）。

❖ 民法545条１項ただし書の「第三者」════════════

　民法545条１項ただし書の「第三者」は，解除された契約から生じた法律関係を基礎として，解除前に新たな権利を取得した者（目的物の譲受人，目的物の上に抵当権や利用権を設定した者など）のことをいいます。

　ここにいう「第三者」にあたるかどうかを判断する際には，第三者の善意・悪意を問いません。解除が問題となる契約では，契約そのものに瑕疵はなく，効果面においてまったく問題のない契約が締結されているのであって，その基礎の上に登場した第三者は取引において合理的に行動したものと捉えられるべきだからです。

　もっとも，判例は，「第三者」が目的物に関する所有権の取得者である場合には，この者は対抗要件（民法177条・178条）を備えていなければ，みずからの所有権取得を解除権者に対抗できないとしています（大判大10・５・17民録27-929。対抗要件というよりは，権利資格保護要件でしょう）。結局，民法545条１項ただし書のもとでの保護を主張する者は，①みずからが同項ただし書の「第三者」であること，②解除前に登場した者であること，③みずからの地位につき対抗要件を備えたことを主張・立証しなければならないことになります。

　この判例理論の当否および「解除後の第三者」の問題については，一般に，物権法の教科書において「解除と登記」という項目のあたりで説明されますので，そちらでの解説を参照してください。

4.8.2　解除の遡及効——直接効果説

　判例・通説は，ここで，解除の効果は契約締結時にさかのぼって生じる（解除による契約消滅の効果は，契約締結時にさかのぼって生じる）という立場を採用しています（大判大７・12・23民録24-2396，大判大８・４・７民録25-558）。この立場は，一般に，直接効果説と呼ばれています。

　直接効果説からは，解除された契約に基づいて当事者が既におこなっていた給付は，いまや，契約が最初からなかったことになりますから，「法律上の原因のない給付」と評価され，不当利得（給付利得）として返還の対象になります。したがって，民法545条１項本文が定める原状回復義務は，民法703条以下の不当利得返還義務の特則として位置づけられることになるのです（最判昭34・９・22民集13-11-1451）。

　また，直接効果説からは，解除された契約に基づいて契約目的物の所有権の移転がおこなわれていたとしても，所有権移転は，その原因となる契約が最初

からなかったことになる結果，最初から生じなかったことになります（前掲大判大8・4・7，最判昭35・11・29民集14-13-2869）。たとえば，A・B間でAがBに自己所有地を売却し，その後に契約が解除されたときには，この土地の所有権は最初からAに帰属したままだったものとして扱われ，Bは，この土地について最初から無権利者だったということになります。

　それでは，直接効果説からは，解除をしたとしても債権者が債務者に対して損害賠償を請求することができる（民法545条4項）ということは，どのように説明されるのでしょうか。論理的に考えたならば，解除の結果として契約が最初からなかったのならば，債務も最初からなかったわけであり，それゆえに債務不履行の事実も存在しないものとして扱われなければならないことになりそうです。このように考えると，ここでの損害賠償とは，せいぜい，契約の成立を信じたことにより解除権者が被った損害，すなわち信頼利益の賠償にとどまりそうです（実際，このように説く見解も，昭和初期までは一部に存在していました）。

　しかし，判例・通説は，民法545条4項の規定は，債権者（解除権者）を保護するため，法律が特に解除の遡及効に制限を加えたものだとします。こうすることで，債務不履行責任が残存するものとして扱い，債権者に，債務者に対する履行利益（履行があれば得たであろう利益）の賠償請求権を認めているのです（大判昭8・2・24民集12-251，最判昭28・10・15民集7-10-1093）。なお，債権者が債務者に対して履行利益の賠償を請求する場合には，民法415条の定める要件を充たしていなければなりませんし，不履行が債務者の責めに帰すことができない事由によるものであったとの抗弁も問題となってきます（これについては，債権総論の教科書を参照してください）。

　直接効果説の立場からは，さらに，解除前に登場した第三者の利益を害することはできないとする民法545条1項ただし書の規定も，同様に，解除前に登場した第三者の利益を保護するため，法律が特に解除の遡及効に制限を加えたものと理解されています。

❖ 原内容変容説
　　判例・通説の遡及構成が破綻している点を捉え，また遡及的に契約の効果を消滅させるのは過剰である点を指摘して，「解除の効果は遡及しない」とする見解も有力に唱えられています。その論者らの主張にはバラエティがありますが，そのなかでも説得力があるのは，原内容変容説ともいうべき見解です。
　　それによれば，解除により，当初の契約関係の内容が清算を目的とした原状回復

を内容とする契約関係へと変容するだけであって，もとの契約は存続しつつ内容を変じるにすぎないとされます。この立場からは，給付された目的物に関する原状回復は契約に基づく清算関係そのもの（実現された給付の巻戻し）であって，「不当利得」という観点から捉えられるべきものではないとされます。また，解除後もなお債務不履行を理由とする履行利益の賠償請求権が認められることや，解除前に登場した第三者が保護されることも，無理なく説明されることになります。

4.8.3　原状回復の内容

（1）　給付された物の返還——原物返還義務　　解除による原状回復の際に，給付を受領した者のところに現物が存在していたならば，原物返還がされることになります。双方が相手方からの給付を受領した後に解除がされたときには，双方が給付対象の返還義務を負うところ，両者の返還義務は，同時履行の関係に置かれます（民法546条。給付と反対給付の客観的価値の大小を問いません。最判昭63・12・27金法1217-34）。

（2）　原物返還不能の場合の処理——価額返還義務　　原物が減失・損傷していたとき，その価値代替物（代償）が受領者のもとに存在していれば，原物返還の延長形態として，その代償の返還が認められるべきです。こうした代償すら存在しないときには，現物の客観的価値相当額の返還が認められることになります。

たとえば，A・B間でAがBに中古のバイクを5万円で売却する契約を締結し，双方がそれぞれの給付を実現した後，このバイクに欠陥があったことが判明し，Bにより売買契約が解除されたとします（この欠陥のあるバイクの客観的価値は3万円であったとします）。ところが，バイクと代金とを返還するという段階になって，バイクがBのもとから何者かにより盗まれてしまいました（バイクの盗難について，Bには故意・過失がなかったとします。バイクの盗難が解除の意思表示の前に生じ，かつ，このことについてBに故意・過失があれば，4.7.2で述べたように，民法548条により，解除権そのものが排除されます）。このとき，Bは，バイクの客観的価値相当額の返還義務を負うことになります。他方，Aは，代金を返還しなければなりません。

もっとも，このように考える場合でも，解除後の目的物の減失・損傷について返還請求者の側に故意・過失があるときは，民法548条の趣旨（給付目的物の

滅失・損傷につき給付者に故意・過失があるときは，この者が危険を負担するとの考え方）から，返還義務者は価額返還義務から解放されると考えることもできるように思われます。上記の例では，バイクの返還義務は，Bの責めに帰することができない事由により不能となったときでも，原則として価額返還義務に転換するものの，例外的に，この履行不能がAの責めに帰すべき事由によって生じた場合にのみ，価額返還義務へと転換しないと考えるのです。他方，Aの代金返還義務は，いずれの場合も，そのまま存続します。

　（3）　利息・使用利益・果実の返還　　契約当事者が金銭を受領していた場合には，解除による原状回復として，金銭を受領した時からの法定利息を付して返還しなければなりません（民法545条2項）。受領者の善意・悪意を問いません。

　金銭以外の物を受領した場合には，解除による原状回復として，目的物を受領した時以後に生じた果実を返還しなければなりません（民法545条3項）。使用利益についても同様に解すべきでしょう。ここでも，受領者の善意・悪意を問いません（なお，占有者の果実収取権を定める民法189条・190条の規定は契約関係のない所有者・占有者間での果実の帰属に関する規律を定めたものであり，契約解除の場合には適用も類推もされるべきものではありません）。

　（4）　解除前に目的物に投下された費用の償還　　解除前に目的物に投下された費用のうち，契約に基づき債務の履行として投下された費用については，解除による原状回復義務の枠内で――価額返還として――処理されます。

　これに対して，債務の履行とまったく関係なく目的物に投下された費用については，民法196条の費用償還請求権に関する規定によって処理されるべきです（民法196条については，物権法の教科書を参照してください）。

4.9　危険負担

4.9.1　ここまでの説明を受けて――双務契約における解除制度の意義

　4.2で述べたように，解除を契約の拘束力から債権者を解放する制度として捉え，解除をするために債務者の帰責事由は不要であるという立場を採用したとき

には，解除は，双務契約の場面では，債権者を反対債務から解放する制度としての意味をもつことになります。

　裏返せば，双務契約において，債務不履行をされた債権者は，自己の反対債務から解放されたければ，契約解除の意思表示をしなければなりません。このことは，債務者の債務の履行が不能である場合について，大きな意味をもってきます。つまり，履行不能の場合も，反対債務が当然に消滅するということにはなりません（「履行不能→反対債務の当然消滅」構成の否定）。たとえ，履行不能が債務者の責めに帰することができない事由によって生じた場合であっても，同じです。債務者の債務が履行不能である場合でも，債権者は，契約解除の意思表示をして，はじめて，契約から解放されることになるのです（「債務者の責めに帰することができない事由」による履行不能の場合も債権者が契約を解除することができることは，既に述べたとおりです〔4.5〕）。

4.9.2　危険負担の制度とは？

　他方で，民法は，危険負担という制度も設けています（民法536条）。危険負担の制度は，双務契約において，一方の債務が履行不能になった場合に，反対債務の履行がどのようになるのかを扱うものです。ここでの履行不能は，後発的不能のみならず，原始的不能も含みます（民法412条の2参照）。

　ここで注意をしてほしいのは，危険負担制度は，一方の債務が履行不能であるときに，反対債務が消滅するか，存続するかを扱った制度ではないということです。反対債務が消滅するか，存続するかは，もっぱら，解除の制度が扱う問題なのです。債権者は，反対債務を消滅させたければ契約を解除すればよく，反対債務を存続させたければ解除をしなければよいということなのです。いってみれば，履行不能の場合の反対債務の消滅・存続は，債権者の意思にゆだねられているのです（「債務が〔債務者の責めに帰することができない事由により〕履行不能になったから，反対債務も当然に消滅するのだ」などという立場を，民法は採用していません）。

　むしろ，危険負担の制度が扱っているのは，双務契約において，一方の債務が履行不能である場合に，債権者は反対債務の履行を拒絶することができるか否かという問題です。たとえば，建物の売買契約において，建物が契約締結後に土石流によって滅失した場合，買主はなお代金を支払わなければならないか，

それとも，代金の支払を拒絶することができるかという問題なのです。

そして，この問題の処理については，2つの正反対の処理が論理的に可能です。

1つは，債権者は反対債務の履行を拒絶することができるというものです。上の例では，買主は代金を支払うことを要しないということになります。

もう1つは，債権者は反対債務の履行を拒絶することができないというものです。上の例では，買主は，建物を取得しないにもかかわらず代金を支払わなければならないということになります。

くどいようですが，危険負担の制度は，一方の債務が履行不能である場合に，債権者に反対債務の履行拒絶権を与えるか否かを扱う制度である点に留意してください。

❖ 旧法下における解除と危険負担 ━━━━━━━━━━━━━━━━━━━━━━

　旧法（そこにおける通説を前提とします）のもとでは，双務契約において債務者の債務が履行不能となった場合に，①履行不能が債務者の責めに帰すべき事由によるものであった事案は，契約の解除の問題とされる一方，②履行不能が債務者の責めに帰することができない事由によるものであった事案は，危険負担の問題であるとされていました。そして，危険負担の制度は，②の場面で，反対債務が当然に消滅するか，それとも存続するかを扱う制度として立てられていました。その際，反対債務が当然に消滅するのを原則としつつ——債務者主義といわれていました——（旧法536条1項），履行不能が債権者の責めに帰すべき事由によるときは反対債務が存続するものとされていました——債権者主義といわれていました——（旧法536条2項）。このように，旧法は，解除に帰責事由が必要であるとの立場を基礎に，解除と危険負担の制度の棲み分けを図り，かつ，危険負担制度では，反対債務が当然に消滅するか否かを問題としていました。

　これに対して，新法は，①解除に債務者の帰責事由が不要であるとしたうえで，反対債務の消滅の有無はもっぱら解除制度が担当するものとし，その結果として，②危険負担制度は反対債務の消滅・存続という効果から切り離され，もっぱら反対債務の履行拒絶の可否を担当するものとされています。

━━━

4.9.3　原　則——履行拒絶権の肯定

（1）　反対債務の履行拒絶権　　双務契約において，一方の債務が履行不能である場合に，債権者は，債務者からの反対債務の履行請求に対して，履行不能

を理由としてその履行を拒絶することができます（民法536条1項）。

この考え方の基礎をなしているのは，双務契約における債務と反対債務の履行上の牽連性の考え方です。双務契約において一方の債務が履行不能であるときに，反対債務について債権者に履行拒絶権を与えるのが履行面での均衡を保障する上で適切であるとの理解から，一方の債務が履行不能であるときに，債権者に反対債務についての履行拒絶権を与えることを認めたのです。

もっとも，この場合も，債権者は反対債務の「履行を拒絶」することができるだけであって，反対債務が「消滅」するものではありません。反対債務を「消滅」させたければ，債権者は，履行不能を理由として契約を解除しなければなりません（民法542条1項1号）。

なお，民法536条1項に基づいて履行を拒絶するためには，債権者としては，債務の履行が不能であることを主張・立証するだけでなく，反対債務の履行を拒絶するとの主張をする必要があります。この履行拒絶の抗弁は，同時履行の抗弁のような一時的（延期的）抗弁ではなく，履行不能を理由とした永久的な抗弁です（もとより，一時的不能の場合は，別です）。また，この抗弁が認められたときは，請求棄却の判決が出る点で，同時履行の抗弁の場合に引換給付判決となるのとは異なります。

（2）　反対債務を既に履行していた場合――反対給付の返還請求　　民法536条1項は，債務者が債権者に対して反対債務の履行請求をしたときに，債権者が履行を拒絶することができると規定しています。

それでは，債権者が債務者に対して反対債務を先履行したところ，その後に債務者の債務の履行不能が生じた場合や，債務の履行が既に不能となっていることを債権者が知らずに，債務者に対して反対債務の履行をした場合には，債権者は債務者に対して既に履行した給付の返還を請求することができるでしょうか（債務の履行が不能となった後に，債権者が履行不能の事実を知って反対債務の履行をしたときは履行拒絶の抗弁権を放棄したものとして扱ってよいでしょう）。民法536条1項は，これらの場合の処理を明示するものではありません。しかしながら，これらの場合に履行ずみの給付の返還を求めることができないとしたのでは，履行不能を理由に債権者が契約を解除した場合との平仄（ひょうそく）が合いません。既履行の反対給付の返還は認められるべきです。

4.9.4 例　外──履行拒絶権の否定

（1）　総　論　　民法は，債権者が反対債務の履行を拒絶することができない場合として，次の2つを認めています。

1つは，債権者の責めに帰すべき事由によって履行不能が生じた場合です（民法536条2項前段）。これについては，(2)で述べます。

もう1つは，受領遅滞が生じた後に，債務者の責めに帰することができない事由によって債務の履行が不能となった場合です（民法413条の2第2項）。この場合は，受領遅滞中の履行不能は，債権者の責めに帰すべき事由によるものとみなされます。

（2）　民法536条2項──債権者の責めに帰すべき事由による履行不能と履行拒絶権の否定　　履行不能が債権者の責めに帰すべき事由により生じたとき（民法413条の2第2項〔受領遅滞中の履行不能〕により，債権者の責めに帰すべき事由によって生じたものとみなされる場合を含みます）は，債権者は，債務者からの反対債務の履行請求に対して，その履行を拒絶することができません（民法536条2項前段）。

しかも，この場合は，債権者は，履行不能を理由として契約を解除することもできません（民法543条。前述4.2）。ただし，債務者は，自己の債務を免れたことによって得た利益を債権者に償還しなければなりません（民法536条2項後段）。

4.9.5 危険負担における主張・立証責任の構造

民法536条の規律は，主張・立証責任の観点からみたときには，次のようになります。ここでは，AがBに甲を売却したが，引渡しの前に甲が滅失したという状況下において，AがBに対して代金の支払を請求したという例で説明します。

①　AからBに対する売買代金債務の履行請求に対して，Bは，(i) Aの引渡債務の履行不能（甲の滅失）を主張・立証するとともに，(ii) 自己の反対債務につき履行拒絶の意思表示をすれば足ります。Bの主張が認められれば，請求棄却の判決がされます（履行不能を理由とする反対債務の履行拒絶の抗弁。民法536条1項）。

②　Aがこの結果を避けたければ，Aは，甲の滅失がＢの責めに帰すべき事由によって生じたことを主張・立証しなければなりません（再抗弁。民法536条2項前段）。

このことから明らかなように，債務者からの反対債務の履行請求に対して，債権者が債務者の債務が履行不能となったことを理由に履行拒絶の意思表示をしたとき，債務者は，履行不能が自己（A）の責めに帰することができない事由によるものであったと主張しても，債権者による履行拒絶の抗弁を排斥することができません。いいかえれば，危険負担の制度は，債務者の責めに帰することができない事由による履行不能の場合に，反対債務の履行拒絶権が発生するか否かを扱う制度であると説明されることがあるものの，履行不能についての債務者の帰責事由は，主張・立証面では無意味です。

以上の主張・立証責任の構造からは，民法536条1項冒頭の「当事者双方の責めに帰することができない事由によって」という文言は，（要件事実としてみたときに）無用のものであるということがわかります。

4.9.6　民法536条2項の拡張
——役務提供型の契約における具体的報酬請求権の発生根拠

立案担当者によれば，民法536条2項は，単に既に生じている反対債務の履行拒絶権を否定することを述べた規定にとどまりません。同項は，これに加え，役務提供型の契約類型において，具体的報酬請求権の「発生」を根拠づける規定としての意味をも併せ持つものです（雇用に関する従前の判例法理でもあります。大判大4・7・31民録21-1356〔賃金請求権〕。なお，具体的な賃金請求権の発生時期は，労務を履行することができなくなった事由が発生した時ではなく，本来の賃金の支払時期です）。

このことが問題となるのは，たとえば，雇用契約において，使用者（債権者）の責めに帰すべき事由により労働者の労務給付義務が履行不能となった場合や，有償の委任契約において，委任者（債権者）の責めに帰すべき事由により受任者の事務処理義務が履行不能となった場合です。

これらの場合において，何の規定もなければ，前者にあっては，ノーワーク・ノーペイの原則（役務給付がなければ具体的報酬請求権は発生しないとの原則）から，労働者が労働することのできなかった期間に対応する賃金請求権（＝履行請求権）は発生しません。そのため，労働者は，使用者に対して賃金の支払を

請求することができません。また，後者にあっても，同様に，受任者が履行できなかった事務処理に対応する報酬請求権（＝履行請求権）は発生しません。そのため，受任者は，委任者に対して報酬の支払を請求することができません。さらに，ノーワーク・ノーペイの原則は，請負その他およそ役務提供契約一般に妥当する法理です。

　しかしながら，これでは，反対債務についての危険を負担するのが，帰責事由のある使用者・委任者等の役務受領者（債権者）ではなく，労働者・受任者等の役務提供者（債務者）となってしまいます。これは，民法536条2項や民法543条（債権者の責めに帰すべき事由による債務不履行の場合に，債権者の契約解除権を否定する規定です。前述4.3）におけるリスクの分配ルールと矛盾する結果となります。

　むしろ，これらの役務提供型契約（雇用・委任，さらには請負）にあっては，債権者（使用者・委任者・注文者）の責めに帰すべき事由による履行不能の場合には，当該不能となった給付に対応する反対債務の履行請求権（具体的報酬請求権）が発生すると解して，債務者（労働者・受任者・請負人）からの履行請求を肯定すべきです。ここでは，**民法536条2項の規律は，反対債務の履行請求権（具体的報酬請求権）を「発生」させる根拠として用いられている**のです。

❖ **債権者の責めに帰すべき事由**

　民法536条2項・543条にいう「債権者の責めに帰すべき事由」とは，契約上の債務の不履行があるものの，債権者を依然として契約に拘束し，（双務契約の場合には）反対債務の実現を義務づけておくことを正当化するほどの債権者側の事情を意味します。債権の内容が実現されていないにもかかわらず，契約の拘束力からの解放を債権者に許さないとするのが正当かどうかという観点から，その存否が決定されます。それゆえに，また，「債権者の責めに帰すべき事由」は，過失相殺でいうところの「債権者の過失」とは異質なものです（評価の観点が異なります）。

　ついでにいえば，「債権者の責めに帰すべき事由」と「債務者の責めに帰すべき事由」も，評価の観点を異にします。「債務者の責めに帰すべき事由」・「債務者の責めに帰することができない事由」は，民法415条1項のもとで，債務の不履行を理由として債権者が債務者に対して損害賠償を請求するときに，損害賠償責任から債務者を免責するのが正当かどうかという観点から捉えられます。そして，債務不履行が「債務者の責めに帰することができない事由」によるときは，債務者は損害賠償責任を負わなくてよいのです。ここでは，契約その他の債務の発生原因及び取引上の社会通念に照らしてみたときに，当該損害発生のリスクを債務者に負担させるの

が適切か否かという判断がされるのです。ちなみに,「債務者の責めに帰すること
ができない事由」は「債務者の無過失」を意味するものではありません。

　なお,民法536条2項・543条にいう「債権者の責めに帰すべき事由」による債務
不履行の場合には,債務不履行が「債務者の責めに帰することができない事由」に
よるものとされて,債務者は損害賠償責任から免責されます。新法のもとでは,損
害賠償責任の文脈において,「債務不履行が債務者と債権者の双方の責めに帰すべ
き事由による場合」という類型を立てることは,有害無益です(解除や危険負担の
文脈でも,「債務者の責めに帰すべき事由」は要件ではありませんから,このような類型
を立てることは,有害無益です)。

第 5 章

売　買（1）
——売買契約の成立・買戻し

5.1　売買契約の成立

5.1.1　売買の意義

　売買とは，一方（売主）が相手方（買主）に財産権の移転を約束し，相手方が
これに対して代金を支払うことを約束することによって成立する契約です（民
法555条）。

　売買契約は，諾成契約であり，双務契約であり，かつ，有償契約です。もっ
とも，農地売買での農業委員会の許可（農地法3条1項・4項）のように，許可
を得ずにした行為が「効力を生じない」とされている場合があります。ここで
の許可は，売買契約の効力が発生するための**法定条件**です（法定条件の意味につ
いては，民法総則の教科書を参照してください）。

　民法は555条以下に，売買に関する一群の規律を置いています。また，商人
間の売買に関しては，商法524条以下に，いくつかの特則が置かれています。
さらに，訪問販売・割賦（かっぷ）販売といった特殊な販売形態をとるものについては，
特定商取引に関する法律（特定商取引法）や割賦販売法などの特別法にも，私
法上の効果を伴った規律が設けられています。

　そのうえ，国際的な動産売買に関しては，1980年の国際的物品売買契約に関
する国際連合条約（国際物品売買契約条約。ウィーン売買条約とか，CISG ともいわ
れます〔United Nations Convention on Contracts for the International Sale of Goods の頭文字をまとめ
たものです〕）があり，わが国も2008年7月に加入し，同条約は2009年8月1日
よりわが国において発効しています。民法の基礎理論を考えるうえでも非常に

重要な条約ですから，何かのおりに，一読しておくことを希望します（初学者向けの六法にも掲載されています）。

❖ 売買に関する規律の有償契約への準用 ══════════════

　売買契約は，財産権と代金の有償交換を目的とした契約であり，有償契約の典型です。それゆえ，民法は，559条で，売買に関する規律を，「契約の性質」が許さない場合を除き，広く有償契約一般に準用しています。

❖ 交　換 ═══════════════════════════

　絵画と壺の交換のように，当事者が互いに金銭の所有権以外の財産権を移転することを約束することによって成立する契約のことを，交換契約といいます（民法586条1項）。交換契約は，諾成・双務・有償契約です。

5.1.2　売買契約の成立──要件事実

　売買契約が成立したと主張するためには，その本質的要素，つまり，売買の対象（目的物）と代金額を主張・立証しなければなりませんが，それで足ります。代金の支払時期や支払場所，目的物の引渡しの有無などといったことは，売買契約の成立にとって必要な要件ではありません。

　さらに，売買目的物を売主が所有していることも，売買契約の成立にとって必要ではありません。民法は561条において，他人の権利の売買（他人物売買）も有効であるとの立場を採用しているのです（そのうえで，他人物売主に，真の所有者から権利を取得してこれを買主に移転する義務を課しているのです）。したがって，売買契約の成立を主張する当事者としては，目的物を売主が所有していたことなどといった事実を主張・立証する必要がないのです。

　たとえば，20××年4月17日に，A・B間で，AがBに，自分が所有しているカメラ（甲とします）を5万円で売却して，同日に甲の引渡しを終え，代金の支払は10日後にC銀行にあるAの預金口座にBが振り込むことでおこなわれることを取り決めたとします。この例において，A・B間において売買契約が締結されたことを主張・立証するには，Aは，Bに対し，甲を代金5万円で売ったという事実を主張・立証すれば必要にして十分です（ちなみに，現在の要件事実の実務は，この事実のみをもって，買主の目的物引渡請求権，売主の売買代金支

払請求権の請求原因事実として十分だとしています。売買契約が成立すれば，これにより契約の本質的権限であるところの履行請求権が発生すると考えられているからです）。

❖ **他人物売買の意義** ════════════════════

　　他人の権利の売買（他人物売買。民法561条）には，（1）売主が自分はその物の所有者であると考えてその物を売買した場合と，（2）売主がその物の所有者は自分ではないと考えてその物を売買した場合の両者が含まれます。

　　また，たとえ真の所有者が「私は，その物を絶対に手放さない」という確固たる意思を有していたときでも，他人物売買は有効に成立します（原始的移転不能の売買契約も有効です。民法412条の2第2項参照。前述1.4）。

══

5.2　売買の予約

5.2.1　緒　論

　　契約の準備交渉過程で両当事者が交わした合意すべてに拘束力が与えられるわけではありません。両当事者が当該合意内容に拘束される意思を有していなければならないばかりか，その内容が主要部分について終局的に確定されているのでなければなりません。この意味で，売買契約が成立したといえるためには，財産権を移転することと，代金を支払うことについて終局的・確定的合意がされたことが必要です。このレベルに達していないものは，1.3で述べた契約前の責任（契約締結上の過失責任）を問われる際のよりどころとされる場合は別として，合意の拘束力という点では，単なる紳士協定として拘束力を否定されるか，または，本契約としての売買契約に先行する予約としての拘束力を与えられるにとどまります。

❖ **不動産売買における買付証明書・売渡証明書** ════════════

　　不動産売買の交渉過程で，買付証明書・売渡証明書と名づけられた証書が交付される場合が少なくありません。しかも，そこには，売買代金や所有権移転時期など，細かな内容まで記されているのが普通です。しかし，それらの証明書は，当事者の希望を表示したものにすぎず，売買契約としての法的拘束力はないものとして理解

されています（東京地判平2・12・26金判888-22）。不動産取引慣行上も，そのようなものとして考えられています。

5.2.2　売買の予約の意義

売買の予約とは，「将来において売買契約を締結する」との合意を意味します。このような予約は，当事者間で売買をすることについての意見の一致をみているものの，諸般の事情から売買契約を締結することができない場合またはその時点では売買契約を締結しない場合に用いられます。

売買の予約は，最終段階での合意（本契約）としての売買契約ではありませんが，法的拘束力をもった「契約」である点に注意してください（なお，世間では，本契約でありながら，「予約」と呼ばれているものがあります。ホテルやタクシーの「予約」などが，それです。ここでは，既に本契約は締結されているのでして，単に履行期が将来の時点であるにすぎません）。

5.2.3　予約完結権

民法556条が定める売買の予約は，当事者の一方（または双方）に対して，一方的意思表示により本契約である売買契約を成立させる権利が与えられている場合を想定しています。この一方的意思表示により本契約を成立させる権利のことを予約完結権といいます（したがって，予約完結権は，形成権です。そして，不動産売買の場合には，予約完結権を仮登記〔不動産登記法105条2号〕することができます）。なお，予約完結権をもつのが当事者の一方だけである場合を一方の予約といい，当事者の双方がもつ場合を双方の予約といいます。

売買の予約では，予約完結権が行使された時から，売買の効力が生じます（民法556条1項）。

❖ **片務予約・双務予約** ══════════════════════
学説では，民法556条のように当事者に予約完結権を与えるタイプの予約と違った内容の「予約」（契約）が認められています。それは，本契約を成立させることへ向けて誠実に努力する義務（作為義務）を当事者が負担することの合意という内容の予約です。この意味での作為義務を当事者の一方のみがもつ場合（片務予約）と，

双方がもつ場合（双務予約）とがあるとされています。ここでは，形成権としての予約完結権は考えられていません。

5.3　手　付

5.3.1　手付の意義

不動産取引など重要な取引では，当事者間で手付金（てつけ）が授受されることがあります。

手付とは，契約に際し，当事者の一方から相手方に対して交付される金銭その他の有価物であって，代金の一部払としての内金とは異なる意味をもたされたものをいいます（もっとも，手付交付にあたり，「履行着手後は，代金の一部に組み込まれる」とする約定がされている場合がほとんどです）。手付は，売買契約に付随して締結される手付契約（通説は要物契約であるとします）に基づき，交付されます。

手付の金額・内容については当事者が自由に決めることができますが，宅地建物取引業法では，宅地建物取引業者がみずから売主となる宅地または建物の売買契約の締結に際して手付の交付を受けるときには，代金額の10分の2を超える額の手付を受領することができないとされています（宅地建物取引業法39条1項）。

なお，手付と区別されるものとして，マンション，分譲住宅などの購入希望者が販売業者側に支払う申込証拠金があります。これは，購入希望者が優先的購入権を取得するために交付する金銭でして，販売業者の都合により徴収されるものです。それゆえ，手付の場合と異なり，買主の都合による契約不成立の場合には，返還されるべきものです。

5.3.2　手付の種類

手付には，次のような種類のものがあります。

（1）　成約手付　　手付の交付が売買契約の成立要件となる場合です。諾成

契約主義をとるわが国では，認められないタイプのものです。

（2）　証約手付　　手付の交付が売買契約締結の証拠になる場合です。このような性質は，すべての手付に備わっています。

（3）　損害賠償額の予定としての手付　　これについては，債権総論での民法420条についての解説をみてください。

（4）　違約手付　　契約違反の場合に，損害賠償とは別に没収される金銭の意味での手付です。

（5）　解約手付　　解除権を留保するという意味を有する手付です（民法557条1項本文参照）。この意味での手付が交付されたときには，買主は手付金返還請求権を放棄して契約を解除し（手付流しといいます），また，売主は手付金の倍額を償還して契約を解除することができます（手付倍返しといいます）。このとき，解除には，理由を必要としません。買主による手付金返還請求権の放棄は意思表示だけでできますが，売主による手付倍返しは，解除の意思表示に際して手付金の倍額を現実に提供することが必要です（民法557条1項本文）。また，解約手付による解除がされたときには，債務不履行を理由とする損害賠償請求（履行利益の賠償請求）は認められません（同条2項）。

従前，1個の手付に解約手付と違約手付の2つの性質をあわせもたせることができるかどうかが論じられてきました。というのも，解約手付は契約の拘束力を弱める手付であるのに対して，違約手付は契約の拘束力を強める手付であるため，相反する性質を1つの手付にもたせることは無理ではないかと考えられたからです。しかし，判例は，当事者の合意で，当該手付に，解除権留保とあわせて違約の場合における損害賠償の予定や違約罰の意味を盛ることは，差し支えがないとしています（最判昭24・10・4民集3-10-437）。

5.3.3　解約手付としての推定

民法557条1項本文は，手付を解約手付と推定しています。これは，わが国古来の慣習を民法上の原則として採用したものです。なお，宅地建物取引業法39条2項は，推定の域を超え，「宅地建物取引業者が，みずから売主となる宅地又は建物の売買契約の締結に際して手附を受領したときは，その手附がいかなる性質のものであつても，当事者の一方が契約の履行に着手するまでは，買主はその手附を放棄して，当該宅地建物取引業者はその倍額を償還して，契約

の解除をすることができる。」とし，業者が受け取る手付には解約手付の意味があると定めています。

民法557条1項本文による解約手付としての推定に対しては，一時期，激しい批判が出されました。「近代契約法理」は「契約遵守の規範意識」に裏づけられたものであるところ，契約の拘束力を弱める解約手付はこれとは異質な原理に支配されたものだから，解約手付を原則とすべきでなく，手付は原則として違約手付と解すべきだと説かれたのです。

しかし，契約の際に手付を決めるのは，その範囲で各当事者が契約から離脱することを両当事者が自由意思で認めたからです。各当事者が各々の利益を考え，手付金相当額の犠牲を払って契約から離脱する余地を残すということは，当事者の自己決定の結果として尊重してよいものです。手付金相当額の負担というリスクを払って契約から離脱する自由が両当事者に認められていると解するのは，当事者の自己決定権に根拠を有する契約の拘束力と，何ら矛盾するものではありません。

5.3.4　手付解除と主張・立証責任

解約手付による解除を主張する当事者は，
① 売買契約に付随して買主が売主に手付を交付したこと
② 手付金の倍額を現実に提供したこと（売主からの解除の場合），または手付返還請求権放棄の意思表示をしたこと（買主からの解除の場合）
③ 相手方に対して売買契約解除の意思表示をしたこと
を主張・立証すべきです。

5.3.5　解約手付による解除ができない場合——「履行の着手」

解約手付による解除は，相手方による履行の着手があれば，それ以降は認められません（民法557条1項ただし書）。解約手付による解除の主張に対し，これを争う相手方は，①履行の着手をしたことと，②その履行の着手が売買契約解除の意思表示よりも先であったことを主張・立証して，売買契約の解除を阻止することができます。

ここにいう履行の着手とは，「客観的に外部から認識し得るような形で履行

行為の一部をなし，または履行の提供のために欠くことのできない前提行為をした」ことをいいます（最大判昭40・11・24民集19-8-2019）。

たとえば，代金を現実に提供して受取りを求めた場合（最判昭51・12・20判時843-43，最判昭52・4・4金判535-44），代金を支払うに足りる多額の預貯金を手元にとどめていた場合（最判昭57・6・17判時1058-57），農地売買許可申請書を知事宛てに提出した場合（最判昭43・6・21民集22-6-1311）などは，履行の着手ありとされる場合です。また，他人の不動産を売った売主が物件所有者から不動産を調達して自分名義に所有権移転登記をすることも，「特定の売買の目的物件の調達行為にあたり，単なる履行の準備行為にとどまらず，履行の着手があったものと解する」ことができます（前掲最大判昭40・11・24）。

いずれにせよ，履行の着手があったか否かは，「当該行為の態様，債務の内容，履行期が定められた趣旨・目的等諸般の事情を総合勘案して決定すべき」です。履行期前の行為も，履行の着手と認められることはありますが（最判昭41・1・21民集20-1-65〔事案としては特殊です〕），一般には，「履行期が定められた趣旨・目的及びこれとの関連で債務者が履行期前に行った行為の時期」は，履行の着手の有無を判断するにあたって考慮されるべき「重要な要素」です（最判平5・3・16民集47-4-3005〔個人間での不動産売買。買主が売買残代金8400万円を本来の履行期より1年以上も前に準備し，支払の用意があるとして口頭の提供をして履行を催告した事案。履行の着手を否定〕）。

より重要なのは，ここで「履行の着手があれば，解約手付による解除はできない」とのルールが妥当するのは，解除の相手方が「履行の着手」をした場合に限られるということです（民法557条1項ただし書）。「履行の着手」をした相手方が手付解除によって不測の損害を被ることを防止するために，このような規定が設けられたのです。これに対して，「履行の着手」をした当事者がみずからの「履行の着手」の後に手付解除をすることは妨げられません。

5.4 売買契約に関する費用

売買契約に関する費用は，特別の合意または慣習がなければ，当事者双方が平分して負担します（民法558条）。

売買契約に関する費用とは，契約書作成費用，目的物の測量・鑑定費用など，

売買契約の締結に要した費用を指します。これに対して，売買契約を履行するために要した費用は，弁済の費用（履行費用）として，民法485条のもとで処理されます（債務者負担の原則）。なお，判例によれば，不動産売買における登記に要する費用は「売買契約に関する費用」であって，「弁済の費用」ではありません（大判大7・11・1民録24-2103）。

5.5 買戻し

5.5.1 買戻しの意義

　買戻しとは，不動産の売買契約において，売買契約と同時に，買主が支払った代金（別段の合意をした場合は，その合意により定められた額。以下では，代金で代表させます）と契約費用を売主が買主に返還して売買契約を解除することができることを内容とした「買戻しの特約」(解除権留保特約) をすることにより，売主が売却した不動産を取り戻す制度です。

　買戻しは，売主が買主から代金相当額の融資を受ける際に，担保目的で利用されることがあります。買主からすれば，買戻しの特約をつけたかたちで不動産所有権の移転を受け，売主に対して代金相当額を融資するわけです。この種の買戻しは，所有権移転型担保の一種であるということになります。判例では，買戻しの特約付きの不動産の売買が担保目的でされた場合であって，買主への不動産の占有移転を伴わないものは，たとえ「買戻特約付売買契約の形式が採られていても」，特段の事情のない限り，債権担保の目的で締結されたものと推認され，その性質は不動産の「譲渡担保契約」と解するのが相当であるとされています（最判平18・2・7民集60-2-480）。そして，この場合には，民法579条以下の買戻しの規定は適用されません。その結果，売主は，民法580条が定めている買戻し期間が経過しても受け戻すことができます（譲渡担保における受戻権に関する法理によることになります）。また，買主は，融資額（代金額）と不動産価格との差額を清算金として支払わなければなりません。

　また，買戻しは，売却された不動産の利用に関する合意条項（不動産利用方法の指定。たとえば，売却した宅地に関する地上建物についての建築条件）を買主に

確実に履行させるためにも利用されます。指定された利用方法を買主が守らなければ，売主は買戻しを実行するのです。

買戻しの特約の要件は，①契約の目的物が不動産であることと，②買戻しの合意が売買契約と同時にされることです（民法579条前段）。このように，民法579条前段は，買戻しの合意が売買契約と「同時に」されることを要求しています。売却した不動産を取り戻すための解除権留保の特約が不動産売買契約より遅れて締結された場合には，この合意は，買戻しではなく，**再売買の予約**です。この場合には，買戻しに関する民法の規律が妥当しません（ちなみに，担保目的では，買戻しよりも，再売買の予約の形態のほうが選択されることが多いといわれています。担保目的で利用される買戻しおよび再売買の予約については，担保物権法で学んでください）。

買戻しの特約は約定解除権留保の合意ですが，一定の登記手続をすることにより，一般の約定解除事由つき売買契約と違った強力な地位が買戻権利者（売主）に与えられます。また，買戻代金の算定にあたっても，買戻権利者（売主）に有利な規律が妥当します（たとえば，民法579条後段は，別段の意思表示をしなければ，不動産の果実と代金の利息とは相殺したものとみなすとしています）。その反面，買主その他の第三者が長期間不安定な状態におかれないようにするために，買戻期間について一定の枠がはめられています。

5.5.2 買戻しの期間

買戻期間については，次のような制約があります。

① 10年以上の買戻期間を定めても，最長期間は10年に短縮されます（民法580条1項）。また，特約で買戻期間を定めたときは，その後にその期間を伸長することができません（同条2項）。

② 買戻期間の定めがない場合には，売主は5年以内に買戻しの意思表示をしなければなりません（同条3項）。

5.5.3 買戻権の行使

売主が目的不動産を買い戻す場合には，支払った代金（または約定額）と契約費用を提供した上で，売買契約を解除する意思表示をするのでなければなり

ません（民法579条前段）。買戻権の行使とは，売買契約を解除する意思表示なのです。売買代金および契約費用の返還と，目的不動産の返還とは，同時履行の関係にあります。

　買戻しに際して提供される売買代金には，利息を付する必要がありません。民法が不動産の果実と代金の利息とが相殺されたものとみなす扱いをしているからです（民法579条後段）。また，売主と買主は，買戻しに際して提供される金額として，売買代金とは異なる額を合意により定めることができます（民法579条前段括弧書）。

5.5.4　買戻しの特約の登記と物権関係

　買戻しの特約では，買戻しの特約を「売買契約と同時に」登記（付記登記）することにより，売主は買戻しの特約（解除権留保特約）を，買戻しの意思表示をするまでに登場した第三者に対抗することができます（民法581条1項。買戻しの特約の登記については，不動産登記法96条を参照してください）。売主は，売買契約と同時に買戻しの特約を登記しておけば，買戻しの意思表示をしたときに，目的物の所有権は売主に復帰します。そして，売主は，不動産所有権者としての地位を，買主からの転買主，目的不動産上に抵当権・地上権・賃借権等を取得した第三者，目的不動産を差し押さえた買主の一般債権者等に対抗することができるのです（なお，民法581条2項は，対抗要件を備えた不動産賃貸借の賃借人の権利は，その残存期間中1年を超えない期間に限り，売主に対抗することができる〔ただし，売主を害する目的で賃貸借をしたときは，この限りでない〕としています）。

　ちなみに，再売買の予約の場合には，売主は予約完結権を仮登記し（不動産登記法105条2号），この予約完結権を行使することで，売主が再売買買主としての地位（さらに，それに伴う物権的地位）を保全することができます。

　これと混同してはいけないのは，判例によれば，売主が買戻しの意思表示（売買契約解除の意思表示）をしたとき，その効果として目的物の所有権は売主に復帰するものの，買戻しの意思表示による売主への所有権の復帰（移転）を第三者に対抗するためには，買戻しを登記原因として，買主から売主への所有権移転登記をする必要があるということです（復帰的物権変動と対抗構成。大判大5・4・11民録22-691が前提にするところです）。したがって，売主が買戻権を行使した後に買主から当該不動産を取得した第三者（転得者）が現れた場合，買

戻しをした売主と第三者は対抗関係に立ち，売主が自己への所有権移転登記を具備する前にその第三者が所有権移転登記を具備したときは，売主はこの者に対して，買戻しによる所有権の取得を対抗することができません。買戻しの意思表示後に登場した第三者との関係では，民法177条の定める対抗関係になるのです（解除と登記についての論点を想起してください）。これは，民法581条1項の問題ではありません。

買戻しと再売買の予約の違い

	買戻し	再売買の予約
目的物	不動産のみ	制限なし
特約の対抗力	買戻しの特約の登記	不動産では，予約完結権の仮登記
合意の時期	売買契約との同時性	制限なし
不動産の果実と代金の利息	相殺したものとみなす（579条後段）	規定がない
買戻しの期間	580条で制限（10年・5年）	債権の消滅時効に準じる（主観的起算点から5年，客観的起算点から10年）

第6章

売　買（2）
——売買の効力

6.1　双務契約——売主の債務と買主の債務

　売買契約に基づいて，売主は買主に対して財産権を移転する義務を負い，買主は売主に対して代金を支払う義務を負います。このうち，財産権の移転を内容とする売主の義務については，民法555条にいう「財産権」には所有権のみならず，債権や知的財産権なども含まれますが，便宜上，ここから先は，物の売買，したがって，物の所有権の移転を例にとって説明をします。

6.2　売主の義務

6.2.1　財産権を移転する義務

　売主の財産権移転義務は，次の2つの中心的な義務から成り立っています。
　（1）売買契約の内容に適合した権利を供与すべき義務　　売主は，買主に対して，売買契約の内容に適合した権利を供与すべき義務を負います。権利移転義務（所有権供与義務）ともいいます。民法は，「他人の権利（権利の一部が他人に属する場合におけるその権利の一部を含む。）を売買の目的としたときは，売主は，その権利を取得して買主に移転する義務を負う。」としていますが，これは権利移転義務の1つのあらわれです（民法561条）。また，種類・品質・数量に関する目的物の契約不適合を理由とする追完請求権を認めた民法562条や債務不履行に関する規定の適用を指示する民法564条を準用する民法565条も，契約内容に適

合した権利を移転する義務があることを当然の前提としています。

　買主に移転した権利が契約の内容に適合していなかったり，そもそも売主が買主に対して権利を移転することができなかったりした場合には，買主は，売主に対して，債務不履行を理由とする各種の救済を求めることができます（後述 6.6）。

　(2)　物の種類・品質・数量に関して売買契約の内容に適合した物を引き渡すべき義務　売主は，買主に対して，物の種類・品質・数量に関して売買契約の内容に適合した物を引き渡すべき義務を負います。買主の追完請求権を定める民法562条や，債務不履行に関する規定の適用を指示する民法564条は，このような義務があることを当然の前提としています。特定物の売買においても，売買契約の内容に適合した物を引き渡さなければならず，契約の対象とされた特定物を引き渡したからといって，それだけでは売主としての義務を尽くしたことにはなりません。

　物の種類・品質・数量に関して売買契約の内容に適合していない物が引き渡された場合や，そもそも目的物の引渡しがされなかった場合には，特定物の売買であれ，種類物の売買であれ，買主は，売主に対して，債務不履行を理由とする各種の救済を求めることができます（後述 6.5）。

❖「悪意の買主」の扱い

　　旧法では，権利や物に瑕疵（不適合）があった場合の多くの類型で，瑕疵を知っていた買主（悪意の買主）には瑕疵を理由とする救済を与えないというルールが採用されていました。債務不履行の一般規定とは違った扱いがされていたのです。これに対して，新法は，物や権利面での契約不適合の場合も，一般の債務不履行の場合と同じく，契約不適合を買主が知っていたからといって，このことを理由に買主から救済手段を奪うなどというルールを採用していません。売買契約に基づいて財産権移転義務が売主に課されている以上，これに対応するものとして買主が売主に対して主張することのできる権利を，買主が契約不適合を知っていたという事実だけで買主から奪うのは不合理であると考えられたからです。

6.2.2　対抗要件を備えさせる義務

　売主は，買主に対して，登記，登録その他の売買の目的である権利の移転を第三者に対抗するための要件を備えさせる義務を負います（民法560条。さらに，借地上の建物の売買の場合に，売主には敷地の賃貸人から敷地賃借権の移転についての

承諾を取りつける義務があるとした判決として，最判昭47・3・9民集26-2-213）。

6.2.3 その他の付随義務

売主は，買主に対して，財産権を移転する義務のほか，売買契約に付随する義務として，当該売買契約の目的を達成するために必要な行為をする義務を負います。その内容は個々の売買契約ごとに多種多様ですが，たとえば，買主が組み立てなければならない家具の売買における組立説明書の交付義務，工作機械の売買における操作方法の説明義務や代替部品のストックを一定期間確保しておく義務，アフターサービスをする義務などが，その例です。

6.3　買主の義務

6.3.1　代金を支払う義務

買主は，売主に対して売買代金を支払う義務を負います。

代金支払義務については，(i) 民法419条3項により，その不履行を理由とする損害賠償責任が絶対無過失責任とされている点，(ii) 同条1項により，賠償額が遅延利息とされている点，および，(iii) 同条2項により，遅延利息について債権者は損害を立証する必要がないとされている点に注意してください。その他，売買の箇所には，次のような，いくつかの特別の規定が置かれています。

①　民法573条は，売買目的物の引渡しについて期限の定めがある場合には，代金の支払について期限の定めがされていなかったときでも，後者について引渡しと同一の期限を付したものと推定しています。逆の場合も，同様の推定を認めるべきでしょう。

②　民法574条は，売買目的物の引渡しと同時に代金を支払うべきときは，引渡しの場所で代金が支払われるべき旨を定めています。両者が同時にされるべきでない場合は，民法484条によって処理されます。いずれも任意法規です。

③　民法575条は，売買目的物の引渡しがされるまで，売主は売買目的物か

ら生じた果実を買主に引き渡さなくてよく，買主は代金の利息を売主に支払わなくてよい旨を定めています。これも任意法規です。この規定の趣旨が「引渡しまでに目的物に生じた果実」と「引渡しを受けるまでの代金の利息」とが法的に等価である点にあることからすれば，売主は，買主から代金の支払がされた後は，もはや売買目的物から生じる果実を保持できないものというべきでしょう（大判昭7・3・3民集11-274）。

④　売買目的物について権利を主張する者がいることや，「その他の事由」（たとえば，売買目的物上の用益物権があると主張する第三者が存在する場合や，債権の売買において債務者が債務の存在を否定している場合）により，買主が買い受けた権利の全部または一部を取得することができず，または失うおそれがあるときは，買主は，その危険の程度に応じて，代金の支払を拒絶することができます。ただし，売主が相当の担保を供したときは，この限りでありません（民法576条）。他方，売主は，民法576条本文に該当する場合には，買主に対して，代金の供託を求めることができます（民法578条）。

⑤　買い受けた不動産に契約の内容に適合しない抵当権の登記があるときは，買主は，抵当権消滅請求の手続（民法379条～386条参照）が終わるまで，代金の支払を拒絶することができます。この場合には，売主は，買主に対し，遅滞なく抵当権消滅請求をするよう請求することができます（民法577条1項。買い受けた不動産に契約の内容に適合しない先取特権や質権の登記がある場合も同様です。同条2項）。また，売主は，民法577条に該当する場合には，買主に対して，代金の供託を求めることができます（民法578条）。

❖ **動産売買における代金の不払と売主の先取特権** ════════

　動産の売買契約では，買主が売買代金を支払わない場合に，売主は，売買代金債権を被担保債権として，売買目的物につき先取特権を行使して目的物を競売し，売却代金を売買代金債権に優先的に充当することができます（民法321条・311条）。また，買主に引き渡された目的物が転売され，転売先に引き渡されていたときには，先取特権の追及力はなくなりますが（民法333条），売主は転売代金債権に物上代位をしていくことができます（民法304条）。

6.3.2　買主の受領義務

　買主には，個々の売買契約において，目的物の受領義務が課されることがあ

ります（むしろ，売買においては，受領義務を認めるのが一般的です）。

6.4　保護義務

　売主も，買主も，債務の履行をするにあたり，相手方の権利・利益（生命・身体・健康・所有権その他の財産的利益など）を侵害しないように注意して行動する義務を負います（保護義務といわれているものです）。スーパーで買った惣菜に細菌がついていて，これを食した買主が食中毒になったケースや，販売した家具を買主宅に配達した売主が，搬入の際に誤って買主宅の玄関先に置いてあった壺を傷つけたケースが，この例です。

6.5　売主の債務不履行（その１）
——売買目的物の種類・品質・数量に関する契約不適合

6.5.1　売買目的物の種類・品質・数量に関する契約不適合と　　　　買主の救済——債務不履行構成

　売主は，買主に対して，売買契約に基づき，種類・品質・数量に関して契約の内容に適合した物を供与すべき義務を負っています。したがって，引き渡された目的物が種類・品質・数量に関して契約の内容に適合しないものであるとき（契約不適合）は，売買契約上の義務の違反，すなわち，債務不履行として評価されます。売買目的物が契約の内容に適合しなかったことについての主張・立証責任は，債務不履行を理由とする救済を求める買主の側にあります。

　売買目的物の種類・品質・数量が契約の内容に適合しなかった場合には，買主は，売主に対して，債務不履行の一般規定の定めるところに従い，法的救済を求めることができます。すなわち，買主は，**追完請求権**，**損害賠償請求権**，**解除権**を有します（そのほかに，代償請求権が問題となる場合もあります）。民法は，追完請求権について，民法562条で債権一般に妥当する追完請求権に対する特則を定める一方，損害賠償請求権および解除権については，民法564条で債務不履行の一般規定（民法415条・541条・542条）を指示しています。さらに，民法は，売買契約の特徴を考慮し，民法563条で債務不履行をされた買主のための

特別の救済手段として，代金減額請求権を用意しています。

　ここで重要なのは，特定物の売買において，売主が種類・品質・数量に関して契約の内容に適合しない特定物を引き渡すことは，売主の債務不履行であると捉えられていることです。同様に，種類物の売買（種類売買）において，売主が種類・品質・数量に関して契約の内容に適合しない個物を引き渡した場合も，目的物の「特定」の有無や，買主による履行としての認容の有無に関係なく，債務不履行の一般規定および代金減額請求権の規定が適用されます。この点においては，特定物の売買であろうが，種類物の売買であろうが，共通の準則に服するわけです。

6.5.2　売買目的物の種類・品質・数量に関する契約不適合の意味

　(1)　旧法ではどうであったか　　旧法570条では，売買目的物の契約不適合に関係する概念として物の「瑕疵」という概念が用いられていました。そして，(i)「瑕疵」の概念をめぐって，これを契約内容から切り離して物質的・客観的に把握すべきか（客観的瑕疵概念），それとも，契約内容に照らして導かれる「あるべき」性質からの乖離として主観的に把握すべきか（主観的瑕疵概念。最判平22・6・1民集64-4-953〔売買目的物である土地の土壌に，契約締結後に設定された規制基準によれば基準値を超えるフッ素が含有されていた事件。売買契約締結当時の取引観念上，当事者間において予定されていた性質を欠いているとはいえず，「瑕疵」にあたらないとされました〕）が議論されていました。それとともに，(ii)「物の瑕疵」(旧法570条)という場合には，性質（性状）の瑕疵を意味するものとされ，他方，数量不足は，「物の瑕疵」ではなく，不足した数量に対応する財産権が欠けているとの観点から，「権利の瑕疵」として捉えられ，旧法565条のもとで，「物の瑕疵」とは異なるルールに服していました（旧法のもとでの判決や文献を読むときは，注意してください）。

　(2)　種類・品質・数量に関する契約不適合——契約の解釈を通じた契約内容の確定
　これに対して，新法は，「瑕疵」の概念を捨て，これに代わるものとして契約不適合という概念を基礎に据えています。そして，その際，「種類・品質・数量の点で契約の内容に適合しない」ことをもって契約不適合，すなわち，債務不履行であると評価しています。その意味では，売買契約の当事者が当該売買契約において目的物の種類・品質・数量に対してどのような意味を与えたの

かを契約の解釈を通じて探求し，こうして導かれた契約の内容に即してみたときに「あるべき」種類・品質・数量が欠如している場合が契約不適合であるということになります（主観的瑕疵概念による場合と同様の手法です。契約の解釈を通じた契約内容の確定が，以前にもまして重要となります）。

❖ 契約適合性の思考様式 ══════════════

　旧法下において「物の瑕疵」を考える際の枠組みを示した前掲最判平22・6・1は，新法のもとでの売買目的物の契約適合性を判断する際の重要な視点を示しています。

　第一は，契約適合的なものとしてあるべき性質が何であるかの確定にあたって，具体的な契約において当事者が下した評価を基礎として判断を加えるべきであるということです。同判決は，帰責判断の正当化根拠という点では具体的な契約の趣旨に照らして目的物の契約適合性を判断すべきであることを明らかにし，具体的な契約を離れ，目的物を即物的・客観的に捉えたときに当該物が通常有しているであろう性質を欠いていることをもって契約不適合とみる考え方を否定したものです。

　第二は，このことからの帰結ですが，契約目的物の種類・品質・数量に関するリスクを当事者のいずれが引き受けるべきかを確定するにあたって，契約を離れた社会通念や取引通念のみによって判断してはならず，当該具体的な契約に基づくリスク分配という観点を基礎に据えるべきであるということです。客観的に存在する一個の物についても，その内容・属性としてどのような意味を与えるのかということは，その物を捉える観点，いいかえればその物を両当事者が契約対象としてとりあげたコンテクストごとに多様です。それゆえ，売買目的物の種類・品質・数量に関するリスクを当事者のいずれが引き受けるべきかを判断するにあたっては，このリスクを両当事者が当該契約のもとでどのように分配していたのかが決定的です。このことは，両当事者の合意を基点として契約内容の確定をおこない（ここで規範的解釈・補充的解釈がされることはいうまでもありません），そこから契約によるリスク分配をあらわす契約規範（リスク分配規範）をとりだし，その規範に基づく法律効果を導き出すという，契約解釈一般に妥当する枠組みの要求するところです。目的物の契約不適合を理由とする売主の責任が問われるとき，このような評価によりおこなおうとしているのは，目的物が契約に適合しないゆえのリスクを売主に負担させるべきか，買主に負担させるべきかの決定です。ここで，両当事者の私的自治による自律的な決定を尊重し，その結果を当事者に負担させることが正当化できるためには，両当事者がみずからの判断で，かかるリスク分配に同意し，契約を締結したのでなければなりません。そして，そのためには，両当事者が契約締結にあたり，当該契約のもとでのリスクを計算し，あるリスクについてはみずからが引き受け，他のリスクについては相手方当事者に転嫁するとの決定をしたのでなければならないのです。

このように，目的物の契約不適合とこれに基づく売主の責任を判断するには，①契約適合的なものとしてあるべき種類・品質・数量が何であるかの確定にあたって，具体的な契約において当事者が下した評価を基礎として判断を加えるべきであること，そして，②当該契約のもとで売買目的物の種類・品質・数量に関するリスクを両当事者がどのように分配していたのかを探求することが決定的です。上記最高裁判決は，土壌汚染事例で，このことを示したものとして，その後の事件処理にとってもリーディング・ケースとなるものです。

（3）　種類・品質に関する契約不適合と数量に関する契約不適合の統合　　また，新法は，種類・品質に関する契約不適合と数量に関する契約不適合とを共通に括っています。そのうえで，明文で特に区別をしている場面（買主の失権効〔買主の権利の期間制限〕に関する民法566条，競売における買受人の権利の特則を定めた民法568条）を除き，共通の準則に服するものとしています。

（4）　種類・品質に関する契約不適合　　種類・品質に関する契約不適合には，物質面での欠点のみならず，それ以外のものも含まれます。たとえば，いわゆる環境瑕疵（購入した不動産の周辺環境における欠点。たとえば，購入したマンションの日照・景観阻害）や，心理的瑕疵（たとえば，購入した居住用建物内でかつて自殺があったような場合）も，種類・品質に関する契約不適合に含まれます。契約の解釈を通じて契約の内容が何であったのかを確定する作業は，環境瑕疵や心理的瑕疵の場面で，特に重要となります。

なお，旧法下における「物の瑕疵」に関する判例法理（大判大4・12・21民録21-2144，最判昭41・4・14民集20-4-649，最判昭56・9・8判時1019-73）を踏まえたときには，法令上の制限（都市計画法上の用途制限や建築基準法上の建築制限など）も目的物の種類・品質に関する契約不適合のカテゴリーに含まれると解するのが，改正前後の判例法理の統一的理解としては適切でしょう。もっとも，旧法下において，学説の多数はこれに反対し，法令上の制限は「物の瑕疵」ではなく，「権利の瑕疵」（現民法下での権利に関する契約不適合に相当します）として扱うべきだと主張していました。判例のように考えたのでは，競売の目的物の種類・品質に不適合があった場合に民法568条4項（旧法では570条ただし書）がこのことを理由とする売主の責任を否定しているため，買主の保護にならないからです（権利に関する不適合とされるのであれば，同条1項に基づいて，買主は救済を求めることができます）。この学説による判例批判も，新法下で引き継がれます。

（5）　数量に関する契約不適合　　数量に関する契約不適合では，次の点に注

意が必要です。

　そもそも，売買の目的物に数量不足があったすべての場合に数量に関する契約不適合があったとされるわけではありません。売買契約の当事者が当該契約のもとで「数量」に特別の意味を与え，それを基礎として売買がされたという場合にはじめて，数量に関する契約不適合があったと評価されるのです。その意味では，数量に関する契約不適合は，旧法565条のもとで「数量を指示して」売買がされたと捉えられていたタイプのもの（数量指示売買）において認められるといえましょう。

　それでは，どのような場合に「数量を指示して」売買がされたといえるのでしょうか。旧法下における判例は，「当事者において目的物の実際に有する数量を確保するため，その一定の面積，容積，重量，員数または尺度あることを売主が契約において表示し，かつ，この数量を基礎として代金額が定められた売買」を，数量指示売買であるとしています（最判昭43・8・20民集22-8-1692）。数量指示売買を［単位数量］×［金額］→ 代金額確定という定式で定義しているのです。これに関連して，ある判決では，「土地の売買において目的物を特定表示するのに，登記簿に記載してある字地番地目および坪数をもってすることが通例であるが，登記簿記載の坪数は必ずしも実測の坪数と一致するものではないから，売買契約において目的たる土地を登記簿記載の坪数をもって表示したとしても，これをもって直ちに売主がその坪数あることを表示したものというべきではない」とされています（前掲最判昭43・8・20）。

　もっとも，その後の判決では，土地の売買につき，単位数量あたりの金額という算定方法をとっていなくても，取引の仲介や売買契約締結交渉にあらわれた事実を考慮すれば，売主が一定の面積であることを保証しており，これが代金算定の重要な要素となっている場合には，数量指示売買にあたるとしたものがあります（最判平13・11・22判時1772-49）。「すべての面積は公簿による」としか契約書に書かれていないということから当該売買が数量指示売買でないと即断するのを戒める点でも，意味のある判決です。要するに，売買契約の当事者が当該契約のもとで「数量」に特別の意味を与え，それを基礎として売買がされたかどうかが，数量に関する契約不適合を判断するうえで決定的なのです。

❖ **敷地賃借権つき建物の売買と敷地の欠陥**
　借地上に建物を有している者が建物所有権を敷地賃借権とともに売却したところ，

敷地の地盤に水抜き穴が不足していたり，敷地の擁壁が弱いものであったり，土壌汚染がされていたりしたとき，このような敷地の欠陥は，売買目的物の品質に関する契約不適合といえるでしょうか。

敷地賃借権つき建物の売買では，特段の事情がなければ，「敷地について建物所有のために一定期間継続的に有効利用できる状況のもとで建物所有権を移転すること」が契約内容を形成しているのですから，敷地に上記のような欠陥があったときには，これを売買目的物の性質に関する契約不適合といってよいように思います。

しかし，旧法下の判例は，このような考え方を採っていません。「建物とともに売買の目的とされたものは，建物の敷地そのものではなく，その賃借権であるところ，敷地の面積の不足，敷地に関する法的規制又は賃貸借契約における使用方法の制限等の客観的事由によって賃借権が制約を受けて売買の目的とされた賃借権に瑕疵があると解する余地があるとしても，賃貸人の修繕義務の履行により補完されるべき敷地の欠陥については，賃貸人に対してその修繕を請求すべきものであって，右敷地の欠陥をもって賃貸人に対する債権としての賃借権の欠陥ということはできないから，買主が，売買によって取得した賃借人たる地位に基づいて，賃貸人に対して，右修繕義務の履行を請求し，あるいは賃貸借の目的物に隠れた瑕疵があるとして瑕疵担保責任を追及することは格別，売買の目的物に瑕疵があるということはできないのである」というのです（最判平 3・4・2 民集45-4-349）。この立場からは，買主は，敷地の賃貸人に対して修繕等を求めていくことになります。

6.5.3　買主の救済①──追完請求権

（1）　追完請求権の意義　　売主は，買主に対して，種類・品質・数量に関して契約の内容に適合した物を供与すべき義務を負っています。したがって，引き渡された目的物が種類・品質・数量に関して契約の内容に適合しない場合（契約不適合）に，売主は不完全な履行をしたことになりますから，買主は，売主に対して履行の追完を請求することができます（裏返せば，売主には追完義務があります。民法562条 1 項本文）。

（2）　追完方法の選択権　　買主は，売主に対して，①目的物の修補，②代替物の引渡しまたは③不足分の引渡しによる履行の追完を請求することができます（民法562条 1 項本文）。ここでは，追完方法（取替えか修補かなど）の選択権が買主に与えられているのです。

もっとも，売主は，買主からの追完の請求に対して，買主に不相当な負担を

課すものでないときは，買主が請求した方法と異なる方法による履行の追完をすることができます（同条1項ただし書。売主の追完権ということもできます）。工場に設置する機械の売買で，引き渡されて工場建物内に据え付けられ稼動している機械のプリント基板に欠陥が見つかったという場合に，買主が売主に対してプリント基板の取り換えを請求したのに対して，売主がプリント基板を機械に組み込んだままでの修理を申し出たという場面を考えてみてください。このような申し出を受けた買主は，機械を据え付けたままで修理されたのでは時間がかかり，工場内での他の作業に支障をきたすため，「不相当な負担」を強いられることになるからです。

なお，引き渡された物を他の物と取り換えるという方法で追完がされるときには，引き渡された物の返還と代替物の引渡しとは引換給付の関係にあるものと解すべきでしょう。

（3）**追完請求が認められない場合**　売買目的物の契約不適合が「買主の責めに帰すべき事由」によるものである場合は，買主は売主に対して追完請求をすることができません（民法562条2項）。これは，目的物が契約の内容に適合しなかった場合に，買主に対して与えられるその他の救済手段である解除や代金減額請求において，契約不適合が「買主の責めに帰すべき事由」による場合には解除権や代金減額請求権が認められないとされているのと，要件面で平仄を合わせたことによるものです（解除については民法543条，代金減額請求については民法563条3項）。

目的物の契約不適合が買主の責めに帰すべき事由によるものであることについては，買主から追完請求を受けた売主が，抗弁として主張・立証すべきです。

（4）**「売主の責めに帰すべき事由」の要否**　目的物の契約不適合が「売主の責めに帰すべき事由」によるものであることは，追完請求権の要件ではありません。

❖ 追完請求権の性質と買主の帰責事由 ════════════

　追完請求権は履行請求権の一種であると考えたときには，債務者が履行をしなければ，債権者は債務不履行がみずからの責めに帰すべき事由によるか否かに関係なく，債務者に対して履行請求をすることができるということになるはずです。履行請求権は契約の効果として当然に生じるものであって，債務不履行の効果ではなく，まして，債権者の帰責事由など履行請求権の障害事由にならないと考えられているからです（詳しくは，債権総論を参照してください）。ところが，民法562条2項は，

追完請求権の場面で，これとは異なるルールを採用しています。その理由は，本文で述べたとおりです。ちなみに，私自身は，追完請求権を，契約の効果というよりは，損害賠償請求権や解除権と並ぶ債務不履行の効果（救済手段）と捉えています。

6.5.4 買主の救済②——代金減額請求権

（1）代金減額請求権の意義　引き渡された目的物が種類・品質・数量に関して契約の内容に適合しない場合に，買主は，所定の要件を充たしたときに，売主に対して代金の減額を請求することができます（民法563条1項）。代金減額「請求権」といわれるものの，形成権です。

引き渡された目的物に契約不適合があった場合に，代金と売買目的物の等価交換の関係を維持するという観点から，不適合の割合に応じて対価である売買代金を減額するということは，買主の救済手段として認められてよいでしょう。代金減額請求権は，比較法的にも広く認められているところです。わが国の民法も，売買目的物が種類・品質・数量面で契約に適合しない場合に，買主の代金減額請求権を認めているのです（なお，民法563条は，民法559条を介して有償契約一般に準用されます。この関連では，特に，請負における目的物の契約不適合を理由とする注文者の報酬減額請求権が重要です）。

たとえば，甲土地（評価額1000万円）を1500万円で売買する契約が結ばれたところ，甲土地に土壌汚染があり，その評価額が実際には800万円であった場合に，買主は，売主に対して，代金を300万円減額して1200万円にするよう求めることができます。

（2）代金減額請求権の要件　代金減額請求は，売買契約の一部解除と同じ機能を営むものです。というのも，代金減額請求の実質は，契約不適合に相当する部分の解除に等しいからです（買主は不適合部分を一部解除することにより，それに対応する対価支払義務の負担から解放されるという意味をもつからです）。そこで，民法は，代金減額請求権が認められるための要件を，以下のように，解除の場合とパラレルに構成しています。

①　代金減額請求をするためには，買主は，その前提として，売主に対して追完の催告をし，相当期間の経過を待って代金減額請求をしなければなりません（民法563条1項。この規定は，代金減額請求権に対する追完請求権の優位性を認

める意味ももっています）。これが原則です。これは，催告解除の場合（民法541条）と，ほぼ同様の枠組みを採用するものです。

②　次の4つのいずれかに該当する場合は，買主は，催告なしに代金減額請求をすることができます（民法563条2項）。ここでは，無催告解除の場合（民法542条）とほぼ同じ類型化をしています。

ア　履行の追完が不能であるとき（履行不能）

イ　売主が履行の追完を拒絶する意思を明確に表示したとき（明確な履行拒絶）

ウ　契約の性質または当事者の意思表示により，特定の日時または一定の期間内に履行をしなければ契約をした目的を達することができない場合において，売主が履行の追完をしないでその時期を経過したとき（定期行為）

エ　アからウまでの場合のほか，買主が催告をしても履行の追完を受ける見込みがないことが明らかであるとき

(3)　**代金減額請求が認められない場合**　代金減額請求権でも，追完請求権や解除権と同様，目的物の契約不適合が「買主の責めに帰すべき事由」によるものである場合は，買主は売主に対して代金減額請求をすることができません（民法563条3項）。

目的物の契約不適合が買主の責めに帰すべき事由によるものであることについては，買主から代金減額請求を受けた売主が抗弁として主張・立証すべきです。

(4)　**「売主の責めに帰すべき事由」の要否**　代金減額請求権については，もう1つ，気をつけなければならないことがあります。それは，目的物の契約不適合が「売主の責めに帰すべき事由」によるものであることは，代金減額請求権の要件ではないということです。民法563条で定められている代金減額請求権は，損害賠償請求権（民法415条1項参照）ではありません。したがって，代金減額の主張に対して，売主は「契約不適合が売主（債務者）の責めに帰することができない事由によるものである」との抗弁を出すことができないのです。

(5)　**代金減額割合の算定基準時**　代金減額請求が認められる場合の減額割合の算定基準時はいつでしょうか（契約時か，履行期か，引渡し時か？）。これについては，民法は何も語っていません。バターの売買で，1等級のバターの売買契約であったにもかかわらず，4等級相当のバターしか引き渡されなかった場合に，1等級のバターの市場価格と4等級のバターの市場価格が不規則に

——しかも，相関なしに——変動しているケースを想定すれば，減額割合の算定基準時はいつかという問題が重要であることはおわかりいただけるでしょう。この問題に関しては，買主による代金減額の請求は引渡しがされた物を売買の目的物として受領するという買主の意思の表明（客体としての承認）でもあることからすれば，引渡し時の価値を基準にするのが適切であると考えます（国際物品売買契約条約〔CISG〕50条やヨーロッパ私法共通参照枠草案〔DCFR〕Ⅲ.-3：601条（1）も，履行時〔引渡時〕を基準時としています）。

❖ 代金減額請求と他の救済手段との関係

　本文で述べたように，買主が売主に対して代金減額請求をする場合には，それに先立って，売主に対し，追完の催告をしなければなりません。買主は追完請求をして，これが奏功しなかったときにはじめて，代金減額請求をすることができるのです（民法563条1項）。ここでは，代金減額請求権に対する追完請求権の優位性をみてとることができます。

　また，買主が代金減額の意思表示を売主に対してしたとき，代金減額請求権が形成権であることからすれば，買主は，それ以降，当該不適合を理由として追完に代わる損害賠償を請求したり，契約全部を解除したりすることはできないというべきでしょう（もとより，付随義務・保護義務違反による損害がある場合には，その賠償が否定されるわけではありませんし，他の解除原因がある場合の解除の可能性が否定されるわけでもありません）。

❖ 数量超過売買と代金増額請求

　売買目的物の数量を指示して売買したところ，数量が約定のものを超えていたとき（数量超過売買），売主は，買主に対して代金の増額を主張することができるでしょうか。

　旧法下の判例は，数量超過の場合には，超過部分の代金を追加して支払うとの合意があったのでなければ，売主が数量不足の担保責任を定めた規定（旧法565条）の類推適用を根拠として代金の増額を求めることはできないとしていました（最判平13・11・27民集55-6-1380）。この考え方は，新法下でも判例法理として妥当するものと思われます。新法に即していえば，契約不適合の効果としての代金減額請求権を定めた民法563条を類推適用して代金の増額を求めることはできないということになるでしょう。

6.5.5 買主の救済③──損害賠償請求権

（1）　損害賠償請求権の性質・内容　　引き渡された目的物が種類・品質・数量に関して契約の内容に適合しない場合に，買主は，所定の要件を充たしたときに，売主に対して債務不履行を理由とする損害賠償を請求することができます（民法564条は，民法415条を適用して処理することを明記しています）。売主には，種類・品質・数量に関して契約の内容に適合した物を供与すべき義務がありますから，ここでの損害賠償が債務不履行による損害賠償であることは，異論の余地のないところです。

（2）　効果面での特徴　　売買目的物の契約不適合を理由とする損害賠償は，債務不履行を理由とする損害賠償であり，その内容は，履行利益，すなわち，契約に適合した履行がされたならば買主が受けたであろう利益の賠償となります。そして，その賠償範囲は，民法416条のもとで決せられます。要するに，売買目的物の契約不適合を理由とする損害賠償の内容は，債権総論で「債務不履行を理由とする損害賠償」として語られるものと異なるところはありません。契約不適合を理由とする損害賠償請求権と売買代金請求権との同時履行および相殺・履行遅滞の問題については，同時履行の抗弁権の箇所で触れたところ（3.2.5）を参照してください。

（3）　要件面での特徴　　売買目的物の契約不適合を理由とする損害賠償の要件も，民法415条によって規律されます。ここでの損害賠償の要件も，債権総論で「債務不履行を理由とする損害賠償」として語られるものと異なるところはありません。

　もっとも，これとの関係で気をつけなければならないのは，目的物の契約不適合を理由とする損害賠償請求がされたときに，民法415条が適用される結果，請求を受けた売主は，抗弁として，契約不適合が「債務者〔売主〕の責めに帰することができない事由」によるものであったと主張・立証することで，損害賠償の責任を免れうるという点です。

　ただし，ここで，民法415条は契約不適合を理由とする損害賠償について過失責任主義を採用しているとの誤解をしてはいけません。民法415条は，損害賠償の免責事由である「債務者の責めに帰することができない事由」に修飾句を加え，「契約その他の債務の発生原因及び取引上の社会通念に照らして債務者の

責めに帰することができない事由」としています。こうすることにより，民法415条は，債務不履行を理由とする損害賠償において過失責任主義から離れ，損害賠償責任からの免責が許されるかどうかはもっぱら当該契約の内容に即して判断されるとの立場を採用しました。いいかえれば，「債務者の責めに帰することができない事由」＝「無過失」という考え方は，民法415条の採用するところではありません。

　要するに，売買目的物の契約不適合を理由とする損害賠償は債務不履行責任の性質をもつものであり，民法415条によって処理されるところ，ここでの免責事由は「無過失」ではありません。売買目的物の契約不適合を理由とする損害賠償責任が過失責任になってしまったわけではありません。旧法下でみられた売買目的物の契約不適合を理由とする損害賠償は無過失責任，債務不履行を理由とする損害賠償は過失責任という整理が妥当しないのです。そして，売買契約における売主の債務が結果の実現保証をも内容とするもの（結果債務）であることからすれば，売買契約の内容に即して判断される「債務者（売主）の責めに帰することができない事由」が認められるのは，いかに結果の実現を保証しているとはいえ，当該契約の内容から判断すれば結果不実現のリスクを売主に負担させるのは不相当である場合に限られるでしょう。

❖ **追完に代わる損害賠償**

　買主に引き渡された売買目的物の種類・品質・数量に契約不適合があった場合における，契約不適合を理由とする損害賠償としては，これを追完請求権・履行請求権との関係で捉えたときには，①追完とともにする損害賠償（追完請求をするとともに，それでは填補されない損害の賠償。遅延賠償など），②追完に代わる損害賠償（契約に適合した物と不適合物の交換価値の差額の賠償，修補費用の賠償など），③履行に代わる損害賠償（民法415条2項の要件を充たす場合の損害賠償）があります。私の立場からは，さらに，④原状回復的損害賠償（投下費用相当額の賠償など契約がなかった状態に戻すための損害賠償）も認められます。

　このうち，追完に代わる損害賠償については，(a)買主は追完の催告なしに，いきなり追完に代わる損害賠償を請求することができるのか，それとも，(b)買主は原則として追完の催告をすることが必要で，例外的に追完不能や催告をしても追完を受ける見込みがないことが明らかな場合にのみ，催告なしに追完に代わる損害賠償を請求することができるのかをめぐって，見解の対立があります（私は(b)の立場です）。

　(a)の見解の基礎には，旧法下において追完の催告なしに追完に代わる損害賠償

が認められており，債権法改正の際にこのことを変更する合意が形成されていなかったことと，実質的にみても，不適合な物を引き渡した売主に対して追完を求めることは，買主にとって一般的に期待しがたいとの考慮があります。この見解をとる場合は，追完に代わる損害賠償の根拠条文は，民法415条1項です。

(b)の見解の基礎には，新法が契約不適合を理由とする救済手段を設計した際に，代金減額請求権，履行に代わる損害賠償請求権，解除権との関係で追完請求権の優位性を認めており，売主に対する追完請求，すなわち，追完の催告をしなければならないというのが一貫することと，実質的にみても，他の救済手段と同様に売主のために追完の機会を与えるべきであり，催告をしても追完を受ける見込みがないことが明らかな場合には例外的に催告不要とすれば足りるとの考慮があります。この見解をとる場合は，履行に代わる損害賠償を定めた民法415条2項または代金減額請求権を定めた民法563条1項の類推適用により，追完に代わる損害賠償における追完の催告の要否を判断するのが適切であるということになります。

なお，私は，この議論とは別に，契約不適合を理由とする損害賠償（広くは，債務不履行を理由とする損害賠償）を，買主が有する契約上の地位（権利・権限）との関係から捉えることも重要であると考えています。興味のある方は，潮見『新契約各論I』(信山社，2021年) 158頁以下を読んでください。

❖ 追完に代わる損害賠償と解除

買主が追完に代わる損害賠償を売主に対して請求したからといって，賠償金を売主から取得しない間は，買主の解除権は失われません。これは，履行に代わる損害賠償請求権と解除権との関係についての債務不履行一般の理解と同じです。買主が契約不適合を理由に売買契約を解除したときに履行に代わる損害賠償請求権を失うものではないこと（民法545条4項参照）も，債務不履行における理解と同様です。

6.5.6　買主の救済④──解除権

(1)　解除の性質　　引き渡された目的物が種類・品質・数量に関して契約の内容に適合しない場合に，買主は，所定の要件を充たしたときに，売主に対して，債務不履行を理由として売買契約を解除することができます（民法564条は，民法541条・542条を適用して処理をすることを明記しています）。ここでの解除が債務不履行を理由とする解除であることには，異論の余地がありません。解除の要件一般については，第4章を参照してください。

(2)　解除に「売主の責めに帰すべき事由」は不要　　民法541条以下は，債務不

履行を理由とする契約解除につき，債務者の帰責事由を不要としています。民法541条以下の規定が売買目的物の契約不適合を理由とする解除にも適用されることになりますから，売買目的物の種類・品質・数量に関する契約不適合を理由とする解除でも，解除権の発生にとって，「売主の責めに帰すべき事由」は不要です。

（3）　解除が認められない場合　　民法543条は，債務不履行が「債権者の責めに帰すべき事由」による場合に，債権者は当該債務不履行を理由として契約を解除することができないとしています。この規律が，目的物の契約不適合を理由とする解除にも妥当しますから，ここでも，目的物の種類・品質・数量に関する契約不適合が「買主の責めに帰すべき事由」によって生じたときには，買主は，契約不適合を理由として売買契約を解除することができません。

（4）　解除が認められる類型　　目的物の種類・品質・数量に関する契約不適合を理由とする解除は，債務不履行を理由とする解除であり，民法541条以下によって処理されます。そして，解除に関する規律によれば，債権者が債務不履行を理由に契約を解除することができるのは，（一部不能・一部履行拒絶の場合を除けば）以下の場合です。

①　催告解除　　債権者は，売主に対して追完の催告をし，相当期間の経過を待って解除をしなければなりません（民法541条）。

②　無催告解除　　次の2つのいずれかに該当する場合は，買主は，催告なしに解除をすることができます（民法542条）。

ア　契約の性質または当事者の意思表示により，特定の日時または一定の期間内に履行をしなければ契約をした目的を達することができない場合において，売主が追完をしないでその時期を経過したとき（定期行為）

イ　アの場合のほか，債務者が追完をせず，債権者が追完の催告をしても契約をした目的を達するのに足りる追完がされる見込みがないことが明らかであるとき

ここでは，種類・品質・数量に関して売買契約の内容に適合しない目的物の引渡しを受けた買主が，（a）契約目的の達成不能を理由として解除（無催告解除）をすることができること─上記②イ─と，（b）催告解除をすることもできること─上記①─が重要です。契約不適合を理由とする催告解除が認められるため，契約目的達成不能とはいえない程度の契約不適合であったときでも，買主は，相当期間を定めて追完の催告をし，相当期間の経過を待って解除をする

ことができるのです。なお，このとき，売主は軽微性の抗弁（民法541条ただし書）を出すことができます。立法論としては，不適合の追完が不能である場合における契約解除の要件（民法542条1項3号）との平仄を考えれば，売主が相当期間内に追完しないことを理由に買主が契約全体を解除するためには，売主の無応答の結果として，契約目的を達成することができなくなったことを要するとすべきではないかと思うところです。

6.6 売主の債務不履行（その2）
——権利に関する契約不適合

（1）**総論**　民法は，契約の内容に適合した権利を買主に供与すべき義務を売主に課しています。そして，権利移転義務の不完全な履行，すなわち，権利に関する契約不適合は債務不履行として評価されます。

権利に関する契約不適合が認められるのは，大別すると次の2つの場合です。

① 売主が買主に移転した権利が契約の内容に適合しないものである場合

② 売主が買主に権利の一部を移転しない場合

いずれの場合であれ，以下で述べることは，(i) 権利に関する契約不適合が契約締結時に既に存在していた場合のみならず，(ii) 権利に関する契約不適合が契約締結後に生じた場合にも妥当します。

（2）**移転した権利が契約の内容に適合しないものである場合**　売主が買主に移転した権利が契約の内容に適合しないものである場合とは，売買目的物の利用が制限されている場合を指します。たとえば，次のような場合があります。

(i) 売買目的物の上に地上権・地役権・留置権・質権などの占有を妨げる権利が存在している場合

(ii) 不動産売買で，当該不動産のために存在するものとされていた地役権が存在しなかった場合。建物売買で，目的とされた建物のために存在するものとされた敷地利用権（土地賃借権・地上権）が実際には存在していなかった場合も，同様です。

(iii) 不動産売買で，当該不動産の上に対抗力を有する他人の賃借権が存在している場合

（3）**権利の一部を移転しない場合**　売主が買主に権利の一部を移転しない場合とは，権利の一部が他人に属する場合を意味します。

権利の一部が他人に属する場合の典型例は，売買された土地の一部に他人の所有地が紛れ込んでいたという場合です。「売主が買主に権利の一部を移転しない」場合にあたるかどうかを判断する際には，権利の一部が他人に属することを売主が知っていたか，知らなかったか（売主の善意・悪意）は問題となりません。買主の善意・悪意も問題となりません。

　(4)　買主の救済　　権利に関する契約不適合があった場合に，買主は，売主に対して，以下の権利を有します（民法565条。いずれも債務不履行に結びつけられた効果です）。

① 　追完請求権（民法565条による民法562条の準用）

② 　代金減額請求権（民法565条による民法563条の準用）

③ 　損害賠償請求権（民法565条による民法564条〔→民法415条〕の準用）

④ 　解除権（民法565条による民法564条〔→民法541条・542条〕の準用）

　これらの権利が認められるための要件，権利の発生障害，権利の内容等は，いずれも，売買目的物の契約不適合を理由とする買主の救済の場合と同様です。したがって，その内容については，既に述べたところを参照してください（前述6.5.3〜6.5.6）。

　(5)　権利の全部が他人に属する場合の処理　　権利の全部が他人に属する場合は，一般に，他人物売買といわれます。ここで，売主が買主に権利の全部を移転しない場合には，たとえば，次のようなものがあります。

　(i)　最初から所有者が所有権の移転を拒絶し，引渡しすらできない場合

　(ii)　売主が買主に目的物を引き渡したものの，あとから所有者が買主に対し所有権に基づく返還請求をした結果，買主が所有者に目的物を返還した場合（買主が所有者から「追奪」されたともいわれます）

　(iii)　買主が抵当権のついた不動産を購入したところ，抵当権者が抵当権を行使して当該不動産を競売したことにより，買主がその不動産の所有権を失った場合

　なお，「売主が買主に権利の全部を移転しない」場合にあたるかどうかを判断する際には，売買目的物が他人に属することを売主が知っていたか，知らなかったか（売主の善意・悪意）は問題となりません。買主の善意・悪意も問題となりません。

　売主が買主に権利の全部を移転しない場合における買主の救済は，もっぱら，債務不履行の一般規定によって処理されます。権利に関する契約不適合を定め

た民法565条の適用はありません。もっとも，債務不履行を理由とする損害賠償と解除は同じルールが適用されますし（なお，代金減額請求権を認める余地はありません），売主が権利の全部を移転しない（無履行）ものの履行がなお可能な場合には，履行請求権が認められますから，売買における債務不履行の特則が適用されないからといって，契約不適合の場合における処理とそれほど大きく異なることはありません。

❖ **買い受けた不動産に抵当権がある場合における買主の費用償還請求権** ══════

　　旧法は，売買の目的物である不動産が先取特権・抵当権の対象となっていた場合における売主の担保責任を定めた規定を有していました（旧法567条1項〜3項）。そこでは，①「売買の目的である不動産について存した先取特権又は抵当権の行使により買主がその所有権を失ったときは，買主は，契約の解除をすることができる。」こと，②「買主は，費用を支出してその所有権を保存したときは，売主に対し，その費用の償還を請求することができる。」こと，③「前2項の場合において，買主は，損害を受けたときは，その賠償を請求することができる。」ことが定められていました。しかし，この規定のうち，①と③を定めていた規定は，新法に引き継がれていません。その理由は，次の点にあります。①と③については，権利移転の全部不能が生じているため，債務不履行の一般規定によって処理されます。したがって，特別の規定を必要としません。このため，新法は旧法567条2項のみを引き継ぎ，民法570条において，「買い受けた不動産について契約の内容に適合しない先取特権，質権又は抵当権が存していた場合において，買主が費用を支出してその不動産の所有権を保存したときは，買主は，売主に対し，その費用の償還を請求することができる。」と定めています。

6.7　買主の権利の期間制限

6.7.1　種類・品質に関する契約不適合

（1）**買主の失権に関する特別規定**　　民法は，売買目的物の種類・品質に関する契約不適合を知った買主に対して1年以内に不適合の事実を売主に対して通知する義務を課し，この義務を怠った買主が契約不適合を理由とする権利を失う（失権）という効果を定めています（民法566条本文。不適合の認識→通知義務

→通知懈怠による失権）。

　これは，①目的物の引渡し後は履行が終了したとの期待が売主に生じることから，このような売主の期待を保護する必要があること，②物の種類・品質面での不適合の有無は目的物の使用や時間経過による劣化等により比較的短期間で判断が困難となるから，短期の期間制限を設けることにより法律関係を早期に安定化する必要があるとの考慮に出て，買主の権利行使に期間制限を加えたものです。

　もっとも，悪意・重過失の売主との関係では，このような失権効は生じません（民法566条ただし書）。通知がないからとの理由で，契約不適合を知っている売主を免責するのは適切ではないからです。

　また，商事売買の場合（後述 6.7.3）と違い，民法566条本文は，売買目的物を受け取った買主に目的物の検査義務を課しているものでもありません。あくまでも，買主が契約不適合を実際に知った場合にのみ，知った時から 1 年以内の通知義務を課し，通知をしなかったことによる失権を定めたものにすぎません。

　（2）　消滅時効制度の適用　　民法566条本文は，売買目的物の種類・品質に関する契約不適合の場合に，消滅時効に関する一般準則（民法166条 1 項）の適用を排除するものではありません。とりわけ，客観的起算点から10年の消滅時効（同項 2 号）は，契約不適合についての買主の知・不知と関係なく進行を開始しますから，買主が「権利を行使することができる時」(危険移転時＝引渡し時とみるべきでしょう。後述 6.10.1）から10年が経過すれば，契約不適合を理由とする買主の権利は時効によって消滅します（このことは，旧法下の判例でも認められていたことです。最判平13・11・27民集55-6-1311）。

　また，契約不適合を買主が知った時から 1 年以内に売主に対して通知をした場合は，買主が契約不適合を知った時（主観的起算点）から 5 年の消滅時効（民法166条 1 項 1 号）が妥当します。

6.7.2　失権効の適用がない契約不適合類型
——数量に関する契約不適合・権利に関する契約不適合

　注意が必要なのは，数量に関する契約不適合の場合には，このような〔不適合の認識→通知義務→通知懈怠による失権〕という枠組みが採用されていない点です。これは，数量面での不適合は，引渡しをする売主にとっては比較的容易に判断

できることから，なすべきことを完了したことについての売主の期待（前述6.7.1の①）を特に保護する必要はないとの考慮に出たものです。

また，権利に関する契約不適合（権利移転義務の履行不完全）についても，〔不適合の認識→通知義務→通知懈怠による失権〕という枠組みは採用されていません。売主が契約の趣旨に適合した権利を移転したという期待を抱くことは想定しがたいし，短期間で契約不適合の判断が困難になるともいいがたいことから，通知しなかったことによる失権を認めなかったのです。

その結果，数量に関する契約不適合の場合と，権利に関する契約不適合の場合は，契約不適合を理由とする買主の権利の消滅は，もっぱら，債権の消滅時効に関する一般準則（民法166条1項。主観的起算点〔＝買主が契約不適合を知った時〕から5年，客観的起算点〔＝買主が救済手段を行使することができるようになった時＝不適合な給付がされた時〕から10年）によって処理されます。

6.7.3 商事売買についての特則
——検査義務・通知義務と通知義務違反による買主の失権

商法526条は，商人間の売買において，買主が目的物を受領したときには，遅滞なくこれを検査し（同条1項），目的物の種類・品質・数量に関する契約不適合を発見した場合には，「直ちに」通知を発信しなければならないとしています（同条2項前段）。この規定は，買主の検査義務・通知義務を定めた規定です。

買主が検査・通知を怠ったときには，買主は，契約不適合を理由とする追完請求権・代金減額請求権・損害賠償請求権・解除権を行使できなくなります（同条2項前段）。買主が受領した時から検査・通知を発するのに必要な期間が経過すれば買主を失権させることで，法律関係の早期安定を図ろうとしたのです。

さらに，商法526条2項後段は，検査をしても種類・品質に関する契約不適合が直ちに発見することができないものであった場合に関する規定も置いています。それによれば，この場合には，買主は，目的物を受領してから6か月以内にその契約不適合を発見したときにも，契約不適合を売主に通知しなければ，買主は，契約不適合を理由とする追完請求権・代金減額請求権・損害賠償請求権・解除権を行使できなくなります。

もっとも，以上に述べた規律には，商法526条3項の定める例外があります。

売主が契約不適合を知っていた場合（知らなかったことについて重過失がある場合も含めるべきです）は，通知をしなかった買主も，契約不適合を理由とする追完請求権・代金減額請求権・損害賠償請求権・解除権を失わないのです。

6.8　競売における買受人の権利の特則

6.8.1　解除・代金減額請求が認められる場面の限定

　強制執行や担保権の実行としての競売など，民事執行法その他の法律の規定に基づく競売によって買い受けた物に数量に関する不適合または権利に関する不適合があった場合や権利・物が存在しなかった場合は，買受人は，債務者に対し，債務不履行を理由として契約の解除をし，または代金の減額を請求することができます（民法568条1項。この場合の買主の権利の消滅は，債権の消滅時効の規定によること〔民法166条1項。主観的起算点から5年，客観的起算点から10年〕に注意してください）。なお，買受人は，債務者に対して不適合の追完を請求することはできません（民法568条1項は，民法562条を指示していません）。これは，請求債権の債務者による履行の追完を観念することができないことを考慮したからです。

　他方，競売によって買い受けた物に種類・品質に関する不適合があった場合は，買受人は，債務者に対し，不適合を理由とする契約の解除や代金減額の請求もすることができません（民法568条4項）。種類・品質に関する不適合の場合に不適合を理由とする買受人の救済を認めないのは，①競売手続では，ある程度の損傷等があることを折り込んで買受けがおこなわれていると考えられること，②種類・品質面に関して目的物について民事執行法上とることのできる調査手段には限界があること，③種類・品質に関する不適合にまで救済の範囲を広げることになると，執行裁判所は種類・品質に関する不適合を理由に競売手続の結果が事後的に覆ることも想定して目的物の調査を入念にしなければならないこととなり，その結果として競売手続の迅速かつ円滑な進行が妨げられるおそれがあることが考慮されたことによるものです。

　その結果，目的物に加えられている法令上の制限が種類・品質に関する不適合にあたるのか，それとも権利に関する不適合にあたるのかは，競売における

買受人の権利を考えるうえで，非常に重要な問題となります。旧法下では，法令上の制限を，判例が前者，通説が後者に割り振っていたことは，既に触れたとおりです（前述 6.5.2(4)）。

なお，買受人が債務者に対して損害賠償を請求することは，原則として認められていません（例外は，民法568条3項。後述 6.8.3）。これは，競売が債務者の意思に基づいておこなわれるものでない点を考慮したものです。

6.8.2　債務者が無資力の場合

民事執行法その他の法律の規定に基づく競売によって競売の目的とされた物や権利が存在しなかった場合は，買受人は原則として損害賠償の請求をすることができませんが，例外的に，債務者が無資力であるときは，買受人は，代金の配当を受けた債権者に対して，配当を受けた金額の限度において，配当された代金の全部または一部の返還を請求することができます（民法568条2項）。

6.8.3　損害賠償の請求をすることができる場合

民事執行法その他の法律の規定に基づく競売によって買い受けた物に，数量に関する不適合または権利に関する不適合があった場合や権利・物が存在しなかった場合において，(a) 債務者がその物または権利の不存在を知りながら申し出なかったときや，(b) 債権者が物または権利の不存在を知りながら競売を請求したときは，買受人は，これらの者に対して，損害賠償の請求をすることができます（民法568条3項）。

❖ **敷地利用権つき建物の競売における敷地利用権の不存在と買受人の救済** ═════
　　敷地利用権つき建物の競売がされて買い受けたところ，存在するものと思われていた敷地利用権が存在しなかった（または，後日に否定された）という場合に，買受人がどのような要件のもと，どのような内容の責任を請求できるかについては，特別の議論があります。建物所有権に欠点があったのではなくて，建物所有権に従たる権利である敷地利用権が存在していなかったということが，建物の競売による法律関係にいかなる影響を与えるかという問題です。関心のある方は，旧法下の判例ですが，最判平8・1・26民集50-1-155を読んで確認してください。この判決は，借地権が存在しなかった場合において，そのために買受人が建物買受けの目的

を達成することができず，かつ，債務者が無資力であるときは，買受人は，旧法568条1項・2項（新法568条1項・2項に対応）の類推適用により，強制競売による建物の売買契約を解除したうえで，売却代金の配当を受けた債権者に対して，その返還を請求することができるとしたものです。

6.9 債権の売買と売主の資力担保責任

　債権が売買されたとき，売買された債権の価値は，最終的には債務者の資力によって決まります。債務者の資力がゼロであれば，いくら名目的価値の大きな債権を譲り受けたとしても，譲受人が得る経済的価値はゼロになります。それゆえ，売買された債権の債務者が債権を実現できるだけの資力を有していない場合に，債権の売主（譲渡人）が買主（譲受人）に対して何らかの責任を負わなければならないのかが問題となってきます。

　民法は，債権の売買がされたとき，債権の売主は債権の存在については責任を負うものの，債務者の資力については資力担保の特約がなければ責任を負わないとの立場から出発しています。そして，資力担保の特約がされた場合につき，その趣旨に関する推定規定として，民法569条を設けています。

　民法569条によれば，①債権の売主が債務者の資力を担保したときは，契約当時における資力を担保したものと推定し（1項），②弁済期が到来していない債権の売主が債務者の将来の資力を担保したときは，弁済期（弁済をすべき時）における資力を担保したものと推定しています（2項）。ここでの資力担保の責任とは，債務者に資力がなかったことにより弁済を受けることができなかった損害についての賠償責任という意味です。

6.10 目的物の滅失・損傷に関する危険の移転

6.10.1 引渡し後の滅失・損傷——特定された物の引渡しによる危険の移転

　売買目的物が買主に引き渡された後に買主のもとで滅失・損傷したときに，買

主は滅失・損傷を理由として，売主に対し，権利主張（追完請求・代金減額請求・損害賠償請求・契約解除）をすることができるでしょうか。また，売主は，買主に対して，買主に引き渡した後に生じた滅失・損傷であることを理由にして，代金全額の支払を求めることができるでしょうか。

民法は，この問題について，次のようなルールを定めています。①・②は民法567条1項が定めるところです。

①　特定物の売買の場合および種類売買で目的物の特定がされている場合には，目的物の滅失・損傷に関する危険は，買主が目的物の引渡しを受けること（引渡受領〔taking delivery〕。現実の支配領域の移転がない占有改定は，ここに含まれません）によって，売主から買主に移転します（危険移転時＝引渡し時）。したがって，買主が引渡しを受けた後に目的物が「当事者双方の責めに帰することのできない事由」（＝売主の責めに帰することができない事由）により滅失・損傷した場合は，買主は上記の権利を行使することができません。また，この場合に，買主は，代金の支払を拒むことができません。これが原則です（なお，条文文言では，「当事者双方の責めに帰することができない事由」による滅失・損傷と書いていますが，買主の責めに帰すべき事由による滅失・損傷の場合は，そもそも，買主は追完請求や代金減額請求ができず，解除もできず，損害賠償も「売主の責めに帰することができない事由」によるものとされて否定されることから，結局，①のルールが妥当するのは，「売主の責めに帰することができない事由」による滅失・損傷の場合に限られます）。

②　ただし，引渡しを受けた後の滅失・損傷が売主の責めに帰すべき事由による場合は，買主は，目的物の滅失・損傷を理由として，上記の権利を行使することができます。機械の売買で売主が操作方法について誤った説明をしていたためにその機械が爆発して破損したような場合が，この例です。

③　引渡しを受けた時に提供された物に既に契約不適合があった場合や，引渡しが遅延した場合には，買主が売主に対して，滅失・損傷とは別個の観点から——つまり，目的物の契約不適合や履行遅滞という観点から——債務不履行を理由とする権利主張をすることは差支えがありません。③は，民法567条の規律対象とするところではありません。

④　種類物の売買では，売主が契約の内容に適合しない目的物を選定して引き渡しても「特定」の効果が生じません。この場合は，①・②のルールの適用外です（民法567条1項括弧書を参照してください）。④の場合は，買主は，引渡しを受けた時における契約不適合を理由とする権利主張をすることができます。

6.10.2　売主の提供した物が受領されなかった場合
　　　──受領遅滞による危険の移転

　上記①・②・④のルールは，売主が契約の内容に適合した物を引き渡そうと買主に提供したにもかかわらず，買主が受領を拒絶し，または受領することができなかったところ──そのために，売主がその物を持ち帰ったような場合を想定してください──，その履行の提供があった時以降にその物が滅失・損傷した場合にも，同様に適用されます（民法567条2項）。受領遅滞の効果の1つであるといってもよいでしょう。民法567条2項の規定と受領遅滞中の履行不能に関する民法413条の2第2項の関係については，受領遅滞に関する債権総論の教科書での説明に譲ります。

6.11　契約不適合を理由とする責任を減免する特約の有効性

　契約不適合を理由とする責任に関する規定は，任意法規です。したがって，これと異なる合意（責任免除特約〔免責特約・責任制限特約〕）をすることは，原則として妨げられません。ただし，担保責任免除特約（契約不適合責任を免除する特約）の有効性には，次のような例外があります。

　①　契約不適合があることを売主が知っていれば，特約の存在にもかかわらず，売主は契約不適合を理由とする責任を免れることができません（民法572条前段）。

　②　売主がみずから第三者のために権利を設定したり，第三者に目的物を譲渡したりした場合において，このことが契約不適合をもたらしたときは，特約の存在にもかかわらず，売主は契約不適合を理由とする責任を免れることができません（同条後段）。

　③　消費者契約法8条2項には，消費者契約中で責任免除特約がされている場合や，事業者にその責任の有無・限度を決定する権限を付与する条項が設けられている場合に，それらの条項が不当条項として無効とされる場合の規律があります。

　④　宅地建物取引業法40条は，責任期間を2年以下とする特約を無効としています。

6.12 契約不適合を理由とする責任と錯誤

　マンションの販売業者であるＡが、「マンションの北側ベランダから富士山を眺望でき，当社の調査によれば，マンションの敷地の北にある空き地には視界をさえぎるような建物は建たない」との触れ込みで，分譲マンションの一室をＢに売ったところ，３年後に隣地に高層マンションが建設されたため，Ｂの居室から富士山を眺めることができなくなったとします。

　このような場合には，①一方で，「Ａ・Ｂ間の売買契約において，『マンションの北側ベランダから富士山を眺望することができるマンションを引き渡すこと』が売主Ａの債務の内容を成している」という点に着目したならば，本章で述べた売買目的物（マンション）の品質面での契約不適合を理由とする売主Ａの債務不履行責任（民法562条以下）が問題となりえます（もちろん，売主Ａの負担した債務の内容が何であったのかをＡ・Ｂ間の売買契約に即して確定する必要があります）。

　他方で，②ＡとＢは，「マンションの北側ベランダから富士山を眺望でき，マンションの敷地の北にある空き地には視界をさえぎるような建物は建たない」との事実認識を基礎とし，この認識を合意の内容に取り込んだ（＝法律行為の内容とした）という点に着目したならば，法律行為の内容とされた事実認識に誤りがあった（「法律行為の基礎とした事情」についての認識が真実に反していた）ところ（民法95条１項２号），その認識が「表示」されていた（同条２項。なお，「表示されていた」とは，その事情に関する表意者の認識が合意の内容になっていたという意味で理解されるべきです）との観点から，Ｂはその意思表示に錯誤があったことを理由として意思表示を取り消すことができるのではないかということが問題となりえます。「法律行為の基礎とした事情」に関する錯誤（事実錯誤）の問題です（民法95条の解釈については，民法総則の教科書を参考にしてください。なお，このケースでは，マンションの北側ベランダから富士山を眺望することができるマンションを引き渡すことが契約内容となっていることから，表示錯誤〔内容の錯誤〕は問題となりません）。

　上記の例のように，売買目的物の「品質面での契約不適合」を理由とする債務不履行責任による処理（①）が問題となる局面では，「法律行為（売買契約）の基礎とした事情」についての認識の誤り（錯誤）を理由とする取消しによる

処理（②）もまた，問題となりえます。

　ここでは，①・②のいずれによる処理も可能な場合に，契約不適合を理由とする債務不履行責任による処理（①）を選択するか，それとも，「法律行為の基礎とした事情」についての認識の誤り（錯誤）を理由とする取消しによる処理（②）を選択するかは，買主Bの自由であると考えればよい——錯誤が優先するとか，契約不適合責任のみが問題とされるべきだという必要はない——と思います（旧法のもとでは，(i) そもそも，特定物の性質は動機にすぎず，契約内容とならないのではないか，また，(ii) 錯誤の効果は無効であり，無効主張には期間の制限がないため，錯誤無効の主張を許したならば法律関係が不安定な状態が長く続くこととなって，取引の安全を害するのではないかといったことが問題とされていました。しかし，新法のもとでは，こうした懸念は，(i) 契約不適合において契約責任説が採用されたこと〔特定物ドグマの否定〕，(ii) 錯誤の効果を無効ではなく，取消しとした結果として，短期の期間制限〔民法126条前段〕が妥当することになったため，ほぼ解消されたものといえます）。

6.13　物の契約不適合による買主の生命・身体・財産への侵害とその法的処理

　たとえば，売買された食品を購入した買主が，これを食べたところ食中毒を起こし，長期間入院したという場合のように，物の欠陥が買主の有している権利・利益（生命・身体・財産など）を侵害し，買主に損害を発生させることがあります。このような場合をどのように処理すべきかについては，大別して2つの見方が示されています（私自身は，第2説）。

　第1は，物の契約不適合を理由とする損害賠償責任の成否を検討したうえで，買主の生命・身体・財産等に生じた損害については，契約不適合からの拡大損害と捉え，民法416条の通常損害・特別損害の範囲確定の問題として処理するという見方です（旧法下での学説では，拡大損害については，民法416条2項の特別損害とみるものが多いようです）。

　第2は，給付目的物自体の損害と，生命・身体・財産上の損害とは，その原因となった権利・利益侵害が違うとする見方です。給付目的物自体の損害は，目的物の契約不適合により生じたものであるのに対して，買主の生命・身体・財産上の損害は，売買契約上で売主が買主に対して負っている保護義務の違反

により生じたものであるとするのです。この立場からは，給付目的物自体の損害と，生命・身体・財産上の損害は，法的には別系統の問題として処理されます。そして，本章で扱った契約不適合に関する解釈論は，もっぱら前者の損害についてのみ関係するものだということになります。

契約不適合責任についてのまとめ

		物の種類・品質に関する契約不適合	物の数量に関する契約不適合	権利移転面での契約不適合	権利移転義務の無履行*
追完請求権 （民562，民565）	成否	○ ［買主に追完内容の選択権］			履行請求権の問題
	売主の免責事由	×			×
	売主からの追完内容の変更	原則は○			
	限界	追完不能（民412の2①参照）			履行不能 （民412の2①）
	障害事由	買主の帰責事由			
代金減額請求権 （民563，民565）	成否	○			×
	成立要件	・催告後，相当期間経過 ・追完不能 ・明確な追完拒絶 ・定期行為における履行遅滞 ・追完の期待不可能			
	売主の免責事由	×			
	障害事由	買主の帰責事由			
解除 （民564→民541以下，民565）	催告解除	○（ただし，軽微性の抗弁あり）			○
	無催告解除が認められる場合	・定期行為における追完遅滞 ・契約目的達成の期待不可能（一部不能・一部拒絶によるものである場合を含む）			・履行不能 ・明確な履行拒絶 ・定期行為における履行遅滞 ・契約目的達成の期待不可能
	売主の免責事由	×			×
	障害事由	買主の帰責事由			買主の帰責事由
債務不履行を理由とする損害賠償請求権 （民564→民415以下，民565）	成否	○			○
	売主の免責事由	○			○
	追完に代わる損害賠償が認められる場合	・追完不能 ・明確な追完拒絶 ・定期行為における履行遅滞 ・一部解除権の発生もしくは一部解除またはこれに相当する場合			・履行不能 ・明確な履行拒絶 ・定期行為における履行遅滞 ・解除権の発生または解除
不適合を認識した後の不通知による失権（民566）		○	×	×	×

＊新法のもとでは，この場合は，もっぱら債務不履行の一般的規律によって処理される（売買における特則はない）。

■ 住宅品質確保促進法における新築住宅の売主の契約不適合責任 ■

（1）　緒　論　　新築住宅については，「住宅の品質確保の促進等に関する法律」（住宅品質確保促進法。「品確法」と略称されることがあります）があります。同法において，住宅性能表示制度と並び同法の骨格をかたちづくるものとして導入されているのが，瑕疵担保責任の強化・充実（いわゆる10年保証）です。

（2）　「瑕疵」・「瑕疵担保責任」概念の維持　　住宅品質確保促進法は，2条5項で，「この法律において『瑕疵』とは，種類又は品質に関して契約の内容に適合しない状態をいう。」としたうえで，第7章では「瑕疵担保責任」の章題のもと，94条から97条までで，「瑕疵」および「担保責任」という用語を維持しています。立法全体としてみたときの用語面での統一性という点では少々問題をはらみますが，強いていえば，品確法で扱う契約不適合がもっぱら住宅の基本構造部分に関するものであるがゆえに，物質面での欠点に重きを置いた「瑕疵」という表現を維持することに問題はないと考えられたからではないかと思われます。

（3）　10年の責任存続期間　　住宅品質確保促進法95条1項は，「新築住宅の売買契約」において，売主は，「住宅のうち構造耐力上主要な部分又は雨水の浸入を防止する部分として政令で定めるもの」の「瑕疵」について，買主に引き渡した時から10年間，「民法第415条，第541条，第542条，第562条及び第563条に規定する担保の責任」を負うとしています。

そのうえで，住宅品質確保促進法95条2項は，「前項の規定に反する特約で買主に不利なものは，無効とする。」と述べ，いわゆる片面的強行法規性を宣言しています。その結果，①10年の期間を短縮する合意をしても無効ですし，②10年の期間の起算点を買主に不利に変更する合意をしても無効です。また，③10年の責任存続期間の対象となる「瑕疵」を品確法95条1項よりも狭く限定する合意をしても無効です。

第7章

贈　与

7.1　贈与契約の成立

7.1.1　贈与の意義

　贈与は，ある人（贈与者）がある財産を相手方（受贈者）に与えることを約束
し，相手方がこれに同意をすることによって成立する契約です（民法549条）。
　贈与契約は，諾成契約であり，片務契約であり，無償契約です。
　なお，無償契約であっても，「財産の移転」を目的としないもの，たとえば，
無償の労務提供，債権の放棄，債務の引受けは，贈与ではありません（もっと
も，契約による配偶者居住権の設定は，贈与〔死因贈与〕と捉えられています）。

7.1.2　書面によらない贈与と，贈与の解除

　贈与は諾成契約ですから，書面にしておかなくても，贈与契約は有効に成立
します。
　けれども，書面にしておかなければ，贈与の効力は弱く，贈与者も，受贈者
も，贈与を解除することができます（民法550条本文）。
　それでは，なぜ，書面によらない贈与について，容易に解除することができ
るものとしたのでしょうか。それは，①贈与を書面にするように促すことで，
権利関係を明確にして後日の紛争を予防するとともに，②贈与意思を書面にま
とめさせることで，贈与をするかどうかを熟慮させ，贈与者が軽率に贈与する
ことを予防することをねらったからです（最判昭53・11・30民集32-8-1601）。

「書面による贈与」であるといえるためには，贈与者の権利移転の意思が書面に表示されていなければなりません。他方，受贈者の受諾の意思が表示されている必要はありません（大判明40・5・6民録13-503）。もっとも，判例では，「書面による贈与である」との判断が緩和される傾向にあります。

①　「書面による贈与」であるためには，「当事者の関与又は了解のもとに作成された書面において贈与のあったことを確実に看取しうる程度の記載がされていれば足りる」とされています（前掲最判昭53・11・30）。

②　贈与の意思が書面のなかに表示されているといえるためには，贈与の意思が受贈者に向けてではなく，第三者宛ての書面に表示されたものであってもかまいません。たとえば，贈与契約当事者が知事に提出した農地所有権移転許可申請書（最判昭37・4・26民集16-4-1002）や，売買により購入した不動産を第三者に贈与した者が，売主に対して受贈者名義で直接に所有権移転登記をするようにとの内容で差し出した内容証明郵便（最判昭60・11・29民集39-7-1719）も，「書面」にあたります。

③　書面は，契約締結後に作成されたものであってもかまいません（大判大5・9・22民集22-1732）。

④　電子メール，電子文書など電磁的記録として作成されたものは，民法550条の「書面」には含まれません。軽率な贈与の防止という同条の趣旨からみて，これらを「書面」とみなすのは適切でないと考えられたからです。

7.1.3　書面によらない贈与と，贈与の解除不可──「履行の終了」

　書面によらない贈与であっても，履行の終わった部分については，解除することができません（民法550条ただし書）。これは，贈与者の実際の行動を信頼した受贈者の保護を目的としたものです。

　もっとも，ここにいう履行の終了の意味ですが，厳密な意味で履行の「完了」が考えられているのではなく，贈与者の贈与の意思が明確に表現されている外部的な行為態様が認められれば足りるものとされています。たとえば，不動産の贈与では，不動産の引渡しがなくても，所有権移転登記がされた場合には，履行が終了したとされますし（最判昭40・3・26民集19-2-526），所有権移転登記がなくても，引渡しがされた場合には，履行が終了したとされます（最判昭31・1・27民集10-1-1。もっとも，農地の贈与の場合には，農業委員会の許可が

条件であることに鑑みれば，引渡しがされても，農業委員会の許可があるまでは，贈与を解除することができるというべきです。最判昭41・10・7民集20-8-1597）。

7.1.4　書面によらない贈与の解除と主張・立証責任

AがBに対して甲土地を贈与する契約を締結した後に，BがAに対し，甲土地の所有権移転登記手続をするように請求したとします。

この場合に，Aは，抗弁として，AがA・B間の贈与契約を解除するとの意思表示をしたことを主張・立証することができます。

これに対して，Bは，再抗弁として，（1）A・B間の贈与が書面によってされたものであること（書面による贈与），または，（2）贈与契約の解除の意思表示に先立って，AがBに甲土地を引き渡したこと（履行の終了）を主張・立証することができます。

7.2　贈与の効力（その1）
　　──財産権移転義務と贈与者の責任

7.2.1　財産権を移転する義務

贈与者は，受贈者に対して，贈与財産を移転しなければなりません。

贈与目的物がその種類・品質・数量に関して契約の内容に適合していない場合や，贈与者が受贈者に対して移転した権利が契約の内容に適合しないものである場合，さらには，他人の物を贈与した者がその物の所有権を受贈者に移転することができない場合には，贈与者の債務不履行責任の問題が生じます。

7.2.2　契約内容に適合した物・権利を移転する義務

（1）　贈与契約の内容についての推定　　贈与目的物がその種類・品質・数量に関して契約の内容に適合していない場合と，贈与者が受贈者に移転した権利が契約の内容に適合しないものである場合について，民法551条1項は，「贈与者は，贈与の目的である物又は権利を，贈与の目的として特定した時の状態で引

き渡し，又は移転することを約したものと推定する。」としています。

　これは，①贈与者の負う財産権移転義務の内容が贈与契約の趣旨に照らして確定されることを不文の原則としたうえで（したがって，贈与者には贈与契約の内容に適合した物または権利を移転する義務があるとの基本的立場を採用したうえで），②贈与の無償性に鑑み，贈与者が「贈与の目的である物又は権利を，贈与の目的として特定した時の状態で引き渡し，又は移転することを約したものと推定」したものです（贈与契約の内容についての推定。ここには，デフォルト・ルールが書かれていることになりますが，デフォルト・ルールとはいえ，契約規範の欠缺を補充することを目的とした任意法規ではありません）。③したがって，個別具体的な贈与契約の内容が，たとえば一定の品質の物を贈与することにあったり，贈与の目的物が一定の数量を有することにあったりした場合，あるいは，建物の贈与で敷地利用権が存在していることが個別具体的な贈与契約の内容であった場合には，贈与者はこのような契約の内容に即した目的物の引渡しまたは権利の移転をする義務を負います。

　いずれにしても，民法551条1項は「特定物の贈与にあっては，物の性質は債務の内容を成さない」という考え方を採用しているものではない点に，注意をしてください。

　個々具体的な贈与契約の解釈を通じて，贈与者には契約の内容に適合した物または権利を移転する義務があるとされた場合（すなわち，民法551条1項の推定が覆された場合）には，受贈者は，贈与契約の内容に適合しない物または権利を移転したときは，債務不履行に関する一般規定に従い，追完請求，損害賠償請求をすることができ，また，贈与契約を解除することができます。

　なお，「贈与の目的として特定した時」とは，字義どおりに解せば，特定物の贈与では契約締結時，種類物の贈与では贈与される個物が「特定」した時を指すものということになりましょう（とはいえ，種類物の贈与では，「何が当該贈与契約の内容に適合した品質であるか」が先に決まらないと「特定」の有無が決まりませんので〔不適合な物の選定は「特定」とは評価されません〕，民法551条1項の推定とその推定を破るプロセスが機能する余地はない――したがって，推定規定を置くこと自体が無意味である――と思われます）。

　(2)　負担付贈与の場合の特則（民法551条2項）　　これについては，負担付贈与の箇所でまとめて扱います（後述7.4.2）。

7.2.3 他人物贈与と贈与者の責任

　他人の物が贈与され（他人物贈与），贈与者が受贈者にその権利の全部または一部を移転しない場合については，売買における他人物売買に相当する規定がありません。民法551条1項に対応するような推定規定もありません（「他人の権利を贈与の目的としたときは，贈与者は，その他人の権利を取得する義務を負わないものと推定する」といったような推定規定は，民法にはありません）。債権法改正の際に，他人物贈与に関する議論が未成熟であるうえに，他人物贈与が裁判・実務上で問題となった事例が多くないことその他の理由から，他人物贈与に関する規律を具体的な条文にすることを断念したのです。そのために，債権法改正後も様々な解釈論が出されています。

　贈与契約において贈与者は，たとえ無償であるとはいえ，みずからの意思により財産権の移転を引き受けたのですから，贈与の目的物が他人の所有物であったことによる給付リスクは，贈与者が負担すべきです。それゆえ，他人物贈与においても，贈与者には贈与の目的とされた財産についての権利を移転する義務があるというべきです。そして，贈与者がその権利の全部または一部を移転しない場合は，贈与者は債務不履行を理由とする責任を負うというべきです。ここでは，受贈者は，債務不履行に関する一般規定に従い，追完請求，損害賠償請求をすることができ，また，贈与契約を解除することができます（贈与の無償性は，追完不能の判断や贈与者の帰責事由の判断において贈与者の側に有利な事情として斟酌すればよいことです）。もとより，義務の内容について特別の合意をすることは可能ですし，贈与者が真の所有者から所有権を取得することを停止条件とした条件付贈与であることもあります。

7.3　贈与の効力（その2）
──忘恩行為を理由とする贈与の解除

　贈与がされた後に，受贈者が贈与者の恩義に反する行動をしたとき，贈与者は，それでもなお，贈与契約によって生じた法律関係に拘束されるのでしょうか。

　この問題は，一般に，忘恩行為を理由とする贈与の撤回（解除）というテーマ

のもとで論じられます。しかし，問題の贈与を後述する負担付贈与または解除条件付贈与と評価することができるかどうかを問うたうえで，負担付贈与における負担の不履行を理由とする契約解除，解除条件の成就または事情変更の法理の適用という観点から問題を処理すれば足ります（逆にいえば，これらの事由に該当しない場合には，贈与の合意そのものに瑕疵がない限り，見通しを誤ったリスクは，贈与者が負担すべきです）。あえて，忘恩行為を理由とする贈与の撤回（解除）などという論じ方をする必要はないものと思われます（負担付贈与の構成に依拠した原審の判断を是認した最判昭53・2・17判タ360-144を，原判決とともに参照してください）。

7.4　特殊の贈与

7.4.1　定期贈与

　定期贈与とは，一定期間ごとに財産を贈与する場合のことをいいます。民法552条は，定期贈与は贈与者または受贈者の死亡によって効力を失うとしています。これは当事者の意思を推定した規定です。

7.4.2　負担付贈与

　負担付贈与とは，受贈者も一定の給付をする義務を負担している贈与のことをいいます。たとえば，老齢に達した自分の生活の面倒をみることを受贈者の義務として，贈与者が受贈者に自分の有するほとんどの財産を贈与したような場合です。なお，負担の履行先は，贈与者であっても，贈与者以外の第三者であってもかまいません。

　負担付贈与では，普通の贈与の場合と違って，贈与者は，贈与財産の契約不適合について「負担の限度で」売主と同様の責任を負います（民法551条2項）。「負担の限度で」というのは，受贈者が負担を履行することによって損失を被らない限度で，という意味です。

　たとえば，5000万円に相当すると考えられていた甲土地をAがBに贈与し，

この贈与にはBがCに3000万円を支払うという負担がついていたとします。ところが，贈与された甲土地には法令上の建築制限が存在していたために，その価値が2000万円しかないことが判明したとしましょう。このとき，Bが3000万円をCに支払っていない場合には，Bは，Aに対して，自己の負担を2000万円に減額するよう，請求することができます。また，Bが既に3000万円をCに支払っていれば，Bは，Aに対して1000万円を支払うよう，請求することができます。これに対し，上記の例を少し変えて，甲土地の価値が4000万円であったときには，甲土地の価値は「負担」の価値を上回るゆえに，受贈者Bに「損失」が生じません。したがって，民法551条2項によるAの責任は生じません。

　注意を要するのは，負担付贈与も贈与ですから，受贈者は贈与者に対し，物または権利に関する契約不適合および権利移転義務の不履行を理由として追完請求や損害賠償請求をし，また，契約を解除することができるという点です（民法551条1項による贈与契約の内容の推定あり）。これについては，7.2.2(1)を参照してください。

7.4.3　死因贈与

　贈与者の死亡によって効力が発生する贈与を，死因贈与といいます。死因贈与は，諾成・不要式の契約ですが，遺贈の規定が準用されます（民法554条）。遺贈は，遺言という一方的意思表示による遺産の処分（単独行為）であり，要式行為なのですが，このような準用をしたのは，一方当事者（贈与者，遺贈者）の死後における財産処分であるという点で死因贈与と遺贈の共通性を見出したからです。もっとも，以下の諸点については注意が必要です（初学者の方は，相続法を学習してから確認してください）。

　①　遺贈の要式性（遺言の方式）に関連する規定（民法967条以下）は，死因贈与が諾成契約であるため，準用されません（大判大15・12・9民集5-829，最判昭32・5・21民集11-5-732）。遺言能力に関する民法961条も準用されません。

　②　死因贈与は「契約」ですから，遺贈の承認・放棄に関する規定（民法986条以下）も準用されません。

　③　通説は，遺言の撤回自由に関する民法1022条の準用も否定します。(i)民法1022条が遺言の方式性に関連した規定であるということと，(ii)死因贈

与は契約であり，民法550条が定める場合を除き拘束力を奪うべきではないことが，その理由です。これに対して，判例は，遺言撤回の「方式に関する部分を除いて」民法1022条が準用されるとします。「死因贈与は贈与者の死亡によって贈与の効力が生ずるものであるが，かかる贈与者の死後の財産に関する処分については，遺贈と同様，贈与者の最終意思を尊重し，これによって決するを相当とする」というのが，準用肯定の理由です（最判昭47・5・25民集26-4-805）。

　ところで，民法1022条の準用による死因贈与の撤回を認める場合には，その死因贈与が負担付贈与であるとき（負担付死因贈与）に，負担を履行した受贈者に不利益が生じないかが問題となります。判例は，負担の履行が贈与者の生前にされることが合意された負担付死因贈与について，贈与者の生前に受贈者が負担の全部またはこれに類する程度の履行をした場合，贈与者の最終意思を尊重するあまり，受贈者の利益を犠牲にするのは相当でないとの理由で，負担付死因贈与の全部または一部の撤回をすることがやむを得ないと認められる特段の事情がない限り，民法1022条・1023条は準用されないとしています（最判昭57・4・30民集36-4-763）。

第8章

貸借型契約総論・消費貸借

8.1 貸借型の契約——総論

　民法は，物の貸借を内容とする3種類の契約を，法典中に置いています。

　①　消費貸借は，借主が貸主から借用した物を消費し，借用した物と同じ種類・品質・数量の物を貸主に返還する契約です（民法587条・587条の2）。

　②　使用貸借は，借主が貸主から借用した物を使用収益し，借用した物を貸主に返還する契約です（民法593条）。

　③　賃貸借は，借主が貸主に対価（賃料）を支払って貸主から借用した物を使用収益し，借用した物を貸主に返還する契約です（民法601条）。

　これら3つの種類の貸借型契約には，次のような共通点と相違点があります。

　第1に，消費貸借では，(i) 消費貸借は，目的物の引渡しがあり，借主がこれを受け取ったときに契約が成立しますが（民法587条。要物契約〔前述 2.1.2〕），(ii) 合意により消費貸借契約を成立させることを意図している当事者が当該合意を書面でした場合（「書面でする消費貸借」）には，目的物の引渡しを要しないで契約が成立します（民法587条の2第1項・4項。諾成契約）。これに対して，使用貸借と賃貸借は，諾成契約です。それぞれの契約類型の冒頭規定の書き方を見比べてください。

　第2に，使用貸借と賃貸借は，借りたその物を返還するという点で，共通します。他方，消費貸借は，文字どおり，借りた物を借主が「消費」し，同種・同等・同量の物を返還するという契約です。

　第3に，使用貸借と賃貸借の違いは，使用貸借が無償契約であるのに対して，賃貸借が有償契約である点にあります。なお，消費貸借には，無償のものと，有償のもの（利息付消費貸借。民法589条参照）とがあります。

8.2 消費貸借の成立

8.2.1 要物契約としての消費貸借と諾成的消費貸借

　消費貸借とは，借主が貸主から借用した物を消費し，借用した物と同じ種類・品質・数量の物を貸主に返還する内容の契約です。借用する物として実際に問題となるのは，ほとんどが金銭です（明治民法制定時には，近所から醤油や味噌を借りるという場合も想定されていました）。

　消費貸借の成立形態には，次の2つのものがあります。

　①　消費貸借は，目的物の引渡しがあり，借主がこれを受け取ったときに契約が成立します（民法587条。要物契約）。

　②　合意により消費貸借契約を成立させることを意図している当事者が当該合意を書面でした場合（「書面でする消費貸借」）には，目的物の引渡しを要せず，合意の時点で契約が成立します（民法587条の2第1項。諾成的消費貸借）。「書面」を要求したのは，借主が軽率に借入れの合意をして債務を負担してしまうことを防止するため，借入意思を書面にまとめさせることで，借入れをするかどうかを熟慮させることをねらったからです。諾成的消費貸借を要式契約とした趣旨に照らせば，消費貸借の目的物を「貸す意思」と「借りる意思」（「借用した物と同じ種類・品質・数量の物を貸主に返還する」意思を含むもの）とが「書面」に明確に表れていることが必要でしょう。

　なお，消費貸借がその内容を記載した電磁的記録によってされたときは，その消費貸借は「書面」によってされたものとみなされます（民法587条の2第4項）。

　もとより，民法587条の2は，目的物の引渡しがなくても，「書面」にするのであれば，合意のみによって消費貸借契約を成立させることが可能となるとのルールを示したものです。消費貸借を書面にする際に，当事者間で「当該消費貸借は，目的物の引渡しがあった時に成立する（／その効力を生じる）ものとする」との合意をすることが，同条によって妨げられるものではありません（これは，民法587条にいう要物契約である消費貸借を書面にしたというのと同義です。以下，本書で「書面でする消費貸借」というときは，要式契約としての諾成的消費貸借のみを

指すものとします）。

8.2.2 貸主の「貸す義務」

消費貸借契約が書面によってされた場合（「書面でする消費貸借」）は，諾成契約である消費貸借契約（諾成的消費貸借）が成立することによって，貸主の「貸す義務」(借主の「借りる権利」〔金銭等の引渡請求権〕）が発生します。なお，契約が成立したからといって，借主の「借りる義務」(貸主の「貸す権利」）が発生するものではありません。諾成的消費貸借が成立することにより，貸主に対する借主の金銭等の引渡請求権が発生し，貸主から借主に金銭等の引渡しがされれば，貸主に対する借主の返還義務（借主に対する貸主の返還請求権）が発生するのです。

他方，消費貸借が要物契約として成立する場合は，要物契約では目的物を引き渡した時点（＝貸した時点）で契約が成立するのですから，そもそも貸主の「貸す義務」(貸主の「借りる権利」〔金銭等の引渡請求権〕）を観念することはできません。借主の「返す義務」しか観念することができないのです。ここでの消費貸借契約は，「返す義務」を内容とした片務契約です。

8.3 諾成的消費貸借——金銭等を受け取る前の特則

8.3.1 金銭等を受け取るまでの借主の解除権

諾成的消費貸借において，借主は，金銭等を受け取るまでは，契約を解除することができます（民法587条の2第2項前段）。これは，借主に受領義務がないことも意味しています（消費貸借契約が成立したことを理由に貸主が金銭等を提供して受け取ることを求めても，借主はこれを拒絶することができます）。

もっとも，金銭等の受取り前の解除によって貸主が損害を受けたときには，貸主は，借主に対して，その賠償を請求することができます（民法587条の2第2項後段）。この場合は，損害の発生およびその額については，貸主が主張・立証しなければなりません。利息付諾成的消費貸借において利息や期限の定めが

あったからといって，当然にこれに対応する額が損害となるものではありません。

8.3.2　金銭等を受け取る前の当事者の一方の破産

　諾成的消費貸借において，借主が貸主から金銭等を受け取る前に当事者の一方が破産手続開始の決定を受けたときは，消費貸借はその効力を失います（民法587条の2第3項）。その理由は，次の点にあります。①借主が破産手続開始の決定を受けた場合は，弁済の資力がないとされた借主に対して「貸す債務」を貸主に負わせるのは不公平です。他方，②貸主が破産手続開始の決定を受けた場合は，借主は破産債権者として配当を受ける権利を有するにとどまるところ，借主が配当を受けると，借主に対する返還請求権が破産財団を構成することになり，手続が煩雑になるからです。

8.4　準消費貸借

8.4.1　準消費貸借の成立

　金銭その他の代替物を給付する債務があるときに，これを債権者と債務者の合意によって消費貸借契約上の債務にすることを，準消費貸借といいます（民法588条）。たとえば，売買代金債務や請負報酬債務を消費貸借上の債務としたり，損害賠償債務を消費貸借上の債務としたりする場合があります。

　既に存在している消費貸借上の債務を新たな消費貸借上の債務とすることも可能です（民法588条の文言より明らかです）。準消費貸借は，現実には，債権回収・債権管理上の都合から，数口の債権を1口の消費貸借上の債権にまとめる目的でされる場合が多いといわれています。

　準消費貸借では，目的物の授受を伴いません。しかし，民法は，上記のような合意が成立したときに，これによって消費貸借契約が成立したものとみなしているのです（民法588条）。

　なお，諾成的消費貸借ではその成立が認められるために「書面」が必要であ

るとされているのに対して（前述 8.2.1），準消費貸借は諾成契約ではあるものの，「書面」ですることをその成立要件としていません。これは，準消費貸借契約では，契約に基づいて金銭等を相手方に引き渡すことが予定されていないため，目的物の引渡しに代わるものとしての「書面」を要求するまでもないと考えられたことによるものです。

8.4.2　既存債務の存在

　準消費貸借では，基礎となる債務（既存債務）が存在していなければなりません。既存債務が成立していなければ，準消費貸借も成立しません（利息制限法所定の制限利率を超過する利息債権に関する準消費貸借につき，最判昭55・1・24判時956-53）。

　既存債務の存否に関して，判例は，準消費貸借の効力を争う側が，**既存債務の不存在**について主張・立証責任を負担するとしています。この判決の担当調査官の解説によれば，「準消費貸借契約成立に関しては，一般に旧債務に関する証書が新債務に関する証書に書き替えられ，旧証書は破棄され，しかも，新証書が旧債務を表示しないで新たな貸借が行われたような記載がされている場合が多く，このような場合には新証書によって旧債務の存在を事実上推定するわけにはいかないから，旧債務存在の立証が困難であることは否定できない」ので，「立証の難易を考慮し，準消費貸借の効力を争う者に旧債務不存在の事実についての立証責任を負担させるべきである」と考えられているのです（最判昭43・2・16民集22-2-217）。

　この立場に立てば，準消費貸借に基づく返還請求権の要件事実は，①準消費貸借の合意と②準消費貸借の終了事由ということになります（既存債務の発生原因は，要件事実を構成しません。もっとも，準消費貸借の合意の内容を主張・立証するなかで，既存債務を識別できるように示しておく必要はあるでしょう）。

8.4.3　準消費貸借の効果

　準消費貸借が成立したときは，消費貸借に関する規定（給付の目的物が金銭である場合は，さらに利息制限法の規定も）が，適用されます。
　また，「準消費貸借契約に基づく債務は，当事者の反対の意思が明らかでな

いかぎり，既存債務と同一性を維持しつつ，単に消費貸借の規定に従うこととされるにすぎない」と考えられています（最判昭50・7・17民集29-6-1119）。したがって，既存債務の担保・保証は，原則として，準消費貸借上の債務を担保するものとして存続します（最判昭33・6・24裁判集民事32-437〔保証債務〕）。

8.5 消費貸借の予約

消費貸借の予約とは，消費貸借を成立させるべき債務を借主が負担することを内容とする貸主・借主間の契約のことをいいます。

消費貸借の予約のうち，無利息の消費貸借の予約は，これを無条件に認めたのでは，諾成的消費貸借を要式契約として書面を要求した趣旨に反する結果となりますから，「書面でする諾成的消費貸借」であると認定することができるものを，消費貸借契約そのものとして認めれば足り，これにあたらないものを消費貸借の予約と認める必要はないと考えます。

消費貸借の予約のうち，利息付金銭消費貸借の予約では，利息付消費貸借が有償契約であることから，民法559条により，売買の予約に関する民法556条が準用されます。したがって，予約完結の意思表示がされれば，たとえ金銭が貸主から借主に交付されていなくても，本契約としての消費貸借契約が成立するかのようにみえます。もっとも，ここでは，予約完結の意思表示により諾成的消費貸借が出現することになりますから，予約という段階を踏まずに諾成的消費貸借が成立する場合に「書面」を必要とした趣旨（前述8.2.1）に照らせば，消費貸借の予約を「書面」でしていた場合にのみ，予約完結の意思表示による諾成的消費貸借の成立（さらに，これによる「貸す義務」の発生）を認めるべきでしょう（しかし，債権法改正の際の立案担当者は，予約完結権行使後に書面を作成するのでもよいとしています）。そして，消費貸借の予約が「書面」でされている場合には，本契約は「書面」によってされる必要はないものと考えます（ついでにいえば，金銭等を受け取る前に当事者の一方につき破産手続開始の決定があった場合を扱っている民法587条の2第3項も，消費貸借の予約に類推適用されるべきでしょう）。

消費貸借の予約が実務で用いられている重要な場面の1つは，特定融資枠契約（コミットメント・ライン契約）です。特定融資枠契約とは，たとえば，期間

を1年間，極度額を1000億円，融資枠設定手数料を年0.1%とするように，金融機関が企業から手数料の支払を受けるのと引き換えに，企業が一定期間にわたり一定金額まで金銭を借り入れることのできる融資枠（コミットメント・ライン）を設定し，その融資枠の範囲内であれば，金融機関が企業の求めに応じて融資をおこなう義務（貸す義務）を負う契約のことをいいます。企業側には，融資枠の設定を受ければ，手元に絶えず多額の借入金を負担しておくことなしに，約定された融資拒絶条件に該当しない限り，融資枠の範囲内で確実・迅速に融資を受けられるメリットがあります。他方，金融機関にも，実際に融資を実行しなくても約定の手数料を獲得できるというメリットと，無用な貸出金を増やすのを避けられるというメリットがあります。

特定融資枠契約については，特定融資枠契約に関する法律が規定しています。そして，特定融資枠契約を締結した企業は，契約相手方である金融機関に対し，「金銭を目的とする消費貸借を成立させることができる権利」を取得します（特定融資枠契約に関する法律2条。予約完結権の性質をもつものです）。この権利が行使されると，金融機関は「貸す義務」（融資実行義務）を負担することになるのです。

8.6　利　息

消費貸借において，貸主は，特約がなければ，借主に対して利息を請求することができません（民法589条1項）。消費貸借は無利息が原則とされているのです。

利息の特約があるときは，貸主が借主に対して請求することができるのは，借主が金銭等を受け取った日以後の利息です（民法589条2項。初日算入に注意）。このことは，とりわけ，諾成的消費貸借において意味があります。契約が成立したからといって，金銭が借主に交付されるまでの間は，貸主は借主に対して利息の支払を求めることはできませんし，借主は貸主に対して利息を支払う義務を負いません。利息が元本使用の対価であることから，このような規定が設けられているのです。もとより，利息の発生時期を元本受取日よりも後にする契約は妨げられません。

8.7 契約不適合を理由とする貸主の責任

　民法には，消費貸借の目的物の契約不適合を理由とする貸主の責任を定めた規定があります。この規定を理解する際には，冒頭で例示した醤油や味噌の消費貸借を想定してください。

　①　利息付消費貸借において消費貸借の目的物に契約不適合があったときの処理は，利息付消費貸借が有償契約であることから，民法559条により売買の規定が準用されるため，これによることになります（追完請求権〔代替物引渡請求権〕・追完に代わる損害賠償請求権・対価〔利息〕減額請求権・解除権など）。

　②　無利息の消費貸借において消費貸借の目的物に契約不適合があったときの処理については，贈与者の引渡義務に関する規定（民法551条）が準用されます（民法590条1項）から，この規定による目的物引渡義務の違反が認められるかどうかの観点から，契約不適合の成否が判断されます。無償契約としての共通性に着眼したことによります。

　③　引き渡された物が契約の内容に適合しないものであるときは，借主は，その物の価額を返還することができます。この価額返還をする権利は，消費貸借が利息付きであるかどうかに関係なく認められます（民法590条2項）。

❖ 貸金業者の取引履歴開示義務

　貸金業者に対して多額の債務を負担した者が債務整理をしたり，利息制限法に違反した過払金の返還を求めたり，貸金業者からの過大請求を拒絶したりするうえで，貸金業者との間の従前の取引経過を把握することは，多くの借主にとって不可欠の要素となっています。ところが，多重債務者の多くは長期間の借入れと弁済を繰り返していることから，契約書や領収書といった取引経過を確認するための資料を保管していないことが少なくありません。このような場合には，貸金業者から取引経過の開示を受けないと，債務の整理をすることが困難になり，また，債務者が過払金の返還請求をしたり，貸金業者からの過大請求を拒絶したりすることも困難になります。

　そこで，最判平17・7・19民集59-6-1783は，貸金業法の趣旨・目的，債務内容を正確に把握できない場合における債務者の不利益の大きさ，これと対比したときの貸金業者にとっての開示の容易さ，証拠保全面での貸金業者と消費者の違いを考慮し，「貸金業者は，債務者から取引履歴の開示を求められた場合には，その開示要求が濫用にわたると認められるなど特段の事情のない限り，貸金業法の適用を受

ける金銭消費貸借契約の付随義務として，信義則上，保存している業務帳簿（保存期間を経過して保存しているものを含む。）に基づいて取引履歴を開示すべき義務を負う」としました。預金の場合における金融機関の取引経過開示義務を扱った最判平21・1・22判時2034-29（これについては，消費寄託の箇所で触れます）との法的構成の違いの理由を考えてみればよいでしょう。

8.8 借主の返還義務

借主は，約定された返還の時期に，同種・同等・同量の物を返還しなければなりません（民法587条）。さらに，利息付消費貸借の場合には，利息を支払わなければなりません（利息については，法定利率の変動制や利息制限法の問題も含め，債権総論の教科書での「利息債権」の項目の説明を参照してください）。

たとえば，a という種類の通貨で融資を受けたところ，a が弁済期に強制通用力を失ったときには，借主は，他の通貨で弁済をしなければなりません（民法592条ただし書による民法402条2項の準用）。また，外国の通貨で融資がされたときには，借主は日本の通貨で弁済をすることができますし（民法403条），判例によれば，貸主も日本の通貨での支払を求めることができます（最判昭50・7・15民集29-6-1029の基礎に据えられた法理です）。

返還義務の履行期（「返還の時期」）については，合意があればそれによりますが，民法は，さらに，次のようなルールを用意しています（民法591条）。

① 当事者が返還の時期を定めなかった場合において，貸主が返還請求をするときは，相当の期間を定めて返還を催告し，その期間の経過により，返還義務の履行遅滞が生じます（同条1項。これは，期限の定めがない債務につき請求と同時に履行遅滞に陥るとする民法412条3項の例外です）。

② 借主は，返還の時期の定めの有無にかかわらず，いつでも返還をすることができます（民法591条2項）。もっとも，当事者が返還の時期を定めた場合には，借主がその時期の前に返還をしたことによって貸主が損害を受けたときは，貸主は，その損害の賠償を請求することができます（同条3項。2項・3項は，期限の利益の放棄を定めた民法136条2項の内容を消費貸借の場で具体化したものです）。その際，損害の発生およびその額は，貸主が主張・立証しなければなりません。

利息付消費貸借の場合には，利息や期限の定めがあったからといって，当然にこれに対応する額が損害となるものではありません（利息額を証明したからといって，当然に損害額の証明があったということにはならないという意味です）。

金融業者や金融機関が消費者や中小事業者に対する貸付けをした場合は，期限前の弁済を受けた貸主は，回収した元本を他に運用して利益を上げたり，貸付資金の調達コストを制約したりすることができるのが通例です。このような場合は，残存期間の利息額から運用により得られるであろう利息や節約できた調達コストを控除した額が，ここでの損害額となります（貸主は，これとは別に，無駄になった費用や拡大損害の賠償も請求できます）。これに対して，同じ利息付消費貸借であっても，大口の投資者が特定の事業に対して多額の資金を投資するため事業実施主体に貸付けをするプロジェクト・ファイナンスのような場合は，両当事者は当初約定した貸付期間内の利息を貸主に与えることを考慮して契約を結んだものと考えられますから，契約の趣旨に照らせば，借主である事業実施主体は，期限前弁済をしたからといって残りの期間の利息相当額を貸主に支払うことを免れることはできない，つまり，当初約定期間の利息総額に相当する金額を損害賠償として支払わなければならないものと解すべきです。

❖ **貸金返還請求権を発生させるための要件** ══════════

現在の司法研修所のテキストからは，貸金返還請求権を発生させる要件は，次のようになります（司法研修所編『新問題研究要件事実』(2011年，法曹会) 40頁の枠組みを参考にしたものです）。

ア　消費貸借契約の成立
　① 金銭の返還の合意をしたこと
　② （諾成的消費貸借の場合は）①の合意を書面にしたこと；(要物契約の場合は）①の合意に基づき貸主が借主に対して金銭を交付したこと

イ　（諾成的消費貸借の場合は）①の合意に基づき貸主が借主に対して金銭を交付したこと

ウ　消費貸借契約の終了
［確定期限による返還時期の合意がある場合］
　① 返還時期の合意をしたこと
　② 返還時期の到来
［返還時期の合意がない場合］
　① 貸主が返還義務の履行を借主に対して催告したこと
　② 催告後，相当の期間が経過したこと

（1）　第三者型与信取引　「クレジットカードで支払う」とか，「自動車を買うためにローンを組む」といったように，商品を購入したり，役務の提供を受けたりする場合に，顧客が第三者（信販会社・金融機関など）から融資を受けて取引を締結するということがあります。このような場合は，第三者型与信取引とまとめることができます。第三者型与信取引の代表的なものとしては，次のようなものがあります。顧客をA，売主・役務提供者をB，信用供与者をCとあらわします（また，以下では，物品の購入の場合を例にとります）。

①　AがB（加盟店）から物品を購入する場合に，C（信販会社など）とAとの間でAの購入代金を立替払する契約を結び，これに基づいてCがAのBに対する売買代金債務を立替払することがあります。信用購入あっせんといいます。クレジットカードを利用して商品を購入したり，役務の提供を受けたりする場合を包括信用購入あっせんといい，商品の購入や役務の提供を受けるにあたり，クレジットカードを利用せず，個別に信販会社等と立替払契約（クレジット契約）をする場合を個別信用購入あっせんといいます。なお，信用購入あっせんでは，A・C間で締結されているのは金銭消費貸借ではなく，A・B間での売買契約に基づくAのBに対する代金債務をCが立替払するという内容の契約（準委任ないし代位弁済契約）ですから，立替払手数料については利息制限法が適用されないというのが裁判例の傾向です。

②　AがC（金融機関など）から融資を受けて，この資金を用いてBから物品を購入し，その後に，AがCに融資金を分割返済しているということがあります。これをローン提携販売といいます。ローン提携販売では，A・C間で金銭消費貸借契約が締結され，また，A・B間で売買契約が締結されています。その結果，A・C間の金銭消費貸借による利息には利息制限法が適用されます。

（2）　抗弁の接続に関する規律とクレジット契約の取消しに関する規律　ところで，第三者型与信取引では，CがAに対して立替払金や貸付金の返済を請求してきたときに，A・B間の契約においてAがBに対してすることのできる主張（たとえば，物品が引き渡されていないとか，引き渡された物品に欠陥があるとか，そもそもA・C間のクレジット契約が勧誘者であるBの不実告知により締結されたものである等）を，Cに対してもすることができるかという問題が出てきます。

これについて，割賦販売法が，一定の場合に，Bに対して生じている事由をもってCに対抗できることを認める規定を置いています（包括信用購入あっせんについて，同法30条の4，個別信用購入あっせんについて，同法35条の3の19。ローン提携販売について，同法29条の4第2項〔30条の4を必要な修正を加えた上で準用〕）。これは，抗弁の接続といわれます。

また，個別信用購入あっせん契約では，一定の場合に，A・C間の契約（クレジ

ット契約）の締結をBが勧誘するに際して，BがAに対し，支払の額・時期・方法，物品の品質，引渡時期，クーリング・オフに関する事項ほかAの判断に影響を及ぼすこととなる重要事項について不実告知・故意の不告知をしたことにより，Aが誤認をして，Cに対しクレジット契約締結の意思表示をしたとき，Aに，Cに対する意思表示の取消権を認める規定を置いています（同法35条の3の13第1項ほか。ここでは，Bが消費者契約法5条にいう〔Cからの〕「媒介の委託を受けた者」にあたると考えられています）。その結果，Cは，取消しの意思表示をしたAに対して立替払金の支払を請求することができませんし（割賦販売法35条の3の13第2項ほか），また，Aは，既にCに支払ずみの金銭について，Cに対し返還を求めることができます（同第3項ほか）。

　これらの処理を第三者型与信取引一般に妥当するルールへと拡張することができるかどうかについては，議論のあるところです。現在の判例法理は，こうした個別法上の処理を，政策的に特別に設けられ，所定の場面のみに妥当する創設的規定であって，民法の一般法理を具体化したもの（確認的規定）とはいえない──したがって，他の取引類型に拡張できない──との理解に出ているようです（抗弁の接続規定につき，最判平2・2・20金判849-3）。

第9章

使用貸借

9.1 使用貸借の意義

9.1.1 使用貸借の意義——合意による使用貸借の成立

使用貸借とは，当事者の一方（貸主）がある物を引き渡すことを約束し，相手方（借主）がその引渡しを受けた物について無償で使用収益をして契約が終了したときに返還することを約束することによって成立する契約です（民法593条）。使用貸借は，旧法のもとでは要物契約とされていましたが，新法では，諾成契約へと改められました。

使用貸借がみられるのは，たとえば，親族間で不動産を無償で貸与する場合（最判昭47・7・18判時678-37），不在の建物についての留守宅での居住を無報酬で頼んだ場合（最判昭26・3・29民集5-5-177），書物を友人から無償で借用する場合などです。また，使用貸借は，こうした情誼的・恩恵的な関係においてだけでなく，たとえば，事業者間において一方の当事者が所有している土地・施設・物品を他方の事業者に無償貸与する場合のように，ビジネス・ベースでも用いられます。

9.1.2 賃貸借か，使用貸借か？

使用貸借は無償契約であり，有償契約である賃貸借契約と異なります。論理的には明確ですが，実際には，借主から貸主に何らかの金銭が交付されている場合に，賃貸借か，使用貸借かが問題となります。一般的にいえば，実質的に

みて使用収益の対価といえるかどうかが決め手となります。

　従業員寮や社宅の使用関係では，世間の相場なみの家賃相当額ならば賃貸借ですが（最判昭31・11・16民集10-11-1453），通常の家賃に比して著しく低く，従業員に対する福利厚生施策の一環として従業員の身分を有する期間に限って建物の利用を認めている場合や，支払われる額が謝礼の意味をもつだけの場合は，使用貸借またはこれに類似する建物の無償使用契約です（最判昭35・4・12民集14-5-817〔通常の家賃に比べて20分の1ほどの額で妻の叔父に建物を使用させた事案〕）。また，親族間の建物の貸借で，借主が当該建物の固定資産税を支払うとの合意があったものの，固定資産税の税額が適正賃料の4分の1程度であった事例につき，当該不動産の使用関係を使用貸借であるとした判決もあります（最判昭41・10・27民集20-8-1649）。

　この区別は，とりわけ，建物の賃貸借について重要な意味をもってきます。というのは，13.1で述べるように，建物賃貸借には一時使用目的のものを除き借地借家法が適用されますから，対抗問題や存続期間，明渡しや更新問題について借地借家法によって処理されることになります。その結果，たとえば，退職その他雇用関係が終了した場合の従業員寮・社宅からの退去については，その使用関係が賃貸借だということになると，明渡しについての正当事由が必要です（もっとも，当該建物が従業員寮・社宅であることの特殊性，すなわち，賃借人の地位がその会社の従業員であるとの地位に不可分に結びついているという点は，正当事由の判断の際に重要な事情として考慮されます）。

9.2　使用貸借存続中における貸主の地位

9.2.1　引渡義務と貸主の責任

　民法は，使用貸借が無償契約である点に注目して，贈与に関する民法551条の規定を準用しています（民法596条）。

　その結果，貸主は，使用貸借の目的物を，使用貸借の目的として特定した時の状態で引き渡すことを約束したものと推定されます。この推定が及ぶ場合には，使用貸借の目的物に欠陥があったとしても，借主は，貸主がその物を使用

貸借の目的として特定した時の状態で引き渡せば、貸主に対して契約不適合を理由とする救済を求めることができません。

　もっとも、民法551条1項は推定規定ですので、当該使用貸借契約の合意内容その他契約の趣旨に照らして一定の状態で引き渡すことが約束されていたと認められる場合には、当該状態を備えていない目的物が引き渡されたときは、借主は貸主に対して、契約不適合を理由とする救済を求めることができます（追完請求、損害賠償請求、解除など）。

　また、使用貸借が負担つきの場合（たとえば、固定資産税相当額を負担するとの条件のもとで不動産を無償で借用している場合）には、貸主は、借主に対し、目的物の契約不適合について、その負担の限度で、売主と同一の責任を負います（民法596条による民法551条2項の準用）。

9.2.2　使用収益させる義務——借主の使用収益を妨げない「受忍義務」

　使用貸借契約は諾成契約であり、使用貸借の合意がされることによって、貸主の「貸す義務」（借主の「借りる権利」〔目的物の引渡請求権〕）が発生します。なお、契約が成立したからといって、借主の「借りる義務」（貸主の「貸す権利」）が発生するものではありません。使用貸借の成立により、貸主に対する借主の目的物引渡請求権が発生し、貸主から借主に目的物の引渡しがされれば、貸主に対する借主の目的物返還義務（借主に対する貸主の目的物返還請求権）が発生するのです。

　使用貸借の合意に基づいて目的物が引き渡されれば、借主は、使用貸借契約に基づき、目的物を使用収益することができます。

　これに対応して、貸主は、借主に対して、目的物を使用収益させる義務を負います。もっとも、この義務は、「借主の使用収益を妨げない」という**受忍義務**（不作為義務）にとどまります。「使用収益に適した状況を作り上げる」ということを内容とする作為義務ではありません（賃貸借の場合と違うところです）。

9.3 使用貸借存続中における借主の地位

9.3.1 使用収益権

　借主は，使用貸借の目的物を使用収益することができます。いくら無償であるとはいえ，契約により，目的物を使用収益できる地位を取得するのです。

　したがって，貸主が目的物を約定の期間前にもかかわらず自分のもとに引きあげることにより借主の占有を奪った場合，借主は，貸主に対し，当該目的物を使用収益できるのと同等の地位を確保するために要する費用相当額（同種目的物の賃貸料相当額）の損害の賠償（履行利益の賠償）を請求できます。

9.3.2 用法遵守義務（無断譲渡・転貸の禁止を含む）

　借主は，契約または目的物の性質により定まった用法に従い，目的物を使用収益しなければなりません（民法594条1項）。ここには，契約の趣旨に照らし，善良な管理者の注意をもって目的物を保存する義務も含まれます。

　さらに，用法遵守義務の一環として，借主は，貸主の承諾なしに目的物を第三者に使用収益させてはいけません（同条2項）。ここには，第三者への譲渡・転貸のみならず，第三者に事実上使用させることの禁止も含まれます。

　借主が用法遵守義務に違反したとき，貸主は，契約の解除をすることができます（同条3項）。解除に，催告は不要です。

　また，借主が用法遵守義務に違反したとき，貸主は，債務不履行を理由として，借主に対し，損害賠償を請求することができます（民法415条）。もっとも，この損害賠償に関しては，次の2つの点に注意が必要です。

　第1に，契約の本旨に反する使用収益によって生じた損害の賠償請求は，貸主が目的物の返還を受けた時から1年以内にしなければなりません（民法600条1項）。この1年の期間は，法律関係の早期安定を企図した権利保全期間（出訴期間ではありません）であって，除斥期間です。

　第2に，契約の本旨に反する使用収益によって生じた損害の賠償請求権は，貸主が目的物の返還を受けた時から1年を経過するまでは，消滅時効が完成し

ません（民法600条２項。時効の完成猶予）。使用貸借では，借主のもとでの目的物の状況を把握することが貸主にとって困難な場合が少なくありません。そのため，借主が用法違反をした時から５年や10年を経過しても使用貸借契約が存続している場合には，貸主が借主の用法違反の事実を知らない間に消滅時効が進行し，貸主が目的物の返還を受けた時には既に消滅時効が完成しているといった不都合な事態が生じることがあります。このような事態に対応するために，民法600条２項の規定が設けられたのです（もっとも，貸主の知不知をめぐる紛争の発生と長期化を避けるため，貸主の主観的事情は時効の完成猶予にとっての要件にはなっていません）。

9.4　投下費用の負担

9.4.1　「通常の必要費」──借主負担

目的物の保管に要する費用のうち，借主は，通常の必要費を負担しなければなりません（民法595条１項）。通常の必要費とは，目的物の平常の保管に要する費用のことをいいます。たとえば，小修繕に要する費用や公租公課が，これにあたります。

9.4.2　その他の費用（「非常の必要費」と有益費）──貸主負担

その他の費用，すなわち，不可抗力により予想外の事態が生じた結果として必要となった費用（非常の必要費。たとえば，台風・水害により生じた必要やむを得ない家屋修繕費）や，有益費（たとえば，土地改良費）については，特約がない限り，借主には，負担する義務がありません。

ただし，非常の必要費については，これを出費しなければならない事態が生じたときには，借主には，貸主に対してその状況を通知する義務があります。借主には使用収益義務として善良な管理者の注意をもってする保存義務が課されていますから，その一内容として，このような通知義務が導かれるのです。

9.4.3　借主の費用償還請求権と権利保全期間

　借主が「非常の必要費」や有益費を負担した場合，借主は，民法595条2項が準用する民法583条2項によって指示されている民法196条の規定に従い，貸主に対して，費用の償還を請求することができます。

　借主の貸主に対する費用償還請求は，貸主が目的物の返還を受けた時から1年以内にしなければなりません（民法600条1項）。この期間は権利保全期間であり，除斥期間です。

9.5　使用貸借の終了

9.5.1　使用貸借の終了事由——民法の規定の立て方

　民法は，使用貸借の終了事由を，①一定の事実の発生による終了，②解除による終了，③借主の死亡による終了に分けて規律しています。

9.5.2　一定の事実の発生による使用貸借の終了

　(1)　**期間を定めた使用貸借の場合**　　当事者が使用貸借の期間を定めた場合には，使用貸借は，その期間が満了した時に終了します（民法597条1項）。

　民法597条1項の規定を素直に読めば，貸主は，①使用貸借契約の締結，②使用貸借期間の合意（目的物返還時期の合意），③目的物の引渡し，④使用貸借の期間の満了（＝返還時期の到来）を主張・立証して，目的物の返還を受けることができます（次の(2)を含め，私の見解はこれとは異なります）。

　(2)　**期間の定めがない使用貸借の場合**　　当事者が使用貸借の期間を定めなかった場合に，その使用貸借において当事者が使用収益の目的を定めていたときは，使用貸借は，借主がその目的に従い使用収益を終えた時に終了します（民法597条2項）。

　民法597条2項の規定を素直に読めば，貸主は，①使用貸借契約の締結，②

使用収益の目的，③目的物の引渡し，④借主が②の目的に従い使用収益を終えたことを主張・立証して，目的物の返還を受けることができます。

9.5.3　解除による使用貸借の終了

（1）　**貸主からの解除①──目的物を受け取る前の解除権**　使用貸借は諾成契約であり，当事者の合意のみによって成立します。この場合に，貸主は，借主がまだ目的物を受け取っていない段階であれば，使用貸借を解除することができます（民法593条の2本文）。

　ただし，「書面による使用貸借」では，この解除権は認められません（同条ただし書）。「書面による使用貸借」の場合の解除権を外したのは，この場合には，貸主が使用貸借契約を軽率に締結するということが定型的に考えられないことから，あえて契約の拘束力を弱める理由はないと考えられたことによります（なお，贈与の場合と同様，電磁的記録によるものは，ここでの「書面」に含まれません）。

（2）　**貸主からの解除②──使用収益目的を定めた・期間の定めがない使用貸借の解除**　期間の定めがない使用貸借において，使用収益の目的を定めていたときは，貸主は，その目的に従い借主が使用収益をするのに足りる期間を経過したときに，契約を解除することができます（民法598条1項）。

　民法598条1項の規定を素直に読めば，貸主は，①使用貸借契約の成立，②使用収益の目的，③目的物の引渡し，④「使用収益をするのに足りる期間」の経過，⑤解除の意思表示をしたことを主張・立証して，目的物の返還を受けることができます。

（3）　**貸主からの解除③──使用収益目的を定めていない・期間の定めがない使用貸借の解除**　使用貸借の期間および使用収益の目的を定めなかったときは，貸主は，いつでも契約の解除をすることができます（民法598条2項）。

（4）　**借主からの解除**　使用貸借においては，借主は，いつでも契約の解除をすることができます（民法598条3項）。

9.5.4　当事者の死亡による終了

（1）　**借主の死亡による終了──使用借権について相続なし**　使用貸借は，借主

が死亡することによって終了します（民法597条3項）。賃借権と違い，使用借権は相続されません。使用貸借では貸主が借主その人を考慮し，借主その人に対して無償で貸与したのだから，借主が死亡した場合には使用貸借は終了し，相続人に承継させるべきではないというのが，民法597条3項の基礎にある考え方です。

　もっとも，民法597条3項は任意法規でして，これと異なる合意は有効です。また，個々の事案で借主側の居住利益・生存利益を考慮したとき，貸主からの借主死亡による使用貸借終了に基づく目的物返還請求が権利濫用とされる場合があります。

　（2）　貸主が死亡した場合　　貸主が死亡した場合には，特約がなければ使用貸借の存続に影響はありません。貸主が死亡した場合には，借主のもとに目的物の占有があり，その時点で借主は使用収益できる状態になっているのだから，当初の契約のもとで予測されたリスクにはそれほど大きな変更がないからです。

9.6　使用貸借終了後の法律関係

9.6.1　目的物返還義務

　使用貸借契約が終了したとき，借主は，目的物を貸主に返還しなければなりません。目的物返還義務は契約終了後の義務ですが，使用貸借契約に基づいて発生する義務です（民法593条）。目的物の返還をすることができない場合は，価額での償還となります。

9.6.2　原状回復義務

　使用貸借が終了して借主が目的物を返還する際には，目的物を受け取った後にこれに生じた損傷があれば，借主はその損傷を原状に復する義務を負います（民法599条3項本文）。

　使用貸借における目的物の損傷に関する原状回復義務の規律では，賃貸借の場合（民法621条。後述10.8.2）と異なり，「通常の使用及び収益によって生じ

た目的物の損耗」(通常損耗) と「目的物の経年変化」が原状回復の対象外であることは，条文では意図的に明示していません。これは，次の理由によります。すなわち，賃貸借の場合には，通常損耗等のリスクを織り込んで対価 (賃料) を決定することができるのが定型的であるのに対して，賃料支払義務のない使用貸借の場合は，通常損耗等の回復が原状回復の内容に含まれるかどうか (無償で貸借することのリスクをどちらの当事者が負担するか) は，契約の趣旨によって様々です。無償で借りる以上は借主が通常損耗もすべて回復するという趣旨であることもあるし，逆に，無償で貸すということは貸主がそれによって生じた通常損耗もすべて甘受するという趣旨であることもあるでしょう。したがって，立案者は，この点に関して任意法規として何かを明文で定めるのは適切でないと考え，個々の使用貸借契約の解釈にゆだねたのです。

　なお，目的物の損傷が借主の責めに帰することができない事由によるものであるときは，借主は，この損傷を原状に回復する義務を負いません (民法599条3項ただし書)。目的物の損傷が借主の責めに帰することができない事由によるものであることについては，貸主から原状回復請求を受けた借主の側が主張・立証責任を負います。

9.6.3　借主の収去義務・収去権

　(1)　借主の収去義務 (貸主の収去請求権)　　使用貸借が終了したときに，借主は，目的物を受け取った後にこれに附属させた物を収去する義務を負います (民法599条1項本文)。裏返せば，貸主は，借主に対して収去請求権を有します。収去義務は，原状回復義務の一態様として認められるものです (民法599条3項ただし書に注意してください)。なお，当該附属物を借主が附属させたということは，借主の収去義務 (貸主の収去請求権) が認められるための要件ではありません。

　ただし，目的物から分離することができない物である場合や，分離するのに過分の費用を要する物である場合は，借主は収去義務を負いませんし (民法599条1項ただし書)，貸主は収去請求をすることができません。これらの場合は，貸主と借主の利益は，費用償還請求権 (民法595条2項参照) によって調整されます。

　(2)　借主の収去権　　使用貸借契約が終了したときには，借主は，目的物を原状に回復させることを前提に，目的物を受け取った後にこれに附属させた物を収去することができます (民法599条2項。たとえば，家屋に設置したエアコン，

自動車に付けたバンパーやカーナビ）。

　もっとも，収去権は，原状回復義務を前提とするものです。それゆえ，収去した後の状態を原状に回復するための費用は，借主が負担しなければなりません。たとえば，マンションの一室を借用した者が使用貸借終了により退去するとき，エアコン設置のために壁にあけた穴の補修は，借主の費用でしなければならないのです。

　また，収去可能なことが前提ですから，目的物から分離することができない物である場合は，借主は，収去権を行使することができません（分離するのに過分の費用を要する場合に収去権の成立が認められるか否かについては，理論的には肯定・否定の両方の考え方が可能です）。この場合は，借主は，貸主に対する費用償還請求権（民法595条2項参照）で満足するしかありません。

　さらに，「収去権」と混線してはならないのは，(1)で述べたように，貸主からの申し出があった場合に，借主は，原状回復義務の一態様として，附属物を収去しなければならないということです。借主には収去義務も課されているのです。

❖ 居住用建物の所有者の同居人による建物無償使用と，使用貸借契約の成立 ══════
　Aが所有している甲建物に，子Bが同居していたとします。また，Aには，ほかに子C・D・Eがいたとします。この状況下で，Aが死亡し，B・C・D・EがAを相続したとしましょう。この例では，BがA死亡後もなお甲建物に居住しているため，C・D・Eは，①Bを甲建物から退去させられないものか，また，②Bが甲建物を無償で使用しているため，Bに対し適正賃料相当額を不当利得として請求できないかが問題となります。

　このうち，甲建物の明渡請求（①）については，判例は，これを否定しています。共同相続に基づく共有者の1人であって，その持分の価格が共有物の価格の過半数に満たない者（少数持分権者）は，他の共有者の協議を経ないで当然に共有物を単独で占有する権限を有するものでないけれども，この少数持分権者は「自己の持分によって，共有物を使用収益する権限を有し，これに基づいて共有物を占有する」のであるから，他のすべての相続人の共有持分の合計価格が共有物の価格の過半数を超えるからといって，共有物を現に占有する少数持分権者に対し，当然にその明渡しを請求することができるものではないとしているのです（最判昭41・5・19民集20-5-947）。

　ところで，この判決によれば，C・D・Eから建物を占有しているBに対する建物の明渡請求が否定されるからといって，このことによって，当該建物を独占的に

占有・使用しているＢが無償での独占的占有・使用権を取得するわけではないということになります。そうであれば，甲建物の無償使用を理由とする不当利得返還請求（②）は，認められることになるのでしょうか。

これについて，判例は，被相続人死亡により成立し遺産分割終了まで存続する使用貸借契約の余地を認め，その限りで，この間の賃料相当額の不当利得の成立を否定しています。「建物が右同居の相続人の居住の場であり，同人の居住が被相続人の許諾に基づくものであったことからすると，……遺産分割までは同居の相続人に建物全部の使用権原を与えて相続開始前と同一の態様における無償による使用を認めることが，被相続人及び同居の相続人の通常の意思に合致する」とみることにより，「共同相続人の１人が相続開始前から被相続人の許諾を得て遺産である建物において被相続人と同居してきたときは，特段の事情のない限り，被相続人と右同居の相続人との間において，被相続人が死亡し相続が開始した後も，遺産分割により右建物の所有関係が最終的に確定するまでの間は，引き続き右同居の相続人にこれを無償で使用させる旨の合意があったものと推認されるのであって，被相続人が死亡した場合は，この時から少なくとも遺産分割終了までの間は，被相続人の地位を承継した他の相続人等が貸主となり，右同居の相続人を借主とする右建物の使用貸借契約関係が存続することになる」としているのです（最判平８・12・17民集50-10-2778。使用貸借の推認構成）。

なお，上記の設例では，Ｂは，共同相続人の１人でした。これに対して，設例を少し変形して，ＢがＡの内縁配偶者であり，甲建物はＡとＢの共有であり，Ａの共同相続人がＡの子Ｃ・Ｄ・Ｅであったとしたらどうでしょうか。この種の事案を扱ったものとして最判平10・２・26民集52-1-255がありますから，関心のある方は，この判決を一読して検討をしてみてください。ちなみに，この判決は，「共有者間の合意により共有者の一人が共有物を単独で使用する旨を定めた場合には，右合意により単独使用を認められた共有者は，右合意が変更され，又は共有関係が解消されるまでの間は，共有物を単独で使用することができ，右使用による利益について他の共有者に対して不当利得返還義務を負わないものと解される。そして，内縁の夫婦がその共有する不動産を居住又は共同事業のために共同で使用してきたときは，特段の事情のない限り，両者の間において，その一方が死亡した後は他方が右不動産を単独で使用する旨の合意が成立していたものと推認するのが相当である。けだし，右のような両者の関係及び共有不動産の使用状況からすると，一方が死亡した場合に残された内縁の配偶者に共有不動産の全面的な使用権を与えて従前と同一の目的，態様の不動産の無償使用を継続させることが両者の通常の意思に合致するといえるからである」としています。

（1）　2018年（平成30年）に相続法の部分が大きく改正され，その際に，①配偶者の居住権を短期的に保護するための方策としての配偶者短期居住権の制度（民法1037条以下）と，②配偶者の居住権を長期的に保護するための方策としての配偶者居住権の制度（民法1028条以下）が導入されました。

（2）　配偶者短期居住権　　居住建物について配偶者を含む共同相続人間で遺産の分割をすべき場合において，被相続人の配偶者（生存配偶者）は，被相続人の財産に属した建物（居住建物）を相続開始の時に無償で居住の用に供していたときは，遺産の分割によりその建物（居住建物）の帰属が確定するまでの間または相続開始の時から6か月を経過するまでの日のいずれか遅い日までの間，その建物（相続開始の時に配偶者が建物の一部のみを無償で使用していた場合にあっては，当該部分に限ります）を無償で使用する権利（配偶者短期居住権）を有します（民法1037条1項柱書本文および同項1号）。

また，配偶者が被相続人の財産に属した建物を相続開始の時に無償で居住の用に供していた場合において，配偶者が居住建物について共同相続人間での遺産分割の当事者とならないときは，配偶者は，相続（特定財産承継遺言〔相続させる遺言〕），遺贈または死因贈与によりその建物（居住建物）の所有権を取得した者が配偶者短期居住権の消滅を申し入れた日から6か月を経過する日までの間，配偶者短期居住権を有します（民法1037条1項2号）。

配偶者短期居住権は，使用借権に類似する法定の債権です。居住をさせる債務を負担するのは，当該建物を共有する相続人や遺贈などにより建物所有権を取得した者（居住建物取得者）です。

もとより，配偶者短期居住権が認められるのは，被相続人の配偶者のみです。他の同居家族，たとえば，被相続人の子・孫や内縁配偶者，事実婚パートナーには，配偶者短期居住権は認められません。この者たちは，相続法改正後も，前記コラムで挙げた使用貸借の推認構成（前掲最判平8・12・17）によって保護を受けることになります。

（3）　配偶者居住権　　配偶者は，被相続人の財産に属した建物に相続開始の時に居住していた場合において，次のいずれかに該当するときは，その建物（居住建物）の全部について無償で使用・収益をする権利（配偶者居住権）を取得します（民法1028条1項）。配偶者居住権も，法定の債権です。

①　遺産分割によって配偶者居住権を取得するものとされたとき（1号）

②　配偶者居住権が遺贈の目的とされたとき（2号）

③　被相続人と配偶者との間に，配偶者に配偶者居住権を取得させる旨の死因贈与契約があるとき

配偶者は，建物の所有者に対して，配偶者居住権の存続期間中，使用・収益に対する賃料相当額の対価を支払う義務を負いません（民法1028条1項柱書）。また，生

存配偶者が配偶者居住権を取得した場合は，その財産的価値に相当する金額を相続したものとして扱います（配偶者居住権を取得した配偶者は，その価値に相当する分だけ，他の遺産からの取り分が減ることになります）。

　配偶者居住権は，譲渡することができません（民法1032条２項。他のすべての相続人の承諾を得ても，譲渡することができません）。配偶者居住権は配偶者自身の居住環境の継続性を保護するためのものですから，第三者に対する配偶者居住権の譲渡を認めることは，制度趣旨と整合的であるとは言えないからです。

　配偶者居住権を登記したときは，居住建物について物権を取得した者その他の第三者に対抗することができます（民法1031条２項による民法605条〔不動産賃借権の登記〕の準用）。他方，居住建物の所有者は，配偶者居住権を取得した配偶者に対し，配偶者居住権の設定登記を備えさせる義務を負います（民法1031条１項。配偶者居住権を取得した配偶者は，登記請求権を有するのです）。

第10章

賃 貸 借（1）
──賃貸借契約の成立・効力・終了

10.1 賃貸借契約の意義

10.1.1 賃貸借契約の意義と成立

賃貸借とは，当事者の一方（賃貸人）が相手方（賃借人）に対し，ある物の使用収益をさせることを約束し，相手方がこれに賃料を支払うことおよび引渡しを受けた物を契約が終了したときに返還することを約束することによって成立する契約です（民法601条）。

賃貸借契約は，諾成・双務・有償契約です。もっとも，農地・採草放牧地の賃貸借については，農業委員会の許可が必要とされています。ここでの許可は法定条件としての性質をもつものであって，許可のない賃貸借は，効力が生じません（農地法3条1項・4項。農地の売買契約についてですが，この考え方を述べたものとして，最判昭37・5・29民集16-5-1226）。

10.1.2 他人物賃貸借と賃貸人の責任

他人の物の賃貸借（他人物賃貸借）も有効です（民法559条による民法561条の準用）。この場合，賃貸人は賃借人に対して使用収益させる義務を負い，賃借人は賃貸人に対して賃料支払義務を負います。賃借人が賃貸人に賃料を支払った場合には，賃料債務の有効な弁済となります。賃貸借契約の成立を主張する者としては，賃借物が賃貸人の所有物であることを主張・立証する必要がありません（大判明39・5・17民録12-773，大判大7・5・17民録24-971）。

153

しかし，この関係は，賃貸人・賃借人間で正当化されるにすぎません。所有者が所有権に基づいて賃借物の返還を求めたときは，賃借人はこれに応じなければなりません。これによって賃借人が賃借物を使用収益することができなくなったときは，賃借人は，賃貸人に対して，使用収益させる義務の不履行を理由として損害賠償を請求し（民法415条1項），または賃貸借契約の解除をすること（民法542条1項1号）ができます。

10.1.3　他人物賃貸借と不当利得

（1）　所有者・賃貸人間の不当利得　　所有者・賃貸人間では，他人の所有物を無権限で利用したことによる不当利得（侵害利得〔他人の財貨からの利得〕）が問題となります。

①　賃貸人がみずからに使用収益権限のないことを知らなかったとき（善意）には，善意占有者は賃借物より生じる法定果実を収受できますから（民法189条1項），賃貸人には利用価値や賃料額を返還する義務がありません。

②　賃貸人が悪意の場合には，賃貸人が賃貸借契約を締結することにより現実に収益を上げた期間につき，賃借物の客観的利用価値（＝平均的賃料相当額）または法定果実である賃料額が，所有者に対して不当利得として返還されるべきです（民法190条。法定果実としての賃料を回復者が取得できることは，民法190条が定めているところですし，また，物の客観的利用価値相当額についても，同条を類推適用することにより，回復者が占有者に請求できるものです。なお，一般にはこのように解されているわけではありませんが，これら2つの請求可能性が認められるときには，私は，これを回復者の選択にゆだねるのが適切だと考えます。特に，賃料が廉価な場合，第三者に賃貸することなく他人の所有物を無断利用している事例との均衡からは，物権帰属主体〔回復者〕に対して物の客観的利用価値を最低限保障してやるということに意味があるといえましょう。この問題に関しては，侵害利得の箇所での説明〔後述 22.10〕も参考にしてください）。

（2）　所有者・賃借人間の不当利得　　所有者・賃借人間でも，侵害利得（他人の財貨からの利得）が問題となります。ここでは，(a) 賃料が既に賃貸人に支払われている場合に賃借人には「利得」が存在しない（したがって，不当利得返還請求権が成立しない）のではないかという問題と，(b) 賃料が賃貸人に支払われていない場合に所有者は賃借人に対して賃料を自分に支払うように求めること

ができるかどうかという問題があります（以下に述べることに対しては，異なった見解を述べるものもあります）。

①　賃料既払の場合には，賃借人は賃借権の存在をもって所有者に対抗できませんから，賃借人は，所有者との関係で，無権限で使用収益することにより目的物の利用価値を取得したことになります。このとき，賃借人は，善意であれば，民法189条1項の類推適用により，利用価値を返還する義務がないというべきです。しかし，賃借人が悪意のときは，賃借物の客観的利用価値を不当利得として所有者に返還する義務を負います。このとき，賃借人は，賃料を既に賃貸人に支払ったということを理由に，不当利得返還請求権の不存在または消滅を主張することはできません。賃料を既に支払ったということに伴う最終的リスクは賃貸人と賃借人の間で処理されるべきであって，所有者の負担とされるべき性質のものではないのです。

②　賃料未払の場合には，賃料債権は賃貸借関係に基づくものであり，それが必然的に賃借物の客観的利用価値を表すわけではありません。それゆえ，所有者が直接に賃借人に対して賃料支払請求をすることはできません。所有者が賃貸人に対して不当利得返還請求権をもつ場合でも，賃貸人の賃借人に対する賃料債権はこの「利得」の価値代替物ではありませんから，所有者は賃料債権の譲渡を賃貸人に求めることもできません。所有者が賃借人に求めることができるのは，賃借物の客観的利用価値の返還でしかないのです。

10.2　賃貸借契約の存続期間

10.2.1　存続期間についての民法の考え方——存続期間の上限

民法は，賃貸借契約の存続期間を，最長期について制限しています。すなわち，賃貸借の存続期間は，50年を超えることができず，これを超える期間を合意したとしても50年に短縮されます（民法604条1項）。上限が50年とされているのは，地上権・永小作権に関する規定と平仄を合わせたものでして（地上権につき，民法268条2項。永小作権につき，民法278条），大型のプロジェクトや重機・プラントのリース契約などにおいて，長期の賃貸借の存続期間を定めるニー

ズがあることから，上限を50年と長期にすることで経済活動上の不都合を避ける一方で，長期にわたる賃貸借が賃借物の所有権にとって過度な負担とならないよう，何らかの存続期間の制限を設けるのが適切であると考えられたことによるものです。

　賃貸借契約の存続期間は更新することができます。しかし，更新の時から50年を超えることができません（民法604条2項）。

　なお，建物賃貸借については，借地借家法29条2項により，民法604条の適用が明文で排除されている点に注意してください。

❖ 特別法の考え方──最短存続期間ほかの存続保障 ══════════

　民法は，存続期間の短期分（最短存続期間）については規定していません。50年の範囲内で当事者の自由にゆだねるという態度をとっています。しかし，これだと，交渉力において賃貸人より劣る賃借人にとっては，賃貸人の主導で短期の存続期間が約定されることによって，社会生活の基盤が脅かされるおそれがあります。

　そこで，借地借家法は，最短存続期間を定めたり（借地の場合），更新拒絶可能な場面を限定したりすることによって（借地および建物賃貸借の場合），賃借人の保護を図っています。また，農地法では，解約制限の制度を設けることによって，賃借人の保護を図っています（農地法18条）。

10.2.2　短期賃貸借

　賃貸借は債権契約ですが，その存続期間が長期にわたる場合には，長期化に伴う賃借物上への用益面での負担・制約の増大という点で，実質的に物権を設定する行為に近くなります。そこで，民法は，602条において，「処分の権限を有しない者」が賃貸借契約をする場合に，その期間を制限しました。樹木の栽植・伐採を目的とする山林の賃貸借は10年（1号），その他の土地の賃貸借は5年（2号），建物の賃貸借は3年（3号），動産の賃貸借は6か月（4号）としたのです。この期間を超えた賃貸借契約については，超過部分につき一部無効になります。

　これらの期間は合意により更新をすることができます。しかし，土地については1年以内，建物については3か月以内，動産については1か月以内に，更新の合意が成立したのでなければなりません（民法603条）。

「処分の権限を有しない者」には，不在者の財産管理人，後見監督人がいる場合の後見人，宗教法人のように一定の手続を経ないと所有する財産の処分ができないものが含まれます。

他方，未成年者・成年被後見人・被保佐人・被補助人は，財産の処分につき行為能力の制限を受けているか，または一定の場合に制限を受けるのですが，これらの者が短期賃貸借（さらには，そもそも賃貸借）をすることができるか否かは民法5条・9条・13条1項9号・17条によって規律されます（詳しくは，民法総則の教科書を参照してください）。

10.2.3　存続期間の満了と賃貸借契約の更新

（1）　**合意による更新**　　賃借権の存続期間が定められている場合でも，両当事者の合意により，賃貸借契約を更新することができます。

（2）　**黙示の更新**　　賃貸借契約の存続期間が満了した後に賃借人が賃借物の使用収益を継続する場合において，賃貸人がこのことを知りながら異議を述べなかったときには，存続期間を除き，前の賃貸借と同一条件で賃貸借契約が締結されたものと推定されます（民法619条1項前段）。黙示の更新についての推定といわれます。

ここでは，賃借人が①存続期間満了後も賃借物の使用収益を継続していたことと，②賃貸人がこの事実を知りながら異議を述べなかったことを主張・立証すれば，「賃貸借契約について更新の合意があった」との事実が推定されます。このとき，賃貸人としては，更新の合意が成立しなかったことを主張・立証することで推定を破ることができます。

黙示の更新がされたときには，当該賃貸借契約は期間の定めがない賃貸借となります。ここでは，賃貸人は，民法617条の規定により，解約申入れをすることができます（民法619条1項後段）。

なお，借地借家法には，法定更新の制度があります（第13章で扱います）。

（3）　**更新と担保・敷金の運命**　　賃貸借契約の更新がされたとき，当初の賃貸借契約上の債務について差し入れられていた担保（抵当権ほかの物的担保のみならず，保証も含みます）は，敷金（後述13.5）を除き，当初の賃貸借の期間満了によって消滅します（民法619条2項）。当初の賃貸借契約についての債務を前提として担保を引き受けていた抵当権設定者・保証人や，当初の賃貸借契約

についての債務を前提として余剰価値を把握していた後順位抵当権者の利益を考慮した結果です。

　他方，敷金が存続するのは，次の理由によるものです。すなわち，敷金も賃貸借契約から生じる債務を担保する目的をもつものですが，当初の賃貸借が期間満了によって終了したにもかかわらず賃借人が返還を求めないときには，前の敷金を新たな賃貸借契約のために利用しようという賃借人の意図を認めることができるからです。

❖ 更新料と消費者契約法10条

　　居住用マンションや事業用の建物の賃貸借などにおいて，賃貸借契約書中に，契約の更新の際に賃借人が賃貸人に対して更新料を支払う旨の条項が設けられていることがあります。

　　更新料とは，期間が満了し，賃貸借契約を更新する際に，賃借人と賃貸人との間で授受される金員のことをいいます。これがいかなる性質を有するかは，賃貸借契約成立前後の当事者双方の事情，更新料条項が成立するに至った経緯その他諸般の事情を総合考量し，具体的事実関係に即して判断されるべきですが（最判昭59・4・20民集38-6-610），判例は，「更新料は，賃料と共に賃貸人の事業の収益の一部を構成するのが通常であり，その支払により賃貸人は円満に物件の使用を継続することができることからすると，更新料は，一般に，賃料の補充ないし前払，賃貸借契約を継続するための対価等の趣旨を含む複合的な性質を有するものと解するのが相当である」（最判平23・7・15民集65-5-2269）としています。

　　このような更新料が事業者を賃貸人とし，消費者を賃借人とする賃貸借契約において合意されているときに，更新料の合意が消費者契約法10条により不当条項として無効となるのではないかが問題とされています。

　　最高裁は，この問題に関して，次のように述べて，賃貸借契約書に一義的かつ具体的に記載された更新料条項であれば，特段の事情のない限り消費者契約法10条を理由として無効になるものではないとしています（前掲最判平23・7・15）。「更新料の支払にはおよそ経済的合理性がないなどということはできない。また，一定の地域において，期間満了の際，賃借人が賃貸人に対し更新料の支払をする例が少なからず存することは公知であることや，従前，裁判上の和解手続等においても，更新料条項は公序良俗に反するなどとして，これを当然に無効とする取扱いがされてこなかったことは裁判所に顕著であることからすると，更新料条項が賃貸借契約書に一義的かつ具体的に記載され，賃借人と賃貸人との間に更新料の支払に関する明確な合意が成立している場合に，賃借人と賃貸人との間に，更新料条項に関する情報の質及び量並びに交渉力について，看過し得ないほどの格差が存するとみること

もできない。

　そうすると，賃貸借契約書に一義的かつ具体的に記載された更新料条項は，更新料の額が賃料の額，賃貸借契約が更新される期間等に照らし高額に過ぎるなどの特段の事情がない限り，消費者契約法10条にいう『民法第1条第2項に規定する基本原則に反して消費者の利益を一方的に害するもの』には当たらないと解するのが相当である。」（下線は，潮見。更新料の合意一般についての判断ではない点に注意が必要です。）

10.2.4　存続期間満了による賃借物返還請求の場合における要件事実──民法の考え方

　民法の一般理論ベースで考えたとき，存続期間満了により賃借人に対して目的物の返還請求をする賃貸人は，請求原因として，次の事実を主張・立証しなければなりません（賃貸人をX，賃借人をY，賃借物を甲とします）。

① 　XとYとが甲の賃貸借契約を締結したこと（賃料の合意とともに，存続期間の合意についての主張・立証が必要）
② 　①の賃貸借契約に基づいて，XがYに甲を引き渡したこと
③ 　存続期間の経過（または，建物賃貸借以外では，50年の経過）

　これに対する抗弁として，Yは，「XとYとが①の賃貸借契約を更新する旨の合意をしたこと」（合意更新の事実。民法604条2項），または，黙示の更新（民法619条。前述 10.2.3）の事実を主張・立証することができます。

10.3　賃貸借における賃貸人の地位

10.3.1　賃借物を使用収益させる義務と賃貸人の責任

（1）　賃借物を使用収益させる義務　　賃貸人は，賃貸借契約に基づき，賃借人に対し，賃借物を使用収益させる義務を負います。この義務は，使用貸借の場合（前述 9.2.2）と違い，賃借物を賃借人が契約目的に従って使用収益できるのに適した状態に置くという積極的内容をもつものです。そのなかには，使

用収益状態の確保に向けて賃借人に協力しなければならない義務（たとえば，農地賃貸借の場合における知事・農業委員会への賃借権設定許可申請への協力義務。最判昭35・10・11民集14-12-2465，最判昭50・1・31民集29-1-53），第三者が賃借物の使用を妨げた場合にその妨害を排除する義務（最判昭28・12・18民集7-12-1515）などが含まれます。また，10.3.2で述べる修繕義務も，使用収益させる義務の一態様です。

（2）**使用収益をさせる義務の違反と賃貸人の責任**　賃貸人が賃貸借契約の内容に即して賃借物を使用収益に適した状態に置く義務に違反したとき，賃貸借契約は有償契約ですから，民法559条を介して，売買における契約不適合を理由とする責任に関する規定（民法562条以下）が準用されます。たとえば，賃借をした機械に不具合があったときの賃借人の賃貸人に対する損害賠償請求や，追完請求としての取替請求がこれです。もっとも，賃貸借契約の箇所には，その特則となる各種の規定があります（これについては，それぞれの場面ごとに説明します）。

10.3.2　修繕義務

（1）**修繕義務が認められる場合**　賃貸人は，賃借物の使用収益に必要な修繕をする義務を負います（民法606条1項本文）。もっとも，民法606条1項本文は**任意法規**でして，修繕義務を賃借人に転嫁したり，賃貸人の修繕義務を一部免除したりする特約は有効です（最判昭29・6・25民集8-6-1224）。

修繕義務は，賃借物の損傷が不可抗力によって生じた場合にも発生します。しかし，賃借人の**責めに帰すべき事由**によって修繕が必要になったときは，賃貸人は修繕義務を負いません（民法606条1項ただし書）。また，修繕するのに新造と同じくらいに費用がかかる場合（大改修）にも，賃貸人の修繕義務は発生しません。この場合は，修繕可能という枠に入らないからです（最判昭35・4・26民集14-6-1091。たとえ，賃貸人の修繕義務を免除する特約がされていた場合であっても，稀有の天災による大改修については賃貸人が改修義務を負います。大判昭15・3・6新聞4551-12）。

賃貸人に修繕義務がある場合は，①修繕がされない期間に相当する賃料が減額されますし（民法611条1項参照。後述(4)），②賃借人が修繕をしたときには，賃貸人に対する必要費償還請求権（民法608条1項参照）が発生します。また，

③賃貸人が修繕をしなかったときには，賃貸借終了の際に，賃借人は，修繕が必要な損傷部分について原状回復義務（民法621条参照）を負いません。

これに対して，賃借人の責めに帰すべき事由によって修繕が必要になった場合は，①賃料は減額されませんし（民法611条1項参照），②賃借人が修繕をしたとしても，賃借人は賃貸人に対して必要費償還請求権を有しませんし，③修繕がされなかった場合には，賃貸借終了の際に，賃借人は，修繕が必要な損傷部分について原状回復義務を負います。

(2) **賃借物の要修繕状態と賃借人の通知義務**　賃借物が修繕を要する状態になっている場合は，賃借人は，賃貸人が既にそれを知っているときを除き，このことを賃貸人に通知する義務を負います（民法615条）。賃借人の通知義務は，賃借物の修繕をすることが賃貸人の義務であるかどうかに関係なく認められます。したがって，たとえば，賃借物が賃借人の責めに帰すべき事由により修繕を要する状態になった場合や，賃借人が修繕義務を負う特約があった場合も，賃借人は通知義務を免れるものではありません。

(3) **賃借人が修繕をすることができる場合**　賃貸物の修繕が必要である場合において，次のいずれかに該当するときは，賃借人は，その修繕をすることができます（民法607条の2）。賃借人による賃借物の修繕は他人の所有権への干渉となるゆえに，民法は，修繕をすることができるのはどのような場合かを明文で明記しているのです。

①　賃借人が賃貸人に修繕が必要である旨を通知し，または賃貸人がその旨を知ったにもかかわらず，賃貸人が相当の期間内に必要な修繕をしないとき（民法607条の2第1号）。

②　急迫の事情があるとき（民法607条の2第2号）

(4) **賃貸人による保存行為の受忍義務**　賃貸人が賃貸物の保存に必要な行為をしようとするときには，賃借人は，これを拒むことができません（民法606条2項）。もし，賃貸人が賃借人の意思に反して保存行為をしようとするなら，賃借人は，これにより賃貸借契約をした目的を達成することができなくなることを主張・立証して，賃貸借契約を解除することができます（民法607条）。

(5) **修繕義務違反と賃料支払義務の運命**　賃貸人に修繕義務があるにもかかわらず，賃貸人が修繕をしないとき，賃借人は，修繕義務の違反を理由に，賃料の支払を拒絶することができるでしょうか。

①　賃料が使用収益と等価交換の関係にある（民法533条参照）点に着目すれ

ば，未払賃料については，使用収益がまったく不可能になった場合には賃料全額の支払を拒絶することができるものの，部分的な支障にとどまる場合には，その限度で賃料支払を拒絶することができるにすぎないというべきです（大判大10・9・26民録27-1627，大判大5・5・22民録22-1011）。

　② 既払賃料については，民法611条1項の類推適用により，使用収益に支障が生じた期間における支障が生じた部分に相当する賃料請求権は賃借人の一方的意思表示によって当然に減額され，賃借人は，賃貸人に対し，使用収益できなかった期間と程度に応じて，その返還を請求することができるというべきです（大判大4・12・11民録21-2058）。

10.3.3　賃借人の法益に対する保護義務

　賃貸人は，賃借物の使用収益を賃借人に許容するのですから，賃貸借契約の目的に照らして，使用収益に伴い賃借物から生じる侵害の危険から賃借人の生命・身体・健康・財産を保護するために適切な措置をとる義務を負います（建物賃貸人の失火による火災で焼失した賃貸建物内にある賃借人の衣料品類の損害につき，信義則に基づき賃貸人に安全管理義務を課したものとして，最判平3・10・17判時1404-74）。

10.4　賃借人の地位

10.4.1　賃料支払義務

　(1)　賃料支払義務──賃料支払請求の場合の請求原因　　賃借人は，賃貸人に対して，約定された賃料を賃貸人に支払わなければなりません（民法601条）。賃料の支払時期は，特約または慣習がない場合には，後払とされています（民法614条）。いいかえれば，賃貸人が賃借人に賃借物を引き渡して一定期間使用収益させることが先履行とされているのです（実際には，特約で前払とされている場合も少なくありません）。

　民法の規定どおりの場合には，賃貸人が賃借人に対して賃料支払請求をする

ときには，賃貸人は，次の事実を主張・立証しなければなりません。

① 賃貸借契約の締結

② 賃貸人が，賃借人に対し，①の賃貸借契約に基づき，賃借物を引き渡したこと

③ 一定の期間が経過したこと

④ 民法614条所定の支払時期が到来したこと

　ここでは，賃貸人としては，目的物を引き渡して一定期間使用収益が可能な状態においたことと，賃料の支払時期が到来したことを主張・立証しなければならない点に注意してください。賃貸借では，売買などと異なり，民法614条で賃料後払原則が採用されています。ここには，賃料の支払時期がいつかということに関するルールだけでなく，所定の使用収益期間が満了してはじめて具体的な賃料請求権（履行請求権）が発生するとの意味も込められているのです。

　ただし，賃料前払その他特別の合意があるときは，②・③・④は，「賃料支払時期の合意」と「約定された支払時期が到来したこと」に，とって代わります。

（2）　賃料減額請求権・解除権など

①　耕作または牧畜を目的とする土地の賃貸借で，不可抗力により，賃料に満たない収益しか上げることができなかったとき，賃借人は，収益額に至るまで賃料の減額を請求することができます（民法609条）。賃料減額請求権というものの，形成権です。さらに，収益の少ない状態が2年以上継続したときには，賃借人は，契約の解除をすることができます（民法610条）。

　なお，農地については，農地法20条に特別の規定があります。民法609条・610条は，耕作または牧畜を目的とする賃貸借に関する規定です。これ以外の収益を目的とする土地の賃貸借では，収益が上がらなかったとしても，当該賃貸借のもとで収益を得ることができるかどうかは，賃貸物から収益活動をおこなう者がみずからの行動に伴うリスクとして負担すべきなのですから（自己決定結果に対する自己責任），これを理由に賃料の減額請求をすることはできません。

②　賃借物の一部が滅失したことその他の事由により賃借人が目的物の使用収益をすることができなくなった場合において，それが「賃借人の責めに帰することができない事由」によるものであるときは，賃料は，使用収益をすることができなくなった部分の割合に応じて，減額されます（民法611条1項。さらに，賃借人は，使用収益をさせる義務の不履行を理由として，賃貸人に損害賠償を請求

することもできます）。ここでは，賃借人の意思表示を待つことなく，当然に減額されます（形成権ではありません）。

さらに，残存する部分だけでは賃貸借をした目的を達成することができないときは，賃借人は，契約の解除をすることができます（同条2項）。この解除権は，賃貸物の一部滅失等が「賃借人の責めに帰することができない事由」によるか否かに関係なく，認められます。賃貸借契約の目的を達成することができなくなった以上，それが賃借人の帰責事由によるか否かに関係なく，賃貸借契約からの解放を認めるべきであるとの考慮に出たものです（賃借人に帰責事由がある場合は，賃貸人は損害賠償請求によって対処することになります）。

③　借地や借家の場合には，地代や建物賃料の増減額請求の制度があります（借地借家法11条・32条。後述 12.6.4 および 13.4）。

10.4.2　用法遵守義務

賃借人は，賃借物を使用収益することができますが，その際，契約または賃借物の性質により定まった用法に従い，使用収益しなければなりません（民法616条による民法594条1項の準用）。建物賃貸借の場合を例にとれば，増改築・構造変更禁止，営利行為の禁止，ペット類の飼育禁止，共用物件の利用方法の指定，暴力団組事務所としての使用禁止等が問題となりますし，これらの点について特約のされる場合が少なくありません。

用法遵守義務に違反した使用収益がされた場合には，賃貸人は，賃借人に対し損害賠償を請求でき，場合によっては契約の解除をすることができます（ただし，解除については，10.6.4(2) で述べるように，「信頼関係破壊の法理」が妥当する点に注意してください）。もっとも，損害賠償に関しては，次の2つの点に注意が必要です。

第1に，契約の本旨に反する使用収益を理由とする損害賠償の請求は，賃貸人が賃借物の返還を受けた時から1年以内にしなければなりません（民法622条による民法600条1項〔使用貸借の規定〕の準用）。この1年の期間は，法律関係の早期安定を企図した権利保全期間（出訴期間ではありません）であって，除斥期間です。

第2に，契約の本旨に反する使用収益を理由とする損害賠償請求権は，賃貸人が賃借物の返還を受けた時から1年を経過するまでは，消滅時効が完成しま

せん（民法622条による民法600条2項〔使用貸借の規定〕の準用。時効の完成猶予）。賃貸借では，賃借人のもとでの賃借物の状況を把握することが賃貸人にとって困難な場合が少なくありません。そのため，賃借人が用法違反をした時から5年や10年を経過しても賃貸借契約が存続している場合には，賃貸人が賃借人の用法違反の事実を知らない間に消滅時効が進行し，賃貸人が賃借物の返還を受けた時には既に消滅時効が完成しているといった不都合な事態が生じることがあります。このような事態に対応するために，民法600条2項の規定が準用されたのです。

10.4.3　賃借物保存義務

賃借人は，善良な管理者の注意をもって賃借物を保存する義務を負います（別段の合意や慣習がなければ，民法400条が適用されます）。

この関連で，賃借物に修繕を必要とする事情が生じたときや，目的物についての権利を主張する第三者がいるときに，賃借人は，賃貸人が既に知っている場合を除き，賃貸人に通知をしなければなりません（民法615条）。

また，賃借人自身が特約で修繕義務を負担している場合には，該当する事態が生じたときに，賃借物の修繕をしなければなりません。

さらに，賃貸人が賃借物の保存に必要な行為をしようとする場合には，賃借人はこれを拒むことができません（民法606条2項）。

10.4.4　賃借物返還義務と原状回復義務・収去義務・収去権

これについては，後でまとめて触れます（後述10.8）。

10.4.5　賃貸人の法益に対する保護義務

賃借人は，賃借物につき善良な管理者の注意をもってしての保存義務を負うだけでなく，賃貸人の生命，身体，健康，所有権その他の財産について，信義則に基づく適切な配慮をするように義務づけられる場合があります（保護義務）。とりわけ，建物賃貸借契約で賃貸家屋への賃貸人の立入りを認めている場合，賃貸人所有の家屋に賃借人が間借りしている場合，テナントがビルの一室また

は一区画を借用して営業をしている場合に，契約で目的とされた賃借物の利用関係に照らして，賃貸人の生命・健康，建物所有権その他の財産に対する保護義務が賃借人に課されることがあります。

10.5　賃借物に投下した費用の負担
——賃借人の費用償還請求権

　賃借人が賃借物に対する出費をしたときには，当事者間での特約があればそれによって処理されますが，特約がなければ，次のようになります（民法608条）。

　①　賃借人が賃貸人の負担に属する必要費を支出したときは，賃借人は，直ちに，賃貸人に対してその償還を請求することができます（民法608条1項）。必要費とは，賃借物を約定された使用収益に適した状態にするために支出した費用のことをいいます。借家の雨漏りの修繕に要した費用，破損した窓ガラスの取替え費用などが，これにあたります。賃借人が修繕義務を負っているときには，この修繕義務を履行するために賃借人が支出した費用は，賃貸人に対して請求することができません。

　必要費償還請求権は賃借物の存否とは関係がなく発生する権利ですから，たとえ費用投下後に賃借物が滅失したとしても，費用償還請求権には影響しません。

　②　賃借人が有益費を支出したときは，賃借人は，賃貸借契約が終了したときに，民法196条2項の規定に従って，賃貸人に対してその償還を請求することができます（民法608条2項本文）。有益費とは，賃借物の改良のために支出した費用のことをいいます。賃借物の客観的価値を増加させたものだけでなく，賃借物以外のものに対して支出した費用であって，賃貸目的物の客観的価値を増加させることとなったものも含みます。

　有益費は，契約終了時（終了原因が何であるかを問いません）に，民法196条2項の規定に従い償還請求されます。(i) 費用償還請求権は賃借物についての価格の増加が現存する場合に限って認められ，かつ，(ii) 賃貸人の選択により，投下費用または増価額の償還がされるのです。また，(iii) 裁判所は，賃貸人の請求により，有益費の償還について相当の期限を許与することができます（民法608条2項ただし書）。

なお，必要費償還請求権および有益費償還請求権は，賃貸人が賃借物の返還を受けた時から1年以内に行使しなければなりません（民法622条による民法600条1項の準用。起算点に注意）。この期間は，法律関係の早期安定を企図した権利保全期間（出訴期間ではありません）であって，除斥期間です。

　また，必要費返還請求権および有益費償還請求権については，これとは別に，5年または10年の消滅時効（民法166条1項）を考えることができます。この消滅時効の客観的起算点（主観的起算点も実質的には客観的起算点と同じ時点でしょう）は，必要費償還請求権については費用投下時であり，有益費償還請求権については契約終了時です。

　その結果，必要費が投下された場合に，費用投下をしたにもかかわらず賃借人が賃貸人に求償をせず，そうこうするうちに5年が経過したとか，あるいは，有益費が投下された場合に，賃貸借契約が終了したにもかかわらず賃借物の返還が遅れ，そうこうするうちに5年が経過したというように，1年の除斥期間よりも先に5年の消滅時効期間が経過することもあります。

10.6　賃貸借契約の終了事由

10.6.1　存続期間の満了

　賃貸借契約は，存続期間の満了によって終了します。ただし，更新制度に注意してください。

10.6.2　賃借物の全部滅失等（使用収益の全部不能）による終了

　賃貸家屋が火災によって全焼した場合のように，賃借物の全部が滅失その他の事由により使用収益をすることができなくなった場合には，賃貸借は，これによって終了します（民法616条の2）。ここでは，解除の意思表示すら不要です。

　これは，賃貸借契約は賃借物を使用収益できることを契約の要素とする以上，使用収益の対象である賃借物が消滅したときには，もはや契約を維持する意味

がなくなるとの考慮に出たものです（一部滅失の場合については，民法611条を参照してください。前述 10.4.1(2)）。

10.6.3　一方当事者からの解約申入れによる終了

　存続期間の定めがない賃貸借では，各当事者は，いつでも，解約の申入れをすることができます。この場合に，賃貸借契約は，解約申入れ後，土地については1年，建物については3か月，動産・貸席については1日の経過をもって終了します（民法617条1項。なお，2項）。

　存続期間の定めがある賃貸借でも，合意により解約権を留保している場合には，解約権を有する当事者は，617条の規定に従い，賃貸借契約の解約を申し入れることができます（民法618条）。

10.6.4　債務不履行を理由とする賃貸借契約の解除

　(1)　債務不履行を理由とする解除とその要件　　賃貸借契約において当事者の一方が契約違反（債務不履行）をしたときは，相手方は，債務不履行を理由として賃貸借契約を解除することができます。

　解除の箇所（第4章）で説明したように，民法は，催告解除を原則としたうえで（民法541条本文），一定の場合に無催告の解除を認め（民法542条），さらに，催告解除の類型においても，催告後相当期間経過後にその不履行が軽微な場合には解除を認めない（民法541条ただし書）という枠組みを採用しています。賃貸借契約における債務不履行を理由とする解除についても，この枠組みが妥当します。賃貸人が賃借人の債務不履行を理由として賃貸借契約を解除する場合を例にとれば，次のようになります。

　①　賃貸借契約における債務不履行を理由として契約を解除するときでも，解除をしようとする賃貸人は，賃借人に対して催告をしなければなりません。これが原則です。そして，催告後相当期間が経過してもなお履行がされないときに，契約の解除をすることができます（催告解除。民法541条本文）。

　②　もっとも，賃貸借契約上の義務違反があった場合において，催告をしたにもかかわらず相当期間が経過しても履行がされないときに，それでも，これにより賃貸借契約の基礎をなす信頼関係が破壊されているものとはいえない事

情があるときは，義務違反（債務不履行）が軽微であることを理由に，契約の解除が否定されるべきです（民法541条ただし書）。このとき，債務不履行が軽微であること，すなわち，催告後相当期間が経過してもなお信頼関係が破壊されたものとはいえないとの事実については，賃貸人からの催告解除に基づく主張に対する抗弁として，賃借人が主張・立証すべきです（軽微性の抗弁）。

　わが国では，旧法下において，学説と判例により，賃貸借契約上の義務違反があっても，いまだ信頼関係を破壊するに至らない場合は，契約の解除が認められないとの考え方（信頼関係破壊の法理）が採用されていました。たとえば，一度きりの賃料支払遅延，ペット禁止の借家におけるハムスター1匹の飼育，軽微な改造といったような場合です。新法のもとでは，民法541条ただし書により解除が否定されるべき場合として位置づけるのが適切です。

　③　賃貸借は当事者相互の信頼関係を基礎とする継続的契約であることに鑑み，賃貸借契約の継続中に，その信頼関係を裏切り，賃貸借関係の継続を著しく困難とする不信行為が当事者の一方にあった場合は，催告を要することなく，直ちに賃貸借契約を解除することができます（信頼関係破壊を理由とする無催告解除。民法542条1項5号）。この場合に，信頼関係が破壊されたとの事実，すなわち，同号の文言表現を用いれば，「催告をしても契約をした目的を達するのに足りる履行がされる見込みがないことが明らかである」事実，また別の条文の表現を用いれば，「催告をしても履行の追完を受ける見込みがないことが明らかである」事実（代金減額請求権に関する民法563条2項4号の表現を参照）については，賃貸人が主張・立証すべきです。

　④　なお，③に関連して，わが国の学説には，さらに進んで，厳密な意味での賃借人の義務の違反があるとは言いにくい場合であっても，信頼関係を破壊するようなケースでは，信頼関係破壊を理由とする解除が認められると説くものが少なくありません。

　(2)　解除の効果——将来に向かっての解除　　賃貸借契約が解除された場合，その効果は将来の向かってのみ発生します（民法620条前段）。既に給付された分についての巻戻し型の原状回復は問題とならないのです。一般の解除について直接効果説（解除の遡及効を認める見解）をとる判例・通説からは，ここでの解除は，遡及効のない解除として特徴づけられることになります（解約告知ともいわれます）。

　なお，この場合において，解除をする当事者は，債務不履行をした相手方に

対して，民法415条に基づいて損害賠償を請求することを妨げられません（民法620条後段。債務者の責めに帰することができない事由による免責の余地があります）。

　（3）　無断譲渡・転貸の場合における解除（民法612条2項）　これについては，あとでまとめて触れます（11.4.4）。

10.6.5　賃借人が死亡した場合と賃借権の相続

　賃借人が死亡した場合は，賃借権が消滅することはなく，その相続が認められます。賃貸借契約は人的信頼関係を基礎として成り立っていますが，賃借権が財産的価値を有することから，このように考えられているのです（使用貸借との違いに注意してください。民法597条3項参照）。

　賃借人が相続人なしに死亡した場合には，これにより賃貸借契約は終了します。しかし，建物の賃貸借契約では，相続人でない同居人を保護するため，建物賃借権の承継という特別の制度が設けられています（借地借家法36条。後述13.2.9(4)）。

10.7　賃借権の終了と第三者

10.7.1　問題の所在

　1つの賃貸借契約を基礎として，他の契約関係が積み上げられている場合が少なくありません。たとえば，①賃貸目的物が転貸されている場合，②土地の賃貸借で，借地権者がその土地に建物を所有し，この建物を第三者に賃貸している場合，③土地の賃貸借で，借地権者がその土地に建物を所有し，この建物に抵当権を設定している場合などです。

　このような場合に，基礎となった賃貸借契約が終了したならば，その上に成り立っている転貸借契約・建物賃貸借契約・抵当権はどうなるのでしょうか。転借人・建物賃借人は利用権限を賃貸人に対抗できなくなって，退去しなければならないのでしょうか。抵当権も建物収去のうえで抹消される運命にあるのでしょうか。それとも，この者たちは，賃貸借契約を基礎として新たに法律関

係に入った者であって，賃貸借契約の帰趨につき利害関係を有するから，賃貸借契約の解除にもかかわらず保護されるのでしょうか。

わが国の判例と学説は，特に賃貸借契約が解除された場合を対象として議論を重ね，今日に至っています。

10.7.2　債務不履行を理由とする解除の場合──第三者に対抗可能

判例は，賃料不払・無断転貸などの賃借人の債務不履行を理由として賃貸借契約が解除された場合，賃貸人は，債務不履行を理由とする解除をもって転借人等に対抗することができると考えています（大判昭10・11・18民集14-1845，最判昭36・12・21民集15-12-3243，最判昭37・3・29民集16-3-662，最判平9・2・25民集51-2-398など）。民法613条3項ただし書は，この考え方を当然の前提としています。

これに関連して，賃貸借契約が賃借人の債務不履行を理由として解除されたときに，転貸人がいつまで転借人に対して転貸借契約に基づく転貸料を請求できるかという問題が出てきます。判例は，「賃貸借契約が転貸人の債務不履行を理由とする解除により終了した場合，賃貸人の承諾のある転貸借は，原則として，賃貸人が転借人に対して目的物の返還を請求した時に，転貸人の転借人に対する債務の履行不能により終了する」と述べて，賃貸人からの返還請求時を基準とする立場を採用しています（前掲最判平9・2・25）。

❖ **賃料を代位弁済する機会を確保する必要性？** ══════════

賃借人の賃料不払により賃貸借契約が解除されたとき，判例理論によれば，転借人，借地上建物の賃借人，借地上建物の抵当権者らは，賃貸人に対し，目的物に対するみずからの権限を対抗できなくなります。それゆえ，この者たちは，賃貸人に対して賃借人の未払賃料を民法474条2項にいう弁済をするについて正当な利益を有する第三者として代位弁済（第三者弁済）することができます（最判昭63・7・1判時1287-63。詳しくは債権総論の教科書を参照してください）。これにより，賃貸人からの明渡し・退去等の請求を免れることができるのです。

しかし，第三者弁済は，弁済をする第三者が賃借人の賃料不払の事実を認識してはじめて可能になるところ，賃貸人による解除の意思表示は，民法540条1項によれば，契約相手方である「賃借人」に対してされるべきものであって，弁済をするについて正当な利益を有する第三者に対してされる必要がありません。その結果，これらの者にとって第三者弁済の機会が確保されないおそれが出てきます。

ここから，学説では，第三者弁済の機会を確保するため，賃貸人は，弁済をするについて正当な利益を有する第三者に対しても，信義則上，賃貸借契約解除の前に賃料不払の事実を告知しなければならないとの見解が有力に唱えられています。

　けれども，判例は，こうした機会を与える必要性を否定しています（前掲最判昭37・3・29，最判平6・7・18判時1540-38。ただし，民法1条3項の権利濫用を理由に，転借人や借地上建物の賃借人らに対する明渡・退去請求が斥けられる余地はあります。最判昭51・12・14判時842-74）。

10.7.3　合意解除の場合——第三者に対抗不能

　賃貸人は，転貸人との間の賃貸借を合意により解除したことをもって，適法な転借人に対抗することができません（民法613条3項本文）。借地権設定者と借地権者が借地権設定契約を合意解除しても，借地上建物の抵当権者や借地上建物の賃借人（最判昭38・2・21民集17-1-219）にも対抗することができません。その理由は，次の点にあります。

　①　契約は相対的効力しか有しないのが原則だから，合意解除（解除契約）の効果をもって，合意成立前に登場した第三者に対抗することができない。

　②　第三者のためにする契約において，第三者の権利が発生した後に当事者はこれを変更・消滅させることができないとする民法538条の法理により，正当化が可能である。

　③　借地上建物の抵当権者への対抗不能については，地上権・永小作権を抵当権の対象としたときに，地上権・永小作権の放棄をもって抵当権者に対抗できないことを定める民法398条の類推により，正当化が可能である。

　もっとも，民法は，合意解除の当時，転貸人（賃借人）の債務不履行により賃貸人と転貸人との間の賃貸借を解除することができたとき（たとえば，賃借人の賃料不払等の債務不履行があるため賃貸人において解除権の行使ができたであろうとき）は，この限りでないとしています（民法613条3項ただし書）。この場面は，合意解除であっても，実質上は債務不履行による解除と異ならないとの考え方が，民法613条3項ただし書の背後にあります。

10.8　賃貸借終了後の法律関係

10.8.1　賃借物返還義務

　賃貸借契約が終了したとき，賃借人は，賃借物を賃貸人に返還しなければなりません。賃借物返還義務は契約終了後の義務ですが，賃貸借契約に基づいて発生する義務です（民法601条）。賃借物を返還できないときは，価額による返還となります。

10.8.2　原状回復義務一般

　賃貸借が終了して賃借人が賃借物を返還する際には，賃借物を受け取った後にこれに生じた損傷があれば，賃借人はその損傷を原状に復する義務を負います（民法621条本文）。

　賃貸借における賃借物の損傷に関する原状回復義務の規律では，使用貸借の場合（民法599条3項。前述 9.6.2）と異なり，「通常の使用及び収益によって生じた賃借物の損耗」（通常損耗。最判平17・12・16判時1921-61参照）と「賃借物の経年変化」が，原状回復の対象外とされています。もとより，任意法規ですが，賃借人に通常損耗や賃借物の経年変化についての原状回復義務を負わせたのでは，賃借人に予期しない特別の負担を課すことになりますから，賃借人に同義務が認められるためには，少なくとも，賃借人が補修費用を負担することになる通常損耗等の範囲が賃貸借契約書の条項自体に具体的に明記されているか，仮に賃貸借契約書では明らかでない場合には，賃貸人が口頭により説明し，賃借人がその旨を明確に認識し，それを合意の内容としたものと認められるなど，その旨の特約（通常損耗補修特約）が明確に合意されていることが必要です（前掲最判平17・12・16）。

　また，賃借物の損傷が賃借人の責めに帰することができない事由によるものであるときは，賃借人は，この損傷を原状に回復する義務を負いません（民法621条ただし書）。賃借物の損傷が賃借人の責めに帰することができない事由によるものであることについては，賃貸人から原状回復請求を受けた賃借人の側が主

張・立証責任を負います。

❖ **土地の無断転貸の場合の転借人による不法行為と賃借人の原状回復義務**

　土地の賃借人が，土地を無断で転貸し，転借人が同土地上に産業廃棄物を不法に投棄したという場合に，賃貸借契約が終了した際に，賃借人は，賃貸借契約の終了に基づく原状回復義務として，産業廃棄物を撤去すべき義務を負います。「不動産の賃借人は，賃貸借契約上の義務に違反する行為により生じた賃貸目的物の毀損について，賃貸借契約終了時に原状回復義務を負う」のです。賃借人は，賃貸借契約上の義務に違反して，第三者に対して土地を無断で転貸し，無断転借人が賃借地に産業廃棄物を不法に投棄したのですから，賃借人は，賃借地の原状回復義務として，産業廃棄物を撤去すべき義務を免れることはできません（最判平17・3・10判タ1180−187）。

❖ **敷引特約と消費者契約法10条**

　敷金（後述13.5）が差し入れられる賃貸借契約では，賃貸借契約中で，敷引特約がされる場合があります。敷引きとは，契約終了の際に，敷金から一定の金額を控除した残額を賃貸人が賃借人に返還することを内容とする合意のことをいいます。

　居住用マンションの賃貸借のように，事業者を賃貸人とし，消費者を賃借人とする賃貸借で敷引特約がされている場合において，この敷引特約に通常損耗や賃借物の経年変化による損耗の補修費用を賃借人に負担させる趣旨が含まれているとき，この敷引特約が消費者契約法10条により無効とされるのではないかが問題となります。

　この点に関して，最高裁は，まず，「賃借物件の損耗の発生は，賃貸借という契約の本質上当然に予定されているものであるから，賃借人は，特約のない限り，通常損耗等についての原状回復義務を負わず，その補修費用を負担する義務も負わない。そうすると，賃借人に通常損耗等の補修費用を負担させる趣旨を含む本件特約は，任意規定の適用による場合に比し，消費者である賃借人の義務を加重するものというべきである」と述べ，この種の敷引条項が消費者契約法10条前段の要件を充たすことを認めます。

　そのうえで，最高裁は，次のように述べて，上記の内容の敷引条項が消費者契約法10条後段の要件を充たさず，同条を理由に無効とならない場合と，その例外にあたる場合を示しています（最判平23・3・24民集65−2−903）。

　「賃貸借契約に敷引特約が付され，賃貸人が取得することになる金員（いわゆる敷引金）の額について契約書に明示されている場合には，賃借人は，賃料の額に加え，敷引金の額についても明確に認識した上で契約を締結するのであって，賃借人の負担については明確に合意されている。そして，通常損耗等の補修費用は，賃料にこれを含ませてその回収が図られているのが通常だとしても，これに充てるべき

金員を敷引金として授受する旨の合意が成立している場合には，その反面において，上記補修費用が含まれないものとして賃料の額が合意されているとみるのが相当であって，敷引特約によって賃借人が上記補修費用を二重に負担するということはできない。また，上記補修費用に充てるために賃貸人が取得する金員を具体的な一定の額とすることは，通常損耗等の補修の要否やその費用の額をめぐる紛争を防止するといった観点から，あながち不合理なものとはいえず，敷引特約が信義則に反して賃借人の利益を一方的に害するものであると直ちにいうことはできない。

もっとも，消費者契約である賃貸借契約においては，賃借人は，通常，みずからが賃借する物件に生ずる通常損耗等の補修費用の額については十分な情報を有していない上，賃貸人との交渉によって敷引特約を排除することも困難であることからすると，敷引金の額が敷引特約の趣旨からみて高額に過ぎる場合には，賃貸人と賃借人との間に存する情報の質及び量並びに交渉力の格差を背景に，賃借人が一方的に不利益な負担を余儀なくされたものとみるべき場合が多いといえる。

そうすると，消費者契約である居住用建物の賃貸借契約に付された敷引特約は，当該建物に生ずる通常損耗等の補修費用として通常想定される額，賃料の額，礼金等他の一時金の授受の有無及びその額等に照らし，敷引金の額が高額に過ぎると評価すべきものである場合には，当該賃料が近傍同種の建物の賃料相場に比して大幅に低額であるなど特段の事情のない限り，信義則に反して消費者である賃借人の利益を一方的に害するものであって，消費者契約法10条により無効となると解するのが相当である。」（敷引特約一般についての判断ではない点に注意が必要です）

10.8.3　賃借人の収去義務（賃貸人の収去請求権）

賃貸借が終了したときに，賃借人は，賃借物を受け取った後にこれに附属させた物を収去する義務を負います（民法622条による民法599条1項本文〔使用貸借の規定〕の準用）。裏返せば，賃貸人は，賃借人に対して収去請求権を有します。この収去義務は，原状回復義務の一態様として認められるものです（民法621条1項ただし書に注意してください〔前述10.8.2〕）。なお，当該附属物を賃借人が附属させたということは，賃借人の収去義務（賃貸人の収去請求権）が認められるための要件ではありません。

ただし，賃借物から分離することができない物である場合や，分離するのに過分の費用を要する物である場合（たとえば，借家の床をフローリング加工した際の床材）は，賃借人は収去義務を負いませんし（民法622条による民法599条1項た

だし書〔使用貸借の規定〕の準用），賃貸人は収去請求をすることができません。これらの場合は，賃貸人と賃借人の利益が，民法608条に基づく費用償還請求権によって調整されます。

10.8.4　賃借人の収去権

賃貸借契約が終了したときには，賃借人は，賃借物を原状に回復させることを前提に，賃借物を受け取った後にこれに附属させた物を収去することができます（民法622条による民法599条2項〔使用貸借の規定〕の準用。たとえば，借家に設置したエアコン，賃借した自動車に付けたバンパーやカーナビ）。

もっとも，収去権は，原状回復義務を前提とするものです。それゆえ，収去した後の状態を原状に回復するための費用は，賃借人が負担しなければなりません。たとえば，マンションの一室を賃借した者が賃貸借終了により退去するとき，エアコン設置のために壁にあけた穴の補修は，賃借人の費用でおこなわなければならないのです。

また，収去可能なことが前提ですから，賃借物から分離することができない物である場合は，賃借人は，収去権を行使することができません（分離するのに過分の費用を要する場合に収去権の成立が認められるか否かについては，理論的には肯定・否定の両方の考え方が可能です）。この場合は，賃借人は，民法608条に基づく賃貸人に対する費用償還請求権で満足するしかありません。

さらに，「収去権」と混線してはならないのは，10.8.3で述べたように，貸主からの申し出があった場合に，賃借人は，原状回復義務の一態様として，附属物を収去しなければならないということです。賃借人には収去義務も課されているのです。

10.8.5　借地借家法上の建物買取請求権・造作買取請求権

賃借人の収去義務との関連では，第13章で述べるように，①借地関係においては，借地人の建物買取請求権（形成権）が認められる場合があり（借地借家法13条・14条。強行法規），②建物の賃貸借関係においては，建物賃借人の造作買取請求権（形成権）が認められる場合があります（借地借家法33条。任意法規）。

これらにあっては，賃借人からの建物買取請求・造作買取請求が収去義務

（＝賃貸人からの収去請求権）に優先することになります。

第11章

賃 貸 借（2）
——賃貸借契約と第三者

11.1 第三者による賃借権侵害と妨害停止・返還請求，損害賠償請求

　第三者（不法占拠者や二重賃借人）が賃貸不動産の占有を妨害していたり，賃貸不動産を占有していたりする場合があります。このとき，不動産の賃借人は，賃貸借の登記をしているか，または借地借家法その他の法律が定める賃貸借の対抗要件を備えていれば，当該第三者に対して，次の請求をすることができます（民法605条の4）。**不動産賃借権について対抗要件を備えた賃借人の地位は，その権利のもつ排他性に着目することにより，不動産について物権を有する者と同様に扱うのが相当だからです（不動産賃借権の物権化）。**

　① 第三者が賃貸不動産の占有を妨害しているときは，賃借人は，この者に対して，妨害の停止を請求することができます（1号）。

　② 第三者が賃貸不動産を占有しているときは，賃借人は，この者に対して，賃貸不動産の返還を請求することができます（2号）。

　また，明文の規定はありませんが，賃借人による賃貸不動産の占有を妨害したり，占有をしたりしている者が無権原者である場合には，賃借人は，対抗要件を備えていなくても，妨害排除や賃貸不動産の返還を請求することができるものというべきでしょう（無権原者は，対抗要件の欠缺を主張する正当な利益を有しないからです。ただし，旧法下の判例は，賃借人対無権原占有者のケースについても，対抗要件の具備を要求しています。最判昭30・4・5民集9-4-431）。なお，不動産の賃借人は，無権原者に対しては，不動産賃貸人が有する所有権に基づく妨害排除請求権・返還請求権を代位行使することができます（民法423条の7の背後にある個別権利実現準備のための債権者代位権の行使の考え方。詳しくは，債権総論の教科書を参照してください）。不動産賃借権に基づく妨害予防請求権も認められ

るべきです。

11.2 賃貸物の所有権の移転と賃借権の帰趨

11.2.1 民法の規律──「売買は，賃貸借を破る」原則

　Ａが自己所有不動産につきＢとの間で賃貸借契約を締結して引き渡した後に，この不動産をＣに譲渡したとき，新所有者ＣはＢに対して，所有権に基づき不動産の明渡しを求めることができるでしょうか。Ｂは，「私は賃借人だ」と主張して，Ｃからの明渡しの請求を拒むことができるでしょうか。

　所有者は，みずからが所有者であることを，万人に対して主張することができます（絶対権としての物権）。これに対して，賃借人は，賃借権という「債権」の内容を，契約当事者である特定人（賃貸人）に対してしか，主張することができません（契約の相対的効力，相対権としての債権）。賃借人は，新所有者に対しては，自己の賃借権を主張することができないのです。それゆえ，賃借人は，新所有者との関係で当該物件を権原なしに（不法に）占有していることとなり，新所有者からの所有権に基づく返還請求に応じなければなりません。

　このことを捉えて，売買は賃貸借を破ると称されています。もっとも，11.2.3 以下に掲げる諸点に留意する必要があります。

　なお，賃貸物の所有権を譲り受けた者からの明渡請求が権利濫用にあたる場合があります（最判昭38・5・24民集17-5-639〔譲受人が旧所有者の親族および同族会社〕，最判昭43・9・3民集22-9-1817〔借地上建物と借地権の存在を認識した上で著しく低廉な価格で土地を取得した後に，不当な利益を取得する意図で建物収去・土地明渡請求をした事案〕。借地借家法関連のものですが，前掲最判昭38・5・24，前掲最判昭43・9・3，最判昭44・11・21判時583-56，最判昭52・3・31金判522-36，最判平9・7・1民集51-6-2251）。

11.2.2 不動産賃借人と民法177条の「第三者」
（不動産譲受人の登記の要否）

　不動産所有権の移転は，所有権移転登記を具備しなければ，これをもって「第三者」に対抗することができません（民法177条）。そして，判例・通説によ

れば，不動産賃借人は177条の「第三者」にあたります（大判昭6・3・31新聞3261-16）。したがって，賃貸不動産の譲受人は，所有権移転登記を具備しなければ，不動産賃借人に対して所有権の移転を対抗することができません（大判昭8・5・9民集12-1123）。詳しくは物権法の教科書を参照してください。

11.2.3 「売買は，賃貸借を破る」原則の例外
——対抗力を備えた不動産賃借権

（1）**不動産賃借権の登記**　民法605条は，「売買は，賃貸借を破る」原則の例外を定めています。それによれば，不動産賃貸借において，賃借権の登記をしておけば，賃貸不動産について物権を取得した者（賃貸不動産の所有権の譲受人，賃貸不動産上に用益物権を有する者など），その他の第三者（不動産を二重に賃借した者，不動産を差し押さえた者など）に対して，賃貸借の効力を主張することができます。不動産賃貸借と対抗関係に立つ物権取得者その他の第三者には，不動産賃貸借の前に登場した者も含まれます（対抗関係は対抗要件具備の先後によって決せられるのであって，時系列によって決せられるものではありません。最判昭42・5・2判時491-53）。

なお，民法605条は「対抗することができる」と書いていますが，不動産譲受人との関係では，「売買は，賃貸借を破る」というのが民法上の原則であるとすれば，「賃借権の登記をしておけば，賃貸借は，不動産譲受人に対してその効力を生ずる」と読むべきでしょう。

いずれにせよ，不動産賃借権の登記（不動産登記法3条8号・81条〔賃借権の登記の登記事項〕）は，賃貸人と賃借人との共同申請（不動産登記法60条）によるべきものとされています。

ところで，同じく共同申請原則が妥当する売買の場合には，売主には，対抗要件の具備まで含めて財産権を完全に買主に移転する義務があります（民法560条）。したがって，売主には，所有権移転登記の申請に協力すべき義務があります。これと異なり，賃貸借の場合には，賃貸人には，（特約がなければ）賃借人に対し登記申請に協力する義務がありません（大判大10・7・11民録27-1378）。賃貸借契約によって，賃貸人は賃借物の使用収益をさせる義務を負担しますが，その義務の内容に，賃借人の地位についての対抗要件を具備させることまでは含まれていません。したがって，不動産賃貸借契約が成立したからといって，賃貸人に対する賃借人の登記請求権（賃貸人の登記申請協力義務）は，直ちには認

められません。

（2）**特別法による修正**　このように，特約がない限り登記申請協力義務が認められないところ，現実に不動産賃借権の登記がされている割合は，きわめてわずかです（法務省統計データベースによれば，平成27年度における不動産賃借権の設定登記は，全国で土地につき6745件，建物につき132件にすぎません）。賃貸人が自分の所有する不動産の経済的価値を減じる賃借権の登記を，わざわざ賃借人のためにすることに消極的だからです。

とりわけ，社会政策的にみて借地権者・建物賃借人の保護が必要とされる局面では，民法605条は，不動産賃借人の賃借権を保護するためには機能していません。そこで，借地借家法という特別法で，借地権・建物賃借権の保護が図られ，「売買は，賃貸借を破らない」場面が拡張されています（借地権における建物登記，建物賃借権における建物の引渡し。これらについては，第12章で扱います）。

また，農地法においても，農地・採草放牧地の賃借権につき，「売買は賃貸借を破らない」場面が特別に認められています。そこでは，農地・採草放牧地の引渡しがあれば，農地・採草放牧地の賃借権に対抗力が与えられるのです（農地法16条1項）。

11.2.4　不動産賃貸借が対抗要件を具備したことについての　主張・立証責任

（1）**出発点——不動産所有権の譲渡と賃借人に対する明渡請求**　不動産賃貸借の対抗要件である賃借権の登記（その他の特別法上の制度についても，基本的に同じ）が問題となるのは，主として，不動産の譲受人が賃借人に対し，所有権に基づいて不動産の引渡しを求める局面（占有者に対する所有権に基づく目的物返還請求）においてです。

たとえば，A・B間でAが自己所有の甲土地をBに賃貸していたところ，Aが甲土地の所有権をCに譲渡し，譲受人CがBに対し，所有権に基づき甲土地の明渡しを請求したとします。

この場合に，Cが請求原因として，

①　Cが甲土地を所有していること

　①-1　Aが甲土地を所有していたこと

　①-2　A・C間で甲土地の売買契約が締結されたこと

②　Bが甲土地を占有していること

を主張・立証したとき，Bは，次のような抗弁を出すことができます。

　（2）　対抗要件の抗弁　　前述したように，A・C間の所有権移転につき不動産賃借人は民法177条の「第三者」ですから，Bは，「Cが対抗要件を具備するまでは，Cの甲土地の所有権取得を認めない」との主張をすることができます（対抗要件の抗弁）。

　上記の例についていえば，Bは，①自分が民法177条の「第三者」であること，つまり，A・B間で甲土地につき賃貸借契約を締結したことを主張・立証するとともに，②Cが所有権移転登記を具備するまでは，Cの甲土地の所有権取得を認めないとの主張をすることができます。

　この対抗要件の抗弁が提出されたとき，Cは，再抗弁として，「売買契約に基づき，AからCへの所有権移転登記がされたこと」を主張・立証すべきことになります。

　（3）　占有正権原の抗弁　　Bは，みずからの甲土地の占有が賃借権という権原に基づくものであるとの抗弁，いわゆる占有正権原の抗弁を出すこともできます。

　問題は，その内容です。「債権である賃借権は，賃貸借が対抗要件を具備することによってはじめて，新たな物権取得者に対して主張することができる占有権原となる」と考えるならば，不動産賃借人は，賃貸借が対抗要件を具備していることを主張・立証しなければならないということになります。A・B間で甲土地の賃貸借契約が締結されたことと，これに基づいて甲土地の引渡しがされたことを主張・立証すれば足りるというものではないのです。

　上記の例では，占有正権原の抗弁を出すときにBが主張・立証すべきなのは，次の事実だということになります。

　①　A・B間で，甲土地の賃貸借契約を締結したこと

　②　①の賃貸借契約に基づいて，AがBに甲土地を引き渡したこと

　③　A・B間で，①の賃貸借契約について賃借権設定登記をする旨の合意をしたこと

　④　③の合意に基づいて，Bのための賃借権設定登記がされたこと

　占有正権原の抗弁が提出されたとき，不動産譲受人であるCは，AからCへの甲土地の所有権移転登記がBのための不動産賃借権設定登記に先立つならば（なお，登記の先後関係は顕著な事実ゆえに，Cは，先後関係それ自体を主張する必要はありません），再抗弁として，甲土地売買契約に基づき，AからCへの甲土

地の所有権移転登記がされたことを主張・立証することができます。

11.3　不動産所有権の譲渡と賃貸人の地位の移転

11.3.1　問題の所在

　11.2に挙げた例と同じように，所有者が自己所有の不動産について賃貸借契約を締結した後に，この不動産を第三者に譲渡したとします。

　このとき，賃貸不動産の所有権を譲り受けた新所有者は，賃借人に対して，「私は，前所有者から賃貸人の地位を承継した」と主張して，賃貸人としての権利を行使することができるでしょうか。賃借人は，「賃貸人としての地位の移転については，債権のみならず債務の承継も含まれているところ，債務の承継には債権者である賃借人の承諾（民法539条の2参照）が必要である」として，賃貸人の地位の移転を争うことができるでしょうか。

11.3.2　不動産所有権の移転と賃貸人の地位の移転

　（1）　**不動産賃貸借が対抗要件を備えている場合**　　民法は，不動産の賃借人が当該不動産の譲受人に賃貸借を対抗することができるときは，当該不動産の賃貸人としての地位は，その譲受人に移転するとしています（民法605条の2第1項）。その結果，賃貸不動産の譲渡により，賃貸人としての地位がこれに伴って当然に——賃借人の承諾を要することなく——譲受人に移転することとなります。

　不動産の賃貸人が賃借人に対して負う各種の債務は不動産の所有権と結合した債務（不動産の所有者であれば履行することができ，不動産の所有者でなければ履行できない性質の債務。「状態債務」などといわれます）なので，賃貸不動産の所有権を取得した者は，当然にこの種の債務を引き受け，賃貸不動産の所有権を手放した者は，当然にこの種の債務を免れると考えられるからです。

　賃貸人の地位の移転には賃貸人としての債務も含まれるので，一見すると，その地位の移転には，債権者である賃借人の意思的関与が必要なようにも感じ

られないわけではありません。けれども，①不動産賃貸人の義務は賃貸人が誰であるかによって履行方法が特に異なるわけではないことと，②不動産所有権の移転があったときに新所有者にその義務の承継を認めるほうが賃借人にとって有利であるということから，賃借人の承諾が不要とされているのです（最判昭46・4・23民集25-3-388。賃借人に対して賃貸人の地位を承継した旨の通知をする必要もありません。大判昭3・10・12新聞2921-9，最判昭33・9・18民集12-13-2040）。

❖ 旧所有者の併存的責任？

　　不動産賃貸人の地位の移転に賃借人の承諾は不要であるとする場合には，賃借人の承諾なしに賃貸人の地位が新所有者に移転したとき，旧所有者（旧賃貸人）に対して賃借人が有していた地位（権利）を賃借人の意思に関係なく不利益に変更してよいものか，賃借人を保護するために旧所有者（旧賃貸人）にも賃借人に対する関係で併存的に責任を負わせるのがよいのではないかという問題が生じます。最高裁の裁判例には，傍論ですが，賃貸人の地位が移転するということと，旧所有者が賃借人との間の責任から解放されるということとは必ずしも直結する事柄ではない点を示唆しているものもあります（最判平11・3・25判時1674-61）。

（2）　不動産賃貸人の地位を譲渡人に留保する旨の合意をした場合　　賃貸不動産が譲渡されるに際して，①譲渡人（A）と譲受人（C）の間で不動産賃貸人の地位を譲渡人（A）に留保する旨の合意をし，かつ，②当該不動産を譲受人（C）が譲渡人（A）に賃貸するとの合意をしたときは，賃貸人の地位は譲受人（C）に移転しません（民法605条の2第2項前段）。これにより，一種の転貸借関係（C・A間の賃貸借，A・B間の転貸借）が作り上げられることになります。

　この場合において，譲渡人（A）と譲受人（C）またはCの承継人との間の賃貸借が終了したときは，譲渡人（A）に留保されていた賃貸人たる地位は，譲受人（C）またはその承継人に移転します（民法605条の2第2項後段）。これにより，不動産賃貸人の地位をめぐる譲渡人（A）と譲受人（C）の関係がどのように展開しようが，不動産賃借人（B）は，譲受人（C）またはその承継人からの所有権に基づく明渡請求に応じなくてよいし，従前の内容での不動産賃借人としての地位を保持することができることになります。

（3）　合意による賃貸人の地位の移転　　不動産の譲渡人が賃貸人であるときは，賃貸人の地位は，賃借人（B）の承諾を要しないで，譲渡人（A）と譲受人（C）の合意により，譲受人に移転させることができます（民法605条の3前段）。この

規定は，合意（賃貸人の地位を移転させる合意）による賃貸人の地位の移転が生じるためには，相手方である不動産賃借人の承諾は不要であるという点で重要です。

合意による賃貸人の地位の移転は，不動産の賃貸借が対抗要件を備えていない場合でも，認められます。

11.3.3 不動産賃貸人としての地位の主張と所有権移転登記の要否

民法605条の2第1項または民法605条の3前段により賃貸不動産の譲受人が賃貸人としての地位を承継する場合に，譲受人は，賃貸不動産につき所有権移転の登記をしなければ，賃貸人の地位の移転をもって不動産賃借人に対抗することができません（民法605条の2第3項・民法605条の3後段）。

裏返せば，譲受人は，賃貸不動産について所有権移転の登記をすれば，不動産賃借人の承諾の有無に関係なく，不動産賃貸人の地位の移転をもって，不動産賃借人に対抗することができるのです。

11.3.4 不動産賃貸人としての地位の主張と敷金返還義務・費用償還義務

民法605条の2第1項または民法605条の3前段により賃貸不動産の譲受人が賃貸人としての地位を承継する場合に，敷金返還義務と費用償還義務（必要費・有益費の償還をするべき地位。民法608条）は譲受人（またはその承継人）に移転します（民法605条の2第4項・605条の3後段。もとより，最判昭44・7・17民集23-8-1610ほかによれば，敷金返還義務については，旧賃貸人に対する賃借人の未払賃料・損害賠償等の支払義務があれば，これに当然に充当されたうえで，残額が移転することになります。後述 13.5.4)。

11.3.5 不動産譲受人が賃料請求をする場合の要件事実

不動産譲受人が賃貸人としての地位に基づいて賃借人に対し賃料請求をする場合に，不動産譲受人は，請求原因として，次の事実を主張・立証しなければなりません（以下では，民法605条の2第1項の場合を例にとります。また，不動産の譲渡人をA，賃借人をB，不動産の譲受人をC，賃貸不動産を甲と表記します。なお，

⑥については，10.4.1 の解説も参照してください）。

① Aが甲を所有していたこと

② A・B間で，甲を目的とする賃貸借契約が締結されたこと

③ ②の賃貸借契約に基づいて，AがBに甲を引き渡したこと（この要件事実は，賃料が賃借物の使用収益に対する対価ゆえに，必要だとされます）

④ Bの賃借権が対抗要件を具備したこと

⑤ A・C間で，甲を目的とする売買契約が締結されたこと

⑥ 一定期間が経過したこと。および，当該賃料について民法614条所定の支払時期が到来したこと

Cからの上記の請求に対する抗弁として，Bは，「Cが所有権移転登記を備えるまでは，Cを所有者と認めない」との抗弁を提出できます（民法605条の2第3項）。

11.4 賃借権の譲渡・転貸

11.4.1 総 論——賃貸人の承諾

民法612条は，賃借権の譲渡・転貸には賃貸人の承諾が必要であるとの考え方を採用しています。そのうえで，賃貸人の承諾なしにされた賃借権の譲渡・転貸は，賃貸借契約の解除原因になるとしています。

他方で，民法は，賃貸人の承諾を得た転貸の場合につき，賃貸人に，転借人に対する直接請求権を与えました（民法613条）。

11.4.2 民法612条1項にいう「譲渡」・「転貸」の意味

民法612条1項にいう「譲渡」・「転貸」とは，譲渡契約・転貸契約を締結したというだけでは足りず，譲受人・転借人が目的物を現実に使用収益することをも必要とします。

このことは，借地上の建物が譲渡担保に提供され，同建物の所有権が譲渡担保権者に移転するとともに，敷地利用権である借地権も（民法87条2項の類推に

より「従たる権利」として）譲渡担保権者に移転した場合に重要になります。譲渡担保権が実行されず，いまだ所有権が譲渡担保権者に確定的に帰属していない段階で，かつ，譲渡担保権設定者が建物を依然として使用収益しているときには，民法612条1項にいう敷地賃借権の「譲渡」にはあたりません（最判昭40・12・17民集19-9-2159）。これに対し，譲渡担保権者が建物の引渡しを受けて使用収益しているときには，いまだ譲渡担保権が実行されていない段階であったとしても，敷地の使用主体が替わることによって使用方法や収益状態に変化をきたすことから，民法612条1項にいう「譲渡」にあたります（最判平9・7・17民集51-6-2882）。

ちなみに，民法612条1項の「転貸」は，有償・無償を問いません。したがって，第三者との間で目的物の使用貸借契約を締結する場合も，「転貸」に含まれます（しかし，借地契約において，借地権者が所有する地上建物を第三者に賃貸した場合は，土地の賃借権について「転貸」がされたものとはいえません）。

11.4.3　承諾があったことについての主張・立証責任——承諾の抗弁

賃借権の譲渡・転貸につき賃貸人の承諾があったことについては，賃借権の譲渡・転貸の効力を主張する者の側に主張・立証責任があります（無断譲渡・転貸を理由とした契約解除の主張に対する承諾の抗弁）。

11.4.4　無断譲渡・転貸と契約解除

（1）　無断譲渡・転貸そのものの有効性　　賃借権の譲渡・転貸を目的とした契約そのものは，有効です（大判明43・2・9民録16-918）。両当事者は，賃貸人の承諾がなければ，賃借権の譲渡・転貸の効力を賃貸人に対抗することができないだけです（民法612条1項）。民法は，無断譲渡・転貸があれば，賃貸人は賃貸借契約を解除できるとするにとどめたのです（民法612条2項）。なお，解除に催告は不要です。

（2）　民法612条2項の定める解除の要件　　民法612条2項は，①譲渡・転貸契約の締結に加え，②「第三者に賃借物の使用又は収益をさせた」ことを要求しています。

したがって，単に譲渡・転貸の契約が締結されたということだけでは，解除

権は発生しません。賃借権の譲受人・転借人が実際に賃借物の使用収益をしてはじめて，解除権が発生するのです（大判昭13・4・16判決全集5-9-8）。

(3) **民法612条2項の起草趣旨とその動揺**　賃借権の無断譲渡・転貸を賃貸借契約の解除原因としたのは，賃貸借契約が基礎とする両当事者間の人的信頼関係の絆<ruby>絆<rt>きずな</rt></ruby>を重視したことによります。個人が個人を信頼して物を使用収益させるのだから，賃借人が誰であるかということは，賃貸人にとってもっとも重要な関心事であるという点を考慮したのです。

ところが，民法典施行後，ほどなくして，民法612条2項が想定しているのは主従の温情関係に出た前近代的な身分的・家父長<rt>かふちょう</rt>的な支配従属関係，すなわち，地主・小作関係や大家・店子<rt>たなこ</rt>関係ではないかという点が指摘されはじめました。そして，このような指摘をする論者らは，資本主義経済社会における近代的な契約自由の観点から賃貸借関係を捉えたとき，「無断譲渡・転貸がされても，賃貸人に経済的不利益を与えないのであれば，解除を認める必要がない」との議論を展開させたのです。

(4) **信頼関係破壊の法理（背信行為の理論）**　上に述べたような方向は，判例では，まず，権利濫用理論や信義則による解除権の行使制限の形をとって現れました（大判昭10・4・22民集14-571など）。

次いで，判例は，信頼関係破壊の法理（背信行為の理論），つまり，「賃借人が賃貸人の承諾なく第三者をして賃借物の使用収益を為さしめた場合においても，賃借人の当該行為が賃貸人に対する背信的行為と認めるに足らない特段の事情がある場合においては，同条（民法612条）の解除権は発生しない」（最判昭28・9・25民集7-9-979）との立場を打ちたてるに至りました（前述 10.6.4(2) も参照してください）。この立場が，今日，賃借権の無断譲渡・転貸を理由とする賃貸人の解除権を制限する法理として，判例・学説により支持されているのです（最判昭41・4・21民集20-4-720，最判平3・9・17判時1402-47ほか多数）。

もっとも，信頼関係破壊の法理とはいえ，「無断譲渡・転貸があれば，賃貸人は賃貸借契約を解除することができる」という原則が維持されている点に注意してください。実際にも，解除権が否定される場合は，それほど多くはありません。

(5) **背信行為であることについての主張・立証責任**――「背信行為と認めるに足りない特段の事情」　「信頼関係破壊の法理」が認められるとはいえ，あくまでも，「無断譲渡・転貸があれば，賃貸人は賃貸借契約を解除することができる」と

いうのが原則です。したがって，「背信行為と認めるに足りない特段の事情」については，賃借人・譲受人・転借人側に主張・立証責任があります（最判昭41・1・27民集20-1-136）。

　要するに，目的物の明渡しを求められた賃借人・譲受人・転借人としては，「承諾の抗弁」に代えて，背信行為と認めるに足りない特段の事情について主張・立証することができるのです。

　(6)　背信行為なしとされた場合の法律関係　　無断譲渡・転貸であるにもかかわらず，それが背信行為にあたらないとして解除が認められないときには，賃貸人の承諾があった場合と同様の法律関係が当事者間に認められます（最判昭39・6・30民集18-5-991，最判昭36・4・28民集15-4-1211）。

　(7)　背信行為ありとされた場合の法律関係　　無断譲渡・転貸がされて，それが背信行為と認められ，契約が解除された場合には，譲受人や転借人は，賃貸人に対する関係で，目的物の占有権原を有しません。それゆえ，賃貸人からの目的物の引渡請求に応じなければなりません（なお，10.8.2 のコラムも参照してください）。

　(8)　背信性の判断基準　　何を基準に背信性を判断するかに関して，信頼関係破壊の法理を推進した学説のなかには，当初，人的身分関係から経済的利益をめぐる関係へという視点の転換がこの法理を生み出していった点に注目し，信頼関係の内容から人的要素（＝身分関係にかかわる前近代的要素。義理・人情・親分子分的な関係など）を排除して，信頼関係を即物的に捉え，賃貸人側の経済的利益を害するか否かに限定する立場を強力に主張するものがありました。

　しかし，現在の多数説は，物的・経済的側面のみならず，人的要素（個人的信頼関係），譲渡・転貸の対象の種別その他当事者双方の諸事情をも考慮して背信性を判断すべきであるとしています（総合事情判断説）。判例も，多数説と同じ傾向にあります。

　ちなみに，無断譲渡・転貸があったにもかかわらず信頼関係の破壊がないとされるような場合としては，①賃借人に実質的変更がない場合（最判昭38・10・15民集17-9-1202，最判昭39・11・19民集18-9-1900〔個人営業をしていた賃借人が会社に組織変更した事案〕。なお，最判平8・10・14民集50-9-2431は，賃借権の「譲渡」そのものを否定），②親族関係が介在する場合（前掲最判昭39・6・30，最判昭40・6・18民集19-4-976，最判昭40・9・21民集19-6-1550，最判昭44・4・24民集23-4-855），③担保目的での建物譲渡に伴い敷地賃借権が移転する場合などが考えられます。

（9）　無断譲渡・転貸を理由とする解除権の消滅時効　　無断譲渡・転貸を理由とする解除権も，消滅時効にかかります。この場合の消滅時効の起算点および時効期間については，解除権が債務不履行を理由とする救済手段であることに鑑みれば，債権の消滅時効と同様に解すべきです（最判昭62・10・8民集41-7-1445〔ただし，旧法下のもの〕）。

　その結果，客観的起算点からの10年の消滅時効期間（民法166条1項2号）に関しては，解除権を行使することが法的に可能となった時点，すなわち，譲受人・転借人が目的物の使用収益を開始した時から起算されるものと考えるべきです（譲渡・転貸時説。前掲最判昭62・10・8）。また，主観的起算点からの5年の消滅時効期間（民法166条1項1号）に関しては，譲受人・転借人が目的物の使用収益を開始した事実を賃貸人が知った時から起算されるものと考えるべきでしょう。

11.4.5　適法な転貸の場合における賃貸人の転借人に対する直接請求権

　（1）　当事者間の契約関係　　転貸借につき賃貸人の承諾がされた場合（賃貸人の承諾はないが，信頼関係の破壊がない場合や，12.6.3で述べる「承諾に代わる許可」があった場合も同じです），賃貸人（原賃貸人）は，賃借人（原賃借人）との間に賃貸借契約関係を有しますが，転借人との関係では契約関係の当事者ではありません。転借人も，転貸人（原賃借人）との間に転貸借契約関係を有するだけです。

　したがって，原賃貸人も転借人も，それぞれ原賃借人（転貸人）に対しては，自己との間での契約関係に基づく権利を主張し義務を負うものの，原賃貸人・転借人間には，法律上で何の手当てもなければ，直接には権利義務が生じません。

　（2）　原賃貸人の直接請求権　　適法な転貸借がされた場合に，目的物を使用収益している転借人が転貸人（原賃借人）に対して義務を履行しているにもかかわらず，原賃借人は原賃貸人に対する義務を履行しないという事態が生じることが稀ではありません。これだと，転貸人（原賃借人）だけが利益を得て，原賃貸人が大きな損害を被ってしまいます。

　そこで，民法は，原賃貸人を保護するため，目的物の使用収益をしている転借人に原賃貸人に対する履行の責任を負わせるのが公平に適うとの理解から，転借人に対する直接の権利を原賃貸人に与え，これに対応する義務を転借人に

負担させました。賃借人が適法に賃借物を転貸したときは，転借人は，原賃貸人と原賃借人（転貸人）との間の賃貸借に基づく原賃借人の債務の範囲を限度として，原賃貸人に対して転貸借に基づく債務を直接履行する義務を負うとしたのです（民法613条1項前段）。

　この制度により，転借人は，転貸借契約に基づき転貸人（原賃借人）に対して負担する義務を，原賃貸人からの請求に応じ，原賃貸人に対して履行する義務を負うのです。民法613条1項前段が「転貸借に基づく債務」として想定しているのは主として転貸借が賃貸借である場合の転借人の賃料（転貸料）支払義務ですが，その余の義務も含みます（たとえば，転貸借契約において修繕義務を転借人が負担している場合の修繕請求権や，保存義務違反・不適切な使用収益による損害賠償請求権）。

　(3)　転貸料の直接請求　　転借人に対する原賃貸人の直接請求権が問題となる局面のうち，とりわけ重要なのは，転貸借契約が有償の賃貸借契約である場合における転貸料の支払に関する権利義務です。

　①　転借人は，原賃貸人からの請求があれば，転貸料を直接に原賃貸人に支払わなければなりません。

　②　しかし，転貸料を転借人に対して直接請求するかどうかは，原賃貸人の自由です。原賃貸人としては，転貸借関係にかかわることなく，原賃借人に対して従前どおりに賃貸借契約に基づく主張をすることを妨げられるものではありません。転借人に対する原賃貸人の直接請求権が認められているからといって，「賃貸人が賃借人に対してその権利を行使することを妨げない」のです（民法613条2項）。

　③　原賃貸人から転借人に対して転貸料の直接請求がされた場合には，ここで行使されているのは，転貸料請求権です。それゆえ，原賃貸人は，原賃借人に対する賃貸料が転貸料よりも高額であったとしても，転貸料の額しか請求することができません（差額は，原賃借人に対して請求することになります）。

　④　他方，原賃貸人は，転借人に対する直接請求をすることによって，賃貸借契約に基づいて原賃借人に対して賃貸料を請求するのよりもよい地位に置かれたのでは，必要以上の保護を受けることになります。それゆえ，賃貸料が転貸料よりも少額であった場合には，直接請求できる額は，賃貸料の額が上限となります（差額は，転貸人〔原賃貸人〕が転借人に対して請求することになります）。民法は，このことを，「賃貸人と賃借人との間の賃貸借に基づく賃借人の債務

の範囲を限度として」(民法613条1項前段)と明示することによって表現しています。

⑤　原賃貸人が転借人に対して転貸料を自己に直接支払うよう請求したところ，請求を受けた転借人が転貸料を転貸人に支払った場合に，転貸料債権は消滅するでしょうか。原賃貸人から転借人に対して直接請求がされたということだけで転借人の処分権限が奪われるとするのは，転借人の財産管理権への過剰な介入です。また，転借人による転貸人への支払は，転貸借契約で当然に予定された義務の履行行為です。したがって，このような弁済も有効です。

(4)　転貸人（原賃借人）の権利の代位行使との異同　　ここで原賃貸人が転借人に対して行使するのは，民法613条1項により認められた原賃貸人の転借人に対する直接請求権です。転貸人（原賃借人）の転借人に対する請求権を原賃貸人が代位行使するわけではありません。

したがって，転貸人（原賃借人）の無資力は，原賃貸人の直接請求権が認められるための要件ではありません。また，転借人は，みずからが転貸人（原賃借人）に対して有している抗弁をもって，原賃貸人からの直接請求に対抗することができません。

もっとも，(3)で述べた転貸料請求権のように同一の給付が目的となっているものについては，次にみる転貸料の期限前弁済がされた場合を除き，転貸人への履行により，これと同一の給付を目的とする限りで原賃貸人の直接請求権も消滅します。

(5)　転貸料の前払と原賃貸人への対抗不能　　原賃貸人から転貸料の直接請求がされた場合には，転借人は，転貸料の前払，すなわち，転貸借契約に定めた当期の賃料（転貸料）をその弁済期（支払時期）の前に支払ったこと（大判昭7・10・8民集11-1901）をもって賃貸人に対抗することができません（民法613条1項後段）。

民法613条1項後段の規定は，転借人が転貸料請求権の期限の利益を放棄しても原賃貸人に対抗することができないようにしたものです。二重払の危険は，転貸料請求権の弁済期（支払時期）の前に転貸料を転貸人（原賃借人）に支払った転借人が負担するものとしたのです。

もっとも，転借人が転貸人に対して転貸料を転貸料請求権の弁済期（支払時期）の前に支払ったけれども，賃貸人からの直接請求がこの転貸料請求権の弁済期（支払時期）の到来後かつ転貸料の支払後にされた場合には，転借人は，

転貸料の転貸人への支払をもって原賃貸人に対抗できるとすべきでしょう。

第12章

賃 貸 借 (3)
——借地借家法総論；借地制度

12.1 借地借家特別立法の必要性

12.1.1 緒 論——債権としての賃借権

　民法では，賃借権は債権とされています。賃借権は，賃貸借契約に基づき，賃貸人との関係で使用収益を中心とする利益供与を期待できる賃借人の地位として捉えられているのです。

　ここから，賃借権には，物権との対比において，次の3つの特徴が認められます。

　① 賃借権には，存続保障がありません。賃貸借関係は，契約期間が満了することによって消滅するのです。

　② 賃借人は，賃借人としての地位を，第三者に対抗できません（「売買は，賃貸借を破る」原則。前述11.2.1）。わずかに，不動産賃借権については登記をすることにより第三者対抗力が与えられますが（民法605条），実際にはほとんど登記がされません（前述11.2.3(2)）。

　③ 賃借人には，賃借権を譲渡する自由がありません。債権譲渡の自由の原則に対する例外を成しているのです（民法466条・612条）。

12.1.2 民法の基本的立場を貫いた場合の弊害と借地人・
借家人保護立法

　(1) 地震売買と建物保護法の制定　　このような民法の基本的立場を貫いた場合に大きな社会問題となったのが，地震売買と呼ばれる現象です。日露戦争

終結後に産業資本主義が発展するなかで，資本家に成り上がった地主は地代を上げようとしますが，借地人（とりわけ，借地上に建物を建てて事業を営む都市商工業者）の抵抗にあって成功しません。そこで，地主が土地を第三者に譲渡するということが多発しました。

この場合に，土地譲受人からの明渡請求に対して，賃借人は，旧法605条に基づき賃借権の登記をしているのでなければ，賃借権を新所有者＝譲受人に対抗することができません。そして，不動産賃借権を登記することは稀ですから，借地人は従前からの土地利用を奪われてしまいます。まさに，「売買は，賃貸借を破る」という状況が出現するわけであって，これが当時，地震売買と称された社会現象なのです。その結果，従前どおりに土地を利用したい借地人は，追出しを避けるために，地主からの地代値上げ要求に応じざるを得ない状況に追い込まれてしまいました。

そこで，こういう暴挙をする地主層を抑え，地震売買を禁圧することにより産業資本主義を健全な方向で育成するために，明治42年（1909年）に，「建物保護ニ関スル法律」（建物保護法）が制定されました。地上建物について所有権の登記をしておけば，たとえ土地所有権が譲渡されても，新所有者との関係で土地賃借権が承継されるとしたのです（同法1条。地上建物の保存登記は，建物所有者が単独でできます。不動産登記法47条・74条参照）。

（2）　借地法・借家法の制定　　その後，貨幣経済が浸透するとともに，人口の都市集中が激しくなるなかで，賃貸人と賃借人との利害対立がより鮮明になり，建物保護法による土地賃借権の保護だけでは対処できない事態が生じるようになりました。しかも，それは，2つの異なった場面で顕在化することとなりました。

一方で，企業家が他人の土地上に建物を所有して事業活動を展開しようとする際に，土地所有者（土地資本家）である賃貸人と，企業経営者（産業資本家）である土地賃借人の利害が対立する様相が現れました。

他方で，人口の都市集中に伴う住宅問題が勃興するなかで，より有利な条件で土地・建物から収益を上げようとする者や，より有利な条件で土地・建物を借用しようとする者が登場するとともに，従前の借地人や借家人が追い立てられて社会不安を招く様相が現れました。

こうした状況には建物保護法では十分に対処できず，産業を振興させるとの政策的要請（資本主義・市場経済強化の要請）のほか，社会的弱者を保護すると

の社会国家的要請にも対応できるだけの立法措置が緊急の課題となったのです。そのような流れのなかで制定されたのが，大正10年（1921年）の借地法および借家法です（時はまさに，大正デモクラシーの最中でした）。

（3）昭和16年の借地法・借家法改正──存続保障・法定更新制度の導入　　昭和16年（1941年）の借地法・借家法の改正では，存続保障制度（正当事由）・法定更新制度が導入されました。

借地法では，①借地契約期間満了時の明渡請求には正当事由が必要であるとされ，また，②借地契約の法定更新制度が創設されました。

借家法でも，①借家契約期間満了時の明渡請求には正当事由が必要であるとされ，また，②借家契約の法定更新制度を創設されました。

ただし，このような存続保障制度（正当事由）・法定更新制度は，社会的弱者保護というよりは，あくまでも戦時下での統制経済の一環として，契約自由・私的自治に対する国家による修正の意図のもと，政府主導で制定されたものです。

ともあれ，この段階までで，存続保障と第三者対抗要件について，民法の賃貸借法に対し特別法上の修正がおこなわれたのです。

（4）昭和41年の借地法・借家法改正　　第二次世界大戦後の昭和30年代には，賃借権の物権化をより強固に推進するための根本的変更を加えようとする動きが現実化しました。法務省民事局内には「借地借家法改正準備会」が作られ，昭和35年（1960年）には，「借地借家法改正要綱案」が公表されました。そこでは，「借地権と称する物権を創設し，借地権者は，建物その他の工作物を所有するため，他人の土地を使用する権利を有するものとすること」，「借地権には，別段の定めがない限り，地上権に関する規定を準用すること」がうたわれていました。

しかしながら，急激な物権化に対する批判を受け，借地借家法の全面改正が時期尚早として断念され，緊急に改正する必要に迫られた部分についてのみ，法改正で対処することとなりました。昭和41年（1966年）の借地法・借家法の改正が，それです。

主たる改正点の第1は，承諾に代わる許可の制度の新設です。戦後，借地関係に関して，不動産賃借権が移転した場合の賃借権譲受人の保護を考える必要が出てきました。賃借権の譲渡・転貸については民法612条が障害として立ちはだかるからです。そこで，新たに「承諾に代わる許可」の裁判の制度が設け

られました。この制度は，①賃借権の譲渡・転貸が賃貸人にとって不利になるおそれがないことと，②許可の相当性という実質的要件に支えられています。その背後にあったのが，民法612条による解除を制限する理論として判例主導で展開された信頼関係破壊の法理（背信行為の理論。前述 11.4.4(4)）です。

第2は，紛争予防目的の制度の創設です。昭和41年改正では，戦後における都市の深刻な住宅難が借地・借家紛争を生じさせたことを背景として，借地借家に関して紛争予防を目的とした規律が創設されました。代表的なものは，①地代・家賃の増額と相当額賃料の供託制度の新設（地代・家賃の増額〔減額〕請求に関して，当事者間で争いになった場合でも賃借人が相当額の供託をしておけば契約が解除されない制度の創設）と，②借地権について，借地条件の変更等に関する一定の場合に借地非訟手続が導入されたことです。

第3は，借家法改正による「借家権の承継」の制度の創設です。

(5)　不動産賃借権の物権化の完成　　ここまでの借地・借家法制の整備の結果として，次のような点で借地人・借家人の権利が著しく強化されました。

①　借地権・借家権の対抗力の保障

②　借地権・借家権の存続期間の保障

③　借地権・借家権の譲渡性の保障

これにより，不動産賃借権は，物権類似の性質をもつ財産権として把握されるようになったのです。ここに，不動産賃借権の物権化がひとまず完成をみました。

しかも，そこで採用された諸制度は，部分的に契約自由を排除して国家が契約内容に積極的に介入することにより，賃貸人に対して弱い立場にある土地・建物賃借人の居住利益・生活利益を保護するという借地・借家特別立法の性格（居住権保護のための福祉国家的視点に出た立法としての性格）が色濃く反映されたものとなっています。

❖ 片面的強行法規 ════════════

借地借家法制は，土地・建物の賃借人の居住利益・生活利益を保護するために，社会法的見地から契約自由に制限を加え，借地権者・建物賃借人の地位を強化しています。他方，借地権設定契約・建物賃貸借契約では，個々の場合において，様々な約定が取り交わされることが少なくありません。そのなかには，借地借家法で強化された借地権者・建物賃借人の地位を無意味にするようなものもあります。

そこで，かつての借地法・借家法や現在の借地借家法は，随所で，借地借家法中

の規定に反する特約で賃借人に不利なものは無効とする旨の定めを置いています（借地借家法9条〔借地契約の存続期間，更新〕，16条〔借地権の対抗力，建物買取請求権〕，21条〔借地条件の変更，借地権の譲渡・転貸の許可〕，30条〔建物賃貸借契約の更新〕，37条〔建物賃借権の対抗力，借地契約終了後の転借人の保護，借地上建物の転借人の保護〕）。

　その他，民法90条や消費者契約法10条により，賃貸借契約中の条項が無効となる余地があります。たとえば，建物賃貸借契約の終了の際に敷金の一部を返還しないという「敷引き」条項（10.8.2のコラム参照）や，賃貸借が開始した時点の復元のための費用を借主に負担させる条項で，賃借人に不相当な不利をもたらすものは，個別具体的な状況下で不当条項のゆえに無効とされることがありえます。

12.1.3 1990年代以降の展開
——借地・借家法制における「市場主義」・「契約自由」の復権

　(1) 平成3年の「借地借家法」の制定　昭和41年改正により，不動産賃借権を物権化し，しかも社会法的性質を織り込んで処理した結果，借地人・借家人の地位は手厚く保護されるようになりました。

　ところが，その反面，昭和40年代の高度経済成長を経た後にいわゆるバブル経済の時代（1986年1月頃～1990年2月頃）が到来するなかで，当初考えられていた借地・借家関係とは違った社会状況が現れるようになりました。

　とりわけ，いったん貸したならば賃借人が正当事由・法定更新に守られ，現実には戻ってこない可能性が高くなるという事態が恒常化してきました。

　さらに，借地については，賃借権が設定されたならば底地の価格が半減する（特に，都心部では，借地権価格は，地価の6～7割ともいわれます）ことから，バブル経済期に，借地の絶対的供給量が不足してしまうという状況が現れました。その際，「建物所有目的で所有地を貸すくらいならば，土地を駐車場にしたほうがましである」などということが指摘されたうえ，これと併行して，権利金・保証金の異様な高騰という事態が生じました。他方，借家についても，「実際に住まない期間も借家に出さないほうがよい」という風潮や，「法人貸し」などの名目で契約締結段階において既に借主を選別してしまうという状況が現れました。しかも，いったん貸したならば事実上なかなか返ってこないということがもたらす貸主側の心理として，借家人の回転を促し，家屋の返還を容易にすることを考えて，小規模のアパート・マンションの提供に進む一方で，良

質の大規模借家の供給には抑制的に対応するとの傾向が生み出されたという点も指摘されるようになりました。

このような状況に直面して，政府は，借地・借家の安定的な供給を意図するとともに，多様な借地・借家関係を創造することを目的として，その障害となるような従前の画一的な借地・借家法制を変更し，この2つの目的にふさわしい制度を新たに作り出そうとしました。それが結実したのが，平成3年（1991年）に成立した借地借家法です。

借地借家法は，借地権・借家権の第三者対抗力を維持して「不動産賃借権の物権化」が達成した方向を基本としつつ，①「正当事由」の内容面での見直し，②「定期借地権」の制度の新設，③「期限付き借家」制度の創設など**存続保障を部分的に見直す**ことで，借地借家関係の契約法的処理（「合意された期間が来れば返すのが原則である」との考え方）を再評価したものとして特徴づけることができます。

(2) **平成11年改正による定期建物賃貸借制度の創設**　借地借家法の制定に向けての議論の過程では，建物賃貸借契約（借家契約）に定められた存続期間が経過すれば当然に契約が終了し，存続保障（正当事由の制度）がないという**定期借家権**の導入が議論の対象となりましたが，最終的な規定の創設にまで至ることなく終わりました。

しかし，その後，再び，定期借家権の導入論が登場してきました。当事者間の契約をより自由にして約定の期限が到来すれば建物が返還されるようにすべきであり，そうすることで規模の大きな借家を含め借家の供給が促進されるし，このような制度により影響を受ける経済的弱者の保護は公営住宅の供給や家賃補助等の公的援助により対応すべきであるとの主張が現れたのです。

そのようななかで，平成9年（1997年）には，良質な借家の安定供給をうたい文句にした定期借家権導入の構想が議員立法の形で具体化し，平成11年（1999年）に「良質な賃貸住宅等の供給の促進等に関する特別措置法」による借地借家法38条の改正となって結実しました（後述 13.2.7）。もっとも，定期借家は，現在のところ，事業用建物賃貸借では一部で利用されているものの，居住用建物賃貸借では，立法当時に考えられていたほどには活用されていないようです（とりわけ，立法へのインセンティブの1つとして強力に主張された生涯を借家で過ごすことを選択した家族のための良質の大規模借家の供給が定期借家権制度創設によって促進されているとはいいがたい状況にあります）。

（3）　借地借家法制における「市場主義」への批判——「住宅基本権」概念の提唱

借地借家法制ならびに法政策を市場原理に基礎づけられた契約自由の観点から説明する動きに対して，その後，居住・移転の自由（憲法22条1項参照）を含む居住利益の人格権的価値に照準を合わせることで，「居住権」の再構築をめざす動きが出てきています。居住利益の保護を——都市政策・住宅政策とも結びつけて——住宅基本権の観点から捉えなおそうとするものが，これです。

この流れは，居住利益・生活利益を，市民社会の基礎を成す人格的自由権の1つとしての居住権・生活権に基礎づけるものです。この意味での居住利益・生活利益は，人格の自由な展開を1内容とする憲法上の自由権的基本権として把握されます。

12.2　借地関係（その1）——借地権の意義

借地借家法にいう**借地権**とは，建物の所有を目的とする地上権または土地の賃借権をいいます（借地借家法2条1号。当事者を，それぞれ，**借地権者，借地権設定者**といいます。同条2号・3号）。

明治時代の立法者らは，建物所有目的の土地利用について地上権が一般的に用いられることを想定していましたが，現実には，地上権がもつ物権としての属性が嫌われ，ほとんどのものが賃借権として設定されています。借地借家法では，建物所有を目的とする土地利用権について，地上権であれ，賃借権であれ，同等の扱いをすることにしているのです。

借地借家法にいう「借地権」とされて，同法の適用を受けるためには，その土地の賃貸借が建物所有を目的としたものでなければなりません。駐車場としての使用を目的とした土地の賃借権は「借地権」でありません。また，資材置き場の賃貸借でバラックの建物が建てられている程度であれば，これも「借地権」ではありません。

❖ **賃貸借契約締結の要件事実**——「賃貸借契約の目的」についての主張・立証の要否 ══
一般に，賃貸借の目的（建物所有目的か，居住目的か，収益目的か等）は，賃貸借契約の本質的要素ではありません。したがって，賃貸借の目的（「XとYとの間で○○を目的とすることを合意したこと」）は，賃貸借契約締結の要件事実を構成しません。

しかし，建物所有を目的とする土地賃貸借契約についてのみ適用される借地借家法の諸規定に基づく効果を得ようとするときには，その規定の適用を主張する側が，その土地の賃貸借契約の目的が建物所有であること（「XとYとの間で，甲土地賃貸借契約において，建物所有を目的とすることを合意したこと」）について主張・立証しなければなりません。

12.3　借地関係（その2）──存続期間と存続保障

12.3.1　存続期間

　借地権の最初の最短存続期間は，30年です。更新後は，最初の最短存続期間は20年で，その後の最短存続期間は10年です（借地借家法3条・4条）。

　存続期間中の建物の滅失と再築については，「最初の存続期間中の滅失」と「更新後の存続期間中の滅失」を区別した規定が設けられています（借地借家法7条・8条）。

12.3.2　法定更新と正当事由

　(1)　法定更新制度の意義と概要　　借地借家法では，借地権者を保護するため，一定の場合に，存続期間満了後に，建物がある限りにおいて，前契約と同一の条件でさらに借地権を設定したものと「みなす」制度を導入しています。これを，法定更新といいます。法定更新の制度によって，借地権の存続が保障され，借地権者の敷地利用の利益の保護が図られているのです（もちろん，当事者が合意をすることによって契約を更新することができることは，いうまでもありません）。

　法定更新が認められるのは，次の2つの場面です。

　①　更新請求による更新（借地借家法5条1項）　　存続期間満了にあたって借地権者から更新請求がされたときに，借地権設定者がこれに遅滞なく異議を述べなかった場面です。

　②　使用継続による更新（借地借家法5条2項）　　借地権者が存続期間満了後

もなお借地の使用を継続し，借地権設定者がこれに遅滞なく異議を述べなかった場面です。

　これら①・②のいずれの場合にも，借地権設定者が更新を拒絶するためには，(i) 遅滞なく異議を述べることが必要であるうえに，(ii) 正当事由が必要です（借地借家法 6 条。なお，正当事由は，要件事実の主張・立証責任という観点から捉えたときには，規範的要件としての性質をもちます）。

　(2)　正当事由の意味　　正当事由がどのような観点から判断されるかについては，借地借家法 6 条に定めがあります。そこでは，正当事由の判断要因として，次のものが挙げられています。

① 　借地権設定者および借地権者（転借地権者を含む）が土地の使用を必要とする事情

② 　借地に関する従前の経過（借地期間の長さ，借地権者の履行状況，借地権設定者の態度，敷金・保証金の支払の有無および金額，更新料支払の有無など）

③ 　土地の利用状況（借地上の建物の規模・構造・状況，借地の利用形態など）

④ 　借地権設定者が土地の明渡しの条件として，または土地の明渡しと引き換えに，借地権者に対して財産上の給付をする旨の申し出をした場合における，その申し出

　要は，これらの事情が衡量されて，正当事由の存否が判断されるのです。その際，借地権設定者の更新拒絶に正当事由があるかどうかについての基準時は，借地権設定者が異議を申し立てた時点です（最判平 6・10・25民集48-7-1303）。

　正当事由の有無との関連では，④の立退料（明渡補償金）の提供による正当事由の補完が重要です。借地権設定者の主張する事由がそれだけでは明渡しを正当化するには足りない場合であっても，借地権設定者は，立退料（明渡補償金）を提供することによって，正当事由を補強することができるのです（最判昭38・3・1民集17-3-290）。

　ただし，立退料は，あくまでも正当事由を「補完」するものであって，正当事由に代わるものではありません。いくら多額の立退料を申し出たところで，異議申立時において正当事由の内容を構成している事実が存在していなければ，明渡請求は認められません。判例も，「金員の提供等の申出は，異議申立時において他に正当の事由の内容を構成する事実が存在することを前提に，土地の明渡しに伴う当事者双方の利害を調整し，右事由を補完するものとして考慮される」ものであると明言しています（前掲最判平 6・10・25ほか）。

なお，裁判所は，賃貸人が立退料として一定の額を提示して，この額または
これと格段の相違のない一定の範囲内で裁判所の決定する金員を支払う旨の意
思を表示している場合は，借地権設定者が申し出た額を超えた相当な立退料の
支払を条件に，借地権者に明渡しを命じることもできます（最判昭46・11・25民
集25-8-1343〔ただし，建物賃貸借の事案〕）。

　さらに，解約申入れをした時点では借地権設定者が立退料の提供を申し出て
いなかったものの，その後に立退料の提供を申し出た場合や，解約申入れの時
点では借地権設定者は不相当な立退料の提供を申し出ていたものの，その金額
をその後に相当な額に増額した場合に，裁判所は，解約申入れ後に申し出られ
た金額を考慮に入れて，解約申入れ時点での当該解約申入れの正当事由を判断
することができます（最判平3・3・22民集45-3-293）。要は，借地権設定者か
らの立退料提供・増額の申し出があれば，それが事実審口頭弁論終結時までに
されれば，借地権設定者が意図的にその申し出の時期を遅らせるなど信義に反
するような事情がない限り，裁判所は原則として考慮することができるのです
（前掲最判平6・10・25）。

12.3.3　更新がされない場合の建物買取請求権

　借地期間の満了にあたり更新がされなかった場合には，借地権者は，借地権
設定者に対して，地上建物および借地権者が権原により土地に附属させた物の
「時価」での買取りを求めることができます（借地借家法13条1項。建物の時価と
は，買取請求権が行使された時点における存立している建物の時価です）。

　建物買取請求権は，借地関係終了後に，借地上建物の残存価値を取得する機
会を借地権者に与えるものであると同時に，借地上建物の存続の可能性を開く
ことにより建物収去に伴う社会的損失をできるだけ回避することを企図したも
のです。

　建物買取請求権は，建物買取「請求権」と称されますが，形成権です。借地
権者の一方的意思表示により，売買契約が成立したのと同一の法律効果が生じ
ます。

　借地の明渡しと建物代金の支払とは同時履行の関係（民法533条参照）にあり
ます。また，借地権者は，建物代金が支払われるまで，代金債権を被担保債権
として借地を留置することができます（留置権。民法295条1項）。

❖ 債務不履行を理由とする解除と建物買取請求権？ ════════

　建物買取請求権は，①存続期間の満了時に更新がされなかった場合（借地借家法13条）と，②借地権の譲渡・転貸につき借地権設定者が承諾を拒絶した場合（借地借家法14条）に認められるだけです（②については，12.6.3のコラムも参照してください）。借地権者の債務不履行により借地権設定契約が解除され，借地権が消滅した場合には認められません（最判昭33・4・8民集12-5-689）。

12.4　借地関係（その３）──定期借地権（広義）

　定期借地権とは，約定の期間が経過すれば必ず土地の返還がされる借地権のことをいいます。次の３種のものが存在します。

　(1)　**狭義の定期借地権**（借地借家法22条）　50年以上の存続期間を指定し，建物買取請求権排除の特約つきで設定される借地権のことです。期間満了時に，借地権者は，土地を更地にして返還しなければなりません。この種の定期借地権の設定は，公正証書等の書面でしなければなりません（書面を要求するのは，借地権者に熟慮の機会を与えるとともに，証拠を確保して将来の紛争を予防するためです。書面は電磁的記録によるものでもかまいません）。

　(2)　**事業用借地権**（借地借家法23条）　事業の用に供する建物所有──「居住の用」に供されるものは，店舗兼住宅の場合を含め，これにあたりません──を目的とするものであって，所定の存続期間を指定して設定された借地権です。この種の定期借地権の設定は，公正証書でしなければなりません（公正証書ですることを要求するのは，本当に事業用の借地であることを公証人に確認させることで，事業用借地権の濫用を防止するためです）。

　事業用借地権には，存続期間の長さにより，２つの種類のものがあります。①１つは，存続期間が10年以上30年未満の事業用借地権です。この種の事業用借地権には，そもそも特約を待つまでもなく，法定更新に関する規定の適用がありませんし，建物買取請求権に関する規定の適用もありません。したがって，期間満了時は，借地権者は，土地を更地にして返還しなければなりません。②もう１つは，存続期間が30年以上50年未満の事業用借地権です。この種の事業用借地権では，当事者は，法定更新排除特約をし，建物買取請求権排除特約をすることにより，期間満了時に更地での土地の返還が可能になります。

（3）　**建物譲渡特約付借地権**（借地借家法24条）　　30年以上の存続期間を指定し，かつ，期間満了時点で借地上の建物を借地権設定者に相当の対価で譲渡するとの特約つきで設定される借地権のことです。期間が満了すれば，建物譲渡特約の効果として，建物所有権が借地権設定者に移転します。これにより，借地権は当然に消滅し，借地権設定者のもとに土地が返ってきて，建物の存立も確保されます。しかも，借地権が消滅した後も借地権者や建物賃借人といった居住者（建物の使用を継続している者）は，みずからが希望すれば，建物賃借人として保護されます。この者が請求をしたときは，請求の時点で，建物について，期間の定めがない建物賃貸借契約が成立したものとみなされるのです（借地借家法24条2項）。

12.5　借地関係（その4）──借地権の対抗力：地上建物の登記

12.5.1　地上建物の登記による借地権対抗力

　借地借家法では，建物保護法以来の規定を受け継いで，「売買は，賃貸借を破る」という民法上の原則に対する例外措置を講じています。

　それによれば，借地権の登記（地上権設定登記または賃借権の登記）がされていなくても，借地上の建物の登記があれば，借地権者は，借地の譲受人その他の第三者に対する関係で，借地権を対抗することができます（借地借家法10条1項）。

12.5.2　地上建物の存在

　借地借家法は，借地上の建物につき建物登記がされている場合に，その建物登記に借地権対抗力を与えています。そして，建物登記をするには，建物が存在していることが必要です。したがって，借地上に建物が存在しない場合には，借地権をもって対抗することができません（これに対する例外については，借地借家法専門の解説書を参照してください）。

12.5.3 建物の存在を前提とする借地権公示制度
—— 建物登記のもつ借地権推知機能

借地借家法が地上建物の登記で借地権対抗力を認めたのは，借地権者が地上に登記した建物を所有していれば，当該土地の所有権に利害関係を有する者は，地上建物の登記名義により，その名義人が地上に建物を所有することのできる借地権を有することを「推知」できるから，借地利用権原それ自体の登記なしに利用権原を主張させても，土地を取引する第三者に不測の損害を被らせるおそれはないと考えられたことによります（最判昭50・2・13民集29-2-83）。

ここでは，借地上の建物登記に，建物所有権の公示という本来の機能のほか，借地権の公示という機能が与えられている点に注意が必要です。いわば，借地権の公示を建物所有権の公示で代用させているのです。

❖ 権原の推知と借地権の内容の公示の限界 =========================

建物登記に借地権対抗力が与えられているといっても，民法605条による「賃借権の登記」と異なり，建物登記からは，借地権の具体的内容が明らかとなりません。賃借権の存続期間，賃料の額，増減額特約や前払の有無，敷金や保証金の交付の有無および額などについて，第三者は借地権者・借地権設定者等から情報を得ることを通じてしか知ることができない構図となっているのです。

その結果，借地権の具体的内容に関する情報リスクがすべて，借地につき取引関係に入ろうとする第三者の負担となります。これを借地権者の側からみれば，借地権者は，建物登記さえしておけば，賃借権の登記における登記事項（建物所有の目的，賃料，存続期間，賃料の支払時期，前払の有無，譲渡・転貸特約，定期借地権の定めなど。不動産登記法81条各号）のすべてについて，第三者に対抗できるのです。

12.5.4 表示に関する登記と借地権対抗力

借地権対抗力をもつ建物登記には，権利に関する登記のほか，借地権者を表題部所有者として記載した表示に関する登記（表題登記）も含まれます。表示に関する登記でも建物所有者の氏名・住所，建物の所在地，家屋番号，種類，構造，床面積，建物の番号，附属建物が公示されていますから（不動産登記法27条・44条），権利に関する登記でないという形式のみをもって借地権対抗力の基礎とすることを否定すべきではありません（前掲最判昭50・2・13）。

12.5.5 他人名義の建物登記と借地権対抗力

　他人名義の建物登記であっても，借地権対抗力が付与されるでしょうか。ここで他人名義として問題となるのは，主として，借地権者が自分の家族名義の建物登記をした場合と，借地権者が借地上建物の所有権を譲渡担保その他の担保目的で他人に移転し，この他人名義の所有権移転登記をした場合です。

　判例とそれを支持する学説によれば，借地借家法が「借地権の公示を，建物所有権の登記に仮託させる」という構成を採用したものである以上，借地権対抗力のある建物登記であるためには，①建物所有者と借地権者とが同一人であることと，②建物の所有名義人と建物所有者とが一致していることが必要であり，このいずれかを充たさない建物登記は借地権対抗力を取得しないとされます。他人名義の建物登記をもってしては，自己の建物所有権すら第三者に対抗できないのであるから，まして，借地権については第三者に対抗できないと考えるのです（家族名義の建物登記につき，最大判昭41・4・27民集20-4-870〔未成年の長男名義〕，最判昭47・6・22民集26-5-1051〔妻名義〕。担保権者名義の建物登記につき，最判昭52・9・27金判537-41，最判平1・2・7判時1319-102）。

　なお，この立場からは，借地権者側の居住権保護の要請は，権利濫用法理あるいは信義則の適用を通じて考慮していくことになります。

　他方，学説（上記昭和41年・47年最高裁判決の少数意見も参照してください）では，借地借家法は社会法的立法であるから，利用権者を保護するために公示の要件を厳格に解さなくてよく，むしろ，利用権者と一定の関係にある者の名義の建物登記があれば，それを借地借家法の建物登記として捉え，借地権対抗力を付与してよい——少なくとも，借地権者と氏を同じくする同居の家族の名義であるような場合には借地権対抗力を認めるのが相当である——とする見解が少なくないように思われます。

12.6 借地関係（その5）——借地条件の変更等

12.6.1 借地条件の変更と裁判所の許可

借地権設定にあたり借地条件をどうするかは，原則として当事者の自由です。ところが，借地権設定契約は長期間にわたる継続が予定されていて，その間には経済・社会事情の変化，地域の事情の変化により，あるいは当事者の人的な事情により，当初の借地権設定契約で予定していた契約条件が社会の実態に適合しないものとなることが起こります。

そこで，借地借家法は，建物の種類，構造，規模または用途を制限する旨の借地条件がある場合において，法令による土地の利用の規制の変更，付近の土地の利用状況の変化，その他の事情の変更により，借地条件の変更が相当と認められるときに，借地条件の変更につき当事者間に協議が調わなければ，裁判所が当事者の申立てによって借地条件を変更することができるものとしました（借地借家法17条1項）。

12.6.2 増改築制限特約と「承諾に代わる許可」

借地権設定契約においては，当事者間で増改築の禁止もしくは制限を内容とする条項（増改築制限特約）が設けられる場合が少なくありません。このような増改築制限特約も，契約自由のゆえに有効です。

とはいえ，増改築制限特約がある場合でも，借地権者にとって，建物の老朽化・社会の変化などの事情により建物の増改築を必要とする状況が生じてくる場合があります。このような場合において，土地を通常利用する上で相当と考えられる増改築につき，増改築制限特約の有効性を維持しつつも，借地権者の利益を考慮に入れ，増改築制限特約により保護された借地権設定者の利益を個別具体的な増改築の局面で制約することで，借地権設定契約当事者間の利益を調整するための手続が用意されています。「承諾に代わる許可」の裁判の制度が，これです。増改築を制限する旨の借地条件がある場合において，土地の通常の利用上相当とすべき増改築につき当事者間に協議が調わないとき，裁判所

は，借地権者の申立てにより，その増改築についての「承諾に代わる許可」を
与えることができるのです（借地借家法17条2項）。

12.6.3　借地権の譲渡・転貸と「承諾に代わる許可」

11.4.4(4) で述べたように，賃貸人の承諾なしに不動産賃借権が譲渡され
たり，賃貸不動産が転貸されたりしたときでも，信頼関係を破壊するに足りる
特別の事情が存在しなければ賃貸人は契約を解除することができないという信
頼関係破壊の法理（背信行為の理論）が，判例により，早くから採用されていま
す。

それでも，信頼関係の破壊をもたらさないような譲渡・転貸につき，譲渡・
転貸がされる前に裁判所により譲渡・転貸が承認される手続を用意しておけば，
紛争予防につながるし，裁判所という公的な第三者機関を通じて当事者間の利
害が公平に調整されて便利です。

そこで，借地借家法は，借地権の譲渡・転貸につき，裁判所による借地権設
定者の承諾に代わる許可の制度を設けています。それによれば，借地権者が借
地上の建物を第三者に譲渡しようとする場合において，その第三者が賃借権を
取得し，またはその第三者への転貸借をしても，借地権設定者にとって不利に
なるおそれがないにもかかわらず，借地権設定者が賃借権の譲渡・転貸を承諾
しないとき，裁判所は，借地権者の申立てにより，借地権設定者の「承諾に代
わる許可」を与えることができます（借地借家法19条1項。建物が競売された場合
については，同20条）。

❖ 譲渡・転貸の拒絶と建物買取請求権
借地権者が第三者に借地上の建物を譲渡した場合において，①借地権設定者が土
地賃借権の譲渡・転貸を承諾せず，「承諾に代わる許可」の要件も充たさなかった
場合（借地権設定者にとって不利がある場合など）や，②そもそも承諾に代わる許可
を申し立てることなく，借地権者が地上建物を第三者に譲渡し，借地権設定者が土
地賃借権の譲渡・転貸を承諾しなかった場合には，建物譲受人である第三者は，借
地権設定者に対して，建物を「時価」で買い取るように求めることができます（借
地借家法14条）。
建物買取請求権の性質については，更新がされなかった場合の建物買取請求権に
関する 12.3.3 の説明を参照してください。

12.6.4 地代等増減額請求権

（1）意　義　　長期にわたる継続的な関係である借地権設定契約において
は，契約当初に定められた地代・賃料（「地代等」）の額がその後の経済・社会
事情の変動により不相当になることが避けられません。その場合に，当事者間
で地代等の改定が円満にされることが望ましいのですが，現実には増減の要否
や具体的な金額をめぐり合意がまとまらないことがあります。

　このような場合に，地代・賃料額が不相当な水準のまま放置されるという不
都合を回避するため，借地借家法は，約定地代・賃料額が，①土地に対する租
税その他の公課の増減，②土地の価格の上昇もしくは低下その他の経済事情の
変動により，または，③近傍類似の土地の地代・賃料に比較して不相当となっ
た場合に，一定期間地代・賃料を増額しないという特約（地代等不増額特約）が
ある場合を除いて，公平の観念から，改定を求める当事者の一方的意思表示に
より，従前の地代・賃料額を将来に向かって客観的に相当な金額に改定する権
利，いわゆる地代等増減額請求権を認めています（借地借家法11条1項。地代等不
増額特約が有効なのは，借地権者にとって不利にならないからです）。この借地借家
法11条1項は，後述する建物賃料増減額請求権（後述13.4）を定めた同法32条
1項と同様，強行法規です。それゆえ，たとえ当事者間に地代自動増額特約や
賃料不減額特約が存在していたからといって，この特約によって借地借家法11
条1項の適用を排除することはできません（これは，建物賃料増減額請求権を定
めた借地借家法32条1項に関する判例法理ですが〔後述13.4〕，地代等増減額請求権につ
いても等しく妥当すべきものです）。

　地代等増減額請求権は，従前の地代・賃料が不相当となったことを要件とし
て発生する形成権です（大判昭7・1・13民集11-7）。そして，地代等増減額請
求がされたとき，その意思表示が相手方に到達した日から，将来に向かって増
減額の効果が生じます（最判昭45・6・4民集24-6-482）。相手方が増減額を承
諾するか否かに関係ありません。また，訴訟で権利行使をする必要はありませ
ん（最判昭40・12・10民集19-9-2117）。

　地代等増減額請求の当否および事情変動下の当該賃貸借契約における適正地
代・賃料額（「相当な地代・賃料」額）は，地代・賃料合意の基礎にした事情と，
合意時以降の借地借家法11条1項所定の経済事情変動等諸般の事情を考慮して

決定されます（これは，建物賃料増減額請求権を定めた借地借家法32条1項に関する判例法理ですが〔後述13.4〕，地代等増減額請求権についても等しく妥当すべきものです）。

（2）　相手方の利益保護措置——「相当と認める額の地代・賃料」の支払と提供　　借地借家法は，地代等増減額請求を受けた相手方を保護するため，相当と認める額の地代・賃料の支払と提供の制度を設けています。

①　借地権設定者が増額請求をした場合（借地借家法11条2項）　　借地権設定者から増額請求がされた場合には，借地権者は，増額を正当とする裁判が確定するまでは「相当と認める額の地代・賃料」を支払えば足ります。

これにより，借地権者は履行遅滞に陥らず，債務不履行を理由とする借地権設定者からの解除を回避することができます。また，借地権設定者が「相当と認める額の地代・賃料」として提供されたものの受領を拒絶すれば，借地権者は供託をすることができます。

そして，地代・賃料の改定額を定めた裁判が確定した際に，既に支払った額に不足があるとき（＝適正地代・賃料額よりも「相当と認める額の地代・賃料」の額が少なかったとき）には，借地権者は，その不足額に年1割の支払期後の利息を付して支払えばよいのです。

②　借地権者が減額請求をした場合（借地借家法11条3項）　　借地権者から減額請求がされた場合には，借地権設定者は，「相当と認める額の地代・賃料」の支払を請求することができます。

そして，地代・賃料の改定額を定めた裁判が確定した際に，既に支払を受けた額が超過していたとき（＝適正地代・賃料額よりも「相当と認める額の地代・賃料」の額が多かったとき）には，借地権設定者は，その超過額に年1割の受領時からの利息を付して返還すればよいのです。

12.7　借地関係（その6）——自己借地権

12.7.1　自己借地権導入の背景

自己借地権とは，広い意味では，借地権設定者が同時にこの土地の借地権者

になる場合にこの者が有する借地権のことをいいます（借地権設定者＝借地権者）。混同の法理（民法179条・520条）からは，自己借地権は認められません。

　1980年代終盤のバブル経済最盛期に，都市部・都市周辺部において土地の希少性が増大するとともに地価が異常に高騰する事態が生じたとき，土地を有効利用しようという動きが現れました。しかし，自己借地権が認められない点が，これへの妨げとなりました。

　たとえば，土地を有するが建物建設資金を有しない土地所有者Aが，土地をデベロッパーBに賃貸し，Bが土地上にビルを建設して，そのビルの所有権の一部をAの所有とするとともに（その結果，ビルはA・Bの共有），残りの部分を第三者に店舗・事務所・住居等として売却しようとしたとします。このような場合に，自己借地権制度がなければ，Aがビルの一部を所有する目的で土地を利用する関係は土地所有権に基づくものであるのに対して，B（さらには，Bからビルの一部を購入した者）がビルを所有するために土地を利用する関係は借地権に基づくものとなり，その結果，（登記を含め）土地利用をめぐる法律関係が複雑になります。

　また，自己所有地上に区分所有建物を建設して所有するAが，それを「借地権つきマンション」として価格設定し，順次に分譲販売に出すときには，自己借地権制度がなければ，ひとまず第三者Cに形式的に借地権者になってもらい，その準共有持分を順次に買主に譲渡するという煩雑な手続をとる必要があります。

　このようななかで，要件面での一定の制約を付したうえで，平成3年（1991年）に導入されたのが，自己借地権の制度です。

12.7.2　借地借家法の定める自己借地権

　（1）　原始的自己借地権　　借地借家法15条1項は，「借地権を設定する場合においては，他の者と共に有することとなるときに限り，借地権設定者が自らその借地権を有することを妨げない。」として，自己借地権の制度を導入しています（原始的自己借地権）。他の者とともに借地権者となる場面に限って，自己借地権を認めているのです（ここでは，次の2項に定める後発的自己借地権の場合とももども，借地権の準共有が生じます）。これは，自己借地権制度が一般化することを回避しようとする立法上の価値判断の結果です。

その結果，①Ａ所有地にＡ・Ｂが借地権を取得する場合，②Ａ・Ｂの共有地に
Ａ・Ｂ・Ｃが借地権を取得する場合，③Ａ・Ｂの共有地にＡ・Ｃが借地権を取得す
る場合には，Ａによる自己借地権の設定が認められます。

　しかし，④Ａ・Ｂの共有地にＡが借地権を取得する場合や，⑤Ａ・Ｂの共有地
にＡ・Ｂが借地権を取得する場合には，「他の者（＝借地権設定者以外の者）と共
に借地権を有する」という要件を充たさないので，自己借地権の成立は認めら
れません（なお，④の場合には，Ｂの共有持分上に，ＢがＡのために借地権を設定す
ることは可能です）。それゆえに，たとえば，土地所有者Ａが将来の分譲を予定
して自己所有地上に自己所有のマンション用建物を建築したものの，いまだに
分譲買主が現れていない時点で，いくら将来において区分所有建物が分譲され
るごとに借地権の設定をするのが面倒だからといって，Ａは自己借地権に拠る
ことはできないのです。

　(2)　後発的自己借地権　　以上に述べたこととは別に，借地権が借地権設定
者に帰した場合であっても，他の者と共にその借地権を有する場合には，借地
権は消滅しません（借地借家法15条２項。後発的自己借地権）。

　たとえば，①ＡがＢのために自己所有地に借地権を設定し，Ｂが同地上に
自己所有建物を建てていたところ，Ｂが死亡してＣとＡがＢを共同相続した
というような場合や，②Ａが分譲建物を建築してＥ・Ｆ・Ｇ・Ｈら20名に売却
して借地権を設定した後，ＡがＥ・Ｆから区分所有権を買い戻した場合が，こ
れにあたります。

第13章

賃 貸 借（4）
——建物賃貸借制度；敷金・権利金・保証金

13.1 借地借家法の対象——建物賃貸借

13.1.1 すべての建物賃貸借

　借地借家法で「建物賃貸借」と捉えられているのは，「建物」の「賃貸借」すべての場合です。

　およそ「建物」であれば，建物の種類・構造・用途を問いません。建物の使用収益目的も問いません。借地借家法は，事業用借家と居住用借家を区別していないのです。したがって，居住目的を伴わない事業用借家，たとえば，事務所・店舗・倉庫・工場用建物の賃貸借にも，借地借家法が適用されます。

　また，およそ「建物」であれば，建物の規模の大小も問いません。たとえば，大手貸ビル会社がその所有する都心にある100階建ての超高層ビルを一括して大手金融グループに賃貸した場合にも，この賃貸借契約に借地借家法が適用されます。

　このように，借地借家法は，すべての建物賃貸借を適用対象としたのです。その結果，ある契約が「建物賃貸借」契約であると性質決定されれば，一時使用目的の建物賃貸借の場合を除き，当該契約関係には借地借家法が民法に優先して適用されます。それゆえに，借地の場合と違い，借地借家法の諸規定に基づく効果を主張するために，「賃貸借契約の目的」について主張・立証する必要はないのです。

　もとより，借地借家法が適用されるためには，建物の「賃貸借」でなければなりません。建物の「使用貸借」は，借地借家法の対象とするところではあり

ません。

13.1.2 例　外──一時使用目的の建物賃貸借

　ある建物を選挙事務所として使用する場合のように，一時使用目的の建物賃貸借には，借地借家法の規定は適用されません（借地借家法40条）。このような賃貸借は，民法601条以下の規律によって処理されることになります。なお，ウィークリー・マンションやマンスリー・マンションの賃貸借契約の多くは，後述する定期建物賃貸借（借地借家法38条。→13.2.7）の形態を選択しています。これらは，一時使用目的の建物賃貸借ではありません。

13.1.3　公営住宅の使用関係

　公営住宅の使用関係（家賃，敷金，修繕義務，保存義務，譲渡・転貸，入居者死亡，住宅の明渡し等）については，公営住宅法およびこれに基づく条例が特別法として優先的に適用されます。

　しかし，公営住宅法・条例に特別の定めがない場合には，一般法としての借地借家法および民法の適用があります（最判昭59・12・13民集38-12-1411，最判平2・6・22判時1357-75〔都営住宅の明渡請求について，借家法が適用され，解約申入れには正当事由を要するとしました〕）。公営住宅の使用関係には公の営造物の利用関係として公法的側面があるものの，入居者が使用許可を受けて事業主体との間に利用関係が設定された後は，事業主体と入居者との関係は基本的に私人間の家屋賃貸借関係と異なるところがないからです。ただし，相続が問題となる局面では，公営住宅制度の目的から，賃貸借の法理がそのままの形では妥当しないものというべきです（最判平2・10・18民集44-7-1021。入居者の相続人が超高額所得者であったような場合を考えてみてください）。

　❖ 高齢者居住法における終身建物賃貸借
　　──賃借人の死亡に至るまで契約が存続する居住建物賃貸借契約の制度 ════════
　　「高齢者の居住の安定確保に関する法律」（「高齢者居住法」とか，「高齢者住まい法」と呼ばれます）は，高齢者向け住宅の全国的な普及により高齢者の居住場所を確保するとともに，高齢者が建物に居住しつつ生活支援等のサービスを受けることができる環境を整備し，あわせて，このようなサービス付き高齢者住宅（いわゆる

「サ高住」）の運営に契約ベースで事業者が参入することを促進するためのスキームとして，終身建物賃貸借（同法は，「期間付死亡時終了建物賃貸借」といいます）という制度を導入しています。そこでは，建物賃借人保護のために設けられている借地借家法上の制度とは異なる枠組みが採用されています。関心のある方は，専門文献などを当たってみるとよいでしょう。

13.2 建物賃貸借と存続期間・存続保障

13.2.1 建物賃借権の存続期間

借地借家法は，建物賃借権の存続期間について，期間の定めがある建物賃貸借契約と，期間の定めがない建物賃貸借契約とが存在することを想定しています。

そして，期間の定めがある建物賃貸借契約については，居住者の利益を考慮して，期間を1年未満とする建物賃貸借契約は，期間の定めがないものとみなしています（借地借家法29条1項）。

13.2.2 存続期間の上限の撤廃──民法604条の適用排除

民法604条は賃貸借期間の上限を50年と定めています。しかし，借地借家法29条2項は，民法604条を「建物賃貸借については，適用しない」としています。これにより，建物賃貸借については，50年を超える存続期間を定めた建物賃貸借をすることが可能となります。

13.2.3 存続期間の満了と法定更新制度

借地借家法では，建物賃貸借について，賃貸借の存続期間が満了した場合であっても，建物賃借人を保護するために，法定更新と正当事由に関する制度を導入しています（もとより，当事者間の合意により更新をすることは自由です）。

13.2.4 存続期間の定めがある建物賃貸借契約の場合における 法定更新制度

　存続期間の定めがある建物賃貸借契約では，当事者が期間満了の1年前から6か月前までの間に，相手方に対して更新しない旨の通知または条件を変更しなければ更新をしない旨の通知をしなかったときは，従前の契約と同一の条件で契約を更新したものとみなされます（借地借家法26条1項本文）。

　したがって，存続期間満了を理由として建物の明渡しを請求する賃貸人としては，①存続期間の経過のみならず，②存続期間満了の1年前から6か月前までの間に賃貸人が賃借人に対して更新拒絶の通知をしたことを，主張・立証しなければなりません。しかも，③賃貸人からする更新拒絶の通知には，正当事由が必要です（借地借家法28条。通説は，存続期間満了時点まで正当事由が存続していなければならないといいます）。それゆえ，賃貸人としては，①・②に加えて，**③更新拒絶の通知時点から存続期間の満了時点まで更新を拒絶するについて正当の事由が存在したことを根拠づける具体的事実**も主張・立証しなければならないのです（正当事由の判断基準は，借地の場合と同様です。なお，いうまでもないことですが，更新拒絶の通知に正当事由が要求されるのは，賃貸人からの更新拒絶の場合であって，賃借人からの更新拒絶の場合は，①・②が充たされれば足り，正当事由は不要です）。

　ただし，こうして賃貸人から適時に更新拒絶の通知がされ，これに正当事由があった場合でも，なお注意が必要な点があります。

　それは，更新拒絶の通知がされた場合でも，賃借人が契約期間満了後もなお建物の使用を継続し，賃貸人がこれに対して遅滞なく異議を述べなかったときには，従前の契約と同一の条件で契約を更新したものとみなされるという点です（借地借家法26条2項）。

　ここから，存続期間満了を理由として建物の明渡しを請求する賃貸人が①・②・③の事実を主張・立証したときに，賃借人は，抗弁として，存続期間満了後に賃借人が建物の使用収益を継続したことを主張・立証できることが明らかとなります。

　このとき，賃貸人は，法定更新の効果を避けたければ，再抗弁として，賃借人の建物使用収益の継続に対して賃貸人が遅滞なく異議を述べたことを主張・立証しなければならなくなります（なお，この場合には，更新拒絶の通知自体に正

当事由が必要とされるため，ここでの賃貸人の異議そのものには正当事由が要求されません）。

　なお，法定更新が認められる場合，更新後の賃貸借は，存続期間の定めがないものとなります（借地借家法26条1項ただし書）。

13.2.5　存続期間の定めがない建物賃貸借契約の場合における法定更新制度

　（1）　**存続期間の定めがない建物賃貸借**　存続期間の定めがない建物賃貸借は，次の場合にみられます。

　①　当事者が合意により期間を定めなかった場合

　②　法定更新がされた後の賃貸借

　③　当事者が1年未満の期間を定めたために，借地借家法29条1項により期間の定めがないものとみなされた場合

　④　「永久貸与」とされた賃貸借（最判昭27・12・11民集6-11-1139）

　（2）　**存続期間の定めがない建物賃貸借契約と解約申入れ①──建物賃借人からの解約申入れ**　一般に，存続期間の定めがない賃貸借契約では，賃借人は，いつでも解約申入れをすることができ，賃貸借の目的物が建物であるときは，賃貸借契約は解約申入れのあった日から3か月を経過することによって終了します（民法617条1項2号）。

　建物賃貸借において，賃借人からの解約申入れについては，民法617条1項2号が適用されます。

　（3）　**存続期間の定めがない建物賃貸借契約と解約申入れ②──建物賃貸人からの解約申入れ**　借地借家法は，賃貸人からの解約申入れにつき，賃借人を保護するため，特別の規律を設けています（借地借家法30条で片面的強行法規とされています）。

　①　賃貸人が解約申入れをする場合には，建物賃貸借契約は，解約申入れの日から6か月を経過することによって終了します（借地借家法27条1項）。準備のための猶予期間を長く確保するための規律です。この規定は，解約申入れの意思表示のなかで6か月の猶予期間を明示しなければならないということを意味するのではなく，解約申入れから6か月が経過した時点で解約の効力が生じるということを意味するものです。

　②　賃貸人が解約を申し入れる際には，正当事由が必要です（借地借家法28

条）。判例によれば，この正当事由は解約申入れが有効であるための要件なので，解約申入れの時点で存在すれば足ります。その後の事情の変動によって正当事由が存在しなくなったとしても，いったん有効にされた解約申入れの正当性は失われません（最判昭28・4・9民集7-4-295。学説のなかには，解約申入れの後から口頭弁論終結時まで正当事由が存続しなければならないとするものがあります）。

(4)　**使用継続による法定更新**　解約申入れがされた場合でも，賃借人が賃貸借契約期間満了後もなお建物の使用を継続し，賃貸人がこれに対して遅滞なく異議を述べなかったときには，従前の契約と同一の条件で契約を更新したものとみなされます（借地借家法27条2項による同26条2項の準用）。詳細については，前述した13.2.4を参照してください（細かなことですが，借地借家法27条2項は，1項と違い，解約申入れをした当事者を賃貸人に限定していません。したがって，2項の法定更新の規律は，賃借人が解約を申し入れた場合における期間満了後の使用継続の場合にも適用されます）。

13.2.6　造作買取請求権

建物賃貸借契約が期間満了または解約申入れによって消滅する場合に，「建物の賃貸人の同意を得て建物に付加した畳，建具その他の造作」があるときには，賃借人は，賃貸人に対し，その造作を時価で買い取るべきことを請求することができます（借地借家法33条。造作とは，一般に，建物の内部を構成する部材・設備のことをいいます）。この規定は任意法規でして（借地借家法37条には，同法33条が含まれていません），これを排除する特約は有効です（借地契約における建物買取請求権の規定が強行法規であるのとの違いに注意してください）。

造作買取請求権は形成権です。造作買取請求権が行使されると，相手方との間に売買契約が成立したのと同様の効果が生じます。

この場合に，賃貸人が支払うべき買取代金は，造作の時価です。これは，造作単体での時価ではなく，建物に付加したままの状態における造作の時価を意味します（大判大15・1・29民集5-38）。時価算定の基準時は，買取請求時です。

造作買取請求権が認められる場合には，造作買取代金の支払と建物の明渡しとの間の同時履行が問題となります。判例は，買取代金との同時履行関係に立つのは造作の引渡しであって，建物の明渡しではないといいます（大判昭7・

9・30民集11-1859, 最判昭29・7・22民集 8-7-1425。判例は, 建物留置権の成立も否定しています。造作買取代金債権は「建物に関して生じた債権」ではないと考えているからです。最判昭29・1・14民集 8-1-16, 最判昭33・3・13民集12-3-524)。

13.2.7 更新が認められない建物賃貸借（1）——定期建物賃貸借

平成11年（1999年）に議員立法により成立した「良質な賃貸住宅等の供給の促進に関する特別措置法」により改正された借地借家法38条は, 広く当事者の合意により締結される更新のない建物賃貸借契約（定期建物賃貸借）を承認しました。

定期建物賃貸借の要件は, ①建物賃貸借契約について一定の期間を定めることと, ②契約の更新がないとの特約をすることです。賃貸借の存続期間には, 上・下とも制限がありません。

これに加えて, ③定期建物賃貸借契約は公正証書等の書面でしなければならず（借地借家法38条 1 項。電磁的記録によるものでもよいとされています〔同条 2 項〕）, かつ, ④契約前に賃貸人が契約の更新がないことを記した書面を建物賃借人に交付して説明をしなければなりません（同条 3 項。賃借人の承諾があれば, 電磁的記録によるものでもよいとされています〔4 項〕）。これらの手続を踏まないものは, 普通の建物賃貸借としての扱いしか受けられません（同条 5 項）。

さらに, 賃借人は, 建物賃貸借契約終了前の事前の通知制度によっても保護されています。期間が 1 年以上の定期建物賃貸借契約の場合に, 賃貸人は, 期間満了の 1 年前から 6 か月前までの間に, 賃借人に対して,「期間満了により建物の賃貸借が終了する」旨の通知をしなければならないのです（借地借家法38条 6 項）。この事前の通知をしなければ, 賃貸人は, 定期建物賃貸借契約の終了を賃借人に対抗することができません（同条 6 項。もっとも, 賃貸人が遅れて通知をしたときは, 賃貸人は, その通知の日から 6 か月を経過した時点以降に, 契約の終了を賃借人に主張できます。同条 6 項ただし書）。転借人がいる場合には, 賃借人だけでなく, 転借人に対しても通知をしなければなりません（同法34条）。

❖ **定期建物賃貸借と賃借人からの中途解約の可能性** ══════════════
定期建物賃貸借契約にあっては, 賃借人側からの中途解約も認められません。契約期間中の収益確保についての賃貸人の利益を保護するために, このような制度と

したのです。

　もっとも，中途解約権を認める当事者間の特約は，有効です。また，床面積が200m²未満の建物で，かつ，居住の用に供する賃貸借（居住の用に供する小規模借家）では，例外的に，「転勤，療養，親族の介護その他のやむを得ない事情により，建物の賃借人が建物を自己の生活の本拠として使用することが困難となったときは」，賃借人からの解約申入れが認められています（この場合には，解約申入れの日から1か月を経過することによって契約が終了します。借地借家法38条7項）。これは，契約締結後の事情変更により建物に居住し続けられなくなった賃借人が賃料を支払い続けなければならないのは賃借人にとって過酷である点が考慮されたことによります。

13.2.8　更新が認められない建物賃貸借（2）
——取壊し予定の建物の賃貸借

　法令または契約により一定期間を経過した後に建物を取り壊すべきことが明らかな場合において，その建物の賃貸借をするときには，建物を取り壊すこととなる時に賃貸借が終了する旨を定めることができます（借地借家法39条1項）。この種の賃貸借では，建物を取り壊すこととなる時に必ず賃貸借契約が終了する点に特徴があります。

　この種の賃貸借をするためには，建物を取り壊すべき事由を記載した書面によってしなければなりません（同条2項。電磁的記録によるものでもよいとされています〔同条3項〕）。書面によらなかった場合には，終了時期に関する特約部分が無効とされ，普通の建物賃貸借契約とされます。

13.2.9　賃借人死亡の場合における同居者の保護

　〔1〕緒論　　賃借権は人的信頼関係を基礎とするものですが，賃借人の死亡によって賃借権が消滅することはなく，相続人に承継されます。このとき，居住用建物の賃貸借契約において，死亡した賃借人と同居していた者が相続人ではなかったならば（たとえば，内縁配偶者，事実上の親子），この同居者は，相続人や賃貸人からの建物不法占拠を理由とする明渡請求に応じなければならないでしょうか。判例は，建物賃借権の援用および権利濫用という技術を用いて，同居者の居住利益の保護を図っています。

（2）　**賃貸人からの明渡請求と「建物賃借権の援用」構成**　　上記の場合において，同居者は，賃貸人からの明渡請求に対して，相続人が相続した建物賃借権を援用して居住を継続することができます（最判昭37・12・25民集16-12-2455〔事実上の養子〕，最判昭42・2・21民集21-1-155〔内縁の妻〕，最判昭42・4・28民集21-3-780〔内縁の夫〕）。

　建物賃借権の援用が認められる同居者は，「居住の用に供する建物」の賃貸借において，賃借人死亡の当時に，婚姻または縁組の届出をしていないが賃借人と「事実上夫婦又は養親子と同様の関係にあった同居者」であることが必要です（後述する建物賃借権の援用を定めた借地借家法36条の内容を参照）。

（3）　**相続人からの明渡請求と「権利濫用」構成**　　相続人が相続した建物賃借権を根拠として同居者に対し賃貸建物からの退去を求めることは，権利濫用とされることがあります（最判昭39・10・13民集18-8-1578〔内縁の妻〕）。

（4）　**相続人が存在しない場合——借家権（建物賃借権）の承継**　　以上にあげた方法ですと，死亡した建物賃借人に相続人がいない場合に，居住者保護のためのよりどころがありません。相続人がいない結果，「援用」の基礎となる賃借権が賃借人の死亡によって消滅してしまうからです。

　そこで，昭和41年（1966年）に借家権の承継（建物賃借権の承継）という制度が新設され，これが借地借家法36条に引き継がれています。それによれば，「居住の用に供する建物」の賃貸借において，賃借人死亡の当時に，婚姻または縁組の届出をしていないが賃借人と「事実上夫婦又は養親子と同様の関係にあった同居者」は，「相続人なしに死亡したことを知った後1月内に建物の賃貸人に反対の意思を表示した」のでなければ，賃借人の権利義務を承継します。

　建物賃借権の承継が生じると，同居者は，賃借人としての地位を承継することから，賃貸建物の占有権原・使用収益権限を取得します。また，敷金に関する権利を承継します。さらに，賃貸借契約に基づく前賃借人の義務（たとえば，未払賃料の支払義務）も承継します。

13.3　建物賃借権の対抗力——建物の引渡し

　建物賃借権については，①賃借権の登記をするか（民法605条），または②建物の引渡しがあったときは（借地借家法31条1項），その後にその建物について

物権を取得した者に対抗できます。

このうち，賃借権の登記については，賃貸人に登記協力義務がない点は既に触れました（前述 11.2.3）。また，建物の引渡しによって建物賃借権に対抗力を与えるというのは，借地権の場合に建物登記に借地権公示機能をもたせたのと同様に，建物の占有という外形的事実に建物賃借権公示機能をもたせることで賃借人を保護したものです。

13.4　賃料増減額請求権

借地借家法32条1項は，建物賃料の増減額請求権を定めています。約定賃料が，土地・建物に対する租税その他の負担の増減，土地・建物の価格の上昇・低下その他の経済事情の変動により，または近傍類似の建物の賃料等に比較して不相当となったときに，一定期間賃料を増額しないという特約がある場合を除いて，改定を求める当事者は，一方的意思表示により，従前の建物賃料を将来に向かって客観的に相当な金額に改定することができるのです。なお，賃料増減額請求権については，地代等増減額請求権と同様，かつては，賃料増額請求を中心に論じられてきましたが，1990年のバブル経済崩壊後は，バブル期やその直前に約定された高額の賃料の減額請求が主たる関心事となっています。

借地借家法32条1項も，地代等増減額請求権を定める同法11条1項と同様，強行法規であり，一定期間賃料を増額しないという特約（賃料不増額特約）がある場合を除いて，当事者の合意で排除することはできません。それゆえ，たとえ当事者間に賃料自動増額特約や賃料不減額特約が存在していたからといって，この特約によって借地借家法32条1項の適用を排除することはできません（最判昭31・5・15民集10-5-496，最判昭56・4・20民集35-3-656，最判平15・10・21民集57-9-1213ほか）。

借地借家法32条1項による賃料増減額請求の当否や相当な賃料額（適正賃料額）を判断するにあたっては，賃貸借契約の締結の際に両当事者が賃料合意の「基礎」とした事情を考慮して，増減額請求の当否および事情変動下の当該賃貸借契約における「相当な賃料」額を決定すべきです（最判平15・10・23判時1844-54）。賃貸借契約の当事者が現実に合意した賃料のうち直近のもの（「直近合意賃料」）がある場合には，直近合意賃料をもとにして，この賃料が合意された

日以降の同項所定の経済事情の変動等諸般の事情が総合的に考慮されます（最判平20・2・29判時2003-51）。この基本的な枠組みは，サブリース（これも賃貸借の一種です）に関する裁判例の集積のなかで深化を遂げてきました。本章末の囲み記事で触れているところを必ず一読してください（特に，(5)・(6)で示した内容は，建物賃貸借一般に妥当するものです）。要するに，賃料合意の基礎にした事情と，合意時以降の借地借家法32条1項所定の経済事情変動等諸般の事情を考慮して，増減額請求の当否および事情変動下の当該賃貸借契約における適正賃料額が決定されるのです。

建物賃借人による相当と認める額の賃料の供託その余の点に関しては，借地関係における地代等増減額請求権の箇所で示したのと同様ですので，既に述べたところを参照してください（前述 12.6.4(2)）。

13.5　敷　金

13.5.1　敷金の意義

不動産賃貸借において，賃貸借契約から生じる債務（未払賃料債務，損害賠償債務など）を担保するために，契約締結時に敷金が交付されることが少なくありません。敷金とは，「いかなる名目によるかを問わず，賃料債務その他の賃貸借に基づいて生ずる賃借人の賃貸人に対する金銭の給付を目的とする債務を担保する目的で，賃借人が賃貸人に交付する金銭」（民法622条の2第1項）のことをいいます。敷金は，賃貸借契約とは別個の契約（敷金設定契約）により交付されますが，この敷金設定契約は賃貸借契約に従たる契約です。

なお，通説は，敷金設定契約は金銭の交付により成立する要物契約であるといい，賃借人には敷金交付義務はないし，賃貸人にも敷金交付請求権がないとする一方で，「敷金を交付する合意」も有効であって，この場合に賃借人が敷金を交付しないときは賃貸人が賃貸借契約を解除できるといいます（しかし，このような説明には疑問があります）。

13.5.2　敷金により担保される債務——明渡時説

　敷金は，賃貸借契約存続中に生じた債務のみならず，契約終了後に賃借人が賃貸人に対して負担する一切の債務，とりわけ，賃借物を明け渡すまでに生じた不法占拠を根拠とする賃料相当額の損害賠償債務も担保するものです。それゆえ，明渡時までの賃料相当額が，敷金からの控除対象となります。「賃貸借が終了し，かつ，賃貸物の返還を受けたとき」に敷金返還請求権が発生するのです（民法622条の2第1項1号）。明渡時説と称されます。

　明渡時説の立場からは，次の2つの帰結が導かれます。

　第1に，特約がなければ，賃貸借契約終了後の賃貸物返還義務（明渡義務）と敷金返還義務とは同時履行の関係に立たず，したがって，明渡義務が先履行義務となります。その理由は，以下の点にあります（最判昭49・9・2民集28-6-1152〔建物賃貸借〕）。

　（1）　賃貸借の終了に伴う賃借人の不動産明渡債務と賃貸人の敷金返還債務とは，一個の双務契約によって生じた対価的債務の関係にあるものとすることはできません。

　（2）　両債務の間に著しい価値の差が存しうることからしても，両債務を相対立させてその間に同時履行の関係を認めることは，公平の原則に合致するものとはいいがたいものです。

　（3）　両債務の間の同時履行関係を認めることは，明渡しまでに賃貸人が取得することのある一切の債権を担保することを目的とする敷金の性質にも適合しません。

　第2に，賃借物が明け渡されたならば，敷金による残存債務への当然充当が生じます。すなわち，明渡しの時点で賃借人が賃貸人に対して賃貸借契約に基づき負担する債務が存在していたときには，その債務については，当然に，すなわち，相殺その他の特別の意思表示を必要とすることなく，敷金をもって充当されるのです。その結果，その分だけ債務が当然に減少するとともに，返還されるべき敷金の額も当然に減少します。民法は，このことを，「その受け取った敷金の額から賃貸借に基づいて生じた賃借人の賃貸人に対する金銭の給付を目的とする債務の額を控除した残額を返還しなければならない。」と表現しています（民法622条の2第1項柱書）。

13.5.3 賃借人の債務不履行と敷金からの充当

賃貸人は，賃借人が賃貸借に基づいて生じた金銭債務を履行しないとき（たとえば，賃貸借契約存続中に賃借人が賃料を延滞したときや，不適切な使用収益のために損害賠償債務を負担することとなったとき）は，敷金をその債務の弁済（上記の例では，延滞賃料や損害賠償債務への充当）に充てることができます。この場合において，賃借人は，賃貸人に対し，敷金を当該債務の弁済に充てることを請求することができません（民法622条の2第2項）。敷金はあくまでも未払賃料債務その他賃借人が賃貸人に対して負担する債務の担保にすぎず，担保から回収できるといって本来の被担保債権（賃料債権など）の履行拒絶が正当化されることにはならないからです。みずからの債務不履行を棚に上げて担保からの充当を担保権者に請求する権利（裏返せば，担保から満足すべき担保権者の義務）などというものはありません。

したがって，賃貸人は，敷金の交付がある場合でも，賃料債務などの履行遅滞を理由として，契約を解除することができます。敷金が交付されていることが信頼関係を破壊しないとの判断を肯定する方向にはたらくなどとはいえません。

13.5.4 賃貸人の地位の移転と敷金の帰趨

賃貸不動産の譲渡または賃貸人の地位を移転する合意に基づいて賃貸人の地位が移転したとき（民法605条の2第1項・605条の3。前述11.3），敷金をめぐる権利義務関係は，新賃貸人に承継されます（民法605条の2第4項）。その結果，敷金（残額）については，賃貸借契約終了後の明渡時に，新賃貸人が返還義務を負うことになります。

このように考えるのは，賃貸人の地位が移転した場合には，「従たる契約」であるところの敷金設定契約も，「主たる契約」上の賃貸人の地位の移転に随伴して新賃貸人に移転すると解するのが相当だからです（民法87条2項類推）。

もっとも，このとき問題となるのは，賃貸借契約が存続しているにもかかわらず，敷金が旧賃貸人に対する賃借人の未払賃料債務や損害賠償債務に当然に充当されるかどうかです。これについては，旧賃貸人（旧所有者）が当該賃貸

借関係から脱落する結果，旧賃貸人（旧所有者）と賃借人間の賃貸借関係は終了すると考えることにより，充当に関する特段の合意がなければ，まず，旧賃貸人・賃借人間での債務の清算をしたうえで（当然充当），敷金残額が新賃貸人に承継されることになります（大判昭2・12・22民集6-716〔傍論〕，前掲最判昭44・7・17。明渡時説の修正）。

13.5.5　賃借人の交替と敷金の帰趨

　賃借権が適法に譲渡されることにより，賃借人の地位の変更があったとき，敷金に関する権利義務関係は，原則として新賃借人には承継されません。その結果，賃貸人は，賃借人に対し，その受け取った敷金の額から賃貸借に基づいて生じた賃借人の賃貸人に対する金銭債務（未払賃料債務・損害賠償債務など）の額を控除した残額を返還しなければなりません（民法622条の2第1項2号）。このように考えるのは，賃借権が旧賃借人から新賃借人に移転され賃貸人がこれを承諾したことにより旧賃借人が賃貸借関係から離脱した場合に，敷金をもって将来新賃借人が新たに負担することとなる債務についてまでこれを担保しなければならないものと解することは，旧賃借人が自分の金で他人（新賃借人）の債務を担保するというリスクを当初の敷金設定契約で引き受けたというも同然のこととなり，敷金交付者にその予期に反して不利益を被らせる結果となって相当でないからです。

　もとより，敷金をもって新賃借人の債務を担保することを旧賃借人・賃貸人間で合意していた場合や，旧賃借人が新賃借人に敷金返還請求権を譲渡した場合は，この限りでありません（最判昭53・12・22民集32-9-1768）。

13.6　権　利　金

　権利金とは，不動産賃貸借に伴って，敷金とは別に授受される金銭であって，契約終了時に返還されないものとして合意されているものをいいます。もっとも，その性質は，様々であって，次のようなものがあるとされています。

　①　賃料の一部の前払の意味をもつもの。借地の場合には，このタイプのものが比較的多いとされます。

② 場所的利益の対価の意味をもつもの（最判昭43・6・27民集22-6-1427）。

③ 営業・営業秘密・得意先などを取得することの対価の意味をもつもの（最判昭29・3・11民集8-3-672）。

④ 賃借権の譲渡性を承諾することへの対価（名義書換料）の意味をもつもの（東京地判昭31・4・26下民集7-4-1045）。

⑤ 地域によっては，賃貸借契約締結にあたり，敷金とは別項目の「礼金」として慣行化されているものもありますが，これは，賃貸借契約を締結してもらったことへの謝礼の意味をもつものです。

⑥ さらに，「借地権・建物賃借権そのものの対価」としての権利金の存在も認められています。これは，正当事由による存続保障が認められることにより発生してきた借地権価格・借家権価格が借地権者・建物賃借人に帰すことへの反動として，表面化してきたものです。

13.7 保 証 金

　保証金といわれるものには，様々な性質のものがあります。ビルの建設資金に利用される「建設協力金」，賃借人が約定期間満了前に解約する場合に制裁金（違約罰）として課される「空室損料」，あるいは「権利金」や「敷金」の性質をもつものもあります。

❖ 建設協力金

　貸ビル業を営もうとする者が，貸ビル建設に際して，建設後にテナントとしてビルに入居する者（賃借人となる者）から一定額の金銭を借り受けて，これを建設資金としてビルを建設し，ビルが完成した後にはその者との間で建物賃貸借契約を締結するとともに，受領した金銭については，一定期間据置の後にきわめて低い金利を付して何年かをかけて分割償還を約束するという場合があります。この場合に，テナント予定者から借り入れられた金銭のことを建設協力金といいます。建設協力金を資金としてビルが建設される場合もあれば，建設資金そのものは銀行その他の金融機関からの借入れで賄い，建設協力金はこの借入金の返済に充てるという場合もあります。また，分割償還の終期は，当初の賃貸借の期間終了後になることが多いようです。

　この意味での建設協力金は，建物の賃貸借契約と関連して交付される金銭ですが，賃貸借契約とは別個の消費貸借契約により交付されたものです。したがって，賃貸

人側の新所有者に承継されません（最判昭51・3・4民集30-2-25）。

■ サブリース ■

（1）　サブリースの意義　　1990年前後のバブル経済の時期に，サブリースといわれる取引形態が脚光を浴びました。サブリースとは何かについて一致した定義があるわけではありませんが，概括的にいえば，不動産を有効に活用して収益をあげる狙いから，不動産所有者（オーナー）と不動産賃貸・管理業者（デベロッパー）とが不動産（大規模な建物であることが多い）の賃貸借・転貸借という形態をとって，利益を追求していく取引形態です。その特徴は，典型的には，次のようにまとめることができます。

まず，不動産所有者が，自己所有地上に建物を建設します。その際，たいていの場合には，不動産賃貸・管理業者からの勧誘ないしは助言がインセンティブとなっています。建物建設のために，金融機関から多額の融資を受けている場合も少なくありません。不動産賃貸・管理業者が建設協力金を不動産所有者に差し入れている場合も少なくありません。また，両者が建設資金を出し合い，建物の所有権を共有するというタイプのものもありますし，不動産賃貸・管理業者が土地の取得・建物の建設までおこなうタイプのものもあります。金融機関から融資を受けて既存建物の所有権を取得するのを不動産賃貸・管理業者があっせんするというタイプのものもあります。

次に，建設した建物を，不動産所有者が不動産賃貸・管理業者に一括して「賃貸」します（マスターリース契約）。賃貸期間は，建物の耐用年数に即して10年・20年といったように比較的長期となっているのが通常です。この期間は賃料保証期間ともいわれ，その際に支払われる賃料は保証賃料ともいわれます。

そして，不動産賃貸・管理業者は，不動産所有者の承諾のもと，この建物をテナントや居住者に「賃貸」（＝「転貸」）します（サブリース契約）。「賃借人」（転貸人）である不動産賃貸・管理業者みずからが使用を予定しているのではなく，もっぱら「転借人」による使用が予定されている点において，通常の賃貸借の場合と状況を異にするのです。

このような取引形態は，賃料と転貸料との中間利益を確保できる不動産賃貸・管理業者にとってメリットがあるばかりか，不動産所有者にとっても，自分がテナントや居住者に対する直接の賃貸人となって個別的に賃貸借契約を締結するわずらわしさを避けることができ，貸ビルの知識・経験をもつ不動産賃貸・管理業者にみずからの資産管理をまかせることができるうえに，

賃料保証期間として合意された長期にわたって不動産賃貸・管理業者から安定した収入（「保証賃料」）を得ることができるというメリットがあります。

　（2）　問題の所在　　サブリース取引は，上記のように，典型的には，「建物賃貸借と転貸」という形態をとって現れます。貸ビルに対する需要が大きく，不動産所有者と不動産賃貸・管理業者の利害が一致している時期には，このような取引形態は効果的に展開し，双方に利潤をもたらします。ところが，経済が停滞・下降したり，その地域におけるオフィスの供給が過剰になったりすると，貸ビル経営に支障が生じ，不動産賃貸・管理業者にとって経営上のメリットがなくなることがあります。1990年以降のバブル経済崩壊後の状況が，まさにこれです。

　賃料相場が下落したときに，不動産賃貸・管理業者は不動産所有者に対して，両者が締結した契約は建物賃貸借であるとして，借地借家法32条に基づき賃料減額請求をすることができるでしょうか。不動産所有者からみれば，みずからは不動産賃貸・管理業者の事業のために多額の資本投下をしているのですから，「賃料保証期間」として合意された長期にわたって「賃料」という名目で当初合意された金額を不動産賃貸・管理業者から「保証」されることが，この資本投下に対する対価を成しているとはいえないでしょうか。また，当事者間で賃料を一定期間ごとに自動的に増額する特約（賃料自動増額特約）や賃料を減額しない特約（賃料不減額特約）を結んでいたとき，不動産賃貸・管理業者は，経済事情が変動したときにも，こうした特約に拘束されるのでしょうか。

　（3）　サブリースの法的性質——賃貸借　　学説では，不動産所有者と不動産賃貸・管理業者が締結した契約は賃貸借契約ではなく，事業委託契約または共同事業契約であるとの主張も有力に主張されていたのですが，判例は，サブリースにおいても不動産所有者が不動産賃貸・管理業者に賃貸物件を使用収益させ，不動産賃貸・管理業者から不動産所有者に対価としての賃料が支払われるのであり，賃貸借の要素（目的物賃貸の合意，賃料額の合意，返還時期の合意，目的物の引渡しの4要件）を充たしていて，不動産所有者と不動産賃貸・管理業者が締結した契約は賃貸借にほかならないことを認めています。不動産所有者からの「賃貸借」という類型に該当しないとの主張を排斥し，サブリース取引を借地借家法の適用対象とするという考えを明確に打ち出しているのです（最判平15・6・12民集57-6-595，前掲最判平15・10・21，最判平15・10・21判時1844-50，最判平15・10・23判時1844-54，最判平16・6・29判時1868-52，

最判平17・3・10判時1894-14〔オーダーメイド賃貸ともいわれるタイプの事案を扱ったもの〕)。

(4) **賃料増減額請求権を定めた借地借家法32条1項の強行法規性——賃料自動増額特約による適用排除不可**　既に本文で述べたように、賃料増減額請求権を定めた借地借家法32条1項の規定は、強行法規です。その結果、たとえ契約中に賃料自動増額特約や賃料不減額特約が存在していたからといって、この特約によって同条の適用を排除することはできません（前掲最判平15・10・21ほか多数。なお、前掲最判平15・6・12はニュアンスの異なる枠組みを基礎に据えています。リーディング・ケースとしては、前掲最判平15・10・21を挙げるのが適切です）。

もとより、借地借家法32条1項が強行法規であるというのは、何もサブリースの場合に限ったことではありません（前述13.4）。賃貸借契約に賃料自動増額特約や賃料不減額特約が存在していたからといって、この特約によって同条1項の適用を排除することはできないという命題は、広く建物賃貸借契約一般に妥当するものです。

(5) **賃料増減額の当否・適正賃料額算定にあたってのサブリース特有の事情の考慮**　サブリース取引が賃貸借であり、かつ、借地借家法32条1項が強行法規であるとして、上述したサブリースの特徴は、賃料の増減額請求が問題となる局面で、賃料の増減額請求の可否や、「相当な賃料」額（適正賃料額）を算定するにあたって、何らかの意味をもつものなのでしょうか。

この点に関して、判例は、サブリースが不動産賃貸・管理業者の転貸事業の一部を構成するものであり、それ自体が経済取引であるとみることができるものであり、また、サブリース取引における不動産所有者と不動産賃貸・管理業者間の契約における賃料保証は不動産所有者が不動産賃貸・管理業者の転貸事業のために多額の資本投下をする前提となったものであって、「契約の基礎」をなしている点を重視し（前掲最判平15・10・23）、契約において賃料額が決定されるに至った経緯や賃料自動増額特約・賃料不減額特約が付されるに至った事情、とりわけ、当該約定賃料額と当時の近傍同種の建物の賃料相場との関係（賃料相場との乖離の有無、程度等）、不動産賃貸・管理業者の転貸事業における収支予測にかかわる事情（賃料の転貸収入に占める割合の推移の見通しについての当事者の認識等）、不動産所有者の敷金および銀行借入金の返済の予定にかかわる事情等をも十分に考慮すべきであるとしています（前掲最判平15・10・21、前掲最判平16・6・29ほか）。ここでは、サブリース取

引である点を積極的に考慮して，賃料減額請求の当否および「相当な賃料」額を判断せよとの視点が示されています。

　もっとも，上記の判示内容は，建物賃貸借契約が締結された後に経済事情の変動があったときに，賃貸借契約の締結の際に両当事者が賃料合意の「基礎」とした事情を考慮して，増減額請求の当否，および，事情変動下の当該賃貸借契約における「相当な賃料」額（適正賃料額）を決定すべきであるとの枠組みを基礎に据えたものです。そして，この枠組みそれ自体は，（賃貸借と性質決定される）サブリースの場面に限らず，広く建物賃貸借一般に妥当するものです。

　(6)　賃料増減額の当否・適正賃料額の算定と賃料自動増額特約・賃料不減額特約の意味　　(5)で示したことからも明らかなように，たとえ賃料自動増額特約・賃料不減額特約が付されていたとしても，賃料の増減額請求の可否や，「相当な賃料」額（適正賃料額）を算定するにあたって，この特約に拘束されることはありません。借地借家法32条1項は強行法規であり，このような特約に法的拘束力はないのです。

　それゆえ，たとえば，賃料自動増額特約のついた賃貸借契約で，賃貸借契約後の事情変動を理由に賃借人が賃料の減額請求をし，これについての決着がつかないまま時間が経過した後に，賃借人が再度の賃料の減額請求をしたような場合には，自動増額特約に基づき自動的に改定された賃料額を基準に，その後の経済事情の変動を考慮して適正賃料額を算定することは認められません。この場合は，自動増額特約により増額された賃料額は視野の外に置き，それぞれの減額請求時における適正賃料額がいくらであったかを決定しなければなりません（前掲最判平20・2・29。上記の例のように，一次・二次の減額請求が続く場合には，自動増額特約により増額された賃料額は抜きにして，第一次の減額請求時における減額の当否と適正賃料額を決定し，次いで，第二次の賃料減額請求時の適正賃料額は，〔第一次請求時の賃料減額が相当とされたときは〕第一次請求時の適正賃料額を基礎にして，この時点以降の経済事情の変動その他の要素を考慮して適正賃料額を決定することになります）。

　なお，当該契約形態がサブリース取引であろうがそれ以外の建物賃貸借であろうが，また，契約内に賃料自動増額特約・賃料不減額特約があろうがなかろうが，建物賃貸借の当事者が賃貸借契約を締結した後に個別に賃料改定の合意をしたという事例では，その後に賃借人が借地借家法32条に基づいて賃料減額の意思表示をしたときの減額請求の当否および適正賃料額の算定に

あたっては，「賃貸借契約の当事者が現実に合意した賃料のうち直近のもの（以下，この賃料を「直近合意賃料」という。）を基にして，同賃料が合意された日以降の同項所定の経済事情の変動のほか，諸般の事情を総合的に考慮すべき」です（前掲最判平20・2・29）。その際，ここでも，直近の賃料合意をするにあたり両当事者が基礎に据えた事情——直近賃料合意に至った経緯，直近合意賃料額を決定する際に視野に入れた指標その他の背景事情——を考慮して減額請求の当否および適正賃料額を決定すべきであることは，（5）で述べたところと異なるところがありません。

（7）　小　括　　サブリース取引が不動産賃貸借という形態をとり，また，判例もサブリース取引を賃貸借として性質決定しているものの，そこでは，不動産賃貸・管理業者（サブリース業者）・不動産所有者・金融機関の間において，複合する契約を介しての不動産を用いた事業に関するリスク・リターンの分配がされています。もとより，サブリースのなかには，不動産賃貸・管理業者と不動産所有者の共同事業という性質をもつものもあれば，不動産所有者による投資事業という側面が強いものもあります。こうした特徴は不動産賃貸借契約に妥当する制度・準則を解釈する際に取り込まれ，個別事件の事情として考慮されているところもありますが，そこでは，集団的・組織的な自己決定によるリスク分配（内部的には，建物建築に関する資金提供をめぐる金融機関の債権回収リスクと不動産所有者の弁済リスク，建物の長期賃貸とその転貸のなかでの不動産賃貸・管理業者の賃料支払リスクと不動産所有者の投下資金回収リスク）という側面が色濃く反映されている面は，否定しがたいところです。このように捉えたとき，サブリース取引に関して，複合的な契約システムを介して事業リスク・投資リスクの分配をすることを目的としてされた自己決定（自己責任が結びつきます）に対し，その決定結果（私的自治）を尊重するとともに，契約締結後の社会・経済事情の変動があったときに，当初契約でのリスク分配をもとに事情変動に伴うリスク分配の在り方を考えるという視点——事情変更の法理とも連続性を有する——のもとで当事者間に妥当するリスク分配規範の再評価をおこなうのが適切であると考えます。

判例のように，サブリース取引を賃貸借と性質決定する場合は，不動産賃貸・管理業者と不動産所有者との関係には賃貸借に関する規範が妥当し，したがって，賃貸借という類型を選択した以上，経済・社会事情の変動を受けての賃料減額請求が可能であるというのが基本であるとしたうえで，そこに，サブリースを締結するにあたって当事者間に妥当するリスク分配規範を建物

賃貸借の一般法理に組み込んで考慮するかという観点から問題を捉えていくことになりましょう。

　(8)　サブリース方式による契約の適正化に向けた法規制　　わが国では，2010年代の後半，賃貸住宅管理において不動産賃貸・管理業者と不動産所有者や入居者との間のトラブルが増加しました。特に，サブリース取引では，家賃保証等の契約条件の誤認を原因とするトラブルが多発し，社会問題化しました。そこでは，不動産賃貸・管理業者や，この者が不動産賃貸についての勧誘行為をさせた者，さらには一部の金融機関の行員が，不動産所有者になろうとする者に対して，不適切な広告や言動により賃貸借契約の締結を勧誘し，契約締結に至らせた例も多数みられました。

　そのようななか，令和2年（2020年）に，賃貸住宅の管理業を営む者（サブリース業者など）と住宅所有者との間の賃貸借契約（「特定賃貸借契約」）を適正化するための措置を創設し，賃貸住宅管理業を営む者に対する登録制度を創設することを目的として，賃貸住宅の管理業務等の適正化に関する法律が制定されました。

　そこでは，サブリース業者（「特定転貸事業者」）が締結する「特定賃貸借契約」を適正化するための措置として，誇大広告等の禁止，不当な勧誘等の禁止，契約締結前の書面の交付・説明義務，契約の締結時の書面の交付などが定められています。

第14章

雇　用

14.1　民法上の雇用契約と労働法上の労働契約

14.1.1　民法の雇用契約

　雇用契約とは，労働者が使用者に対し労働に従事することを約束し，使用者がその対価として労働者に報酬（賃金）を支払うことを約束することによって成立する契約のことをいいます（民法623条）。

　民法は，私的自治・契約自由の原則のもと，対等の立場にある使用者と労働者が労務の提供と報酬の支払をめぐる契約関係（とりわけ，契約内容）を自由に作り上げる場合を前提とした規定を設けています。そこで想定されている典型的な雇用関係は，産業革命前の家内工業的な労務関係です。

14.1.2　社会的弱者としての労働者を保護する法制の確立

　ところが，近代から現代にかけての市民社会では，産業革命後の産業資本の巨大化とともに，使用者の指揮命令下で従属的労働に従事する工場労働者が大量に増加しました。そこでは，経済力・交渉力の点で資本家である使用者に対して劣り，そのために労働条件の決定にあたって圧倒的劣位に置かれる労働者が，劣悪な労働環境・雇用条件（長時間労働・低賃金労働など）のもとで労務に従事する状況が生じてきました。このような状況下で，労働契約の規律を労働市場での競争原理を基礎とする当事者の私的自治・契約自由にゆだねていたのでは，労働者の生存や人間としての尊厳が損なわれるという弊害が社会問題化

しました。これが社会的弱者である労働者の生存の確保・社会的地位の改善に向けた国家による後見的介入へのインセンティブとなったのです。資本主義社会において近代以降に制定された強行法規としての性格を有する一連の労働法制が，それです。

　その際，労働者が自律的な判断と決定をすることができるように国家が支援をするという観点ではなく，労働者の生存および人間としての尊厳（生存権的基本権）を確保するために国家が労働関係の規律に積極的に関与するという福祉国家・社会国家の観点から，労働者の保護が図られた点が重要です。

　こうして，使用者の指揮命令のもとで従属的労働に従事する労働者を保護するための労働法制が確立するなかで，民法の雇用契約に該当するものの多くは「労働契約」として労働法の領域に移されました。「同居の親族のみを使用する事業及び家事使用人」(労働基準法116条2項) には労働基準法の適用が除外されているため，こうした家事使用人（domestic worker）・同居親族が労務者である場合については民法の雇用契約の規律が妥当するものの，これを除く雇用関係については，各種の労働法規の規律が妥当するのです。

　それでも，①労働法に特別の規律が存在しない問題については一般法である民法の規律が補充的に適用されますし，②労働契約法に属する規範を分析する場面でも民法と共通する思考様式が展開されている場合が少なくないため，労働法の領域において雇用契約に関する民法の規律，ひいては民法理論一般が果たす役割には依然として大きいものがあります。

❖ **労働法制のもとでの「労働者」** ══════════

　労働契約法2条は，「労働者」を，「使用者に使用されて労働し，賃金を支払われる者」と定義しています。他方，労働基準法は，「労働者」を，「職業の種類を問わず，事業又は事務所（以下「事業」という。）に使用される者で，賃金を支払われる者」と定義しています（労働基準法9条。最低賃金法2条1号，労働安全衛生法2条2号等で準用されています）。また，労働組合法3条は，「労働者」を，「職業の種類を問わず，賃金，給料その他これに準ずる収入によつて生活する者」と定義しています。それぞれの法律における定義のニュアンスについては，労働法で学んでください。

　なお，パートタイム労働者もこれらの意味での「労働者」であることから，労働基準法，最低賃金法，労働安全衛生法，労災保険法，雇用保険法，男女雇用機会均等法，労働組合法などの労働法規の適用を受けます（アルバイトやフリーターも，上記の定義にあてはまれば，同様です）。

14.1.3　労働契約と労働基準法

　憲法27条2項は，「賃金，就業時間，休息その他の勤労条件に関する基準は，法律でこれを定める。」としています。これは，国家による労働者保護の必要性を踏まえ，労働条件の決定に対して国家が積極的に関与していくべきこと，そして，労働者が国家に対して積極的に労働条件の決定に関与することを要請できる権利を有することを明らかにしたものです。

　労働関係は使用者と労働者の契約の上に成り立っているのですが，労働条件の形成を近代法の基本原理である私的自治・契約自由の原則にゆだねたのでは，労働者の生存および人間としての尊厳が確保されない労働条件を使用者が提示したときに，労働者がこれに服さざるを得ない状況が出現するおそれがあります。この点を考慮し，生存権的基本権を保障するために国家が生存権の理念を反映した労働条件を策定することで，私的自治・契約自由の制限を図ったのです。

　もっとも，労働基準法では，国家が保障すべき労働条件は「労働者が人たるに値する生活を営むための必要を充たすべきもの」(労働基準法1条1項) という意味で生存のために必要な「最低のもの」であり，その向上について使用者と労働者が努めるべきもの（同条2項）と考えられています。

14.1.4　規制緩和下の現代社会における労働法秩序の変容

　伝統的な労働法は，労働者を使用者に対する関係で弱者として位置づけ，市場原理によるのでは淘汰されてしまう労働者の生存を確保し，労働者の人間としての尊厳を実現するため，労働者集団としての労働組合を使用者に対峙させて，労働組合を通じた集団的交渉による規範形成および労使紛争解決を支援するスキーム（集団的労働法制）を作り上げてきました。国家による労働行政も，社会的弱者としての労働者の地位を改善するために国家が積極的に介入するという意味をもつものでした。

　これに対して，その後，労働関係にも市場原理を導入し，雇用システムを再構築する動きが生じてきました。そこでは，現代社会における日本的雇用慣行の変化と規制緩和の流れを受けて，使用者との交渉により労働者が多様な働き

方をすることの許容，労働者派遣事業や職業紹介事業の自由化（民間事業者の労働市場への参入）等を通じ，良質の雇用を創り出すための労働法制が展開されました。労働法の秩序形成原理の変化を受けた雇用法制全体の展開ということのできる動きでした。

14.1.5 「労働契約法」の制定

このようななかで，平成17年（2005年）に，厚生労働省の「今後の労働契約法制の在り方に関する研究会」が労働契約法の制定に向けた報告書をまとめました。そこでは，労働契約法の必要性が，次のように説かれていました。「近年の就業形態・就業意識の多様化に伴う労働条件決定の個別化の進展や経営環境の急激な変化，集団的労働条件決定システムの機能の相対的な低下や個別労働関係紛争の増加を踏まえ，また，労働者の創造的・専門的能力を発揮できる自律的な働き方に対応した労働時間法制の見直しの必要性が指摘されていることから，労使当事者が社会経済状況の変化に対応して実質的に対等な立場で自主的に労働条件を決定することを促進し，紛争の未然防止を図るため，労働契約に関する公正かつ透明なルールを定める新たな法律（労働契約法）が必要となっている」。

その後，上記の報告書で示された方向に対し，市場原理に基礎づけられた規制緩和の流れのいきすぎがもたらす弊害が山積し社会問題化するなかで，平成19年（2007年）に，個別労働関係について，労働環境の構造的変化を踏まえ，当事者の合意による自律的規範形成を重視しつつも，新自由主義の思考様式を基礎とした市場競争力への一面的な傾倒から，良質な雇用機会の提供および仕事と生活の調和へと重心を移した内容をもつ労働契約法が成立しました。

労働契約法のもとでは，個別労働関係について，労働契約が，労働者および使用者の自主的な交渉のもとで，合意により成立し，変更されるという考え方が基礎に据えられています（労働契約法1条。同条は，これを「合意の原則」と表現しています。これを受けて，労働契約法6条・8条が，それぞれ成立面・変更面での「合意の原則」をあらわしています）。あわせて，労働契約法は，合意の原則その他労働契約に関する基本的事項を定めることによって，合理的な労働条件の決定または変更が円滑におこなわれるようにすることもめざしています（同法1条）。

そのうえで，労働契約法は，3条で，次のような諸「原則」(理念) を立てています。

① 労働契約は，労働者と使用者が「対等の立場における合意」に基づいて締結し，または変更すべきものとする（1項。当事者間の情報格差・交渉力格差を意識した原則です。なお，この原則の具体化として，同法4条が労働契約の内容の理解の促進に関する原則を規定しています）。

② 労働契約は，労働者と使用者が，就業の実態に応じて，「均衡」を考慮しつつ締結し，または変更すべきものとする（2項。同じ労働条件で働く正社員とパートタイム労働者との賃金格差の問題などを考えてみてください）。

③ 労働契約は，労働者と使用者が「仕事と家庭の調和」にも配慮しつつ締結し，または変更すべきものとする（3項。遠方への配置転換，転勤命令，休日労働命令などの問題を考えてみてください）。

④ 労働者と使用者は，労働契約を遵守するとともに，信義に従い誠実に，権利を行使し，義務を履行しなければならない（4項。民法1条2項の具体化という面を有します）。

⑤ 労働者と使用者は，労働契約に基づく権利の行使にあたって，それを濫用することがあってはならない（5項。民法1条3項の具体化という面を有します）。

さらに，労働契約法は，5条で，使用者による労働者の安全への配慮をうたっています（安全配慮義務）。

以上の基本的考え方を反映する形で，労働契約法では，労働契約の成立・変更・継続・終了に関するいくつかの基本ルールを設けていますが，これらの詳細については，労働法で学んでください。本書では，以上の流れを踏まえつつ，民法の雇用契約の制度・準則を中心に説明をします。

14.2 使用者と労働者の権利・義務

14.2.1 労働者の報酬請求権

(1) ノーワーク・ノーペイの原則　労働者は，約束した労働を終わった後でなければ，報酬を請求することができません（民法624条1項）。このルール

は，①ノーワーク・ノーペイの原則（要件事実的には，個々の報酬請求権〔履行請求権〕の発生のためには，労務給付をしたことが主張・立証されるべきであるとの原則であるといってよいでしょう）を明らかにするとともに，②報酬の支払時期が労働終了時に到来することを明らかにするものです（ノーワーク・ノーペイの原則に対する労働基準法上の特別措置については，労働法で学んでください）。もっとも，これについては特則があり，期間によって報酬が定められているときには，その期間を経過した後に請求することができるものとされています（同条2項）。

なお，労働者の報酬請求権は，一定の範囲で，一般先取特権により保護され（民法306条2号・308条），また，差押禁止債権とされることにより保護されています（民事執行法152条）。倒産法上でも特別の保護が与えられています（破産法149条など）。

(2) 例　外——使用者の責めに帰すべき事由による就労不能等　　ノーワーク・ノーペイの例外となるのは，使用者の責めに帰すべき事由によって就労不能となったり，使用者の責めに帰すべき事由によって雇用が履行の中途で終了したりした場合です。使用者が工場の安全管理を怠った結果として労働者が重傷を負い，長期にわたり働けなくなった場合や，不当な解雇がされた場合が，その例です。

この場合は，民法536条2項の法意に照らして，労働者は就労不能となった期間の報酬全額を使用者に対して請求することができます。同様のことは，労働者に労働の意思も能力もあり，労務の提供行為が可能である（したがって，就労不能ではない）ものの，使用者が労務の提供を受領拒絶し，または受領することができなくなった後に，労働者の責めに帰することができない事由によって就労が不能となった場合にもあてはまります（民法413条の2第2項の定める受領遅滞中の履行不能。債権者〔使用者〕の責めに帰すべき事由による履行不能とみなされているのです。使用者による正当な事由によらないロックアウトのような場合）。

なお，労働基準法26条との関係で，同条にいう「使用者の責に帰すべき事由」と民法536条2項にいう「債権者の責めに帰すべき事由」の関係について厄介な理論的問題がありますが，これについては労働法で学んでください（最判昭62・7・17民集41-5-1283〔ノースウェスト航空事件〕）。

(3) 仕事の中途終了と割合的報酬請求権　　雇用が履行の中途で終了したときには，労働者は，既にした履行の割合に応じて報酬を請求することができます（民法624条の2第2号）。労務提供に対する対価としての報酬という観点から，割合的な報酬請求を認めているのです。

なお，「使用者の責めに帰すべき事由」によって雇用が履行の中途で終了した場合は，前述したように，労働者は，民法536条2項の法意に照らして，報酬全額を請求することができます。

　（4）就労不能と割合的報酬請求権　「使用者の責めに帰することができない事由」によって労働者が労働に従事することができなくなったときも，労働者は，既にした履行の割合に応じて報酬を請求することができます（民法624条の2第1号）。これも，労務提供に対する対価としての報酬という観点から，割合的な報酬請求を認めたものです。

　なお，「使用者の責めに帰すべき事由」により労務に従事することができなくなった場合は，前述したように，労働者は，民法536条2項の法意に照らして，対応する期間における報酬全額を請求することができます。民法624条の2第1号が「使用者の責めに帰することができない事由によって」という文言を入れているのは，このことを意識してのことです。その意味では，割合的な報酬請求をする労働者にとって，使用者の責めに帰することができない事由を主張・立証する必要はありませんし，割合的な報酬請求をされた使用者が，みずからの責めに帰すべき事由による就労不能であることを主張・立証することによって請求を阻止することはできません。要するに，「使用者の責めに帰することができない事由」は，割合的な報酬請求にとって無意味な要件です。

14.2.2　労務給付請求権・労働義務

　使用者は，労働者に対して労務給付請求権を有していますが，労働者の承諾を得なければ，この労務給付請求権を第三者に譲渡することができません（民法625条1項）。

　また，労働者は，使用者に対して労働義務を負っていますが，使用者の承諾を得なければ，自己に代わって第三者を労働に従事させることができません（同条2項。労働義務の自己執行原則）。これに違反して，労働者が第三者を労働に従事させたときは，使用者は雇用契約を解除することができます。

14.2.3　使用者の安全配慮義務

　使用者は，労働者が労務に従事するにあたり，労働者の生命，身体，健康等

を危険から保護するよう配慮すべき義務（安全配慮義務）を労働者に対して負っています。

このような雇用における安全配慮義務の法理は，判例によってその内容が明確化されてきたものです（最判昭50・2・25民集29-2-143，最判昭58・5・27民集37-4-477）。もっとも，判例によれば，安全配慮義務の内容は，危険防止のために適切な人的・物的設備を編成し，安全教育を施すことです。安全配慮義務の内容は，労務の管理支配のための適切な人的・物的組織の編成に尽きるとされているのです（安全管理体制確立義務としての安全配慮義務）。それにあたらない注意義務，たとえば，「運転者において道路交通法その他の法令に基づいて負うべきものとされる運転上の注意義務」のようなものは，その違反が不法行為責任（民法709条・715条参照）を基礎づけることがあったとしても，けっして安全配慮義務違反を根拠づけるものではないのです。これは，判例が，労務指揮管理権行使に伴う安全管理体制確立義務の一種として安全配慮義務を捉えていることによります。

しかし，このような判例法理には，疑問があります。「使用者がその管理支配体制をどのように確立すればよいか」ということと，「労務提供・受領過程で生じうる具体的危険から労働者を保護するにはどうしたらよいか」ということとは直結せず，前者の問題が後者の問題を限定するという関係にないからです。むしろ，「労務提供・受領過程で生じうる具体的危険から労働者を保護するにはどうしたらよいか」という観点から，使用者の労働者に対する保護義務の一種として，使用者の「安全配慮義務」を捉えるのが適切であると考えます。ちなみに，労働契約法5条は，「使用者は，労働契約に伴い，労働者がその生命，身体等の安全を確保しつつ労働することができるよう，必要な配慮をするものとする。」との規律を設けています。

なお，労働者の安全配慮に関するものとしては，労働法制上で，労働安全衛生法上の安全衛生確保制度，労働基準法上の災害補償（労災補償）の制度，労働者災害補償保険法上の保険給付制度などもありますから，これらについては，労働法で学んでください。

14.3 雇用期間と雇用契約の終了

14.3.1 期間の定めがある雇用と雇用の解除

　期間の定めがある雇用（有期雇用）について，民法626条は，雇用期間が5年を超える場合，またはその終期が不確定な場合は，当事者の一方は，5年を経過した後は，いつでも契約を解除することができるというルールを定めています（同条1項）。もっとも，今日では，労働基準法のもとで，期間の定めがある雇用契約における雇用期間は，その上限が，原則3年，特種の場合に5年とされています（労働基準法14条1項）。その結果，民法626条の規定は，労働基準法の適用を受ける場合に，その意味を失うに至っています。

　民法626条1項の規定により契約の解除をしようとするときは，使用者は3か月前に，労働者は2週間前にその予告をしなければなりません（民法626条2項。労働者による解除の予告期間は，これを2週間とすることで，民法627条1項の期間〔次述〕と平仄を合わせたものです）。なお，労働基準法が適用される労働契約については労働基準法14条1項が適用されるため，民法626条は適用されません。

　当事者が雇用の期間を定めた場合，当事者はこの合意に拘束され，期間内は契約からの離脱が認められないのですが，やむを得ない事由があるときには，各当事者は，直ちに契約を解除することができます（あくまでも，例外的に任意解除権が認められているだけです）。この場合において，その事由が当事者の一方の過失によって生じたものであるときは，この者は，相手方に対して損害賠償責任を負います（民法628条）。なお，期間の定めがある労働契約については，労働契約法17条1項および労働基準法20条の規定に気をつけてください。労働契約法17条1項は，有期労働契約における使用者からの解雇について，①民法628条前段の規律が強行法規であることを明らかにするとともに，②やむを得ない事由についての主張・立証責任を使用者側に課しています。

　さらに，民法は，雇用に関する更新の推定に関する規定も設けています。雇用期間が満了した後，労働者が引き続きその労働に従事する場合において，使用者がこれを知りながら異議を述べないときは，「従前の雇用と同一の条件」

でさらに雇用をしたものと推定されます（民法629条1項前段。ただし，以後の雇用は，期間の定めがないものとなります。同条1項後段参照）。なお，有期労働契約については，労働契約法17条2項の規定のほか，有期労働契約の期間の定めがない労働契約への転換を定めた同法18条（有期労働契約が繰り返し更新されて契約期間が通算5年を超えたときは，労働者の申込みにより，無期労働契約に転換されます）および有期労働契約における雇止め制限法理を定めた同法19条（判例法理として確立していたものを明文化したもの）の規定に注意してください。これについては，詳しくは，労働法で学んでください。

14.3.2 期間の定めがない雇用と解約申入れ

期間の定めがない雇用契約について，民法は，使用者からの解約の申入れに関して，次のルールを設けています。

① 期間によって報酬を定めた場合には，使用者からの解約の申入れは，次期以後についてすることができます。ただし，その解約の申入れは，当期の前半にしなければなりません（民法627条2項）。

② 6か月以上の期間によって報酬を定めた場合には，使用者からの解約の申入れは，3か月前にしなければなりません（民法627条3項）。

なお，労働基準法が適用される労働契約については労働基準法20条が適用されます。そこでは，労働者を解雇しようとする場合においては，使用者は少なくとも30日前にその予告をしなければならないとのルール（解雇予告制度）が採用されています（同法20条本文前段。30日前に予告をしない使用者は，30日分以上の平均賃金を支払わなければなりません。ただし，天災事変その他やむを得ない事由のために解雇する場合や，労働者の責めに帰すべき事由に基づいて解雇する場合は，この限りでありません）。そのため，上記のルールは，次の民法627条1項のルールとともに，この種の労働契約については意味を有しません。しかも，後述するコラムにも示していることですが，使用者からの解雇については，労働契約法16条が「解雇は，客観的に合理的な理由を欠き，社会通念上相当であると認められない場合は，その権利を濫用したものとして，無効とする」として，解雇権の濫用の法理を定めていますから，この法理によるチェックも入ります。他方，労働基準法が適用されない同居の親族・家事使用人に対する解約申入れには，民法627条のルールが（次に述べる1項も含め）適用されます。

他方，民法は，労働者（および労働基準法が適用されない使用者）からの解約申入れに関して，次のルールを設けています（民法627条1項）。

① 労働者等はいつでも解約の申入れをすることができます。

② この場合に，雇用は解約の申入れの日から2週間を経過することによって終了します。

❖ 解雇権の濫用 =

労働契約における使用者の解雇権の根拠は，民法627条と民法628条に求められています。もっとも，使用者の一方的意思表示による解雇は，賃金労働者の生活に大きな影響をもたらすため，労働法制では，解雇に至る手続面で解雇に対する規制をかけているほか（解雇予告制度），解雇ができる場合を，労働立法により，民法以上に制限しています。さらに，解雇を制限するための法理が，判例・学説により創造されています。

最後の点で重要なのは，解雇権濫用の法理です。「使用者の解雇権の行使も，それが客観的に合理的な理由を欠き社会通念上相当として是認することができない場合には，権利の濫用として無効になる」とされたのをリーディング・ケースとします（最判昭50・4・25民集29-4-456〔日本食塩製造事件〕）。そのうえで，労働者側に原因のない整理解雇については，使用者側の一方的都合によるものであるだけに，解雇が有効とされるには厳格な要件が課されてきました。解雇4要件といわれるものが，それです。

解雇4要件とは，①人員整理をする経営上の必要性があること，②解雇回避の努力を尽くしたこと，③被解雇者の選定基準および基準適用が合理的なものであること，④労働者・労働組合への説明・協議など解雇手続が妥当であったことを指します。もっとも，上記の「要件」4つのすべてを充たさなければ整理解雇が無効となるのか，それとも，4「要件」というものの，解雇権の濫用を総合的に判断するための重要な考慮因子として4つの因子が認められるにすぎないのかについては，見解が一致していません。労働契約法16条は，「解雇は，客観的に合理的な理由を欠き，社会通念上相当であると認められない場合は，その権利を濫用したものとして，無効とする。」と定めるにとどめています。

14.3.3 雇用契約の解除

雇用契約が解除された場合，解除の効力は，将来に向かってのみ生じます（民法630条による同法620条の準用）。

第15章

請　負

15.1　請負契約の意義

15.1.1　意　義

　請負契約とは，当事者の一方（請負人）がある仕事を完成させることを約束し，相手方（注文者）がその仕事の結果に対して報酬（請負代金）を与えることを約束する契約です（民法632条）。請負契約は，諾成・双務・有償契約です。

　約束される仕事は，物の製作・加工（クリーニングなど），建物の設計・建築・監理，農地の耕作，物品・旅客の運送といった有形の結果を残す場合に限られず，音楽の演奏，講演などといった無形の仕事をも含みます。

15.1.2　約款（定型約款）による民法典の規定の修正

　請負については，商法・各種の特別法の規定があるほか，民法典の規定が約款（定型約款）によって修正されている場合が少なくありません。たとえば，建設請負契約では，**民間建設工事請負約款**（かつての四会連合工事請負約款），公共工事標準請負契約約款などがあります。また，運送については，特別の約款が使用されています。その他，業界団体が自主ルールを定めている場合も少なくありません（たとえば，クリーニング営業やソフトウェア開発）。

15.1.3 請負に類似する契約——製作物供給契約

　当事者の一方が相手方の注文に応じて，もっぱらあるいは主として自己の所有に属する材料を用いて物を製作して，その物品を供給することを約束し，相手方がこれに対して報酬を支払うことを約束する契約のことを，**製作物供給契約**といいます。仕事をする者の側が主として材料を提供する点と，**製作者は物の製作義務および製作物を引き渡す義務を負担する**点が，この契約類型の特徴です。

　わが国では，かつては，個々の製作物供給契約を売買か請負かのいずれかに分類することができるとする見解も主張されていました。そして，たとえば，①代替物の製作は売買の規定で処理し，②不代替物の製作は請負の規定で処理すべきであるなどといわれていました。

　しかし，現在では，混合契約説が支配的です。製作物供給契約は「物の製作」と「物の供給」という二面性を有していることから，請負的側面と売買的側面を持つ混合契約であるというのです。この見解は，①製作されるべき物が代替物の場合でも，仕事完成までの時期における注文者の任意解除権を定めた民法641条の規定や，注文者の指図によって目的物の契約不適合が生じた場合の請負人の責任に関する民法636条の規定の適用を認めるべきであることと，②製作の完了から製作物の引渡し（供給の完了）までの間における当事者間の関係が売買における当事者間の法律関係に酷似することから，製作に関して請負の規定を適用し，供給に関して売買の規定を適用すべき混合契約としての扱いをするのが妥当であるとの結論を導くのです。

　しかし，そもそもわが国において，ドイツ民法理論に仮託した製作物供給契約という類型が果たして必要なのでしょうか。わが国の請負契約類型は，仕事の目的物の引渡しを目的とした契約を包含するものとなっています。また，債権法改正後の民法下においては，引き渡された目的物が契約の内容に適合しないものであった場合の救済手段・責任の内容も，売買と請負とで違いのない枠組みが採用されています。

　むしろ，現代社会において売買における売主の活動と請負における請負人の活動が截然と区別できないなかでは，供給者と相手方との間で締結された契約の内容に着目し，請負にとっての決定的要素といえる役務提供義務，すなわち，

製作義務（労務を提供して仕事を完成させる義務）を供給者が相手方に対して負担するかどうかで，請負契約の規律を妥当させるか否かを決するのが適切です。すなわち，(a) 相手方に対して製作義務を引き受けておらず，「供給行為」のみを引き受けている場合は売買契約であると性質決定し，これに対して，(b) 製作義務を負っている場合は——代替物の場合も含め——すべて請負契約と性質決定するのです（後者について，請負契約の規律を適用することになります。とりわけ，民法641条の任意解除権が重要です）。

15.2　請負人の義務

15.2.1　仕事完成義務

　請負人は，注文者に対して契約で引き受けた「仕事」の「完成」を負担しています。ここで，目的物の引渡しを必要とする場合には，約定の時期に完成した物を引き渡すことも，「仕事の完成」に含まれます。この場合は，目的物を引き渡すことが「仕事の完成」に組み込まれ，一体のものとして債務内容を構成しているのです。

　請負人の負担した「仕事の完成」は，委任や雇用と異なり，契約で引き受けた仕事の結果の実現保証を含んだものであり，その意味で結果債務といえるものです。請負人にとって合理的に期待される努力をすれば役務提供として十分というわけではありません。その結果，仕事が完成していない場合や不完全である場合（仕事完成義務の不履行）に，請負人は，注文者からの債務不履行を理由とする損害賠償請求に対して，合理的な注意を尽くして仕事を遂行したということを理由としてその責任を免れることはできません。

15.2.2　注文者の生命・身体・健康・財産の保護（保護義務）

　契約内容とされた仕事の内容次第では，請負人は，注文者の生命・身体・所有権その他の利益（完全性利益）を保護するために必要な措置を講じる義務も負います（養魚池の堤防の修繕工事中に襲った集中豪雨で飼養されている鰻が流失し

た事件に関して，最判昭59・2・16裁判集民事141-201。ただし，この判決は，これを完全性利益の保護義務という観点からは捉えず，仕事完成義務の履行遅滞から生じた拡大損害として——しかも，民法416条2項の問題として——処理しました）。

15.3　注文者の義務

15.3.1　報酬支払義務（請負代金支払義務）

　注文者は，請負人に対して報酬（請負代金）を支払う義務を負います。報酬を受けることができる地位，すなわち，報酬債権（請負代金債権）自体は，請負契約と同時に発生します。もっとも，具体的な報酬債権（請負代金債権）を請負人がいつ行使することができるか，すなわち，報酬の支払時期については，別途に考える必要があります。

　報酬の支払時期は，特約や約款上の定めがあれば，それによります（建築工事請負契約書では，前払・部分払〔出来高払〕・完成引渡時払というように，3回以上に分割して支払うことにしている場合が少なくありません）。特約がなければ，報酬の支払は仕事の目的物の引渡しを要する場合には引渡しとの同時履行，引渡しを要しない場合には後払とされています（民法633条）。

　いずれにせよ，民法633条が適用される場面では，仕事の完成があってはじめて請負報酬を請求することができる（履行請求権が発生する）わけですから，請負人が注文者に対して報酬請求をするためには，①請負契約を締結したこととともに，②仕事が完成したことも主張・立証しなければなりません。

15.3.2　仕事を完成することができなくなった場合等の報酬請求権

（1）　割合的報酬請求権

　①　仕事の完成が不能となった場合において，既にした仕事の結果のうち，可分な部分の給付によって（可分性），注文者が利益を受けるとき（利益性）は，その部分については仕事の完成があったものとみなされます（民法634条柱書前段および同条1号）。

ここでは，部分的な仕事の完成があったとみなされるわけですから，請負人は，注文者が受ける利益の割合に応じて注文者に対して報酬を請求することができます（民法634条柱書後段）。ここにいう「報酬」には，既にされた仕事のうち，可分の給付によって注文者が利益を受ける部分に対応する費用であって，請負人が既に支出したものも――主たる債務の内容としての「報酬」に含まれないものであっても――含まれるものと解すべきです（その意味では，ここでの「報酬」概念は，民法642条2項〔注文者についての破産手続の開始による解除〕にいう「既にした仕事の報酬及びその中に含まれていない費用」に近いものです）。もとより，費用負担につき，別段の合意があればそれが優先します。

　ところで，民法634条1号は，一部額の割合的報酬請求を定めるにあたり，「注文者の責めに帰することができない事由によって」という文言を入れています。もっとも，これは，次の(2)で述べる注文者の責めに帰すべき事由により仕事の完成が不能となった場合に，請負人が報酬全額を請求することができることを意識してのことです。その意味では，割合的な報酬請求をする請負人にとって，注文者の責めに帰することができない事由を主張・立証する必要はありませんし，割合的な報酬請求をされた注文者が，注文者の責めに帰すべき事由による仕事完成不能であることを主張・立証することによって請求を阻止することはできません。要するに，「注文者の責めに帰することができない事由」は，割合的な報酬請求にとって無意味な要件です。

　②　以上に述べたのと同様のことは，仕事の完成前に請負が解除された場合についても，等しく妥当します（民法634条2号）。

　③　請負人が注文者に対して請求することのできる割合的報酬の額は，契約において予定されていた仕事の結果に対してどれだけの割合の結果がもたらされたかによって判断されます。

　(2)　注文者の責めに帰すべき事由による仕事完成不能と報酬請求権　　注文者の責めに帰すべき事由により仕事の完成が不能となった場合は，民法536条2項の法意に照らして，請負人は，注文者に対して，報酬全額の請求をすることができます。

15.3.3　受領義務

　注文者には，個々の請負契約において，目的物の受領義務が課されることが

あります（むしろ，請負においては，受領義務を認めるのが一般的です）。

15.4　仕事完成前の注文者の任意解除権

15.4.1　任意解除権の趣旨

　請負人が仕事を完成しない間は，注文者は，いつでも，理由を必要とすることなしに，損害を賠償して契約を解除することができます（民法641条）。**任意解除権**といわれます。

　請負契約は注文者の利益のために請負人が仕事を完成させることを約束しているのですから，注文者にとって必要がなくなった仕事を請負人に続行させることは注文者にとって無意味であるばかりか，社会経済的にも非効率です。他方，請負人としても，損害さえ賠償してもらえるならば，不利益はないはずです。

　このような考慮から，民法は，契約の拘束力の例外として，明文の規定をもって，注文者に，理由を必要としない解除権を認めたのです。

　民法641条の解除の効果は，民法541条以下に定める解除と同じです。その結果，解除がされると，既にされていた給付については原状回復の問題が生じます（民法545条1項参照）。

15.4.2　任意解除における損害賠償の意味

　任意解除の場合に注文者が請負人に支払わなければならない賠償額は，①それまでに請負人が投下した費用相当額（たとえば，投入した労働の価額〔労賃〕や，調達した材料費。工事原価）だけでなく，②履行利益（仕事を完成したならば請負人が得たであろう利益），すなわち，請負報酬全額から履行が完了するまでに投下したであろう費用相当額を控除した額および③拡大損害（たとえば，仕事を続けることにより獲得することができたであろう技術・経験を活用して，請負人が将来得ることができた営業利益の喪失）の賠償をも含むものです（民法416条の制約がかかります）。もっとも，②の賠償と①の賠償は択一的な関係に立ち，両者を重ねて請求することは，評価矛盾をきたすゆえに，許されません。

さらに，請負人としては，④既履行部分を原状回復するのに要する費用も，ここでの損害賠償として請求することができます（民法416条の制約がかかります）。注文者からの無理由の解除によって契約が解消されることによる請負人の不利益は損害賠償で調整するという民法641条の考え方からは，この場合の原状回復費用は請負人にとって契約上で予定されていなかった負担であり，賠償の対象とされるのが相当だからです（②の賠償とは両立しません）。

15.5 「仕事の完成」と請負目的物の所有権の帰属

15.5.1 問題の所在

　建築請負工事にみられるように，役務提供の結果として新たな物が作り出されるとき，この新たな物の所有権は，誰にどのように帰属することになるのでしょうか。工事の完成や引渡しは，所有権の帰属・移転にとってどのような意味をもつのでしょうか。以下では，この問題が好んで論じられてきた建物建築請負の場合を例にとって説明を加えることにします。

15.5.2 引渡しを必要としない場合

　請負の目的物の引渡しを必要としない場合には，工事の完成時に，注文者に所有権が原始的に帰属します。

15.5.3 引渡しを必要とする場合——加工の法理からの立論

　請負の目的物が完成したものの（「工事の完成」），仕事の完成には引渡しが必要な場合，どの時点で目的物の所有権が注文者に帰属ないし移転するのかが議論されています。
　判例・通説（私もこの立場を支持します）は，特約があればそれによるが（最判昭46・3・5判時628-48），そうでなければ加工の法理——加工物の所有権は材料の所有者に属するとの原則（民法246条1項本文）——を参照しながら，誰が

材料を提供したかで区別をしています。

① 注文者が材料の全部または主要部分を提供した場合には，完成物の所有権は，注文者に原始的に帰属します（大判昭7・5・9民集11-824）。

② 請負人が材料の全部または主要部分を提供した場合には，完成物の所有権は，請負人にいったん帰属し，引渡しによって注文者に移転します（大判明37・6・22民録10-861，大判大3・12・26民録20-1208）。ただし，注文者が請負代金の大半を支払っていた場合には，完成と同時に所有権が原始的に注文者に帰属するとの合意があったものと認めるべきだとされます（大判昭18・7・20民集22-660，最判昭44・9・12判時572-25）。

③ 注文者も請負人も，ともに材料を提供した場合には，加工に関する民法246条2項に従って処理をします。

❖ 注文者帰属説

　一部の学説は，請負人が材料の全部または主要部分を供給しているときでも，注文者が「仕事完成と同時に」所有権を原始的に取得するものと解すべきだとします。その理由は，次の点にあります。

　① 建築確認をする際に「所有者」として記載されるのは注文者であるし，建物完成後に保存登記がされる際に「所有者」として記載されるのも注文者です。これに加えて，注文者が請負人に対して敷地利用権を設定する意思をもっていないことからすると，請負契約における当事者の通常の意思は，注文者に建物所有権を原始的に帰属させる点にあると解すべきです。

　② 完成物の所有権を請負人に留めておくことの意義は注文者からの請負代金の支払を担保する点にあるところ，たとえ所有権が注文者に原始的に帰属するとしても，請負人は同時履行の抗弁権（民法533条），留置権（民法295条）あるいは不動産工事の先取特権（民法327条・338条。ただし，めったに使われませんので，初学者の方は不動産工事の先取特権などというものは，〔頭でっかちにならないように〕視野の外においてください）を有することによって自己の権利の保全を図ることができるから，請負人に不都合はありません。

　③ 支配的見解のように請負人に建物所有権を帰属させたとしても，請負人に敷地利用権がない場合には，請負人は注文者から敷地の無権原占有を理由に建物の収去を求められることになってしまうので，意味がありません。

15.5.4 下請負人が存在する場合

　建物建築請負契約のように，元請負人が下請負人を使用する場合には，請負人・注文者間の所有権帰属の法理に新たな問題が加わります。

　それは，下請負人が材料を提供している場合に，このことが当該建物の所有権の帰属にとって意味をもつのか，意味をもつとしたら，それはどのような意味でか，それとも，当該建物の所有権の帰属は，もっぱら注文者・元請負人間の法律関係によって決まるのか，元請負契約または下請負契約（あるいは，その両者）で特約がされている場合はどうか，といった問題です。

　これらの問題を前にして，判例は，「建物建築工事を元請負人から一括下請負の形で請け負う下請負契約は，その性質上元請契約の存在及び内容を前提とし，元請負人の債務を履行することを目的とするものであるから，下請負人は，注文者との関係では，元請負人のいわば履行補助者的立場に立つものにすぎず，注文者のためにする建物建築工事に関して，元請負人と異なる権利関係を主張し得る立場にはない」との立場を明らかにしています（最判平5・10・19民集47-8-5061）。

　この判決が扱ったのは，(i) 一括下請負がされ，(ii) 建物が未完成の場面（「建前」といいます）で，かつ，(iii) 注文者・元請負人間で注文者に所有権が帰属するとの合意がされていた事案ですから，そこでの判示内容をどこまで一般化するかについて様々な考え方が成り立つでしょう。しかし，私には，この判決の基礎に，元請負人の履行補助者的立場にある下請負人は，建物所有権の帰属について，注文者との関係で，元請負人と異なる権利主張をすることができない（建物所有権の帰属は，下請負人との関係でも，注文者・元請負人間での所有権帰属のルールにより決せられる）との一般法理があるように思われます。

15.6 仕事完成義務の不履行と請負人の 債務不履行責任

15.6.1 仕事完成義務の不履行を扱う民法の規律

15.2.1で述べたように，請負人は仕事完成義務を負っており（結果債務），その内容は，請負契約の内容に適合した仕事を完成させることにあります。したがって，①請負人が仕事を完成させなかった場合のみならず，②仕事を完成させたものの，その内容が請負契約の内容に適合していない場合には，注文者は，請負人に対して，仕事完成義務の不履行を理由とする救済を求めることができます。

このうち，仕事の目的物が種類・品質に関して契約の内容に適合しない場合（契約不適合）には，請負契約が有償契約であることから，民法559条を介して，売買における目的物の契約不適合に関する規律が準用されます。この売買における目的物の種類・品質に関する契約不適合に関する規律が債務不履行に関する特則であることは，既に述べたとおりです。

その結果，仕事の目的物の種類・品質に関する契約不適合の場合に，注文者に与えられる救済は，以下のようになります。なお，個々の救済の枠組みの細目については，売買の箇所で触れたところ（6.5）を参照してください。

❖ 住宅品質確保促進法における請負人の責任の特則 ━━━━━━━
　新築住宅の建築請負については，住宅品質確保促進法に特別規定があります。新築住宅売主の責任に関して述べたのと基本的に同様の規律が設けられています。その内容については，第6章の章末囲み記事を参照しつつ，同法の解説書を参照してください。

15.6.2 追完請求権（民法562条の準用）

修補請求権，工事のやり直しの請求権などが，追完請求権の例です。

追完請求権の限界（追完不能）は，履行不能に関する民法412条の2第1項の考え方が妥当します。なお，旧法634条1項ただし書は，「瑕疵」（現民法のもと

での品質に関する契約不適合に相当します）が重要でなく，かつ，修補に過分の費用を要する場合には，修補請求をすることができない旨を定めていましたが，新法はこの規定を削除しています。これは，この場合——〔重要でない瑕疵〕×〔過分の費用〕タイプ——は，民法412条の２第１項にいう「不能」にあたると考えられたからです。したがって，新法のもとでは，「契約不適合が重要でなく，かつ，追完に過分の費用を要する場合」は，追完が「不能」であると解すべきです。

その他の点では，売買の規定が準用される結果，(a) 注文者の責めに帰すべき事由による契約不適合の場合には追完請求権が生じないこと，(b) 追完の内容は第一次的には注文者が決定できること，(c) 注文者に「不相当な負担」を課さないのであれば，請負人も注文者が指定したものとは異なる方法での追完を申し出ることができること（請負人の追完権）に，注意してください。

15.6.3　報酬減額請求権（民法563条の準用）

報酬減額請求をするためには，注文者は，請負人に対して，原則として，契約不適合の追完を請求し，その後に相当期間が経過したのでなければなりません（例外については，売買の箇所を参照してください）。

また，売買の規定が準用される結果，(a) 注文者の責めに帰すべき事由による契約不適合の場合には，報酬減額請求権が生じません。さらに，(b) 注文者からの報酬減額請求に対して請負人が「自己の責めに帰することができない事由」による契約不適合であることを主張・立証して請求を免れることができないことに，注意してください。

15.6.4　損害賠償請求権（民法564条の準用→債務不履行の一般法理）

注文者は，契約不適合を理由として，民法415条以下により，請負人に対して損害賠償を請求することができます。したがって，追完とともにする損害賠償・追完に代わる損害賠償が認められるほか，同条の解釈として原状回復的損害賠償を認める私のような立場からは，履行利益賠償との択一で，この賠償も認められます。注文者からの損害賠償請求に対して，請負人は，契約および取引上の社会通念に照らして「自己の責めに帰することができない事由」による

契約不適合であることを主張・立証して請求を免れることができます（民法415条1項ただし書。この免責の抗弁は、「無過失の抗弁」ではありません。請負人はみずからの無過失を主張・立証して契約不適合を理由とする損害賠償責任を免れることはできません）。追完に代わる損害賠償をするには、その前にまず追完請求をするのを原則とすべきです（追完請求権の優位性。ただし、この点に関しては、売買の箇所で触れたように〔6.5.5〕、見解の対立があります）。なお、請負目的物以外の注文者が有する生命・身体・健康・財産等の権利・法益（完全性利益）に生じた損害については、請負契約に基づく保護義務違反の問題として処理すべきであって、民法564条の対象とするところではないものというべきです（たとえば、請負人の建築した建物に欠陥があったために、この建物に入居した注文者が怪我をしたとか、搬入した家具が損傷したような場合です）。

15.6.5 解除権（民法564条の準用→債務不履行の一般法理）

　注文者は、民法541条以下の要件を充たすことにより、請負契約を解除することができます。ここでは、(a) 契約目的達成不能を理由とする無催告解除のほか、催告解除も認められる点と、(b) 注文者の責めに帰すべき事由による契約不適合の場合には、解除が認められない点に、注意してください。さらに、(c) 仕事の目的物が建物その他土地の工作物であるからといって、契約不適合を理由とする解除が制限されているわけではありません。なお、請負債務の不履行を理由とする解除は、賃貸借や雇用での解除（解約告知）と異なり、将来に向かって効力を生じるのみならず、既にされた給付についても清算・原状回復関係に巻き込むものです。

15.6.6 注文者の提供した材料・注文者による指図による契約不適合

　仕事の目的物の種類・品質に関する契約不適合が注文者によって提供された材料の性質または注文者の指図によって生じた場合には、注文者は、契約不適合を理由とする救済を受けることができません（民法636条本文）。注文者から与えられた設計書に誤りがあったために、請負人の製作した工作機械に欠陥が生じたような場合が、後者の例です。

　ただし、請負人がその材料または指図が不適当なことを知りながら、これを

注文者に告げなかった場合は，この限りでありません（民法636条ただし書。注文者によって提供された材料や注文者の指図が適切なものであったかどうかを確認する義務が請負人に課されているわけではありません）。

15.6.7 仕事の目的物が契約の内容に適合しない場合の注文者の権利の期間制限

請負人が種類・品質に関して契約の内容に適合しない仕事の目的物を注文者に引き渡した場合（引渡しを要しない場合にあっては，仕事が終了した時に目的物が種類・品質に関して契約の内容に適合しない場合）において，仕事の目的物の契約不適合を注文者が知ったときは，注文者は，その時から1年以内に契約不適合の旨を請負人に通知しなければ，その不適合を理由とする追完請求権，報酬減額請求権，損害賠償請求権，解除権を失います（民法637条1項。不適合の認識→通知義務→通知懈怠による失権）。売買における目的物の種類・品質に関する契約不適合におけるのと同様の規律です。

他方，請負人が仕事の目的物を注文者に引き渡した時（引渡しを要しない場合にあっては，仕事が終了した時）に仕事の目的物の契約不適合を知っていたとき，または知らなかったことにつき重大な過失があったときに，このような悪意・重過失の請負人に対しては失権効が及ばないこと（民法637条2項）も，売買の場合と同様です。

なお，契約不適合を理由とする注文者の権利の消滅時効に関しては，売買の箇所で触れたところ（6.7.1(2)）を参照してください。

❖ **注文者の検査義務・通知義務** ══════════════════════════
建設工事標準請負契約約款には，注文者に検査義務や不適合の通知義務を負担させる条項があります。このような条項がない場合にも，信義則に照らし，請負人による「仕事の完成」への協力義務が債権者としての注文者に課されることがあります。注文者が検査をしなかったとき，不適合を知りながら通知をしなかったときには，契約・約款で特別の定めをしていない限り直ちに請負人の責任が排除されてしまうわけではないものの，過失相殺または損害軽減義務の問題として処理される余地があります。

15.7 目的物の滅失・損傷に関する危険の移転

15.7.1 引渡しを要する場合——引渡し後の滅失・損傷

仕事の目的物について引渡しを要する場合において，注文者に引き渡された後に目的物が注文者のもとで滅失・損傷したときに，注文者は滅失・損傷を理由として，請負人に対し，権利主張（追完請求・報酬減額請求・損害賠償請求・契約解除）をすることができるでしょうか。また，請負人は，注文者に対して，注文者に引き渡した後に生じた滅失・損傷であることを理由にして，報酬全額の支払を求めることができるのでしょうか。

この問題については，売買に関する規定が，民法559条を介して，有償契約である請負契約に準用されます。以下の①・②は民法567条1項が定めるところです。

① 仕事の目的物の滅失・損傷に関する危険は，注文者が目的物の引渡しを受けること（引渡受領）によって，請負人から注文者に移転します（危険移転時＝引渡し時）。したがって，注文者が引渡しを受けた後に目的物が「当事者双方の責めに帰することができない事由」（＝請負人の責めに帰することができない事由）により滅失・損傷した場合は，注文者は上記の権利を行使することができません。また，この場合に，注文者は，報酬の支払を拒むことができません。これが原則です（なお，条文文言では，「当事者双方の責めに帰することができない事由」による滅失・損傷と書いていますが，注文者の責めに帰すべき事由による滅失・損傷の場合は，そもそも，注文者は追完請求や報酬減額請求ができず，解除もできず，損害賠償も「請負人の責めに帰することができない事由」によるものとされて否定されることから，結局，①のルールが妥当するのは，「請負人の責めに帰することができない事由」による滅失・損傷の場合に限られます）。

② ただし，引渡し後の滅失・損傷が請負人の責めに帰すべき事由による場合は，注文者は，仕事の目的物の滅失・損傷を理由として，上記の権利を行使することができます。

③ 引渡し時に提供された仕事の目的物に契約不適合があった場合や，引渡しが遅延した場合には，注文者が請負人に対して，滅失・損傷とは別個の観点か

ら——つまり，目的物の契約不適合や履行遅滞という観点から——債務不履行を理由とする権利主張をすることは差支えがありません。③は，民法567条の規律対象とするところではありません。

15.7.2　請負人の提供した仕事の目的物が受領されなかった場合
——受領遅滞による危険の移転

　上記①・②のルールは，請負人が契約の内容に適合した仕事の目的物を引き渡そうと注文者に提供したにもかかわらず，注文者が受領を拒絶し，または受領することができなかったところ，その履行の提供があった時以降にその物が滅失・損傷した場合にも，同様に適用されます（民法559条を介して準用される民法567条2項）。受領遅滞の効果の1つであるといってもよいでしょう。

❖ **注文者についての破産手続の開始による解除**

　　注文者が破産手続開始の決定を受けたときは，破産管財人は，履行を選択して契約を維持することができますし，契約の解除をすることもできます。他方，請負人は，仕事を完成しない間に限り，契約の解除をすることができるにとどまります（民法642条1項）。仕事が既に完成した場合には，請負人は，注文者が破産手続開始の決定を受けたことを理由として請負契約を解除することができません。民法642条1項が請負人に仕事完成前の解除権を与えたのは，請負人の仕事の完成債務が先履行であるところ，注文者が危機的状況になっても，請負人は役務提供を続けて仕事を完成させなければ報酬を得られないために，その結果として大きな損害を被る危険があるので，これを回避する手段としての解除権を請負人に与えるのが適切であると考えたことによります。

　　注文者が破産手続開始の決定を受けたことを理由として請負契約が解除された場合には，請負人は，既にした仕事の報酬およびそのなかに含まれていない費用について，破産財団の配当に加入することができます（民法642条2項）。

　　注文者が破産手続開始の決定を受けたことを理由として請負契約が解除された場合には，契約の解除によって生じた損害の賠償は，破産管財人が契約の解除をした場合における請負人に限って，請求することができます。この場合に，請負人は，その損害賠償について，破産財団の配当に加入します（民法642条3項）。

　　なお，請負人が破産手続開始の決定を受けた場合は，破産法53条・54条の規律によって処理されます。

第16章

委　任

16.1　委任契約の意義と特徴

16.1.1　「法律行為」の委任と準委任

　委任契約とは，ある者（受任者）が他の者（委任者）から委託されて「法律行為」をすることを目的とする契約です（民法643条）。

　他方で，民法は，「法律行為」以外の事実行為の委託を内容とする場合を準委任と称し，これに委任の規定を準用しています（民法656条）。その結果，委任と準委任とでは委任者・受任者間の法律関係について同じ準則が妥当するため，委任事務の内容が法律行為をすることか事実行為をすることかによる区別は，それほど大きな意味をもちません（本書では，以下の叙述において，準委任の場合も含めて，「委任」と称することにします）。

　委任は，たとえば，不動産業者に対して自己所有地の売却を委託する場合，銀行から融資を受ける中小企業が信用保証協会に対して借入金債務の保証人となってもらうことを委託する場合，顧客が銀行に振込みの依頼をする場合，顧客が証券会社に対して株式の購入を委託する場合，手形・小切手の取立委任，司法書士への登記申請の委任，幼児の保護預り，高齢者介護サービスの依頼，医師による患者の診療，株式会社と取締役・監査役などの役員との関係（会社法330条），弁護士・税理士・公認会計士らへの案件処理の委託など，およそ事務処理が問題となる多様な局面で登場します。

委任は，役務提供を目的とした契約（役務提供契約）という点で雇用契約や請負契約と共通しますが，次のような違いがあります。

① 委任と雇用は，役務提供の結果がどのようになるかということの保証（結果保証）を契約内容としていない点で共通します。しかし，雇用では，労働者のおこなう役務提供が従属的で裁量性がなく，使用者の指図・命令に従い役務提供することが内容とされているのに対して，委任では，受任者のおこなう役務提供が独立的で裁量性を有しています。

② 委任と請負は，受任者・請負人のおこなう役務提供が独立的・裁量的である点で共通します。しかし，請負では，役務提供の結果がどのようになるかについての保証（結果保証）が契約内容となっているのに対して，委任では，役務提供の結果についての保証は契約内容となっていません。

③ 雇用と請負が有償契約であるのに対して，委任は無償であることが原則です。もっとも，有償の委任も認められているばかりか，重要な委任契約は，たいてい有償委任です。

❖ 信託と委任

わが国には，英米法のトラスト（trust）の制度に由来する信託という制度があります。信託とは，委託者が受託者に財産権を帰属させつつ，同時にその財産権を一定の目的に従い管理・処分すべき拘束を受託者に加えるものをいいます。

信託の制度は，英米法では，契約（contract）とは別の法体系（コモン・ロー〔common law〕の体系に対する衡平法〔エクイティ equity〕の体系）に基づくものと考えられていますが，わが国では，一般に，信託も，それが契約の形でされる場合には委託者と受託者の合意により成立する契約であると理解されています。そして，信託契約としての成立が認められるためには，次の要件を含んでいなければなりません（信託法2条1項・3条1号を参照してください）。

① 財産の譲渡，担保権の設定その他の財産の処分があること

② 財産の処分を受けた者が，一定の目的（自己の利益を図るものを除く）のために，当該財産の管理または処分その他の当該目的の達成に必要な行為をすること

わが国では，信託について，財産権が受託者に帰属するという特徴，管理処分面で受託者に課される拘束の特殊性，信託財産の管理・処分の物権的効果面にかかわる制度やルールの存在を強調することで，信託は委任契約とは異なるタイプのものであるとする理解が，有力に唱えられています。

しかし，わが国の委任類型は，委託された事務の処理に関する委託者・受任者間の規範的な拘束という点で，信託と共通の観点に出たものです。むしろ，信託契約

も委任契約の一種（下位類型）と捉えたうえで，前記①・②の要素に由来する特殊
性を考慮した特別の法理・ルールが信託契約において展開されているとみればよい
でしょう。逆に，これまで信託の法理・ルールとして展開されてきたもののなかに
も，委任契約一般に妥当すべき性質のものがあるのではないかという点を考えてみ
る必要があります（とりわけ，財産の分別管理に関する法理・ルールや，受託者の忠
実義務など，委託者・受託者間の信認関係に由来するものとされてきた法理・ルールが
それです）。

❖ **準委任類型の膨張**

明治民法の起草者が「準委任」にあたるものとして想定していたのは，病人の見
舞い，祝辞の代読，清掃作業，葬式への参列のように，比較的単純な事務作業の委
託でした。ところが，今日では，医療，介護サービス，主催旅行，不動産仲介など，
「法律行為の委託」を内容としないものの，受任者がその専門的な知識，技術，能
力等を用いて，委任者本人がすることが不可能または困難な役務提供をする場合も，
「事実行為の委託」という点に着目することで，「準委任」の類型に取り込まれて説
明されています。このような準委任類型の膨張は，さらに，「準委任」のなかに，
事務処理の内容が受任者の個性によって左右されず，人的信頼関係に基づく事務処
理の委託という色彩が薄いものと，「委任」と同様に人的信頼関係に基づく事務処
理の委託という色彩が濃いものとが含まれる事態をもたらしています。こうした状
況を踏まえたとき，(a) 任意法規である民法656条により，準委任については委任
の規定が準用されていることを確認したうえで，(b) 個々の契約の解釈（本来的解
釈・補充的解釈）を通じて任意法規に優先する契約規範の有無を探求する必要があ
ること，また，信義則や権利濫用法理を用いて委任の規定の適用を排除する余地が
あることに注意をする必要がありそうです。

16.1.2　無償・片務契約としての委任──委任無償原則の意味

委任契約は，ローマ法以来の沿革的理由から，無償・片務契約であることが
原則とされています（委任無償原則）。ローマでは，聖職者・教師・医師・弁護
士といったいわゆる高級労働をおこなう自由人の名誉職として委任が捉えられ
ていました。こうした自由人の高級労働に対しては，その者に社会的名声（名
誉）が与えられることが，いわば反対価値を成していたのです。

この流れを汲むのが，ヨーロッパの近代民法典です（フランス民法，ドイツ民
法など）。わが国の民法も，フランス民法にならい，無償委任を基本型としつ

つ，特約により有償契約・双務契約とすることは差し支えないものとしています（民法648条1項）。そして，有償委任とされる場合についても，無償委任と同じ準則が妥当するものとしています（ドイツのように，「委任契約」と「有償の事務処理契約」とを区別するところもあります）。

とはいえ，無報酬の会社役員の場合のような一部の例外を除くと，実際に社会生活において問題となる委任のうちで重要なものは，有償であることが多いです（商法512条は，商人がその営業の範囲内で他人のために行為をしたときは相当の報酬を請求できるとしています）。

16.1.3　無償委任と「善良な管理者の注意」

無償の役務提供契約では，無償行為をする者に課される負担が，有償契約の場合に比して軽減されていることがあります。たとえば，17.3.2で述べる無償寄託において，受寄者は，自己の財産に対するのと同一の注意をもって寄託物を保管すれば足ります（民法659条）。ここで，無償寄託において無償受寄者の負担が軽減されているのは，それが行為者の好意に出たものであって，利他的行為をしている点を考慮して，無償受寄者に恩恵を与える趣旨によるものです。

これに対して，委任では，民法は，それが無償でおこなわれる場合をも含めて，「善良な管理者の注意」をもって事務処理をすべきことを受任者に義務づけています（民法644条。一般に，善管注意義務と呼ばれます）。このように，無償・有償を問わず受任者に「善良な管理者の注意」を用いた事務処理を義務づけたのは，委任における委任者・受任者間の人的信頼関係の特殊性によるところが大きいです。受任者個人に対して委任者から与えられた特別の信頼のもとで委任者の利益のために受任者が委任者の事務を処理し，また委任者がそれを期待してみずからの有する管理権限を受任者に与えたわけですから，受任者とは——有償・無償に関係なく——善良な管理者の注意を尽くすべきであるとされたのです。

16.2 受任者による事務処理

16.2.1 事務処理義務——「委任の本旨」と「善良な管理者の注意」

　民法644条は、「受任者は、委任の本旨に従い、善良な管理者の注意をもって、委任事務を処理する義務を負う。」と規定しています。この義務は、前述したように、一般に善管注意義務と称されていますが、厳密にいえば、義務の内容は「委任の本旨」に従い、すなわち、個々の委任契約の趣旨に照らして事務を処理することであり、その際に尽くすべき注意の程度を測る標準が「善良な管理者」、すなわち合理人（reasonable person）だということになります。無償委任の場合にも、受任者の個人的能力に応じた注意ではなく、合理人の注意が基準となるのです。

　合理人の注意とは、受任者と同一のグループ（職業的地位・社会的地位・技能・経験等を規準に判断されます）に属する平均的な人ならば、当該委任契約の趣旨に照らして委任事務を処理するために合理的に尽くすであろう注意のことです。

16.2.2 忠実義務

　弁護士法1条2項、宅地建物取引業法31条、信託法30条、金融商品取引法36条には、専門家といわれている弁護士・宅地建物取引業者・受託者・金融商品取引業者の忠実義務・誠実取引義務を定めた規定が置かれています。会社法355条にも、取締役の忠実義務を定めた規定があります。

　最近では、このような規定がなくても、受任者は、①合理人の注意を用いた事務処理義務を負うほか、②委任者から信認を受けて事務処理をしなければならないことに伴う**忠実義務**（fiduciary duties of loyalty）を負うことが強調されるようになっています。

　忠実義務とは、委任者と受任者との信認関係に基づき、受任者はもっぱら委任者の利益のために行動しなければならないという義務です。①受任者は委任者の利益と自己の利益とが衝突するような地位に身を置いてはならず（利益相

反禁止），②事務処理にあたって第三者の利益を図ってはならず（対第三者利益相反禁止），③事務処理によって，みずから利益を受けてはいけない（利得禁止）との原則に基礎を置くものです。

忠実義務は，会社に対する取締役の忠実義務，事務処理を委託された専門職業人の忠実義務，信託における受託者の忠実義務といったような場面で，特に議論されています。また，代理人の本人に対する忠実義務は，民法総則において，自己契約・双方代理その他の利益相反取引の禁止（民法108条）および代理権濫用の法理（民法107条）が問題となる場面でとりあげられています。これらについては，それぞれの分野で学んでください。

❖ **忠実義務と善管注意義務との関係**

忠実義務と民法644条の善管注意義務との関係については，会社法や信託法の分野で議論がされています。たとえば，会社法330条は「株式会社と役員及び会計監査人との関係は，委任に関する規定に従う。」とする一方で，同法355条（忠実義務）で，「取締役は，法令及び定款並びに株主総会の決議を遵守し，株式会社のため忠実にその職務を行わなければならない。」としているところ，前者による民法644条の善管注意義務と会社法355条の定める忠実義務との関係をどのように捉えればよいのかが，アメリカ会社法の影響も受けつつ，論じられています（詳細は，商法で学んでください）。

民法644条の起草趣旨を踏まえれば，忠実義務とされる義務は，同条にいう善管注意義務に含めることができます。「委任の本旨に従い」というのは，「受任者は，委任者の信頼に応えて，誠心誠意，忠実に，委任者のために委任事務を処理すべきであって，委任の目的に反する行動をしてはならない」との意味を含む広範なものだからです。

16.2.3　委任者の指図に従う義務

委任事務の処理につき委任者の指図がある場合には，受任者はこれに従わなければなりません。受任者は委任者の意思に基づき委託された委任者の事務を遂行することから，いくら受任者が委任者から独立しているとはいえ，また，場合によってはいかに受任者が専門的知識・技能を保有しているとはいえ，委任者の意思に反する事務処理をおこなってはならないのです。このことは，とりわけ，金融商品・商品先物取引における顧客に無断での株式売買や追加取引

の場面，診療契約における医師の専断的治療行為の場面で問題となります。

　委任者の指図があったにもかかわらず，受任者がそれに従わなかった場合，受任者の債務不履行となります。その結果として，損害賠償請求権・解除権が発生します。

　ただし，委任者の指図に従うことが委任者の利益に反する場合には，受任者が委任者の指図に従って行動することは，善良な管理者の注意を用いて事務処理をする義務（民法644条）に反することになります。したがって，この場合には，受任者は，指図に従った行動をとってはいけません。ここでは，受任者は，みずからの債務不履行を回避するには，委任者に対し，委任者の指図が委任者の利益に反することを通知し，（委任者が合理的な判断をできるための情報を提供したり，適切な助言をしたりして）指図の内容を再確認し，必要とあれば指図の変更または指示から離れることの許諾を求めるべきです。

　そして，受任者からの通知があったにもかかわらず，委任者が指図を変更しないときは，受任者は，(a) 委任者の指図どおりに事務処理をするか，または，(b) 委任者の指図が委任者の利益に反することを理由に指図どおりに事務を処理することを拒絶するかのいずれかの行動をすれば，債務不履行の責任を問われません。これらと異なり，(c) 受任者が委任者の利益にとって適切であると考える方法で事務を処理したときは，受任者は，債務不履行の責任を免れないものと解すべきです（もっとも，緊急事務管理〔民法687条。20.3.3〕として正当化される余地はあります）。

16.2.4　自己執行義務

　(1)　復委任の可否　　委任が委任者と受任者との特殊な人的信頼関係を基礎とすることから，受任者は，委任者から委託された事務の処理について，自分自身が実行しなければならず，他の者に再委託（復委任）することは許されません（自己執行義務）。

　民法は，委任一般に妥当する法理としては，受任者の自己執行義務を基礎に据えたものを採用しています。「受任者は，委任者の許諾を得たとき，又はやむを得ない事由があるときでなければ，復受任者を選任することができない。」としているのです（民法644条の2第1項）。

　(2)　復委任が許される場合の法律関係　　受任者が委任者の承諾を得て，また

はやむを得ない事由により，復受任者を選任した場合における関係者間の法律関係は，次のようになります。ここでは，委任者をA，受任者をB，復受任者をH，代理権を付与する委任における代理行為の相手方をCと表記します。

①　A・B間の法律関係　　A・B間の法律関係は，委任契約の内容によって定まります。Hの行為を理由とするAに対するBの責任は，債務不履行の一般規定によって処理されます。Bは，Hの選任・監督につき合理的な注意を尽くしたとしても，Aに対する関係で，このことのみをもって免責されるものではありません。

②　B・H間の法律関係　　Hは，Bによって選任されたものであり，B・H間には，委任その他の基本的な契約関係（事務処理契約）が存在します。したがって，B・H間の法律関係は，この事務処理契約の内容によって定まります。BがHに対して責任を追及することができるか（HがBとの関係で免責されるか）についても，債務不履行の一般規定によって処理されます。

③　H・C間の法律関係　　「代理権を付与する委任」の場合には，民法106条により，H（復受任者であり，復代理人でもあります）は，直接にAの代理人となり，Aの名において法律行為（代理行為）をします。代理において，Bの名を示す必要はありません。そして，代理行為の効果は，直接にAに帰属します。また，Hの代理権はBの代理権に基づくものですから，その範囲はBの代理権を超えることはありません（HがBの代理権を超えてした法律行為〔代理行為〕は無権代理行為となります）。Bの代理権が消滅すれば，Hの代理権も，これとともに消滅します。

④　A・H間の法律関係——「代理権を付与する委任」の場合　　Hは，Aとの間で直接の契約関係に立ちません。しかし，「代理権を付与する委任」の場合，委任者は，復受任者（＝復代理人）の対外的な活動によって，受任者（＝代理人）の代理行為によるのと同様の利益・不利益を受けますから，委任者・復受任者間にも委任者・受任者間におけるのと同様の権利・義務関係を成立させるのが適切です。

民法644条の2第2項は，「代理権を付与する委任において，受任者が代理権を有する復受任者を選任したときは，復受任者は，委任者に対して，その権限の範囲内において，受任者と同一の権利を有し，義務を負う。」として，この旨を定めています。その結果，A・H間には，A・B間の委任契約から生じるのと同一内容の権利・義務関係が，B・Hの間の契約によって定められる権利・

義務の範囲を限度として，同項の規定に基づいて設定されます（異主体間での債権競合）。ここでは，善管注意義務，受領物引渡義務，費用償還請求権，報酬請求権を，その例として挙げることができます。委任事務の処理として代理行為をするにあたってのAに対するHの責任の成否・内容については，こうして設定された法定の債務の不履行の問題として処理されます。

なお，「代理権を付与する委任」につき民法644条の2第2項が規律対象としているのは，(i) A・B間での委任契約においてAからBに対して代理権が授与され，かつ，(ii) B・H間での委任契約においてBからHに対して代理権が授与される場合です。

⑤　A・H間の法律関係──「代理権を伴わない委任」の場合　「代理権を付与する委任」に該当しない場合，すなわち，受任者Bまたは復受任者Hが代理権を有しない場合は，AとHとの間に契約関係が存在しないため，A・H間には何らの権利・義務も生じません。

16.2.5　報告義務（経過報告義務および顚末報告義務）

受任者は，委任者の請求があるときは，いつでも委任事務処理の状況を報告しなければなりません。また，委任が終了した場合には，遅滞なくその顚末を委任者に報告しなければなりません（民法645条）。

民法645条は，民法644条が定める善良な管理者の注意をもってする事務処理義務の1場面を表したものです。ここでは，①委任終了後の顚末報告義務のみならず，委任事務処理の途中でも，委任者が適宜情報を得て自己の事務の処理について適切な判断・指図をすることができるように，経過報告義務を課した点と，②受任者がおこなうべき報告の内容を収支状況に関する計算義務に限定せず，およそ委任事務処理の経過・顚末全般についての報告義務を課した点が重要です。

報告義務に違反があった場合には，それぞれの要件を充たすときに委任者の履行請求権・損害賠償請求権が発生するほか，その違反の態様次第では解除権も発生します。しかし，問題の委任事務処理が法律行為をすることにあるとき，報告義務に違反があったからといってその法律効果の委任者への帰属が拒まれるわけではありません。

16.2.6　財産の分別管理とそれに関連する義務

　（1）　**分別管理義務**　　受任者は，委任事務の処理にあたり，受任者の行為によるのであれ第三者の行為によるのであれ，委任者に帰属すべき財産をみずからの管理下においたときには，自己の財産と明確に区分し，保有するとともに，これを委任者に引き渡し，もしくは移転することができる状態に置かねばなりません。これも，民法644条の義務の派生形態です（信託法34条も参照してください）。

　（2）　**受領物の占有移転義務（受領物引渡義務）**　　受任者は，委任事務を処理するにあたって受け取った金銭その他の物を委任者に引き渡さなければなりません。収取した果実についても，同様です（民法646条1項）。

　委任事務を処理するにあたって受け取った金銭その他の物とは，委任事務処理にあたって第三者から受け取った金銭その他の物だけでなく，委任事務処理のために委任者から預かっていた金銭その他の物も含みます（たとえば，不動産の購入について授権され，購入資金を預かっていた者は，不動産購入の結果として剰余金が出たときには，これを委任者に返還しなければなりません）。

　（3）　**取得した権利の移転義務**　　民法646条1項が「引渡し」，すなわち，占有の移転を問題としているのに対して，同条2項は，委任者のために自己の名をもって取得した権利の移転を問題にしています。受任者は，委任者のために自己の名をもって取得した権利を委任者に移転しなければならないのです。ここでは，受任者が取得した目的物の所有権の移転や，受任者が第三者に対して有することとなった債権の移転が，想定されています。

　受領物の所有権が受任者に帰属している場合には，受任者はその所有権を委任者に移転しなければなりません。もちろん，受任者により委任者を本人とする代理行為がおこなわれた場合には，代理行為の目的物の所有権は，直接に本人（委任者）に帰属することから，所有権移転義務は問題となりません。しかし，間接代理（自己の名で法律行為をし，その法律効果を自己に帰属させながら，その経済的な効果だけを委託者に与える制度。この意味については，民法総則の教科書や商行為法の「問屋営業」に関する説明を参照してください）の方式で物の所有権移転を目的とする委任事務処理がされたときには，目的物の所有権が受任者に帰属することとなり，受任者は，委任者に対して目的物の所有権を移転するよう義務づけられます。

（4）　金銭を消費した場合の責任　　受任者が委任者に引き渡すべき金額または委任者の利益のために用いるべき金額を自己のために消費したときは，消費した日以後の利息を支払わなければなりませんし，なお損害があるときはこれを委任者に賠償しなければなりません（民法647条）。

民法647条にあたるケースは，分別管理義務違反の債務不履行に該当するものですから，同条は，債務不履行を理由とする損害賠償に関する規律という意味をもつものです。

16.2.7　その他の義務

民法645条以下で記述されている受任者の義務は，委任事務処理が問題となるすべての契約に典型的に認められる行為義務として描かれたものです（もとより，任意法規です）。

この種の行為義務は，個々の委任契約や商法を含む特別法のなかで具体化されている場合が少なくありません。また，この種の義務以外にも，個々の委任契約上の合意または委任契約の趣旨に照らし，さらには取引慣行により，受任者に対して，各種の行為義務が課される場合が少なくありません。委任事務処理にあたって知りえた委任者の秘密を保持する義務，媒介した取引の締結前にその取引の重要事項を委任者に説明する義務，結約書・確認書や権利の内容を表示した書面の交付義務，帳簿・文書等の作成義務，帳簿・文書等を委任者に閲覧させる義務，帳簿・文書等の写しを交付する義務，受け取った見本を保管する義務などが，その例です。

16.3　受任者の権利

16.3.1　報酬請求権

（1）　委任無償原則と報酬　　16.1.2で述べたように，民法は，沿革的理由から，委任は無償契約であることを原則としています。特約がある場合に限って，受任者は，委任者に対して報酬を請求することができるだけです（民法648条1

項）。

しかし，現在おこなわれている委任のなかで重要なものは，事務処理に対する対価（報酬）を予定した有償契約であることが多いです。

（2）　履行割合型の委任と成果完成型の委任　　民法は，報酬が支払われる委任に，①事務処理の労務に対して報酬が支払われる場合（履行割合型）と，②委任事務処理の結果として達成された成果に対して報酬が支払われる場合（成果完成型）の2種があることを踏まえて，報酬に関する規律を設けています。なお，成果完成型の委任を，請負と混線しないようにしてください。成果完成型の委任は，あくまでも，成果の完成が債務の内容になっているのではなく，成果の完成に向けて事務処理をすることが債務の内容になっているにとどまります（手段債務）。そのうえで，達成された成果に対して報酬が支払われるものとされているのです。

（3）　報酬の支払時期

①　事務処理の労務に対して報酬が支払われる場合（履行割合型の委任）において，別段の合意がなければ，報酬は後払が原則です（民法648条2項）。

②　委任事務の処理により得られた成果に対して報酬を支払うことを約した場合（成果完成型の委任）において，報酬の支払に関しては請負契約に類似することを考慮することにより，請負におけるのと同様，受任者は，別段の合意がなければ，(i) 成果の引渡しを要する場合には，成果の引渡しと同時に（民法648条の2第1項），(ii) 引渡しを要しない場合は，成果が完成した後に，委任者に対して報酬の支払を請求することができます（民法648条2項の法意）。

（4）　委任事務を処理することができなくなった場合等の報酬請求権

①　履行割合型の委任において，(i) 受任者が委任事務を処理することができなくなったときや，(ii) 委任が履行の中途で終了したときは，受任者は，別段の合意がなければ，「既にした履行の割合に応じて」，委任者に対して報酬を請求することができます（民法648条3項。割合的報酬請求権）。

②　成果完成型の委任において，(i) 受任者が成果を得ることができなくなったときや，(ii) 成果を得る前に委任が解除されたとき（委任が「終了」したときと読むべきです）は，(a) 既にした委任事務の処理の結果が可分であり（可分性），かつ，(b) その部分の給付によって委任者が利益を受けるとき（利益性）に限り，その「可分の結果」を，「得られた成果」とみなします。この場合において，受任者は，別段の合意がなければ，委任者が受ける利益の割合に応じ

て，委任者に対して報酬を請求することができます（民法648条の2第2項による請負に関する民法634条の準用。割合的報酬請求権）。

受任者が委任者に対して請求することのできる割合的報酬の額は，契約において予定されていた成果に対してどれだけの割合の成果がもたらされたかによって判断されます。

③　ここで，「委任者の責めに帰することができない事由」という要件は，報酬の一部請求を認めるうえで意味をなしません。民法648条3項1号や，民法648条の2第2項の準用する民法634条1号において委任者の「責めに帰することができない事由」という表記を入れたのは，雇用や請負における報酬請求権に関する規律と同様，「委任者の責めに帰すべき事由」による事務処理の不能の場合に報酬の全部請求を認めることを規定上で排除しないためのものです。

「委任者の責めに帰すべき事由」により事務処理が履行不能となった場合は，民法536条2項の法意に照らして，受任者は，委任者に対して，報酬全額の請求をすることができます。

16.3.2　費用前払請求権

委任事務を処理するのに費用を要するとき，受任者は，委任者に対して，その費用の前払を請求することができます（民法649条）。なお，委託を受けた保証人が主たる債務者に対して有する事前求償権（民法460条）は費用前払請求権の一種ですが，これが認められる場合について一定の制約が加えられています（債権総論で学びます）。

16.3.3　費用償還請求権

受任者が委任事務を処理するのに必要と認めるべき費用を支出したとき，受任者は，委任者に対して，その費用および支出の日以後における利息の償還を請求することができます（民法650条1項）。債務者からの委託を受けた保証人・第三者がした弁済の結果として生じる求償権は，費用償還請求権の一種です。

ここにいう費用は，委任契約の趣旨に照らせば支出当時にその事務処理に必要と認められるものであれば十分です。費用を投下したにもかかわらず結果的に委任者に利益がもたらされなかったとしても，委任者は，その償還をしなけ

ればなりません。委任における事務処理が本人の指示に従っておこなわれる点に注目して，本人のために有益かどうかに関係なく，費用償還を認めたものだからです。

16.3.4 代弁済請求権と担保供与請求権

（1）代弁済請求権　受任者が委任事務を処理するのに必要と認めるべき債務を負担したとき，受任者は，委任者に対し，自分に代わってその債務を弁済させることができます（民法650条2項前段）。そして，その前提として，委任者に対し，債権者に代位弁済をするよう請求することができます（代弁済請求権）。

こうして，委任事務を処理するのに必要と認めるべき債務を負担した受任者は，代弁済請求権と費用前払請求権という2つの権利を，委任者に対してもつことになります。

（2）担保供与請求権　受任者の負担した債務が弁済期にないときは，受任者は，委任者に対し，相当の担保を提供させることができます（担保供与請求権。民法650条2項後段）。

16.3.5 損害賠償請求権

（1）委任者の無過失損害賠償責任　たとえば，土地の現地調査を依頼された者が調査中に生じた土砂崩れで負傷したというように，受任者が委任事務を処理するために自己に過失なくして損害を被ったときには，受任者は，委任者に対して，その賠償を請求することができます。ここで委任者が負担する損害賠償責任は，無過失責任です（民法650条3項）。

（2）例　外——受任者に過失がある場合と損害賠償責任の不発生　民法650条3項は，受任者に過失があるときには，同項に基づく損害賠償請求権が発生しないとしています。受任者に過失があれば受任者単独で損害を甘受すべきだというのが，その理由です（受任者に過失があることの主張・立証責任は，委任者側にあります）。ただし，ここで想定されているのは，委任者には過失がないが受任者には過失があるという場面である点に注意が必要です。受任者には過失があるが委任者にも過失がある場合については，民法650条3項の問題としたうえで過失相殺的な処理が図られるべきです。

もとより，民法650条３項も任意法規です。それゆえ，まずは委任契約の解釈により，委任事務処理により生じた損害につきどちらが負担するものと考えられていたのか（とりわけ，有償委任の場合には，委任事務処理に際して受任者が損害を被る可能性を計算に入れて報酬額が決定されていないか）を探求する必要があります。

16.4　委任の終了──総説

16.4.1　委任の終了事由

　委任は，次のような事由によって終了します。①事務の終了，②事務処理の不能，③委任期間の終期の到来，④解除条件の成就，⑤任意解除，⑥債務不履行を理由とする解除，⑦委任者の死亡・破産手続開始の決定，⑧受任者の死亡・破産手続開始の決定および後見開始の審判。16.5以下では，委任に特徴的な終了事由（⑤〜⑧）に絞って，解説を加えます。

　委任契約が解除された場合に，その効果は，将来に向かってのみ発生します（民法652条による民法620条の準用）。民法652条は，民法651条の任意解除の場合のみならず，債務不履行を理由とする解除の場合にも適用があります（最判昭57・3・4判時1042-87）。

16.4.2　委任終了後における受任者の応急処理の義務

　民法は，委任終了の場合においても，「急迫の事情」があるときは，受任者，その相続人または法定代理人が，委任者，その相続人または法定代理人が委任事務を処理することができるようになるまで「必要な処分」をしなければならないものとしています（民法654条）。受任者の応急処理の義務（善処義務）と呼ばれるものです。

16.4.3 委任終了事由発生の相手方への主張可能性

民法は，委任契約の終了事由が客観的に存在するからといって，委任終了事由の存在を知らない契約当事者が予期せぬ不利益を被ることを避けるため，特に一箇条を設け，善意の契約当事者を保護する措置を講じています。

すなわち，委任終了の事由は，委任者側の事由であろうが，受任者側の事由であろうが，委任終了の事由を相手方に通知し，または相手方がこれを知ったのでなければ，これをもって相手方に対抗することができないとされているのです（民法655条）。もっとも，委任終了事由のうち，解除は，相手方に対する意思表示によっておこなわれますから，民法655条の問題は生じません。したがって，民法655条が扱うのは，それ以外の委任終了事由ということになります。

16.5 委任の終了事由（その1）——任意解除権

16.5.1 各当事者の任意解除権

民法は，委任契約において，各当事者がいつでも——たとえ委任事務処理の履行着手があった後であっても——その一方的意思表示により，自由に契約を解除することができるものとしています（民法651条1項）。任意解除権と称されるものです。任意解除権は，請負の場合と異なり，委任者のみならず，受任者にも認められています。

16.5.2 任意解除権放棄の合意

民法651条1項は，任意法規です。それゆえ，任意解除権を放棄する合意も，契約自由の原則から有効です。たとえば，債権の取立委任のような場合には，個々の事案において，任意解除権を放棄する合意がされていると評価される余地があります。とはいえ，公序良俗に反し，または脱法行為となる場合（たと

えば，恩給・年金の受給権者が融資を受けた金融業者に恩給・年金の取立・受領権限を与え，元利が完済されるまでは取立委任契約を解除しないと約束する場合）は，任意解除権を放棄する合意は，民法90条により無効とされます。

16.5.3 任意解除をした者の損害賠償責任

(1) **損害賠償責任が発生する場合——原則**　民法651条1項の規定により委任の解除（任意解除）をした者は，次のいずれかに該当する場合には，相手方に対して，この者が任意解除によって被った損害の賠償をしなければなりません（民法651条2項本文）。委任契約の各当事者は委任契約をいつでも一方的意思により解除して契約関係から離脱できるものの，これによって生じる相手方の不利益を金銭で調整せよという意味に出たものです。

① 当事者の一方が相手方に不利な時期に委任を解除したとき（1号）。

② 委任者が受任者の利益をも目的とする委任を解除したとき（2号）。受任者の利益をも目的とする場合にも，委任者は任意解除をすることができるけれども，これによって相手方が被った損害を賠償しなければならないのです。

たとえば，(i) AがBに対して債権を有しているときに，AがBに，AがCに対して有する債権の取立てを委任し，その取り立てた債権額の全部または一部をAに対するBの債務の弁済に充てる場合や（受任者Bにとっては，委任事務を遂行することにより，自己の債務からの解放の利益を受けることになります），(ii) BがAに対して債権を有しているときに，AがBに，AがCに対して有する債権の取立てを委任し，その取り立てた債権額の全部または一部をBに対するAの債務の弁済に充てるというような場合（受任者Bにとっては，委任事務を遂行することにより，自己の債権の回収を図ることができるという利益を受けることになる）が，これにあたります。

なお，受任者の利益を目的とする場合であっても，「専ら報酬を得ること」を目的とする場合は，2号に該当しません（同号括弧書）。委任契約において委任事務処理に対する報酬を支払う旨の特約があるだけでは，任意解除をした当事者は，相手方に対して，民法651条2項に基づく損害賠償をする必要がありません（たとえば，税理士顧問契約により顧問料収入〔＝報酬〕が定期的・継続的に入ってくるということだけでは，任意解除をされた税理士は，同項に基づく損害賠償を導くことはできません。旧法下の判決ですが，最判昭58・9・20判時1100-55）。

（2）　任意解除の場合における損害賠償責任の意味　　任意解除の場合における解除者の損害賠償責任は，厳格責任です（任意解除をした当事者は，みずからの責めに帰することができない事由があったとの抗弁を出して免責を主張することができません）。

　ここでの損害が何かについては，民法651条2項の1号と2号の場合で違った解釈がされています。

　①　不利な時期に解除した場合の損害　　民法651条2項1号により，当事者の一方が相手方に不利な時期に委任を解除したときに，相手方が同項に基づき損害賠償請求できるのは，通説によれば，委任が解除されたこと（当事者が契約したことを完了しなかったこと）から生じる損害ではなくて，解除が不利益な時期であったことから生じる損害（解除の時期が不当であったことから生じる損害）であるとされます。当事者は委任が特別の理由がなくても解除されうるものであることを予期すべきだからというのが，「委任が解除されたことから生じる損害」と考えない理由です。判例もまた，この考え方を基礎に据えているようです（最判昭43・9・3裁判集民事92-169，最判昭58・9・20判時1100-55）。

　これに対して，委任者がその一方的意思により委任を解除したことによる損害である点では民法651条2項2号の場合と同じく，そしてまた，請負における仕事完成前の注文者の任意解除の場合（民法641条）と同様に，委任契約が解除されなければ受任者が得たと認められる利益（委任事務の処理によって受任者が得られる利益）——これが具体的に何であるかは受任者が主張・立証すべきです——から，受任者が債務を免れることによって得た利益を控除したものを，ここでの損害と捉えるべきであるとする見解もあります（私はこの見解を支持します）。

　②　受任者の利益をも目的とする委任を解除した場合の損害　　民法651条2項2号により，委任者が受任者の利益をも目的とする委任を解除したときに，相手方が同項に基づき損害賠償請求できるのは，委任契約が解除されなければ受任者が得たと認められる利益（委任事務の処理によって受任者が得られる利益）——これが具体的に何であるかは受任者が主張・立証すべきです——から，受任者が債務を免れることによって得た利益を控除したものになります。

（3）　例　外——損害賠償責任が発生しない場合　　任意解除をした当事者は，任意解除をすることに「やむを得ない事由」があった場合には，任意解除をしたことを理由とする損害賠償をする必要がありません（民法651条2項ただし書）。

「やむを得ない事由」とは，①受任者側からの任意解除では，受任者の疾病や委任者の不徳な行為が挙げられ，②委任者側からの任意解除では，委任者にとってその事務を処理することがまったく不要となることが挙げられます。

❖ 特定継続的役務提供契約における任意解除権 ═══════════════

事業者がエステティックサロン，語学学校，家庭教師，学習塾，パソコン教室，結婚相手紹介サービスなど政令（特定商取引に関する法律施行令）で定められた継続的役務を，政令で定める期間を超える期間にわたって提供し，これに対し相手方が事業者に政令で定める金額を超える金銭（入学金，入会金，受講料など）を支払うことを内容とする契約のことを，特定継続的役務提供契約といいます。特定継続的役務提供契約については，特定商取引に関する法律（特定商取引法）で，役務提供を受ける者（役務提供受領者）の任意解除権が認められています（同法49条1項）。

特定継続的役務提供契約における役務提供受領者の任意解除権は，委任における任意解除権を定めた民法651条の特則です。そこでは，①特定継続的役務の提供に際して締結される関連商品販売契約（たとえば，語学教材であるDVDの購入）についても任意解除することが認められていますし（特定商取引法49条5項），②民法651条と違い，強行法規です。

さらに，特定継続的役務提供契約が中途で解除されたとき，役務提供事業者に支払われるべき損害賠償金・違約金の額についても，特定商取引に関する法律および特定商取引に関する法律施行令により，上限が画されています（特定商取引法49条2項・6項。強行法規です）。その上限額は，提供されるべき役務の種類によって違いますが，高くても2万円から5万円程度に抑えられています。

16.6　委任の終了事由（その2）
——債務不履行を理由とする解除

委任契約において，当事者の一方に債務不履行があった場合に解除権が発生しうることは，いうまでもありません（民法541条以下）。

16.7　委任の終了事由（その3）——当事者の死亡，
破産手続開始の決定，受任者の後見開始の審判

委任は，委任者または受任者の死亡または破産手続開始決定，もしくは受任者が後見開始の審判を受けたことによって終了します（民法653条）。いずれも

委任が相互の人的信頼関係を基礎にしていることを考慮に入れた規定です。

　もっとも，明文の規定により，当事者が死亡しても委任が終了しないとされている場合があります（商法506条，民事訴訟法58条，不動産登記法17条など）。

　また，民法653条は，強行法規ではありません。当事者の合意により，あるいは当該委任契約の解釈から事務処理内容や合意に至った諸事情に照らして，上記諸事実の発生によって当然には終了することのない委任契約であると評価することも可能です。たとえば，委任者が受任者に対し，入院中の諸費用の病院への支払，自己の死後の葬式を含む法要の施行とその費用の支払，入院中に世話になった家政婦や友人に対する応分の謝礼金の支払を依頼する委任契約は，「当然に，委任者の死亡によっても右契約を終了させない旨の合意を包含する趣旨のものというべく，民法653条の法意がかかる合意の効力を否定するものでないことは疑いを容れない」とされています（最判平4・9・22金法1358-55）。

第17章

寄　託

17.1　寄託契約の意義

　寄託契約とは，当事者の一方（受寄者）が相手方（寄託者）のためにある物を保管することを約し，相手方がこれを承諾することによって成立する契約です（民法657条）。このように，寄託契約は，諾成契約です。そして，無償契約・片務契約が原則ですが，合意により有償・双務契約にすることが否定されているわけではありません（この場合に，民法665条は，委任における報酬請求権に関する民法648条を準用しています。民法648条の内容に関しては，前述 16.3.1）。

　また，民法657条には，賃貸借や使用貸借における冒頭規定と異なり，寄託の場合の寄託物返還義務が寄託契約に基づいて生じるか否かは明記されていません。保管するという文言には，保管した物を相手方に返還することを約束するという意味が含まれているから重ねて表記しなかったというのが，立案担当者の理解のようです。このような理解が当を得ているかどうかは別として，いずれにせよ，賃貸借や使用貸借と同様，寄託においても，寄託物返還義務が寄託契約に基づいて生じるものと解すべきです。

　ところで，物の保管は，他の契約関係に吸収されることが少なくありません（たとえば，宿泊契約に付随して，顧客が貴重品・所持品類を宿泊業者の保管にゆだねるような場合）。また，今日の社会では，銀行取引の際の消費寄託（契約により受寄者が寄託物を消費することが許されている場合。受寄者は，寄託物と同種・同等・同数の物を返還することを義務づけられます），商事寄託（商法595条以下），トランクルームを含む倉庫営業に重点が移っています。このうち，商事寄託と倉庫営業は，商法および関連する各種の業法により規律されていますし，約款が広く用いられている分野です。他方，消費寄託については，これに関する規定が民法

285

典にはわずか民法666条の1か条しか存在していないうえに，銀行実務においては，銀行取引約定書，各種の預金規定ほかにより取引関係が規律されているため，民法典の寄託に関する諸規定が適用される可能性は，わずかです。

さらに，一見すると寄託契約のようであるものの，場所の賃貸借，すなわち，ある場所を単に保管場所として利用させ，そして，提供者がその保管場所を提供することの対価として一定の金額を取得するという場合があります。銀行の貸金庫，駅や劇場などのコインロッカーの利用に関する契約は，いずれも賃貸借契約であって，寄託契約ではありません。

17.2　寄託物を受け取る前の解除権

17.2.1　寄託者の解除権

寄託者は，受寄者が寄託物を受け取るまで，契約の解除をすることができます。**有償寄託**であれ**無償寄託**であれ，受寄者が寄託物を受け取るまでは，寄託者が寄託契約を解除することができるのです（民法657条の2第1項前段）。これは，寄託契約は寄託者のために締結されるものだから，寄託者は，受寄者に生じる損害さえ賠償するのであれば，任意に寄託契約から離脱することができてよいと考えられたことによります。

寄託物を受け取る前に寄託者が寄託契約を解除した場合において，契約の解除によって受寄者に損害が生じたときは，受寄者は，寄託者に対し，その損害の賠償を請求することができます（民法657条の2第1項後段）。この場合の損害は，契約が解除されなければ受寄者が得たと認められる利益から，受寄者が債務を免れることによって得た利益を控除したものです。

17.2.2　無償受寄者の解除権

書面による寄託を除き，無償寄託の受寄者（「無報酬の受寄者」）は，寄託物を受け取るまでは，寄託契約を解除することができます（民法657条の2第2項）。無償寄託の受寄者は寄託契約を軽率に締結することが典型的に考えられるため，

このような受寄者を保護し，契約の拘束力から解放するために，このような解除権を認めたのです。

「書面による寄託」の場合の解除権を外したのは，この場合には，受寄者が寄託契約を軽率に締結するということが定型的に考えられないことから，あえて契約の拘束力を弱める理由はないと考えられたからです。

17.2.3 寄託物が引き渡されない場合における受寄者の解除権

有償寄託と書面による無償寄託の場合において，寄託物を受け取るべき時期を経過したにもかかわらず，寄託者が寄託物を引き渡さない場合において，受寄者が相当の期間を定めてその引渡しの催告をし，その期間内に引渡しがないときは，受寄者は，寄託契約を解除することができます（民法657条の2第3項）。

なお，書面によらない無償寄託において寄託物が引き渡されない場合は，受寄者は，17.2.2で述べたように，民法657条の2第2項によって解除をすることができます。

17.3 受寄者の義務

17.3.1 寄託物使用の禁止および自己保管原則（再寄託の禁止）

受寄者は，原則として，寄託物を使用することができず（寄託物使用の禁止），また，第三者に保管させたりすることができません（自己保管原則〔再寄託の禁止〕）。

この例外として，受寄者は，寄託者の承諾があれば，寄託物を使用することができます（民法658条1項参照）。受寄者が寄託者の承諾なしに寄託物を使用すれば，このことが寄託契約上の債務不履行にあたります。

また，寄託者の承諾があるか，または，やむを得ない事由がある場合は，寄託物を第三者に保管させることができます（民法658条2項参照）。

受寄者が寄託者の承諾なしに寄託物を第三者に保管させたときには（再寄託），やむを得ない事由がなければ，このこと自体が寄託契約上の債務の不履行にあ

たりますから，寄託者は，受寄者に対して，債務不履行を理由とする損害賠償請求をすることができますし，同様の理由で寄託契約を解除することができます。

　他方，受寄者が寄託者の承諾を得たことにより，または，やむを得ない事由により，寄託物を第三者に保管させることができる場合であっても，寄託契約の内容に適合しない保管がされたときには，寄託者は，受寄者に対して，債務不履行を理由とする損害賠償請求をすることができますし，同様の理由で寄託契約を解除することができます（受寄者は，第三者の選任・監督につき契約の趣旨に照らし合理的な注意を尽くしたことを理由としては免責されない点に注意してください）。

　再寄託が認められるときには，再受寄者は，寄託者に対し，その権限の範囲内において，受寄者と同一の権利を有し，義務を負います（民法658条3項）。

17.3.2　寄託物保管の際の注意義務

　無償寄託の場合には，受寄者が物の保管について尽くすべき注意は，自己の財産に対するのと同一の注意で足ります（民法659条。無償委任の場合と異なった扱いを受けます。もっとも，商法595条は，商人がその営業の範囲内において寄託を受けたときには，無償であっても，善良な管理者の注意を要して寄託物を保管する義務があるとしています）。

　これに対して，有償寄託の場合には，受寄者は善良な管理者の注意を用いて寄託物を保管しなければなりません（民法400条）。なお，場屋営業については，特別の規律があります。客の来集を目的とする場屋の主人は，客から寄託を受けた物品の滅失・損傷につき，不可抗力による場合を除いて，責任を負うのです（商法596条1項）。これは，ローマ法における「旅館主の引受け」(receptum cauponum) に由来するものであって，レセプトゥム責任といわれます。場屋営業主は物を引き受けたことにより，物の喪失および物へのあらゆる侵害についての危険も不可抗力の場合を除き引き受けるべきだとの観点に出たものです。

17.3.3　通知義務

　寄託物について権利を主張する第三者が受寄者に対して訴えを提起し，また

は差押え・仮差押え・仮処分をしたときは，受寄者は，遅滞なくその事実を寄託者に通知しなければなりません（民法660条1項本文）。ただし，寄託者が既にこれを知っているときは，この限りでありません（同条1項ただし書）。

17.3.4　受領物の占有移転義務・取得した権利の移転義務

受寄者は，寄託物を保管するにあたって受け取った金銭その他の物を寄託者に引き渡さなければなりません。収取した果実についても，同様です。また，受寄者は，寄託者のために自己の名をもって取得した権利を寄託者に移転しなければなりません（民法665条による民法646条の準用）。

17.3.5　金銭を消費した場合の責任

受寄者が寄託者に引き渡すべき金額または寄託者の利益のために用いるべき金額を自己のために消費したときは，消費した日以後の利息を支払わなければなりませんし，なお損害があるときはこれを寄託者に賠償しなければなりません（民法665条による民法647条の準用）。

17.4　受寄者の権利

17.4.1　費用前払請求権・費用償還請求権・代弁済請求権

寄託物の保管について費用を必要とするとき，受寄者は，寄託者に対し，その費用の前払を請求することができます（民法665条による民法649条の準用）。

また，受寄者が寄託物の保管について必要と認めるべき費用を支出したとき，受寄者は，寄託者に対し，その費用および支出の日以後における利息の償還を請求することができます（民法665条による民法650条1項の準用）。

さらに，受寄者が寄託物の保管について必要と認めるべき債務を負担したとき，受寄者は，寄託者に対し，自己に代わってその債務を弁済させることができます（民法665条による民法650条2項の準用）。

17.4.2　損害賠償請求権

　寄託物の性質または瑕疵によって受寄者に損害が生じたとき，受寄者は，寄託者に対し，その賠償を請求することができます（民法661条本文）。

　この場合に，寄託者は，過失なくその性質・瑕疵を知らなかったこと，または受寄者がその性質・瑕疵を知っていたことを主張・立証することにより，免責されます（民法661条ただし書）。

17.5　寄託物の返還

17.5.1　寄託者による寄託物の返還請求

　当事者が寄託物の返還の時期を定めたときであっても，寄託者は，いつでもその返還を請求することができます（民法662条1項）。

　この場合において，寄託者がその時期の前に返還を請求したことによって受寄者が損害を受けたときは，受寄者は，寄託者に対して，その損害の賠償を請求することができます（民法662条2項）。なお，ここでの損害は，約定された返還時期に返還をすれば受寄者が得たと認められる利益から，受寄者が期限前に返還をしたことによって得た利益を控除したものです。

17.5.2　寄託物についての第三者による権利主張と寄託物の返還

　第三者が寄託物について権利を主張する場合であっても，受寄者は，寄託者の指図がない限り，寄託者に対しその寄託物を返還しなければなりません。したがって，受寄者は，寄託物についての権利を主張してきた第三者に対して，引渡しを拒絶することができます（民法660条2項本文）。この場合に，寄託者に対して返還義務の履行として寄託物を引き渡した受寄者は，これによって第三者に損害が生じたとしても，第三者に対して賠償責任を負いません（民法660条3項）。その結果，第三者が被った損害は，第三者と寄託者との間で調整される

ことになります。

　寄託物についての第三者による権利主張があっても，受寄者は寄託者に対して寄託物を返還しなければならないとの原則に対しては，例外があります。寄託物について権利を主張する第三者が受寄者に対して訴えを提起し，または差押え・仮差押え・仮処分をしたときは，受寄者は，原則として，遅滞なくその事実を寄託者に通知しなければならないのですが（民法660条1項本文。前述17.3.3），①受寄者がこの通知をし，または通知をする必要がない場合（同条1項ただし書）において，②寄託物を第三者に引き渡すべき旨を命じる確定判決（裁判上の和解など，これと同一の効力を有するものを含みます）があり，③受寄者がその第三者に寄託物を引き渡したときは，寄託者に対して返還義務の不履行を理由とする責任を負いません（民法660条2項ただし書）。

17.5.3　受寄者による寄託物の引取請求

　返還時期の定めがない寄託の場合には，受寄者は，いつでも，寄託者に対して寄託物の引取りを請求することができます（民法663条1項）。

　返還時期の定めがある寄託の場合には，受寄者は，やむを得ない事由がなければ，期限前に寄託者に対して寄託物の引取りを請求することができません（同条2項）。

17.5.4　寄託物の返還場所

　寄託物の返還は，その保管をすべき場所でしなければなりません。ただし，受寄者が正当な事由によってその物を保管する場所を変更したときは，その現在の場所で返還をすることができます（民法664条）。

17.5.5　寄託物の一部滅失または損傷の場合における寄託者の損害賠償請求権および受寄者の費用償還請求権の短期期間制限

　返還された寄託物の一部滅失または損傷によって生じた損害の賠償および受寄者が支出した費用の償還は，寄託者が返還を受けた時から1年以内に請求しなければなりません（民法664条の2第1項）。この期間は権利保全期間であり，除斥期間です。

また，上記の損害賠償請求権については，寄託者が返還を受けた時から1年を経過するまでの間は，消滅時効は完成しません（民法664条の2第2項。時効の完成猶予）。寄託物が返還された時点では保管義務違反を理由とする損害賠償請求権が民法166条1項の消滅時効期間を経過し，時効消滅してしまうことを回避する趣旨に出たものです。

これらは，いずれも，賃貸借・使用貸借の規律（民法600条・622条）と同様の考慮に出たものです。

17.6 特殊の寄託

17.6.1 混合寄託

受寄者が複数の寄託者から種類および品質が同一である寄託物の保管を引き受けたとき，受寄者は，各寄託者の承諾がなければ，これらの寄託物を混合して保管することはできません。

他方，「各寄託者の承諾」があったときには，複数の寄託者からの寄託物を混合して保管することも許されます（民法665条の2第1項）。このような形態の寄託のことを混合寄託（混蔵寄託）といいます。

このとき，寄託者は，混合保管した寄託物のなかから，その寄託した物と同じ数量の物の返還を請求することができます（民法665条の2第2項）。寄託者が寄託物の所有権を有しない場合にも，寄託者は，同条2項に基づいて返還請求をすることができるのです。同条2項は，混合寄託の場合に，各寄託者が，他の寄託者と関係なく，単独で返還請求をすることができることも含意するものです。

また，混合寄託が許される場合に，寄託物の一部が滅失したときは，寄託者が，混合して保管されている総寄託物に対するその寄託した物の割合に応じた数量の物の返還を請求することができます（民法665条の2第3項前段）。この規定は，混合寄託における寄託物の一部滅失のリスクを，各寄託者に按分して負担させるものです。もとより，各寄託者は，寄託物の一部の返還を受けられなかったことを理由に，受寄者に対して損害賠償請求（民法415条1項）をすること

を妨げられません（民法665条の2第3項後段）。

17.6.2　消費寄託

　消費寄託とは，契約により受寄者が寄託物を消費することができる場合のことをいいます。この場合には，受寄者は，寄託された物と種類・品質・数量の同じ物をもって返還しなければなりません（民法666条1項）。

　消費寄託も寄託の一種であって，寄託に関する規定が適用されます。そのうえで，民法は，消費寄託と消費貸借は目的物の占有と処分権が移転する点で共通することから，その限度で消費貸借の規律を準用しています（民法666条2項）。準用されるのは，貸主の引渡義務に関する規定（民法590条）と，借主の価額償還義務に関する規定（民法592条）です。

　もっとも，消費寄託のうち，預貯金契約による金銭の寄託については，「借主は，いつでも返還をすることができる。当事者が返還の時期を定めた場合において，借主がその時期の前に返還をしたことによって貸主に損害が生じたときは，貸主は，その損害の賠償を請求することができる。」とする消費貸借の規定（民法591条2項・3項）を準用し，受寄者（金融機関）はいつでも返還をすることができるとしています（民法666条3項）。これは，預貯金契約は受寄者（金融機関）が預かった金銭を運用することを前提とする契約類型であり，受寄者にとっても利益がある点で，もっぱら寄託者の利益を目的とする他の消費寄託契約とは異なる――むしろ，この意味では預貯金の場合は消費貸借に近い――ので，受寄者に一方的に不利なルールである民法663条2項（返還時期の定めがある場合は，受寄者は，やむを得ない事由がなければ，期限前に返還をすることができない〔引取請求ができない〕とするものです。前述17.5.3）を適用するのが相当ではないと考えられたことによるものです。

> ❖ 預金契約の性質 ══════════════════════════════
> 　預金契約は，預金者と金融機関との間で締結される金銭消費寄託の一種です。預金者が誰かについては，以前から，主観説（預入行為をした者を預金者とみる立場）と客観説（出捐者を預金者とみる立場）との対立があり，判例は後者だといわれてきました。しかし，預金契約の当事者について，一般の契約法理による当事者関係確定ルールと違えて判断すべき理由はありません（判例が客観説を採用しているのかどうかについても，疑わしいところがあります。最判平15・2・21民集57-2-95〔損害

保険代理店が保険料保管のために開設した専用口座の預金債権の帰属が問題となった事件です〕)。

　預金者が誰であるかが表意者である預金者と表示の相手方である金融機関との間で一致しない場合には，表示相手方である金融機関の側からみて誰が「預金者」と捉えられるのかが重視されるべきです。預入行為者のおこなった名義表示その他の表示行為その他の行動から判断すると金融機関からみて金銭の寄託者だと確定される者が，真実の預金者として取り扱われるべきでしょう。かつてと違い，今日では，「犯罪による収益の移転防止に関する法律」(犯罪収益移転防止法)が施行されており，取引名義人が実在することの確認と，行為者と名義人の同一性の確認とが，金融機関に対して義務づけられていますから，このような解釈が支持されるべきです。

　そのうえで，預金契約については，この契約の典型的な性質が何かが問題とされる余地があります。上述したように，預金契約は消費寄託契約の一種ですが，現在わが国でおこなわれている預金取引では，金融機関の側が預金に関する入出金事務などの管理を預金者のために引き受けているという実態があります。この意味で，預金契約は消費寄託という性質とともに，委任・準委任的な性質も備えたものといってよいものです。

　この点に関して，最高裁判決も，次のように述べています。「預金契約は，預金者が金融機関に金銭の保管を委託し，金融機関は預金者に同種，同額の金銭を返還する義務を負うことを内容とするものであるから，消費寄託の性質を有するものである。しかし，預金契約に基づいて金融機関の処理すべき事務には，預金の返還だけでなく，振込入金の受入れ，各種料金の自動支払，利息の入金，定期預金の自動継続処理等，委任事務ないし準委任事務（以下「委任事務等」という。)の性質を有するものも多く含まれている。委任契約や準委任契約においては，受任者は委任者の求めに応じて委任事務等の処理の状況を報告すべき義務を負うが（民法645条・656条)，これは，委任者にとって，委任事務等の処理状況を正確に把握するとともに，受任者の事務処理の適切さについて判断するためには，受任者から適宜上記報告を受けることが必要不可欠であるためと解される。このことは預金契約において金融機関が処理すべき事務についても同様であり，預金口座の取引経過は，預金契約に基づく金融機関の事務処理を反映したものであるから，預金者にとって，その開示を受けることが，預金の増減とその原因等について正確に把握するとともに，金融機関の事務処理の適切さについて判断するために必要不可欠であるということができる。」(最判平21・1・22判時2034-29。なお，この判決は，預金者の共同相続人の1人が，預金契約に基づいて金融機関に対し単独で取引経過の開示を求めることができる〔金融機関からみれば取引経過開示義務を負う〕とした判決として重要です。)

第18章

組　合

18.1　組合契約の意義

18.1.1　組合契約とは？

　組合契約とは，２人以上が出資（労務でもよい）をして，共同の事業を営むことを目的とする契約のことをいいます（民法667条）。ここでは，①全員の出資と，②共同の事業とが，契約の要素を構成しています（出資の内容・額および共同事業の内容は，組合契約の定めるところによります）。とりわけ，構成員全員が出資をすることへと義務づけられる点に注意してください。構成員の１人だけが単独で出資をしたような場合には，いかに共同事業をおこなうものであっても，組合ではありません（最判昭32・10・31民集11-10-1796〔漁業経営〕）。

　組合の例としては，建設工事を複数の業者が共同しておこなうジョイント・ベンチャー（建設工事共同企業体。最大判昭45・11・11民集24-12-1854，最判平10・4・14民集52-3-813），法人化していない弁護士事務所のパートナー契約（ただし，上記①の出資要件を充たした弁護士のみが組合員です），病院や民宿の共同経営，共同出資による宅地造成事業などがあります。また，会社その他の法人を成立する際の発起人団体や，マンションの管理組合の多く（建物の区分所有等に関する法律３条参照）も組合です。会員間の親睦を目的としたヨットクラブについて，組合とされたものもあります（最判平11・2・23民集53-2-193）。これに対して，私的整理の際の債権者委員会は，常に組合というわけではありません（肯定例として，最判昭37・12・18民集16-12-2422。否定例として，東京地判昭57・4・27判時1064-79）。土地を共同利用するというだけの場合も，直ちに組合が認められ

るわけではありません（最判昭26・4・19民集5-5-256）。

　組合は，諾成契約であり，かつ，有償契約です。

18.1.2　組合員の一人の意思表示の無効と組合契約の運命

　組合員の一人について意思表示の無効または取消しの原因があっても，他の組合員の間においては，当該原因に基づく無効または取消しの効果は及ばず，組合関係が存続します（民法667条の3）。これは，組合の団体的性質を考慮に入れたものです。そして，このことは，第三者と組合の取引の開始の前後を問わず妥当します。

　その意思表示に無効・取消しの原因がある組合員が既に出資をしていた場合には，この者は，組合に対してその返還を求めることができます。

18.1.3　契約総則の規定の不適用

　契約総則に定められている同時履行の抗弁権（民法533条）および危険負担の規定（民法536条）は，組合契約に適用されません（民法667条の2第1項）。ここで想定されているのは，出資債務の履行・履行不能です。たとえば，A・B・Cから成る組合において，AとBが出資をしていないとき，出資をするよう求められたAは，Bが出資をするまでは自分の出資も履行しないと主張することができません。

　また，組合員は，他の組合員が組合契約に基づく債務を履行しないことを理由として，組合契約を解除することができません（民法667条の2第2項）。ここで主として想定されているのは出資債務の不履行ですが，必ずしもこれに限られません。たとえば，A・B・Cから成る組合において，Bが出資をしないとき，Aは，Bの出資債務の不履行を理由として組合契約を解除することができません。

18.2　組合の業務決定・業務執行——組合の内部関係

18.2.1　緒　論

　組合における意思決定の方法（業務の決定）や，意思決定を実行する方法（業務執行権）については，契約上の定めがあればそれによりますが，そのような定めがない場合のために，民法は，いくつかの規律を設けています。そこでは，組合契約中で業務執行者を指定している場合と，業務執行者の指定がない場合とに分けて，規律されています。

18.2.2　業務執行者が指定されていない場合

(1)　組合の常務以外の業務
　①　業務の決定——組合員の過半数決議　　業務執行者が定められていない場合は，組合の業務は，組合の常務を除き，組合員の過半数で決し，各組合員がこれを執行します（民法670条1項）。

　組合における業務の決定，すなわち，組合の業務に関する意思決定は，組合員の過半数によってしなければならないし，組合員の過半数によるのであれば足ります。組合員全員の一致があることを要しません。これは，組合の団体性が現れているところです。過半数は，組合員の頭数によりますが，出資の価額によることとする合意も有効です。また，組合契約で別段の定めをすれば，それによります。

　組合の業務に関する意思決定は，組合員全員が協議してその過半数でする必要があります（過半数決議。「組合員の過半数をもって決定」とは，このことを意味します）。

　②　業務の執行——各組合員の業務執行権　　これに対して，決定された組合意思の実行である業務執行の権限（業務執行権）は各組合員が有します。業務の執行は，組合員の過半数によっておこなわれる必要はありません。組合は組合員相互の契約によって成立するものであり，各組合員の個性が重視されるべきなので，各組合員が組合の目的である共同事業を営むための事業執行権をも

たなければならないと考えられるからです。

　(2)　組合の常務　　組合の常務（その組合にとって日常の軽微な事務と認められるもの）は、業務の執行だけでなく、業務の決定も、各組合員がすることができます（民法670条5項本文）。

　ただし、他の組合員は、その常務の完了前に異議を述べることができます（同条5項ただし書）。この場合は、当該常務は、組合員の過半数の決議がなければ、決定することができません。なお、各組合員に異議を述べる機会を与える必要はありません。

　組合員の一人が常務でない組合業務を常務であると誤信して単独で決定した場合や、他の組合員が異議を唱えているにもかかわらず常務を単独で決定した場合に、これによって他の組合員に損害が生じたときは、この者は、当該行為をした組合員に対して損害賠償を請求することができます。

　(3)　委任の規定の準用　　組合員が業務を決定し、執行する場合には、その組合員については、委任に関する民法644条から民法650条までの規定が準用されます（民法671条）。

18.2.3　業務執行者が指定されている場合

　組合の業務の決定および執行については、組合契約の定めるところにより、1人または数人の組合員または第三者（業務執行者）に委任することができます（民法670条2項。自分たちがおこなう業務の決定・執行に組合員以外の第三者を参加させることも可能です）。

　この場合には、業務執行者が、組合の業務を決定し、これを執行します。業務執行者でない組合員には、業務決定・業務執行権限がありません。業務執行者が数人あるときは、組合の業務は、組合の常務を除き、業務執行者の過半数をもって決定し、各業務執行者がこれを執行します（民法670条3項）。他方、組合の常務は、各業務執行者が単独でおこなうことができますが（民法670条5項本文）、他の業務執行者は完了前に異議を述べることができます（同条5項ただし書）。

　もっとも、組合の業務の執行を業務執行者に委任した場合であっても、総組合員の同意によって組合の業務を決定し、または総組合員がこれを執行することは妨げられません（民法670条4項）。

なお，(a) 業務執行組合員については，組合との関係で，委任に関する民法644条から民法650条までの規定が準用されます（民法671条）。(b) 業務執行者が組合員以外の第三者であるときは，組合との関係で委任関係が生じることから，この者については，委任の規定が適用されます。

❖ **業務執行組合員の辞任・解任**

組合契約の定めるところにより1人または数人の組合員に業務の決定および執行を委任したときは，その組合員（業務執行組合員）は，正当な事由がなければ辞任をすることができません（民法672条1項）。

また，業務執行組合員は，正当な事由がある場合に限り，他の組合員の一致によって解任することができます（民法672条2項）。

ちなみに，組合員以外の第三者が業務執行者である場合は，業務執行者は組合の業務の決定・執行を委任されていることから，業務執行者の辞任・解任は，委任契約の解除の規定により規律されます。

❖ **組合員の組合の業務および財産状況に関する検査権限**

各組合員は，組合の業務を決定し執行する権利を有しないときであっても，その業務および組合財産の状況を検査することができます（民法673条。強行法規）。

18.3 組合の対外的関係——組合代理

18.3.1 組合員全員が法律行為の当事者となる場合と組合代理

組合には法人格がありません。組合は権利・義務の主体となることができず，その結果，組合が第三者と法律行為（契約）をする場合，組合員全員が法律行為の当事者（契約当事者）となります。

しかし，組合員全員が法律行為の当事者となる場合には，取引交渉の煩雑さを回避するため，代理形式で相手方との法律行為（契約）が締結されることが多いです（組合代理）。

組合代理においては，組合員全員が組合契約中での合意に基づき，または民法の定める内部的業務執行の手続に従い，代理権を組合員の誰かまたは第三者

に授与することになります。そして，代理人の行為の結果として成立した法律行為（契約）の効果は，組合員全員に帰属します（契約当事者は，組合員全員です）。ちなみに，この効果帰属の点では，組合代理の構造は，民法総則での代理の構造と異なりません。それゆえにまた，組合代理についても民法総則の代理に関する規律（民法99条以下）が妥当するのが，基本です。

　もっとも，組合代理においては，民法は，団体としての組合に注目することで，いくつかの特別の規律を定めています。そこでは，組合契約中で業務執行者を指定している場合と，業務執行者の指定がない場合とに分けて，規律しています。

18.3.2　業務執行者が指定されていない場合

　業務執行者が指定されていない場合，各組合員が他の組合員を代理して組合の業務を執行するには，組合員の過半数の同意を得なければなりません（民法670条の2第1項。多数代理の原則）。ただし，組合の常務は，各組合員が単独で他の組合員を代理しておこなうことができます（民法670条の2第3項。民法670条5項の場合とは違い，他の組合員はこれに対して異議を述べる権利がありません）。

　その結果，常務を除き，各組合員が代理権を当然にもつものではありません（単独代理権の否定。大判明40・6・13民録13-648。代理権のない行為を組合員がしたとき，取引相手方としては，表見代理の成立の可能性を探るか，またはその組合員に対して無権代理人としての責任を追及していくことになります）。

18.3.3　業務執行者の指定がある場合——業務執行権限→対外的代理権

　組合において業務執行者を選任した場合には，業務執行者のみが組合員を代理する権限を有します（民法670条の2第2項前段）。業務執行者でない組合員には，組合を代理する権限がありません。

　この場合には，業務執行者が，組合員を代理して組合の業務を執行します。業務執行者が数人あるときは，組合の常務に属さない業務について，組合員を代理して組合の業務を執行するためには，業務執行者の過半数の同意を得なければなりません（民法670条の2第2項後段）。他方，組合の常務は，各業務執行者が単独で組合員を代理しておこなうことができます（民法670条の2第3項）。

業務執行者は，代理に際して，組合員全員の名を示す必要がありません。判例によれば，組合員全員への効果帰属のためには，組合名のみの表示（大判大14・5・12民集4-256〔手形の受取人としての組合名のみの表示〕）や，組合名と肩書きを付した代表者の表示で十分であるとされます（最判昭36・7・31民集15-7-1982〔定置漁業組合名と組合長名の表示〕）。組合では，「組合名義の表示」を「組合員全員の表示」の意味で捉えることができると考えられます。その意味では，組合の名に加えて代理権を有する業務執行者の名（たとえば，肩書きつきでの組合員の名）を表示することは，「組合名義の表示」を「組合員全員の表示」の意味で捉えるうえでの十分条件であって，必要条件ではないとみるべきでしょう。

なお，組合代理の顕名に関する法理は，その性質からみて，業務執行者の指定がない組合の場合にも妥当すべきです。

念のためにいえば，上記の法理は，組合代理において「本人の名」を示す必要がない——顕名が不要（民法99条の例外）——というのではありません。「組合名義の表示」を「組合員全員の表示」の意味で捉えることができるから，「本人の名」を示す際に「組合の名」を示せば顕名として十分であるという意味なのです。

18.4　組合の財産関係

18.4.1　組合財産の合有

民法は，組合契約が締結された結果，組合という団体が出現する点に着目して，組合契約により作り出された団体自体の財産を組合員個人の固有財産から区別し，組合財産として捉えています。

そのうえで，民法は，組合契約により成立した団体に法人格がないことから，この組合員個人の固有財産から区別された「組合財産」が誰にどのように帰属するかを扱い，「組合財産は，総組合員の共有に属する」としています（民法668条）。組合財産の帰属主体は「組合員全員」であり，この者たちに「共有」されるとの立場が示されているのです。

もっとも，そこにいう「共有」が物権編にいう「共有」と同じ意味のものか

どうかが問題とされています。というのも，物権法上の共有は，いわば個々人の所有への過渡的形態として捉えられ，個人所有への解体のための制度として成り立っているのに対して，組合の場合には，組合員相互に共同目的のために組合を維持・存続させるという団体的な人的結合関係が存在しているからです。ここから，各構成員の持分が認められるものの，物権編にいう「共有」とは異なり，持分が表面に出ない——潜在化している——共同的帰属形態が観念されています。具体的には，以下の①・②に示すように，物権法上の共有に本質的な特質とされる①持分処分の自由と②分割請求の自由が制限・否定されているのです。そして，このような財産の共同的帰属の関係は，「共有」と区別され，合有と表現されています。

　①　持分処分の制限　　組合員が組合財産の持分についておこなった処分，たとえば，組合財産に属する個別財産上の持分の譲渡，持分上への質権・抵当権の設定，持分上への利用権の設定は，これをもって組合および組合と取引した第三者に対抗することができません（民法676条1項）。また，組合員は，組合債権について，その持分についての権利を単独で行使することもできません（民法676条2項）。

　②　分割請求の禁止　　各組合員は，清算前に組合財産の分割を請求できません（民法676条3項。清算については後述 18.6.3）。組合財産は組合の目的を遂行するための経済的手段であるから，分割請求を自由に認めたのでは組合の目的遂行の支障となることが考慮された結果です。

18.4.2　組合財産に対する組合員の債権者の関係

　組合員の債権者（組合員に対して債権を有する者）は，組合財産について，その権利を行使することができません（民法677条）。たとえば，組合員の債権者が当該組合員の組合財産上の持分を差し押さえることはできないのです。組合員の債権者は，債務者である組合員の固有財産を引当てにすることができるにとどまります。

　民法677条がある結果として，組合員の債権者は，その債権と，組合に対する自己の債務（組合債権）を相殺することができません。

18.4.3　組合債権の合有的帰属

　組合が第三者に対して有している債権は，組合員全員に「合有的に」帰属します。

　①　組合が取引相手方に対して取得した売掛金_{うりかけきん}債権のように，分割可能な給付を目的とする組合債権も，分割されません（大判昭7・12・10民集11-2313）。

　②　組合員は，組合債権について，その持分についての権利を単独で行使することができません（民法676条2項。前述18.4.1）。組合財産に属する債権である組合債権は組合員全員が共同してのみ行使することができ，個々の組合員が組合債権を自己の持分に応じて分割して行使することはできないのです。

　③　債権を行使して取り立てた利益は組合財産になり，組合員全員に合有的に帰属します。

　④　組合員が組合債権についての自己の持分を処分したとしても，これをもって組合および組合と取引した第三者に対抗できません（民法676条1項）。

　⑤　組合の債務者は，組合に対する債務（組合債権）と，組合員に対する債権を相殺することができません。

18.4.4　組合債務の合有的帰属

　組合が第三者に対して負担している債務も，組合員全員に「合有的に」帰属します。

　①　分割可能な給付を目的とする組合債務でも，分割されません。

　②　組合の債権者は，組合員全員に対して履行請求をしなければなりません。

　③　組合の債務は，組合財産を引当てにします。組合の債権者は，組合財産に対して，その権利を行使できます（民法675条1項）。これに加えて，次に述べるように，**組合員の個人責任**が特別に定められています（ただし，組合員の個人責任は，組合債務につき合有構成をとることと論理必然的な関係はありません）。

18.4.5　組合債務と組合員の個人責任
　　　　　――組合員各自の固有財産を引当てとする個人債務

　組合の債権者は，組合の債務について，組合財産に対して，その権利を行使

できるだけでなく，これとは別に，組合員各自の固有財産をも引当てとすることができます。組合員の側からみれば，各組合員は，組合の債権者に対して，自己の固有財産を引当てとして，個人責任を負担することになるのです。この場合に，組合の債権者は，各組合員に対して「その選択に従い，各組合員に対して損失分担の割合又は等しい割合で」その権利を行使することができますが，組合の債権者が「その債権の発生の時に」各組合員の損失分担の割合を知っていたことを組合員が証明したときは，その割合によります（民法675条2項）。

この個人責任は，組合員に組合債務を担保させる目的で，組合財産につき「合有」構成をとるかどうかとは無関係に，政策的に定められたものです。組合債務の引当てとなる組合財産の公示性が不完全であり，独立性も不完全であることを想定して，こうした個人責任が定められたのです。ここで組合員が組合の債権者に対して負担する固有の債務は，組合員ごとの分割債務です。

ところで，民法675条2項による各組合員の責任は，組合員の個人責任と称されますが，それは，単に組合員の固有財産が組合債務の「引当て」(担保) となるというにとどまりません。組合員個人も，組合契約によって定められた損失分担の割合に応じて，組合の債権者に対し，直接に固有の債務を負担する（債権者からの履行請求に応じなければならない）ということも意味しています。

18.5　組合における損益分配

組合に関する民法の諸規定では，「共同の事業」により形成された財産は，対外的には，個人財産から区別された独立の「組合財産」を構成しますが，内部的には，各組合員に損益分配のされることが予定されています。民法は，各組合員への損益分配を当然の前提として，その分配の割合に関するルールのみを設けています。

それによれば，組合契約の当事者は，利益分配・損失分担のそれぞれにつき，分配・分担の割合を約定することができます。そして，利益または損失のどちらかについてのみ分配の割合を定めたときには，その割合は，利益と損失に共通の割合として推定されます（民法674条2項）。他方，損益分配の割合について当事者間に何の約定もなければ，損益分配は，各組合員がした出資の価額の割合に応じて定まります（同条1項）。

18.6 組合員の変動

18.6.1 総　論

　組合において，各組合員は，契約に基づいて互いに拘束されています。ここで契約の法理を貫く場合には，当事者が交替したり，当事者の一部が組合から離脱したり，新しい加入希望者がいる場合には，契約当事者の変更を伴うことから，あらためて組合契約を締結し直さなければなりません。従前の組合契約のもとで組合が第三者に対して債権を有していたり，債務を負担していたりしていれば，債権譲渡や債務引受，契約引受の手続をとる必要が出てきます。

　しかし，組合契約は組合という団体の設立を目的とする契約であり，契約成立の後には，契約締結の結果として設立された団体を起点として法律関係が展開されます。このことを重視するならば，組合契約成立後の組合員の交替については，「団体としての組合」の同一性を維持しつつ，組合員の「団体としての組合」からの脱退・「団体としての組合」への加入という観点から問題を捉えるのが，組合の実態に適合するといえます。

18.6.2 組合への組合員の加入

　組合員は，その全員の同意によって（すなわち，加入をしようとする者と組合員全員との加入契約によって），または組合契約の定めるところにより，新たに組合員を加入させることができます（民法677条の2第1項）。新たに組合に加入する希望者がいる場合に，この者を組合の構成員とするには，従前の組合契約を解消して新たに加入希望者を含めた組合契約を締結しなおす必要はないのです。

　組合の成立後に新たに加入した組合員は，加入前に生じた組合債務について，自己の固有財産で弁済する責任を負いません（民法677条の2第2項。持分会社に関する会社法605条とは異なります）。

18.6.3　組合からの組合員の脱退

（1）**脱退の種類**　組合からの組合員の脱退には，次の種類のものがあります。

① **組合員の意思に基づく脱退**（任意脱退。民法678条。存続期間を定めていても，やむを得ない事由があれば，いつでも脱退できます）

② **民法の定める一定の要件**（死亡，破産手続開始の決定，後見開始の審判，除名〔組合員全員の一致と正当事由のあることを必要とします〕）**を充たしたときに，組合員の意思に反してされる脱退**（非任意脱退。民法679条・680条）

このうち，任意脱退をめぐっては，民法678条が任意法規かどうかが問題とされたことがあります。民法678条が定める内容のうち，「いつでも脱退することができる」という点に関しては，これと異なる合意をしても組合員の自由を著しく制限することにはなりませんから，その合意は有効です。これに対して，「やむを得ない事由がある場合にも脱退することができない」との合意をすることは，人的信頼関係を基礎として成り立っている組合からの離脱を認めずに組合員を契約に拘束することとなり，組合員の自由を過度に制限するものゆえ，無効です（最判平11・2・23民集53-2-193。この部分に関しては，民法678条の規定は強行法規です）。

（2）**脱退の効果**　ある組合員が脱退しても，組合そのものは，残存組合員の間で，同一性を維持して存続します。脱退した組合員の組合契約当事者としての地位が消滅するだけのことです。そして，脱退が生じると，その組合員の持分（＝組合財産の上に合有持分として有していたもの）の清算がおこなわれます。ここにおいて，それまで潜在的であった合有持分が顕在化するのです。

その際，脱退した組合員は，その脱退前に生じた組合債務については，従前の責任の範囲内で，これを弁済する責任を負います。この場合において，債権者が全部の弁済を受けない間は，脱退した組合員は，組合に担保を供させ，または組合に対して自己に免責を得させることを請求することができます（民法680条の2第1項）。

また，脱退した組合員がその脱退前に生じた組合債務を弁済したときは，組合に対して求償権を取得します（民法680条の2第2項）。同条2項は，組合債務を自己の固有財産を用いて弁済した脱退組合員の「組合」に対する求償権を定

めるものです。脱退組合員が脱退後に組合債務を弁済することは，他人の債務の弁済にあたるからです（もとより，脱退組合員が脱退後も債権者に対して債務を負い続けることを想定して，持分払戻しの際に金額面での特別の考慮がされている場合は，求償権は成立しません）。

18.7　組合の消滅——解散と清算

　組合は，解散によって消滅します。解散の効果は，将来に向かってのみ発生します（民法684条による民法620条の準用）。わが国の学説は，法人の解散における一般法人法207条と同様に，組合が解散した後も，清算手続が終了するまでは，清算の目的の範囲内においては組合が存続するものとして処理すべきだとしています。

　解散がされると，清算人のもとで組合財産の清算がおこなわれ（民法685条〜688条1項・2項），残余財産があれば，出資の価額に応じて各組合員に分配されます（民法688条3項）。

　組合の解散事由には，次のようなものがあります（民法682条）。

① 　組合の目的である事業の成功またはその成功の不能
② 　組合契約で定めた存続期間の満了
③ 　組合契約で定めた解散の事由の発生
④ 　総組合員の同意

なお，組合員が1人になることが解散事由となるかどうか（東京高判昭51・5・27判時827-58は肯定）は，個々の組合契約の解釈にゆだねられています。

　その他，やむを得ない事由があるときは，各組合員は，組合の解散を請求することができます（民法683条）。

> ❖ **内的組合**
>
> 　各当事者が出資をして共同の事業を営むものの，そのうちの1人に組合財産を帰属させ，かつ，この者にもっぱら自己の名で取引をさせる場合を，内的組合といいます。
>
> 　内的組合には組合の規定を準用するのが適切ですが，上記の特性に照らせば，組合財産に関する規律，業務執行に関する規律の一部，組合代理に関する規律については，性質上準用が認められません。

　複数のベンチャー企業や大学等の研究機関などがその技術力を活かし，協力して新しいビジネスに乗り出すような場合に選択しうる形態として，有限責任事業組合（Limited Liability Partnership. LLP と略称されます）が存在します。これは，全組合員が出資をし，全員で共同事業を営みながら，民法の定める組合とは異なり，各組合員は組合の債務について出資額の範囲でしか責任を負わない（有限責任）という形態の組合です。有限責任事業組合契約に関する法律により，民法の特例が定められています。

　有限責任事業組合は構成員が出資額による有限責任を負うにとどまる点で合同会社と共通ですが，合同会社と異なり，法人ではありません（なお，債権者保護の一環として有限責任事業組合契約の登記が求められています）。また，内部組織の形態について組合員の自律的な選択の余地が認められている点（内部自治原則）も，会社と違います（取締役や監査役などの監視機関の設置は強制されません）。さらに，損益や権限の分配も柔軟におこなうことができます。決定的な相違点としては，会社の場合には法人の事業益に対して課税されるのに対し，有限責任事業組合では，組合には課税せず，出資者に直接課税するというシステムが採用されている点（構成員課税）があります。最後の点では，概して，合同会社よりも税制面で有利です。

第19章

和　解

19.1　和解契約の意義

　和解契約とは，当事者双方が互いに譲歩して，その間にある紛争をやめることを約束する契約のことをいいます（民法695条）。ある法律関係について争いがあるときに，互いに譲歩して当事者がともに不利益を負担しあうことによって紛争の終結を図る合意です。和解契約として成立するために特別の方式を必要とするものでないことから，和解契約は，双務・有償・諾成契約です。

　裁判上の和解は，和解調書に記載されれば，確定判決と同一の効力を有します（民事訴訟法267条）。調停による和解（民事調停法16条，家事事件手続法268条）も同様です。

19.2　和解契約であるための要件

19.2.1　法律関係について「争い」の存在すること

　和解契約とされるためには，争いが存在していなければなりません（「争いなくして，和解なし」）。「争い」とは，両当事者が法律関係の存否，範囲または態様に関して対立する主張をすることをいいます。貸金債権の支払時期・残元本額について争いがある場合や，種類物売買で引き渡されるべき種類物の等級に争いがある場合などが，これです。

　「争い」の種類には制限がありませんが，次に挙げる「互譲」要件との関係

で，当事者が自由に処分できるものでなければなりません（たとえば，認知請求権は放棄を許されないから，認知請求権を放棄することを和解の対象とすることはできません。大判昭6・11・13民集10-1022)。

19.2.2 当事者が互いに譲歩すること（互譲）

　和解契約とされるためには，当事者双方が譲歩をしたことが必要です。たとえば，委任事務処理費用の償還につき，50万円を要したとする受任者と，30万円しか事務処理費用と認められないとする委任者との間で，40万円を費用と認めて委任者が受任者に支払うとの合意がされるような場合です。訴えを取り下げる旨の合意も，「勝訴の期待についての互譲」を含むといえます。

　いずれにせよ，民法は，当事者間で何らかの不利益を負担しあう関係が必要と考えて，互譲を和解契約であるための要件としたのです。当事者の一方のみが権利を放棄する場合は，たとえこれにより「争い」が止んだとしても，和解契約ではありません。世の中で示談といわれるものには，この意味で「和解」ではない合意があります。

　もとより，和解契約と性質決定されない合意も，「和解」という契約類型に該当しないというだけであって，（契約一般の成立要件・有効要件を充たせば）契約としての拘束力はあります。和解契約に適用される民法典の規律，とりわけ，後述する「合意後に反対の確証が現れても，考慮されない」との和解の確定力——その結果としての和解事項に関する錯誤規範の不適用——がこの種の合意（契約）には直ちには適用されないというだけのことです。

19.2.3 紛争終結の合意——紛争終止効

　和解とされるためには，当事者が一定の法律関係の確立を合意することが必要です。紛争終結の合意ともいわれます。

19.3 和解の効果

19.3.1 和解の確定力──不可争効

　和解契約には，和解の対象とされた事項がたとえ真実と異なっていたとしても，和解したとおりに確定するとの効果があります（和解の確定力）。

　和解の確定力は，「争い」の対象となり，それについて「互譲」により「確立」（確定）された部分についてのみ生じます。和解をするにあたり当事者が前提として争わなかった事項についてまで確定力が及ぶものではありません。

　たとえば，残代金債権額につき売主と買主の間で72万円と62万円とで主張が対立していたところ，両者が歩み寄って67万円で和解が成立したが，その後に，残代金額が62万円であるということを明らかにする書類が出てきた場合には，もはや残代金額につき当事者は争うことができません。これに対して，買主が売主から欺罔された結果としてその売買契約が締結されたものであったときに，詐欺の事実に気づいた買主が和解後にこのことを理由に契約を取り消すことや，売買目的物が他人の所有物であったことが和解後に判明したときに，買主が債務不履行を理由とする救済を主張することは可能です。後の2つの例では，詐欺の有無，売買目的物の所有権については，和解にあたり「争い」の対象となっていなかったからです。

19.3.2 和解内容と異なる確証が発見された場合──権利変動効

　上述したように，和解に確定力がある結果，和解契約により確定した法律関係と異なる「確証」が和解後に発見されたとしても，和解の効力には影響がありません。

　①　このような場合に，和解によって一方の当事者に認められた権利をこの者が有しないことを示す確証が出たときには，その権利は，和解契約に基づいてこの者（＝権利を有するものとされた当事者）に移転したものとして扱われます（民法696条）。

　たとえば，Yの登記名義となっている土地につき，真実の所有者と主張する

XとYとの間で所有権の帰属が争いとなり，協議を経て，土地の半分をX，残り半分をYが，それぞれ単独所有するものとして両者が和解したとします。その後に，この土地の所有者がYであるとの確証が出たときには，和解によりXが所有する半分の土地の所有権は，和解契約に基づいて，YからXに移転したものとして扱われます。

　②　和解によって一方の当事者にないものとされた権利をこの者が有することを示す確証が出たときには，この権利は，和解契約に基づいて消滅したものとして扱われます（民法696条）。

　たとえば，残債権額につき債権者Xは80万円と主張し，債務者Yは40万円と主張して争いとなり，協議を経て，残債権額を60万円とする和解が成立したとします。その後に，残債権額が80万円であるとの確証が出たときには，Xの債権は，20万円につき，和解契約に基づいて消滅したものとして扱われます。

19.3.3　和解と錯誤

　和解は，たとえ真実と異なっていても合意した内容で当事者間の法律関係を確定するという趣旨のものですから，錯誤（民法95条）については，特別の考慮を必要とします。錯誤を理由とする取消しを全面的に認めたのでは，和解と矛盾する結果をもたらすからです。

　①　互譲の対象となった事項自体に錯誤があった場合には，その錯誤は一切斟酌されません。たとえば，債権額について争いがある場合に，一部免除のうえで弁済するとの和解が成立したところ，その後に和解額と異なった債権額であることを示す証拠が出てきたというような場合です。これについては，上記19.3.2の説明を確認してください。また，建物賃貸借契約で，当事者間で当初の契約期間が満了した後の建物賃借権の存否について争いがあるなかで賃借権を消滅させる和解が成立したとき，賃借人の側で「自分は，法定更新制度の存在を知らなかった」として錯誤を主張することは許されないとされます（最判昭36・5・26民集15-5-1336）。

　②　互譲の対象となった事項の前提ないし基礎として予定した事項に錯誤がある場合には，争いの対象ではないから互譲も存在しません。それゆえ，錯誤の一般原則に従い，民法95条で処理することができます。和解基礎に関する錯誤ともいわれる場合です。この場合は，和解契約にあたり確実なものとして基礎

に置かれた事態が現実とは違ったものであり，その事態が知られていれば争い や不確かさが生じていなかったであろう場合には，錯誤を理由としてその意思 表示を取り消すことが可能です。ここでは，「表意者が法律行為の基礎とした 事情についてのその認識が真実に反する錯誤」(民法95条1項2号。事実錯誤)が 問題となるのであって，この事実錯誤を理由とする意思表示の取消しは，「そ の事情が法律行為の基礎とされていることが表示されていたときに限り，する ことができる」(同条2項)うえに，この場合でも，「その錯誤が法律行為の目的 及び取引上の社会通念に照らして重要なものである」こと(同条1項柱書)を 要します。

　たとえば，代金支払方法をめぐる紛争の和解にあたり，代物弁済として特選 の苺（いちご）ジャムが提供される旨の合意がされた際に，和解にあたり提供される苺ジ ャムの品質について当事者のいずれもそれが粗悪品だと考えていなかったとこ ろ，実際にはそのジャムが粗悪品であったというような場合には，錯誤の規定 の適用は排除されません(最判昭33・6・14民集12-9-1492。なお，この判決は，旧 法下の事件ですが，新法に即していうならば，物の種類・品質に関する契約不適合を理 由とする責任と錯誤取消しの主張の関係について扱った判決でもあり，旧法下で錯誤優 先説を採用した判決としても重要です。錯誤についても契約不適合についても本質にか かわる改正がされた新法のもとで，錯誤優先説が維持されるべきでないことについては， 前述6.12)。

第20章

事務管理

20.1　事務管理制度

　事務管理とは，委任その他の契約（たとえば，組合，雇用，請負，寄託，運送，仲立，問屋）または法律の規定（たとえば，親権に関する民法820条以下）によって義務を負担しているのでないにもかかわらず，他人の事務を管理する場合であって，管理者が他人のために管理をする意思を有している場合のことをいいます（民法697条）。道路に倒れている人の病院への搬送，雪山で行方不明になった知人の捜索，迷い犬の世話，隣家に届いた荷物の保管，隣家の火災の消火等様々な場合が考えられます。

　事務を管理される側の「他人」（本人）にとってみれば，本来，自己の私的生活をどのように形成し，財産等をどのように管理処分するかということは，各人の自由に属します（私的自治の原則および財産権絶対の原則）。そして，他者による介入は，この者が法律により特に授権されているか，または契約上許容されている場合でなければ，自己決定および自己支配領域への侵害であり，法的に許されないものとしての評価を下されます（利他的行為＝違法行為）。その結果，そのような介入行為は，不法行為または不当利得としての評価を下されることがあるうえに，場合によっては所有権その他の物権に対する妨害行為であると評価されて，妨害排除，妨害予防または返還請求権を発生させることにもなります。

　しかしながら，他者によるこうした介入行為が，介入された者にとって利益になる場合があります。

　（1）　そこで，民法は，一定の要件のもと，その他人の権利領域への介入行為を特別に法的に正当化しました（違法でないと評価したのです）。

（2）　そして，事務管理者に有益費用の償還に関する特権を与えました。

（3）　それとともに，およそ他人の事務の管理という利他的行為を始めた以上，その管理を継続し，かつ，善良な管理者の注意を尽くしてその管理をおこなわなければならないことを事務管理者に命じ，これに対応する権限を本人に与えました。

要するに，何らの手当てもなければ違法と評価される行為が本人の意思・利益に適合する点を捉えて，管理行為を正当化したのみならず，管理する側とされる側との間に委任に類似する特殊な債権関係（法定債権関係）をも成立させました。それが事務管理制度なのです。

20.2　事務管理の要件

20.2.1　民法の考え方

事務管理の成立要件としては，一般に，次のものが挙げられます。
① 他人の事務
② その事務の管理
③ 他人の事務を管理する義務の不存在
④ 他人のためにする意思（管理意思）
⑤ 本人の意思・利益に反するのが明白でないこと

20.2.2　他人の事務

他人の事務に関しては，条文にないにもかかわらず，客観的他人の事務，客観的自己の事務，中性の事務という分類がされています。

① 「客観的他人の事務」(客観的にみて他人の事務) であることが明らかなものは，民法697条にいう「他人の事務」に該当します。それだけでなく，「客観的他人の事務」であるときは，「本人のためにする意思」が事実上推定されます。また，「客観的他人の事務」については，たとえ管理者が自己の事務であると誤信したとしても，これによって「他人の事務」性が否定されるものでは

ありません。もっとも，この場合には，「他人のためにする意思」が欠けるとの理由で事務管理が否定されることになるでしょう。

② 「客観的自己の事務」であることが明らかなものは，「他人の事務」要件に該当しません。ほかに共同債権者がいない場合の自分自身の債権を，他人の債権だと考えて取り立てた場合が，その例です。

③ 「客観的他人の事務」とも「客観的自己の事務」とも断言しがたいもの（中性の事務）があります。薬局での医薬品の購入とか，古本屋での古書の購入などが，「中性の事務」にあたります。「中性の事務」については，知人が手を尽くして探していたから購入してやったというような場合であれば「他人の事務」となり（「主観的に他人の事務」），自分がほしかったから購入したというような場合であれば「自己の事務」となるところ，前者，すなわち，事務管理者が「他人の事務」であると考えて管理をした場合に，事務管理の成立する余地があるとされます。

20.2.3　他人の事務を管理する義務の不存在

事務管理に基づく法律関係は，管理者が「義務なく」他人のためにその事務を管理することにより，成立します。それゆえ，事務管理者と本人との間に契約または法律の規定に基づいて事務処理をする義務が存在している場合には，事務管理の問題は生じず，当該契約または法律の規定に従って処理されます。

❖ 国・地方公共団体の職務行為と事務管理 ══════════════
警察官や消防職員など国・地方公共団体の職員が職務の遂行として市民を救助する場合は，事務管理は成立しません。ここでは，救助義務が，市民の安全を保護する義務の１つとして，国・地方公共団体に課されているからです。

これと区別すべきは，たとえば，他の船舶の遭難を知った船長に課される人命救助のための行為義務（船員法12条以下）のように，法律により，私人に対して救助義務が課されている場合です。この種の救助義務は，国との関係で私人に課された行為義務（公法上の義務）であり，救助行為者が被救助者に対して負う義務ではありませんし，この種の義務を課すことにより，救助活動に伴う費用と負担を救助行為者に最終的に負担させることも，企図されていません。したがって，ここでは，行為義務を課された者が実際に救助活動をしたときには，被救助者との関係で事務管理が成立します。

20.2.4　他人のためにする意思

　事務管理が成立するためには，他人のためにする意思（管理意思）が必要です（「客観的にみて他人の事務」とされるものについては，上述したように，管理意思が推認されます）。

　このとき，管理者は，「他人」が誰かということを知っている必要がありません。およそ匿名の他人のためにする意思であれば足りるし，人に関する同一性の錯誤（たとえば，迷いこんだ犬を世話する際に，Aの飼い犬と思って世話をしていたが，実はBの飼い犬であった場合）も，契約の場合と異なり，事務管理では問題となりません。これらの場合は，実際に管理された人との関係で事務管理が成立するのです。さらに，この他人のためにする意思は，自己のためにする意思と併存していてもかまいません（たとえば，隣地の崖崩れ防止工事が自分の土地への崩落防止も目的としている場合）。

20.2.5　本人の意思・利益に反するのが明白でないこと

　通説によれば，事務管理の成立要件を記述した民法697条に明言されていないにもかかわらず，事務管理による債権関係が成立するためには，「他人のためにする意思」の存在だけでは足りず，管理行為を引き受けた時点で，その事務の管理が本人の意思および利益に反するのが明白でない場合でなければなりません。（1）本人の自己決定権・財産管理の自由はできるだけ尊重すべきであるとの思想（したがって，本人の自己決定権・財産管理権への介入は抑制的であるべきだとの思想）を基礎に据えるとともに，（2）管理開始後において民法700条が管理の継続面で本人の意思・利益に反するのが明白でないことを要求していることとの均衡から，管理開始時においても本人の意思・利益に反するのが明白でないことを要求するのが相当であると考えるからです（個人的には，このような挙げ方には疑問を感じます。上記（1）にこの要件を要求する本質があると捉えるのであれば，「その事務の管理が本人の意思・利益に適合するのが明白であること」を要件とすべきでしょう）。

　このような通説の考え方によれば，管理開始時に本人の意思または利益に反するのが明白な行為は，事務管理の成立要件を充たさず，違法な行為として評

価されます。とはいえ，この本人の意思・利益に反するのが明白でないことという要件は，自己決定・財産管理についての本人の主体性を尊重する趣旨に出たものですから，本人がこの行為を後から追認することは差し支えありません（事務管理の追認）。そして，この場合には，本人が別段の意思を表明したのでなければ，事務管理の成立を管理行為時に遡及させてよいとされています。

　もっとも，通説の立場に立ったときでも，本人の意思が公序良俗や強行法規に違反する場合には，このような意思を尊重する必要がありません。自殺を繰り返し試みる者の自殺行為を他人が阻止する場合や，自分の車を運転して帰宅しようとする飲酒者を助手席に追いやって自分が代わりに運転をする場合は，事務管理の成立を認めてもかまいません。

❖ **公共の利益への適合性？**

　　学説のなかには，他人の事務の処理が公共の利益ないし社会連帯・人類の相互扶助に有用である場合にも「社会的立場からみて価値ある行為」として積極的に承認または助長すべきことや，少なくともこの趣旨を事務管理の個々の要件の解釈に反映させていくべきことを説いたり，あるいは現行事務管理規定がこうした面に十分な配慮をせずに本人の意思・利益に偏っている点を問題視したりするものが少なからずみられます。これは，本人の意思・利益への適合性とならべて，公共の利益への適合性をも介入行為の違法性阻却事由とするドイツ事務管理法の規定（ドイツ民法683条）とそこでの解釈論の影響を強く受けたものです。

　　しかし，法律関係の形成および財産権の管理処分を可能な限り権利主体の自己決定にゆだねるという決断をした日本民法の事務管理法の解釈としては，このような異質な視点を取り込むことは無用であるように思われます。

20.2.6　要件事実からみたときの事務管理

　要件事実の実務では，20.2.1に挙げた「要件」のうち，事務管理の成立を主張する者は，①・②・④の事実につき，主張・立証責任を負います。

　これに対して，⑤の本人の意思・利益に反するのが明白でないことの主張・立証責任については，「利他的行為を原則として承認する」との観点から，事務管理であることに基づく権利の主張をする管理者ではなく，相手方である本人に負わせる見解が多いようです（このとき，⑤の要件を「事務管理の要件」とか

「成立要件」と表現するのは，おかしいことになります）。この見解を支持する立場からは，事務管理であることを主張された本人の側が，「その事務の処理が本人の意思に反することが明らかであること」や，「その事務の処理が本人に不利なことが明らかであること」を，主張・立証すべきことになります。これを受けて，管理者は，「本人がその事務の処理を追認するとの意思表示をしたこと」を主張・立証すべきことになります（これに対して，本人の自己決定権・財産管理の自由はできるだけ尊重すべきであるとの思想〔したがって，本人の自己決定権・財産管理権への介入は抑制的であるべきだとの思想〕を徹底すべきであるとの私のような立場からは，⑤に関しては，「その事務の管理が本人の意思・利益に適合するのが明白であること」を，管理者の側が主張・立証すべきである──したがって，「その事務の管理が本人の意思・利益に適合するのが明白であること」が事務管理の成立要件である──ということになります）。

　また，「他人のためにする義務の不存在」（③）については，民法学では，事務管理の「要件」とされていますが，要件事実の実務では，③について，事務管理の成立を主張する側に主張・立証責任があるとは考えられていないようです。これは，「義務がないこと」という消極的事実の証明の困難さを考慮したことによるものと思われます（このとき，事務管理の成立を否定する者の側に，「義務の存在」についての主張・立証責任が課されることになります）。

❖ 法的紛争形態と事務管理

　私人間の法的紛争のなかで事務管理が問題となる形態には様々なものがありますが，次の2つが典型的といえます（当事者をX・Yと表記します）。

　① XがYに対し，Yの不法行為によるXの権利侵害を理由として損害賠償請求したときに，Yが事務管理（または緊急事務管理〔後述 20.3.3〕）の抗弁を出す場合。ここでは，事務管理は，不法行為の違法性阻却事由ないし責任阻却事由の問題として登場します。

　② XがYに対し，事務管理に基づき，Yの事務の処理に要した費用を請求する場合。ここでは，事務管理は，債権（債務）の発生原因として登場します。

20.3　事務管理の効果

20.3.1　管理行為の効果帰属

　事務管理の要件を充たす場合には，本人と管理者との間に事務を管理し，管理される関係が生じます。そして，管理者は，委任における受任者とほぼ同一の債務を負うことになります。

　しかし，事務管理法は，管理者が第三者との間でした法律行為につき，その効果を本人に帰属させるにふさわしい権限（とりわけ，代理権）を管理者に与えること（対外的な権限付与）までもは，目的としていません。管理者に管理義務その他の義務を本人との関係で負担させるということは，対外的権限の付与に直結しないのです。

　それゆえ，たとえば，台風でこわれたYの家を修理するために，隣人のAがX工務店との間でYの名を示して工事請負契約を締結した場合のように，管理者が誰かの名を示して第三者と法律行為をした場合，仮に事務管理の要件を充たしたとしても，それは本人と管理者との間での事務管理関係を導くだけであって，法律行為の相手方との関係では，管理者の行為は無権代理となり，本人が追認しなければ，当該法律行為の効果は本人に帰属しません（最判昭36・11・30民集15-10-2629）。同様のことは，管理者がした他人の財産の処分行為についてもあてはまります。管理者が他人のためにする意思をもって他人（本人）の財産を処分したとき，これが事務管理の成立要件を充たすときも，当該処分行為の効果が直ちに本人に帰属するものではありません（このままでは，他人の権利の処分と評価されます）。この処分行為の効果が本人に帰属するためには，本人の追認が必要です（大判大7・7・10民録24-1432）。

20.3.2　本人に対する管理者の権利

　(1)　**有益な費用の償還請求権**　　管理者は，事務管理に際して本人のために有益な費用（有益費のほか，必要費をも含む概念です）を支出したときは，民法702条1項により，本人に対して，その償還を請求することができます。有益

な費用の全部償還という点は，わが民法の事務管理法が有する重要な特徴の1つです。

　有益な費用を支出した結果が本人に利益として現存しているかどうかは，民法702条1項では問題となりません。管理者は，本人に対して出捐分の償還を請求することができます。これは，「利得」の存在を基点に考える不当利得の返還請求権との大きな違いです。その際，委任の場合のような明文の規定こそないものの，管理行為を正当化して出捐の回復を許す以上，これに対する利息を付することも認めるべきでしょう（民法650条1項の類推適用）。

　(2)　**有益な債務の代弁済請求権**　　管理者が本人のために有益な債務を負担したときは，管理者は，本人に対し，自己に代わって弁済するか（代弁済請求権），または債務が弁済期にないときには相当の担保を提供するよう請求することができます（民法702条2項による委任に関する民法650条2項の規定の準用）。

> ❖ 民法702条3項の意味 ════════════════════════
>
> 　民法702条3項は，「管理者が本人の意思に反して事務管理をしたときは，本人が現に利益を受けている限度においてのみ」，費用償還義務・代弁済義務を負うと定めています。
>
> 　この規定の意味をめぐって，学説では議論がありますが，通説は，次のように理解しています。すなわち，管理行為が現実に本人の意思に反している場合であっても，本人の意思に反していることが「明白でなかった」ときには，事務管理の成立が認められます。しかし，事務管理に基づく有益費用の償還や代弁済請求が問題となる場面では，その管理行為が本人の意思に反していたとき，いくら利他的動機に出た行為によるというのであれ，自己の意思に反して他者から財産管理への介入をされた本人の不利益を考慮し，本人が現に利益を受けている限度での費用償還・代弁済義務を容認するのにとどめたのです。

　(3)　**損害賠償請求権？**　　たとえば，崖から転落した者を救護する際に自分の衣服を損傷したとか，自分も足を骨折して長期間入院したといったような場合に，事務管理者に管理行為の結果として損害（治療費，休業による逸失利益等）が生じることがあります。

　事務処理が委任契約に基づく場合には，民法650条3項があるため，受任者は，自己に過失なく損害を被ったときに，委任者に対して，この者の過失の有無を問わずに，その賠償を請求することができます（委任者の無過失損害賠償責

任。前述 16.3.5）。これに対して，事務管理では，この規定に相当するものが
ありません（民法650条3項は民法701条で準用されていないのです）。そのため，こ
うした損害を事務管理者が本人に対して請求することができるのか，それとも
自己の危険として事務管理者みずからが負担しなければならないのかが問題と
なります（なお，この場合に，「警察官の職務に協力援助した者の災害給付に関する法
律」などによる公的補償制度が存在する場合には，それによることができます）。

今日の支配的見解は，「費用」を合理的に解釈し，あるいは費用に準じる損
害として処理することで，当該事務の処理に必然的に伴う損害の賠償を認めよ
うとしています。

（4） 報酬請求権？　　商法792条，遺失物法28条，水難救護法12条などには，
事務管理者の報酬請求権を定めた規定があります。これらの規定の趣旨を事務
管理全般にも妥当させることは適切でしょうか。

事務管理が利他的動機に基づく行為である点を強調する場合には，すべての
場合に報酬請求権を認めることは，かえって不当な結果を招くことになります。
しかし，そうはいいながらも，事業としておこなわれるような事務管理におい
ては「定型化された費用」として報酬請求を認めるべきであるとする見解や，
社会通念に照らすと当該状況のもとでは事務管理の引受けが有償でしか期待で
きないような場合には，報酬請求権を費用と別個に認めるべきであるとする見
解が主張されています。

20.3.3　本人に対する管理者の義務

（1） 事務処理義務　　事務管理の成立が認められる場合には，善良な管理者
の注意をもって事務処理にあたる義務が管理者に課されます（民法698条の反対
解釈。委任に関する民法644条と同じ結果になります）。

例外的に，本人の身体，名誉，財産に対する急迫の危害が存在している場合
には，事態の緊急性に対応した迅速な処理の必要性から，民法は，管理者が責
任を負う注意義務の程度を軽減しています（緊急事務管理といわれます）。この
場合には，管理者は，悪意・重過失の場合にのみ，損害賠償責任を負うにとど
まります（民法698条）。瀕死の重傷を負って意思表示をすることができない状
況で搬送された生命の危機が迫っている救急患者を手術した医師の責任が問題
となるような場面が，その例です。

(2)　管理開始の通知義務　　民法699条本文は，管理者に，本人に対して管理開始を通知すべき義務を課しています。管理者の独断専行を排除し，本人の自己決定の機会を確保することが，この規定の本来の目的ですが，同条本文は，これにより本人の意思を確認する機会を管理者に与えるという副次的な機能も有しています。通知義務の違反は，管理者の損害賠償義務を導きます。

　なお，本人が既に事務管理の事実を知っている場合は，通知義務が課されません（同条ただし書）。

　(3)　管理継続義務・中止義務　　管理者は，いったん事務の処理を開始した以上，本人，その相続人または法定代理人が管理をすることができるようになるまで，事務処理を継続しなければなりません（民法700条本文）。いったん開始した事務処理を途中で管理者の都合で中止したのでは，本人に不利益が生じるおそれがあることを考慮したものです。

　しかし，管理の継続が本人の意思に反することや，本人の不利になることが明らかになったときは，管理者は，直ちに管理を中止しなければなりません（同条ただし書）。

　(4)　委任の規定の準用に基づく義務　　民法701条は，委任に関するいくつかの規定を事務管理に準用しています。その結果，管理者には，①事務処理の状況を報告し，②事務処理終了の後に顛末を報告する義務のほか，③事務処理にあたって受け取った金銭その他の物を本人に引き渡し，自己の名で取得した権利を本人に移転する義務を負います（民法645条・646条）。さらに，④管理者が本人に引き渡すべき金銭を自己のために消費した場合には，消費した日以後の利息を付して本人に支払わなければならず，さらに損害があるときは，その賠償もしなければなりません（民法647条）。

20.4　準事務管理

　たとえば，事務管理者が他人の所有する商品を自己の才覚で勝手に通常よりもはるかに高い値段で売り払い，その代金を手にしているというように，他人の事務を管理したものの，自己のためにする意思でおこなった場合には，そもそも利他的動機に出た行為といえず，20.2.1で述べた事務管理の要件を充たしません。

このような場合には，事務管理者による介入行為は正当化されず，管理者と本人との間は，不当利得および不法行為の規定によって処理されることになります。しかし，本人に損害が発生していないときには不法行為に基づく損害賠償請求権によることはできませんし，不当利得の返還を求めようとしても，そこで回復が認められるのは客観的な価値相当額が上限となります。いずれの制度によったとしても，管理者が獲得した利益を吐き出させるのには限界があります。比ゆ的ないいかたをすれば，管理者の侵害し得を容認することにもなってしまうのです。

　そこで，このような場合に，管理者がその才覚により獲得した利益をも吐き出させるため，ドイツやスイスの制度を参考にして，他人の事務を管理したものの，自己のためにする意思でおこなった場合を事務管理になぞらえ，**準事務管理**と称して処理し，民法701条の規定を準用（類推）することによって——受領物返還請求権（民法701条による民法646条の準用）を介して——悪意・重過失の管理者のもとから利益を吐き出させようとする見解が唱えられています。さらに，管理者と本人の関係を事務管理に準じる関係と捉えることにより，両者の法律関係に事務管理に関する他の規律も準用されることにもなります。

　もっとも，準事務管理の理論に対しては，かつては，利得を吐き出させるために不法行為の損害概念や不当利得の損失・利得概念を柔軟に解釈することで妥当な結果を導くことができるとの批判的見解が主張されました。今日では，このような安易な感覚に出た批判は後退しつつありますが，これに代わり，準事務管理が問題となる局面は特別法で対処されているということを持ち出し，準事務管理を民法の一般理論のレベルで説く意味を疑うものが増えています。

　たしかに，準事務管理が対象としているもっとも重要な場面である知的財産権の侵害，すなわち，他人の特許や著作権を無断で利用して莫大な利益を上げたような場合については，知的財産に関する諸法で損害賠償に関する特別の規律が設けられ，権利者本人の保護が図られています（特許法102条，著作権法114条など）。それでも，知的財産権へのフリーライドを抑止するうえでこれらの規定の不十分さが指摘されており，一般理論レベルで利得の吐き出しが可能かどうか，そのための制度が必要かどうかを検証する意義は，今日なお失われていないように思われます。また，準事務管理構成をとることにより，事務管理に関する規律を準用することが，管理者と本人との間の関係を適切に処理することになる場合もあるでしょう（報告義務，有益費用償還請求権など。なお，準事

務管理構成のほかには，アメリカ法の擬制信託〔constructive trust〕の考え方を参考に，管理者と本人との間に信託関係を認めるべきであるとする見解があります。また，不法行為を理由とする「損害」賠償として利益の吐き出しを認めるべきであるとする見解もありますが，「損害」の発生を要件としないで「損害賠償請求権」としての利益吐き出し請求権を肯定するのは，わが国の損害賠償法の体系に合いません。損害発生の証明を回避しつつ利益吐き出しを認めたいのであれば，別の法律構成によるべきでしょう）。

第21章

不当利得制度

21.1　不当利得の意義

　不当利得の制度は，ある者がある利益を保持しているけれども，その者（受益者）による利益の保持が法的に正当化されない場合（＝法律上の原因のない利得＝不当利得）に，この利益を本来保持すべき者に返還すべき義務を受益者に負わせる制度です。不当利得については，民法703条以下が規定していますし，このあとで触れるように，他の箇所にも不当利得に関する規定があります。

　もっとも，ひとくちに法律上の原因のない利得＝不当利得といっても，そこには，次のように，様々なタイプのものがみられます。

　［例１］　Ａは甲土地を所有しています。甲土地上に，１年前からＢがトラックを駐車するようになりました。Ａは，Ｂに対し，トラックを止めないように要請するとともに，１年間の甲土地の利用料相当額として，近隣の駐車場相場から算出した36万円の支払を請求しました。

　［例２］　Ａは，Ｂ銀行に300万円の普通預金をしています。Ａの弟Ｃが，Ａのキャッシュカードを勝手に持ち出し，Ｂ銀行のATMから300万円を引き出しました。このことに気づいたＡは，Ｃに対して300万円を自分に渡すように求めました（最判平16・10・26判時1881-64。民法478条との関係でも重要な判決です）。

　［例３］　ＡがＢに，甲土地を2000万円で売りました。ところが，この売買契約は，ＡがＢを騙して，甲土地を市価の４倍の値段で売り渡したものであることが判明しました。既に代金は支払われ，甲土地の引渡しと所有権移転登記も終えています。Ｂは，詐欺を理由に売買契約を取り消し（民法96条１項），Ａに対して2000万円の返還を請求しました。

　［例４］　Ａ社の取引先には，ＢとＣが含まれています。Ａ社の従業員がＢ

に対する未払代金300万円をＢの預金口座に振り込むべきところ，間違ってＣの口座に振り込んでしまいました。300万円は，既にＣによって引き出されています。Ａは，Ｃに対して300万円の返還を請求しました。

　［例5］　Ａは，甲土地を自己の所有地であると信じて5年間耕作してきました。ところが，甲土地は自分の所有地だと主張するＢが現れ，裁判で争ったものの，Ｂ勝訴の判決が確定しました。Ａは，この間，甲土地の土壌改良に100万円を支出しています。Ａは，Ｂに，この費用100万円の支払を請求しました。

　［例6］　Ａは，Ｂから300万円を借りています。Ａの叔父であるＣは，Ａに代わって300万円をＢに支払いました。その後，Ｃは，Ａに，300万円を支払うように請求しました。

21.2　不当利得制度の基本

21.2.1　「利得」を中心とした制度設計

　不当利得制度は，受益者の利得を中心として事態を捉え，受益者のもとでの財産の増加（利益の保持）を否定的に評価し，これを正常化することをめざしています。この点で，不当利得制度は，被害者の損害を中心として事態を捉え，被害者に被った損害の填補をめざす不法行為制度（民法709条以下。詳しくは，『債権各論Ⅱ』を参照してください）とは，異なった視点に出るものです。

21.2.2　原　則──受益の全部返還

　ある利得が法律上の原因のない利得と評価されるとき，受益者が受けた利益は全部返還しなければなりません。これが原則です。

21.2.3　原則の修正──「利得消滅の抗弁」と「加重責任」

　しかし，民法は，その一方で，①民法703条を設け，善意の受益者は利益の

存する限度での返還（＝現存利益の返還）で足りるとし（利得消滅の抗弁），②さらに続けて，民法704条を設け，悪意の受益者には，受益の返還のみならず，利息と損害賠償の支払を命じています。

① 　民法703条が善意の受益者の返還義務の範囲を現存利益に限っているのは，次のような考慮に出たものと考えられます。すなわち，善意の受益者は，問題の利益が自分自身に属するものであると信じて使用・収益・処分をするでしょうから，民法は，このような善意の受益者の信頼を保護するために，現存利益の返還で足りるとしたのです。

② 　民法704条が悪意の受益者に対し利得の全部返還に加え，利息の支払まで命じているのは，次のような考慮に出たものと考えられます。すなわち，悪意の受益者は他人の保持すべき利益が法律上の原因なしに自己の領域に存していることを認識している以上，自己の領域内にある利益について生じた減少のリスクについては，みずからが負担すべきであって，損失者にこれを転嫁してはなりません。それゆえ，悪意の受益者は，受けた利益の全部を返還しなければならないのです。また，悪意の受益者は，利益の管理についても，他人の財産に対するのと同様の注意を尽くしておこなうべきです。それゆえに，悪意の受益者には，利得の全部返還だけでなく，利息の支払も命じられるのです（なお，民法704条にいう「利息」が本来の意味での「利息」か，それとも「遅延利息」かについては争いがあります。関心のある方は，詳しめの体系書・注釈書で確認してください）。

❖ 民法703条・704条の守備範囲
　民法703条・704条の規定がすべての不当利得事例に適用されるべきものかどうかについては，議論があります。少なくとも，双務契約において双方の給付が履行ずみの場面で不当利得の返還が問題となるときには，民法703条の定める「利得消滅の抗弁」が妥当すべきでないというのが，旧法下の学説の主流でした。新法については，23.5.1で述べます。

21.3 不当利得制度の本質

21.3.1 衡平説（公平説）

　わが国では，ドイツでの議論の影響を受け，不当利得制度が何を目的とした制度かをテーマにした議論がおこなわれてきています。

　大まかにいえば，当初は，衡平説（公平説）と呼ばれる立場からの説明がされてきました。この考え方によれば，不当利得制度は，利得者・損失者間での財産上の均衡を図り，衡平（公平）の理想を実現する制度だとされます。そして，このことを具体化するにあたり，「不当利得制度は，形式的・一般的には正当視される財産的価値の移動が，実質的・相対的には正当視されない場合に，衡平（公平）の理念に従ってその矛盾を調整することを目的とした制度である」と表現するのです。

　このような基本的な認識のもとで展開された衡平説は，次のような特徴を持っています。

　①　衡平説は，不当利得が問題となる様々な局面において，衡平の観点から受益者による利得の保持が正当化されない場合を一括し，統一的に処理します。要件・効果も，すべての不当利得に共通のものとして，統一的に立てるのです。その反面，受益者のもとでの利益の保持を正当または不当とする「法律上の原因」が何かという点に由来する質的違いを重視しません。21.1 にあげた各種の例も，すべて共通の法理のもとで取り扱われます。

　②　衡平説のもとでは，不当利得制度の補充性が強調されます。すなわち，ある財産的価値の移動が「形式的・一般的に」正当視されない場合，つまり，実定法上の他の諸制度（物権法上の諸制度や契約法上の諸制度など）により調整可能な場合には，それらの制度によって処理されるべきであって，不当利得制度が利用される余地はありません。他の制度によって調整できないが，受益者のもとでの利益の保持が衡平（公平）に反すると考えられる場合にはじめて，不当利得制度による調整がおこなわれるのです。

　③　上記②の帰結として，衡平説からは，不当利得制度が，実定法上の他の諸制度の上位に君臨し，これら諸制度で達成することのできない結論を導くた

めの制度（より高次の正義を実現するための制度）として位置づけられます。

❖ 衡平説と不当利得の要件事実 ══════════════════════════════

　衡平説の立場からは，不当利得返還請求の請求原因（返還請求をする者が主張・立証責任を負うもの）は，次の4つの事実であり，しかも，これはすべての不当利得事件に共通するものとして捉えられます。ここでは，返還請求をする者をX，その相手方をYと表記します。

　①　Yが利益を受けていること（受益。財産総額の増加）

　②　Xが損失を受けていること（損失。財産総額の減少）

　③　Yの受益が，Xの財産または労務に由来するものであること：受益と損失の因果関係──社会観念上の因果関係（社会観念に照らせば受益と損失の間に連絡があると認められる関係があれば足ります）

　④　Yの受益に法律上の原因のないこと

　後述する類型論は，まさに，このような要件事実の理解に（も）批判の目を向けています。

21.3.2　衡平説に対する批判

　しかしながら，衡平説に対しては，今日では，次のような批判が強く出されています。

　①　衡平説は，「形式的・一般的には正当視される財産的価値の移動が，実質的・相対的には正当視されない場合に，衡平（公平）の理念に従ってその矛盾を調整する」といいます。しかし，この定式は，物権行為の無因性（「債権契約の無効は，このもとでおこなわれる物権契約の効力に影響を及ぼさない」との原則。詳しくは物権法の教科書を参照してください）を採用しているドイツにおいて，「原因行為である債権契約が無効であるにもかかわらず，物権契約が有効であるために移転したままになっている所有権の返還を不当利得の法理により実現させる」という場面を想定したものです。これに対して，わが国では，物権行為の無因性は認められていません。したがって，上記の定式の説明は，わが国では妥当しません。そればかりか，この公式は，その余の不当利得事件には妥当しないのです。

　②　不当利得法の適用に際して，「衡平」は，判断基準として機能していま

せん。「衡平」の理念から，直ちに利得の調整に関する結論が導かれるわけではありません。むしろ，財貨の移転や帰属の基礎となった法律関係（＝法律上の原因）を考察することによってはじめて，不当利得としての返還の可否が決定されるのです。

③　不当利得法が他の一般実定法に比して優越するものと捉え，一般実定法を修正する高次の法と位置づけるのは，間違っています。不当利得制度も他の実定法上の諸制度と同次元の存在なのであって，互いに機能を分担しあっているだけです。

21.3.3　類型論

現在のわが国の不当利得学説は，衡平説がもつ上記の問題点を指摘し，不当利得制度の統一的理解を放棄し，衡平の理念を強調することも否定したうえで，利得をもたらした「法律上の原因」の解明を通じて，不当利得が問題となる場合を類型化しようとします。この考え方はドイツの不当利得学説を基盤に展開されたものであって，類型論と称されます。

類型論を支持する学説によれば，不当利得が問題となる場合には，性質を異にする複数のタイプのものがあります。ここで，「受益者による利得の保持が法的に正当化されないのは，なぜか」という点に踏み込んで不当利得制度を捉えようとすると，法的に正当化されない理由（＝受益に法律上の原因がないことの理由）には様々なものがあるのに，異質なものを統一的に処理することには問題があることがわかります。

そもそも，受益に法律上の原因がない場合の利得返還を目的とした不当利得制度は，財貨帰属・財貨移転の秩序を基礎づける法律関係（＝法律上の原因）が法的に承認されない場合を規律するものです。それゆえ，利得の保持を正当化する制度・規定の目的ないし根拠を考察することによってはじめて，不当利得としての返還の可否およびその内容（さらに，要件事実）が決定されるというものです。

このような理解から，類型論は，不当利得が問題となる局面を，利得を生じさせた原因（＝法律上の原因）に注目することで類型化し，侵害利得・給付利得・費用利得・求償利得へと区分し，処理しています（費用利得と求償利得は，支出利得としてまとめられることも少なくありません）。

①　侵害利得とは，ある利益が法秩序によって特定の人に帰属すべきものとされている（＝その人に利益保持の権原がある）ところ，利益の帰属について権原を有しない者（受益者）にその利益が帰属しているため，受益者の利益保持が「法律上の原因」を欠き，法秩序によって正当化されないという場合です（[例1]・[例2]）。

②　給付利得とは，特定人から特定人（受益者）に対して給付がされたところ，その給付の原因となった法律関係が存在していなかったために，受益者の給付利益の保持が「法律上の原因」を欠き，法秩序によって正当化されないという場合です（[例3]）。

③　費用利得とは，ある者の財産または労働が他人の財産に投下されたことによって，その他人の財産が増加したところ，その他人（受益者）のもとでの財産の増加が法秩序によって正当化されないという場合です（[例5]）。

④　求償利得とは，ある者が自己の支出において他人の債務を弁済したときに，この他人（受益者）が債務からの解放という利得を得ていることを捉えて，弁済者からこの者への利得の償還を求めるという場合です（[例6]）。

なお，類型論を支持する論者は，それぞれの不当利得類型を決定する諸因子と衡量過程を描き出す作業を試みています。そして，すべての不当利得に妥当する統一的な要件・効果を用意するのではなく，それぞれの類型ごとに異なった要件・効果を設定していくのです。

❖ 箱庭説＝法体系投影理論

　類型論は，「法律上の原因」を欠くために正当化できない財貨の帰属・移転の調整に，不当利得制度の核心をみます。すなわち，「法律上の原因」が存在しないとされる根拠が何であるかという点に着目して，不当利得の類型化を図るものです。しかし，この点に注目するならば，類型論自体もまた実は不徹底であり，むしろ，「法律上の原因」を基礎づける財産法の体系全体が不当利得法の体系（とりわけ，「法律上の原因」の有無に関する判断）に投影されているとの観点から不当利得法を再構成していくのが，あるべき理論発展の方向であるともいえそうです（箱庭説＝法体系投影理論）。

21.3.4　民法の考え方——著者の見方

　新法は，次のように，類型論を基礎に据えた不当利得の体系を基礎に据えています。

　①　費用利得については，民法は，これが生じるほとんどの場面について，個別に規定を設けて処理をしています。すなわち，契約関係から生じる費用負担に関しては，使用貸借における費用の負担を定めた民法595条，賃貸借における必要費・有益費の償還請求権を定めた民法608条，委任における費用償還請求権を定めた民法650条（民法665条で寄託に準用）などの規定があります。また，事務管理に関しては，有益費用償還請求権（民法702条）の規定があります。さらに，契約外での費用利得については，所有者・占有者間での必要費・有益費の償還請求権を定めた民法196条や，留置権者の必要費・有益費の償還請求権を定めた民法299条の規定があります。このように，費用利得については，費用負担とその償還という観点からの類型的処理が採用されています（第24章の章末囲み記事を参照してください）。

　②　求償利得についても，これが生じるほとんどの場面について，個別に規定を設けて処理をしています。連帯債務者間における求償に関しては民法442条以下，保証人の求償権に関しては民法459条以下，さらには求償全般にかかわるものとして，事務管理に関する有益費用償還請求権（民法702条）などです。このように，求償利得についても，他人の債務を履行するための支出とその償還という観点からの類型的処理が採用されています。

　③　給付利得については，民法は，給付利得一般について，（i）受益者は原状回復義務を負うこと，（ii）原状回復義務の内容として，原物返還が原則であり，それが不能の場合には価額返還となること，（iii）給付利得の返還範囲について，受益者の善意・悪意は問題とならないことを基礎に据えています。無効・取消しの場合の原状回復に関する民法121条の2第1項や（直接効果説をとった場合の）解除に関する民法545条は，このことを明らかにした規定であるといえます（詳細については，第23章を参照してください）。なお，民法705条から民法708条までの規定は，給付利得に関する特則であり（第24章を参照してください），また，利得消滅の抗弁（現存利益の返還）を認めるいくつかの規定（後述23.5.3）は，上述した給付利得の基本ルールに対する例外ルールです。

④　このようにみたとき，民法典が「不当利得」の節において設けている民法703条・民法704条の規定は，もっぱら，侵害利得の類型について妥当する──給付利得・費用利得・求償利得には適用されない──とみるのが適切でしょう。あわせて，民法典が採用している不当利得の体系は，もはや（新法のもとでは）衡平説では説明のつかないものとなっていることに留意する必要があるでしょう。

❖ **多当事者間での不当利得と衡平説**

　判例により多当事者間での不当利得が認められる場面（民法には不当利得としての観点からの個別規定はありません）では，衡平説の枠組みが採用されています。「不当利得制度は，形式的・一般的には正当視される財産的価値の移動が，実質的・相対的には正当視されない場合に，衡平（公平）の理念に従ってその矛盾を調整することを目的とした制度である」との考え方が，多当事者間での不当利得が認められる場面で活用されているものといえます（第25章を参照してください）。

第22章

侵害利得

22.1　侵害利得の意義

　侵害利得は，ある利益が法秩序によって特定の人に帰属すべきものとされている（＝その人に利益保持の権原がある）にもかかわらず，利益の帰属について権原を有しない者（受益者）にその利益が帰属しているため，受益者の利益保持が「法律上の原因」を欠き，法秩序によって正当化されないという場合です。他人の財貨からの利得ということもできます。

　他人の土地を無断利用した場合，債権者でない者が債権者と称して債務者から債権の弁済を受けた場合，不存在の抵当権が実行されて抵当権者が抵当不動産から被担保債権の満足を得た場合などが，侵害利得の例です。ここでは，受益者のもとにある利益を本来の利益帰属主体（上記の例では，それぞれ，土地の所有者，債権者，抵当不動産の所有者）に回復することが，不当利得制度の目的とされているのです。

　❖ 付合・混和・加工に伴う償金請求と侵害利得 ════════════
　　侵害利得の返還が問題となる場面の1つとして，添付における償金請求（民法248条）があります。ここでは，付合・混和・加工などにより1個の物ができあがった結果として，法律の規定（民法242条以下）に基づき合成物・混和物・加工物の所有権を取得した者（Y）に対し，これにより損失を被った者（X）が償金請求をすることができます。添付によりYの得た利益（金銭的価値）がXの権利に由来していると捉えることで，Xの損失（金銭的価値）を受益者Yに負担させているのです。民法248条が「第703条及び第704条の規定に従い，その償金を請求することができる。」というのは，この意味で理解すべきです。

　執行手続において誤った配当表が作成されたものの，配当期日において配当異議の申し出がされなかったためにこの配当表に従って配当がされた場合において，配当異議の申し出をしなかった債権者は，その後に，実体法上の権利に即してみたときに多額の配当を受けた債権者に対して，「自分がより多く配当を受け，相手方はより少ない配当を受けるべきであった」と主張し，不当利得を理由として，みずからが配当を受けることができなかった金銭相当額の返還を求めることができるでしょうか。配当異議の申し出をしなかったことによって手続法上の失権効は生じるものの，このことが直ちに実体法上の失権効を生じさせるものではありません（異議の申し出なく作成された配当表に従って実施された配当は，配当金の帰属を確定するものではありません）。したがって，実体法上の問題は，民法の不当利得（侵害利得）の問題として，別途に論じられるべき問題です。

　この問題に関して，判例は，不当利得返還請求をするのが抵当権者である場合と，一般債権者である場合とを区別し，(a) 抵当権者は，抵当権の効力として抵当不動産である執行目的物の代金から優先弁済を受ける実体法上の権利を有するから，債権または優先権を有しない債権者が配当を受けたときには，抵当権者には優先弁済権を害されたことによる「損失」があるのに対して，(b) 一般債権者は，債務者の一般財産から債権の満足を受けることができる地位を有するにとどまり，特定の執行目的物について優先弁済を受けるべき実体的権利を有するものではないから，他の債権者が配当を受けたために自己が配当を受けることができなかったというだけでは「損失」があるとはいえないとして，抵当権者からの不当利得返還請求は認めるものの，一般債権者からの不当利得返還請求は認めないとの立場を採用しています（抵当権者につき，最判平3・3・22民集45-3-322。一般債権者につき，最判平10・3・26民集52-2-513）。(a) では優先弁済が保障された債権の価値の帰属侵害，(b) では責任財産への支配力の侵害が問題となる点で，違いがあります。

22.2　物権的返還請求権との機能面での類似性

　侵害利得の返還請求権は，法秩序により所有権その他の財貨帰属権原をもつ者に割り当てられるべきものとされている価値が他の者（受益者）に帰属しているときに，法秩序が本来の利益帰属主体に不当利得返還請求権を与えることによって，この価値を利益帰属主体に回復（財貨帰属割当ての回復）させることを目的としています。

この点で，侵害利得の返還請求権は，物権的返還請求権に類似する機能を営みます。

このことは，侵害利得の返還請求権の要件事実にも反映します。

たとえば，Xの所有する物（甲）をYが占有しているとします。このとき，所有権に基づき甲の返還をYに請求するXは，請求原因として，①甲の所有権がXにあること（甲についてのXへの権利帰属）と，②甲をYが占有していることについて主張・立証責任を負います。

侵害利得の場合にも，これと同様の構図で要件事実を捉えるのが適切です。

たとえば，Xの所有する物（甲）をYが無断利用しているとします。このとき，不当利得に基づき甲の客観的利用価値（周辺地域の相場に即して確定される賃料相当額）の返還をYに請求するXは，請求原因として，①Yの受益（＝甲の客観的利用価値〔その額〕）と，②Yの受益がXに帰属すべきものであること（甲の客観的利用価値についてのXへの権利帰属）について主張・立証責任を負うのです（「受益」要件が物権的返還請求権の場合のYの占有に，「Xへの権利帰属」要件がXの所有に，それぞれ対応するのです）。

22.3　物権的返還請求権との競合問題

所有物が他人により不当に占有ないし侵奪され，所有者がこれを利用できないというような場合には，原物の返還を欲する所有者は，自己に帰属している所有権に基づく返還請求権（物権的返還請求権）を行使することにより，正常な財貨帰属状態を回復することができます。

このように，原物返還が問題となる局面では，物権的返還請求権によるべきであって，不当利得に基づく返還請求権は行使の余地がありません。物の滅失・損傷により物権的返還請求権が行使できないときにはじめて，不当利得（侵害利得）を理由とする価値返還請求権が成立するのです。所有権侵害以外の財貨帰属割当ての侵害事例においても，これと同様です。

いわば，財貨帰属の回復に関しては，物権的返還請求権が特別法，侵害利得の返還請求権が一般法という関係に立つのです。

ちなみに，衡平説の立場からは，不当利得返還請求権の補充性ゆえに，原物返還が可能なときは，不当利得返還請求権が認められるべきではないとするの

が一貫します。

22.4 侵害利得に基づく不当利得返還請求と請求原因

侵害利得に基づく不当利得返還請求をする権利者は，22.2で述べたように，請求原因として，次の事実について主張・立証責任を負います。原告をX，被告をYと表記します。

① Yの受益（およびその額）
② この①の受益がXの権利に由来するものであること（この受益がXに割り当てられるべきものであったこと）

ここから明らかなように，侵害利得の場面では，2当事者間の利得返還に関する限り，Xの損失は請求原因に挙がってきませんし，受益と損失との因果関係も独自の意味をもちません。侵害利得では，損失要件と因果関係要件とは，問題の利益が本来割り当てられるべき者が誰かを確定するための意味しか持ち得ないのです。そして，2当事者間の利得では，当事者の確定問題は，②の「Xへの権利帰属」の要件事実に吸収されてしまうのです。したがって，①・②の要件事実と別に「Xの損失」だとか，「Yの受益とXの損失との間の因果関係」だとかいったものを独立の要件事実として挙げる意味がありません。

また，侵害利得では，「法律上の原因の欠如」という事実も，請求原因を構成しません。むしろ，「法律上の原因の存在」(占有正権原，所有権の即時取得・取得時効など) は相手方の主張・立証すべき抗弁だと考えられています。その理由は，主として，次の2点に求められています。

第1に，証明の対象として「法律上の原因がなかったこと」ということを挙げたとき，このような「なかったこと」という事実 (消極的事実) が証明されたといえるためには，蓋然性のあるあらゆる法律上の原因を取り上げてその存在をすべて否定できるのでなければなりません。しかし，このような「利得を論理的に正当化できるすべての法律関係の不存在」という消極的事実を証明せよというのは無理を強いることになるのであって，むしろ，「現実に利得を正当化しうる特定の法律関係の存在」を利得返還義務者が抗弁として提出し，それを個別的に吟味したほうがよいというのです。

第2に，有体物が消費された場合に物権的請求権が不当利得返還請求権に転

ずることがあるという点で物権的請求権と不当利得返還請求権とが機能的に連続する点と，財貨帰属の確保という点でこの2種の規範が担う機能が同質である点に鑑みれば，物権的請求権で「法律上の原因の存在」が請求相手方の抗弁事由として位置づけられているのと同様に，侵害利得での不当利得返還請求権においても，これを請求相手方（返還義務者）の抗弁事由として位置づけるのが適切であるというのです。

22.5　相手方の抗弁（その1）
――受益についての権原喪失（権利の喪失）

侵害利得に基づく不当利得返還請求において，請求の相手方（Y）は，様々な抗弁を提出することができます。ここでも，原告をX，被告をYと表記します。

その1つは，原告（X）が問題の利益を保持できる権原を失ったという**権利喪失の抗弁**です。

侵害利得が問題となる場面では，問題の利益の帰属がXに割り当てられるべきであるから，Xの不当利得返還請求が正当化されるのです。そうであるならば，不当利得返還請求を受けたYとしては，受益がXに帰属しないこと，すなわち，Xが当該受益についての権原を喪失したこと（たとえば，Xが目的物〔甲〕をAに売ったこと，甲を誰かが即時取得〔民法192条〕もしくは時効取得〔民法162条・163条〕したことによるXの所有権喪失，添付〔付合・混和・加工〕によるXの所有権喪失〔民法242条以下〕）を主張・立証することにより，Xからの不当利得返還請求を阻止することができます。

22.6　相手方の抗弁（その2）――他人の物の利用についての
占有正権原（法律上の原因の存在）

侵害利得として物の利用価値の返還が問題となっている場合には，不当利得返還請求を受けたYは，その物の利用価値が自己に帰属することを正当化できる権原，すなわち**占有正権原**（たとえば，その物の賃借権，使用借権）を主張・立証することにより，Xからの不当利得返還請求を阻止することができます。

22.7 相手方の抗弁（その3）──利得消滅

22.7.1 善意受益者の利得消滅の抗弁

21.2.3で述べたように、民法は、善意の受益者について、債権者からの不当利得返還請求に対し、返還すべき利益がもはやみずからのもとに現存していないとの抗弁を出すことを許しました（民法703条）。この条文については、しばしば「善意者は、現存利益のみを返還すればよい」というように表現されますが、不当利得では利得全部返還が原則であって、利得消滅は受益者の側が主張・立証責任を負担する抗弁事由と捉えるべきですから、現存利益の返還というよりは、利得消滅の抗弁というほうがよいでしょう。

また、受益者が当初善意であっても、その利得に法律上の原因がないことを認識した後には、受益者は、それ以後は悪意の受益者として扱われます。したがって、その認識後の利得の減少ないし消滅は、不当利得返還義務の範囲を縮小させない点に注意が必要です（最判平3・11・19民集45-8-1209）。

22.7.2 出費の節約と利得消滅

ただし、受益者の手元に利益が現存しないようにみえても、受益者に出費の節約が認められる場合、すなわち、本来であれば自己の財産から支出することでその財産が減少したはずのところを、獲得した利益をこの出費にあてることにより自己の財産からの支出をせずにすんだという場合には、利得消滅の抗弁は認められません。他人の燃料を自分のところの暖房用燃料として用いることで出費を浮かしたというような場合です。ここでは、「減るはずの財産が減らずに残っている」という意味で、利得が現存しているのです。

22.7.3 利得の消滅と主張・立証責任

上述したように、利得が消滅したということは、不当利得返還請求を受けた受益者の側が抗弁として主張・立証すべき事実です（前掲最判平3・11・19〔Y

から約束手形の取立委任を受けた X 銀行が、その手形の支払があったものと誤信して Y の預金口座に入金処理をしたうえで、Y からの払戻請求に応じたところ、その 3 時間後に、この手形が不渡りとなっていることが判明した事案〕も、利得が現存しないことの立証責任を受益者側に負担させています）。

次に、多数説によれば、受益者は、みずからの善意を主張・立証する必要はありません。民法703条の文言上、善意は要件となっていないからというのが、その理由です。多数説によれば、むしろ、不当利得の返還を求める側が、再抗弁として、受益者の「悪意」を主張・立証すべきことになるのです。

しかし、利得の全部返還が原則であるとしたうえで、利得消滅の抗弁を出せる理由を 21.2.3 で述べたように善意の受益者の信頼保護に求めるのであれば、みずからの信頼の保護を求める受益者がみずからの善意を主張・立証すべきであると考えるほうが、理論的に筋がとおっています。

なお、学説の一部では、ここでの「善意」を「善意無過失」の意味で捉えるべきであるとの見解が、有力に唱えられています。

22.8　相手方の抗弁（その 4 ）──消滅時効

不当利得返還請求権も消滅時効にかかります。時効期間は、客観的起算点、つまり、権利を行使することができる時、侵害利得の場合は、利得が受益者に帰属した時から10年、主観的起算点、つまり、権利を行使することができることを権利者が知った時、侵害利得の場合は、利得が受益者に帰属していることを権利者が知った時から 5 年です（民法166条）。

もっとも、侵害利得に基づく不当利得返還請求が問題となる事例では、同時に、不法行為に基づく損害賠償請求権も成立する場合が少なくありません。たとえば、他人の土地を無断で資材置き場として利用したような場合には、土地の使用価値を権原なく手に入れたという観点からは、平均的な賃料相当額を不当利得に基づき返還請求することができますが（侵害利得）、同時に、他人の土地所有権を故意・過失により侵害したという観点からは、平均的な賃料相当額の損害を被ったとして不法行為に基づき損害賠償請求することができます（故意・過失による権利侵害。民法709条）。このとき、不法行為に基づく損害賠償請求権は、被害者が損害と加害者を知った時から 3 年または行為の時から20年で

時効消滅します（民法724条）。その結果，どちらの法律構成で請求をしていくかにより，権利の存続期間が違ってくるのです。ここで両請求権の間での調整が必要かどうか，調整するとしてどのように調整すればよいかという問題は，（他の問題群とともに）請求権競合というテーマのもとで扱われます。ただし，初学者が手を出すのにふさわしいテーマではありません。このような問題が絶えず生じてくるということを記憶にとどめたうえで，学習が進んだ段階に至ってから考えてみてください。

22.9　返還されるべき利得（その１）
―――原物返還不能の場合

22.9.1　原物返還の原則と客観的価値の返還

　他人の財貨の帰属が侵害されている場合に，利得者の手元に原物が存在している場合には，これを債権者に返還させるのが原則です。これにより，財貨の帰属秩序の回復をもっとも有効に達成することができるからです。

　もっとも，所有者の動産・不動産を「法律上の原因」なしに無権利者が占有しているような場合には，原物返還は，物権的返還請求権によって達成することができます。そして，この場合には，財貨帰属の秩序を担当する物権を保障するため，法秩序が権利主体による物の支配を第三者に対して実現するための強力な手段として物権的返還請求権を承認し，物権を有する者の地位を保護しようとしている以上，物権的返還請求権による回復を優先させるべきです。侵害利得を理由とする債権的な不当利得返還請求権は，この限りにおいて登場する余地はありません（22.3を参照してください）。

　それゆえ，動産・不動産の原物返還が問題となる場合に侵害利得を理由とする不当利得返還請求権が登場するのは，動産・不動産の占有を受益者がもはや有していない場合，たとえば，目的物が受益者から第三者に譲渡されている場合，目的物が受益者のもとで焼失してしまっているような場合や，添付（付合・混和・加工）により受益者が動産の所有権を取得した場合に限られます。

　ここでは，当該目的物の客観的な価値が金銭に換算されて，返還の対象となるのです（添付の場合については，民法248条の規定があります）。

22.9.2 代位物の返還

　もっとも，原物が受益者のもとに存在しないということから，目的物の客観的価値の返還請求しか認められないとの帰結が導かれるわけではありません。

　目的物が焼失した場合の火災保険金請求権や火をつけた人に対する損害賠償請求権のように，目的物を失ったのと同一の原因により目的物に代わる対象（価値変形物としての代位物）を受益者が取得している場合には，不当利得の返還を請求する者は，この代位物の返還を受益者に求めることができます。担保物権における物上代位や，履行不能の場合の代償請求権におけるのと同様に，ここでも，返還義務の範囲が価値変形物に及ぶというわけです（その意味では，代位物返還請求権は原物返還請求権の変形物であって，価値返還請求権とは異なります）。

　代位物としては，損害保険金（請求権）のほか，受益者が第三者に対して有する損害賠償請求権（または支払われた賠償金）や不当利得返還請求権（または支払われた金額）が考えられます。侵害利得に基づき不当利得の返還を受益者に求める者は，不当利得返還請求として，これらの権利（第三者に対する損害賠償請求権や不当利得返還請求権など）を自己に移転するようにと，受益者に請求できるのです。

　それでは，受益者が第三者に目的物を売却したことにより得た売買代金または売買代金請求権は，どうでしょうか。ここでは，厄介な問題が2つ存在します。1つは，不当利得の返還を求める者が売買代金（請求権）を代位物とみて，その移転を求めることができるのかという問題であり，もう1つは，前者の問いが肯定されるとして，売買代金（請求権）の移転ではなくて，目的物の客観的価値相当額（時価相当額）の移転を求めることができるのか——できるとしたときには，目的物の価格の判定基準時は売却時か，事実審口頭弁論終結時か——という問題です。

　前者の問いについては，不当利得に基づき受益者が得た売買代金の引渡しを認めることができるというのが，判例です（特定物について，大判昭11・6・30判決全集3-7-17。代替物について，最判平19・3・8民集61-2-479）。これは，売買代金（請求権）も代位物として不当利得返還請求の対象にするということを意味します。

また，上記の判例は，後者の問いに関して，売買代金を不当利得返還の対象とすべきであって，その後に目的物について生じた価格変動を考慮すべきでないとの立場を採用しています。売却後の価格変動を考慮すべきでないとする理由としては，(i) 売却後に価格が下落したときには，下落後の目的物の価値相当額の返還を認めたのでは，受益者が売買代金の全部または一部の返還を免れることとなって不当であること，(ii) 売却後に価格が上昇したときには，上昇後の目的物の価値相当額の返還を認めたのでは，受益者が現に保持する利益以上の返還義務を負担することになり，不公平であり，かつ，受けた利益の返還という不当利得の本質に適合しないことが挙げられています（前掲最判平19・3・8）。

　要するに，判例は，①代位物がある場合の不当利得返還は代位物返還によるとのルールを採用し（これにより，代位物があるときには客観的価値相当額の返還ルールが排除されることになります），かつ，②売買代金も代位物にあたるとの考え方を採用したわけです。さらに，目的物が代替物である場合に関してですが，上記の判例法理は，③受益者が目的物を処分したときでも，受益者は代替物を調達して返還する義務を負わないことを示している点でも重要です。

　私自身は，③については賛成ですが，②については，代償請求権（民法422条の2）の箇所での説明（第二売買により得た売買代金は「代償」かをめぐる議論）と平仄を合わせる必要があります。また，①については，目的物の客観的価値の帰属する回復者（権利帰属主体）の物権的価値帰属主体としての地位の保障が十分といえるのか——代位物の返還を求めるか，客観的価値相当額の返還を求めるかは回復者の選択にゆだね，受益者の保護としては善意の受益者の利得消滅の抗弁（現存利益返還）で足りるのではないか——との疑問を抱きます（時価の判定基準時は物の返還が不能となった時点，すなわち売却時とすべきでしょう。事実審口頭弁論終結時での支払を求めるためには，不法行為を理由とする損害賠償責任の要件を充たさなければならないものと考えます。これにより，不法行為法の賠償ルールとも平仄が合います）。

　誤解のないようにいえば，代位物の返還請求ができるからといって，返還不能となった原物と同種・同等の物が市場で入手可能な場合に，相手方に調達義務が課されるというわけではありません。

22.10 返還されるべき利得（その2）
―――使用利益・果実の返還

22.10.1 物の使用と果実・使用利益の返還
―――民法189条・190条の特則

　受益者が他人の物を無断で使用収益している場合には，その物を権原なく使用収益することによる利得が不当利得返還請求権の対象となります。ここでは，受益者は，物の使用収益による利益と果実を，不当利得として債権者に返還しなければなりません。

　このうち，物の果実については，民法189条と190条に特別規定が置かれています。それによれば，①善意の占有者（もっとも，本権の訴えにおいて敗訴したときは，起訴の時点から悪意の占有者とみなされます）は，占有物より生じる果実を取得できます（したがって，返還しなくてよい）が（民法189条），②悪意の占有者と強迫または隠匿による占有者は，果実を返還したうえに，既に消費した果実や，過失によって損傷し，または収取を怠った果実の代価も返還しなければなりません（民法190条）。物の使用による侵害利得で果実の返還が問題となるときには，これらの規定を完結的な規律と考え，これによって処理すればよいのでして，民法189条・190条が一般不当利得法の規定を排除するといえます。

　なお，民法189条・190条は「果実」，つまり天然果実と法定果実（物の使用の対価として受ける金銭その他の物。たとえば，物の賃貸借が現実におこなわれた場合における具体的な賃料）の返還に関する規律ですが，そこでの考え方は，何も果実に特殊のものではなく，物の使用に対する一般的・標準的対価である物の客観的な使用価値の返還（たとえば，他人の土地を無断で利用している場合における平均的賃料相当額の返還）にも妥当すべきものです。後者についても，これらの規定の類推適用により，返還の可否を決すべきです（大判大14・1・20民集4-1）。

　その結果，他人の物を無権原で賃貸している悪意の受益者については，①法定果実としての賃料は返還すべきであり（民法190条の適用），また，②目的物の客観的利用価値は返還すべきである（民法190条の類推適用）ということになり，回復者としては，両者のいずれを選択することも許されるものというべきでしょう（通説とは異なります）。

　民法189条にいう「善意」とは，「果実収取権を含む本権」を有すると信じていた
こと（ちなみに，本権とは，「占有を正当化する権利」のことです）を意味し，190条
にいう「悪意」とは，「果実収取権を含む本権」を有すると信じていなかったこと
（果実収取権を含む本権が存在しないことを知っていた場合と，果実収取権を含む本権が
存在することを疑っていた場合の両者を含みます）を意味します。

　そして，民法186条は占有者の「善意」を推定しているものですから，果実の返
還を請求する所有者としては，自分がその物の所有者であることと，相手方がその
物を占有していることとを主張・立証しても足りず，占有者の「悪意」も主張・立
証しなければなりません（訴えの提起の事実の主張・立証をもって，悪意の主張・立
証に代えることができます。民法189条2項）。

22.10.2　その他の場合

　特許権・著作権などの知的財産権の無断利用の場合には，実施料・使用料相
当額の返還が認められるべきです。もっとも，知的財産権を扱う諸法では，実
施料・使用料相当額を損害賠償として請求できる旨の規定がありますし（特許
法102条3項，著作権法114条3項など），その他，不法行為を理由とする損害賠償
に関して被害者の立証を緩和するための特則が認められていますから（特許法
102条1項・2項，著作権法114条1項・2項），不当利得返還請求権に依拠するこ
とは，実際には大きな意味をもっていません。

　それでも，不当利得返還請求権との関係では，知的財産権侵害による利得の
返還が問題となる際に，通説が，権利者は，無断利用者（知的財産権を侵害した
者）が取得した利益を，不当利得法にいう「受益」と同視することができない
としている点を確認しておくことが重要です。いくら財貨の帰属が割り当てら
れているからといって，その財貨から他人の才覚により生じた利益を自己に帰
属させることはできない（受益者がその才覚により得た利益については，その者に
帰属させるべきである）からです。

　また，金銭的価値の不当利得が問題となる場面（これについては，25.1で扱い
ます）で，金銭の運用利益の返還をどうするかについては，民法704条にある
ように，悪意の受益者は利息の返還と損害賠償を義務づけられますが（加重責
任），これに対して，善意の受益者は受領した金銭と同等の価値の返還をすれ

ば足り，利息の返還を義務づけられないものとみるべきです。また，受益者が金銭を具体的に運用したことにより得た利益（たとえば，ハイ・リターンが期待される金融商品に投資して得た利益）については，「法定利率による運用が，金銭の通常の運用形態である」ということから民法が出発している点に鑑みると，「受益者がその才覚により得た利益については，その者に帰属させるべきである」との観点から，返還が否定されるべきです（準事務管理の問題は残ります）。

❖ 特許法102条3項・4項の法意 ══════════════════

　　特許法102条3項は，特許権が侵害された場合の損害賠償として実施料相当額の賠償を認めています。これは，近時主張されているように，他人の財貨の権原なき利用を不当利得として捉えた場合に，受益者が本来は権利者に対して支払わなければならなかった財貨の使用許諾に対する対価を利得しているものと捉える考え方，つまり，使用許諾を内容とする契約の対価ベースで侵害利得を捉える考え方として，民法の不当利得法（侵害利得）での利得の内容を考える際にも基礎に据えることができるものです。

　　さらに，同条4項は，「裁判所は，…前項に規定する特許発明の実施に対し受けるべき金銭の額に相当する額を認定するに当たつては，特許権者又は専用実施権者が，自己の特許権又は専用実施権に係る特許発明の実施の対価について，当該特許権又は専用実施権の侵害があつたことを前提として当該特許権又は専用実施権を侵害した者との間で合意をするとしたならば，当該特許権者又は専用実施権者が得ることとなるその対価を考慮することができる。」としています。ここでは，利得に関する上記の捉え方が基礎に据えられているとともに，権利者と侵害者（受益者）との仮定的合意をもとに財貨の使用許諾に対する対価（権利者に割り当てられるべき利得）を決定することができるとの考え方が示されています。後者もまた，民法の不当利得法（侵害利得）での利得の内容を考える際に基礎に据えることができるものです。

22.11 悪意受益者と責任加重

　民法704条は，悪意の受益者について，責任加重を定めています。21.2.3において触れたことの繰り返しになりますが，悪意の受益者は当該対象が法律上の原因なしに自己の領域に属しているものと認識している以上，その対象の管理について他人の財産におけるのと同様に相当の注意をもっておこなわなけ

ればならないのです。このような理解から，民法は，悪意の受益者の財産管理面での帰責性を捉えて，この者の責任内容を加重し，受益に加え，利息の支払および損害賠償も命じたのです（なお，受益者が法人である場合に，法人の悪意は，代表者に即して判断されるのであって，使用人の悪意は法人の悪意とはいえません。最判昭30・5・13民集9–679）。

　なお，民法704条にいう損害賠償は，不当利得を理由とするのではなく，むしろ不法行為を理由とするものであって，利得返還と利息の支払によっても塡補されない損害につき受益者の故意・過失を要件としてこの者に賠償を命じたものとみるべきです。いいかえれば，民法704条が定める損害賠償は，悪意の受益者が不法行為の要件を充たす限りで不法行為責任を負うことを注意的に規定したものです。悪意の受益者に対して不法行為責任とは異なる特別の責任を負わせたものではありません（最判平21・11・9民集63–9–1987）。

　受益者の悪意については，加重責任を追及する権利者の側が主張・立証責任を負担します。また，悪意の意味については，通説は，みずからの受益が法律上の原因に基づかないものであることを知っていることであると理解しています（これに対して，他人の財産または労務による利益であることを知っていることだと説く見解もあります）。

第23章

給付利得
——総論

23.1　給付利得の意義

　給付利得とは，特定人から特定人（受益者）に対して給付がされたところ，その給付の原因となった法律関係が存在していなかったために，受益者の給付利益の保持が「法律上の原因」を欠き，法秩序によって正当化されないという場合です。

　契約に基づいて給付がされたものの，給付の法律上の原因である契約が不成立，無効または取り消されたという場合や（民法121条の2第1項は，「無効な行為に基づく債務の履行として給付を受けた者は，相手方を原状に復させる義務を負う。」と定めています。さらに，解除に遡及効を認める判例・通説によれば，契約が解除された場合の原状回復義務を定めた民法545条1項も同様です），債権が存在しないにもかかわらず，債権があると信じて弁済をしてしまったという場合（非債弁済。ただし，侵害利得に分類する考え方もあります）が，給付利得の典型的な事例です。

> ❖ **目的不到達・目的消滅による給付利得** =========================
>
> 　ある一定の目的をもって契約が締結され，給付がされたところ，その後になって契約で前提としていた事情が変化し，当初予定していた目的の実現が不可能になったり，目的そのものが消滅したりすることがあります。たとえば，婚約（婚姻予約）をして結納金を交付したところが，その後に婚約が破棄されたという場合や，座礁した船を離礁させる契約で曳航業者に代金を前払いしていたところ，その後に生じた高波で船が自然に離礁したという場合です（また，「無所有共用一体」社会の実現をめざす団体に，自己の財産すべてをこの団体に提供するとの合意をして加入した者が，その後の事情の変更により脱退をした——これにより財産の出捐が法律上の原因を欠くことになった——ときに，脱退の時点において合理的かつ相当と認められる範囲に

限り，不当利得を理由として出捐財産の返還が認められるとした最判平16・11・5民集58-8-1997も重要です）。

　この場合は，契約は無効でも取り消されたわけでもないのですが，給付の原因となった契約が目的を失ったことを根拠として，給付の返還が認められる可能性があります（もちろん，他の法理，たとえば，解除条件付き契約，事情変更による解除などに依拠できるのであれば，それによるのも差し支えありません）。

23.2　給付利得の特徴

　給付利得では，法律上の原因があるものとしておこなわれた給付とは逆向きの財貨の移転を認めることによって，給付による財貨移転が生じる前の状態を回復することが，不当利得制度の目的とされます。その際，給付利得の返還請求権の内容や方法については，給付の原因となった法律関係（たとえば，無効となった売買契約）を清算して原状回復するわけですから，原状回復するための給付の巻戻し，すなわち原物返還・価額返還が基本とされるべきです。ここから，給付利得の場面に，受益者の善意・悪意を基準として返還請求権の範囲を区別する民法703条と704条の規律が妥当すべきなのかが問われることになります。

　❖ 契約に基づく第三者に対する出捐と給付利得 ══════════

　AがBと締結した契約に基づいてCに対して給付をしたところ，A・B間の契約が無効もしくは取り消されたとき，Aは，誰に対して給付の返還請求をすべきなのでしょうか。これについては，次の2つの見方が可能です。ちなみに，判例は，［β］を前提としているようです（最判平10・5・26民集52-4-985〔Bに対するDの強迫によりA・B間で消費貸借契約が締結され〔第三者による強迫〕，Bの指示で融資金がAからCに交付され，後に消費貸借契約が強迫を理由に取り消されたという事案を扱ったものです。この判決は，一般論として，AからBに対する不当利得返還請求権を認めました〕）。私も，βの構成を基礎に据えることを支持します。

　［α：現実の出捐行為の巻戻し構成］　現実の出捐は，AからCに対しておこなわれたのだから，Aは，Cを受益者として給付利得の返還を請求すべきである。

　［β：表見的契約関係の清算構成］　Aの給付はA・B間の契約に基づいておこなわれたものであるところ，A・B間での契約の清算はA・B間でされるべきであるし，A・B間での契約関係の清算に際してB・C間の関係に由来するリスクについてAに負担させるのは適切でないうえに，とりわけ契約相手方以外の第三者であ

るCの倒産リスクをAに負担させるのも適切でないから，Aは，Bに対して給付
利得の返還を請求すべきである。

❖ **指図による利得**

　CがBに対して債権を有し，BがAに対して債権を有している場合に，BがA
に対して，Cに対して給付をするように指示し（＝指図），Aがこれに応じ，Cに対
して給付をするという場合があります。たとえば，CがBに対して500万円の貸金
債権を有し，BがAに対して400万円の売掛金債権を有している場合に，BがAに
対して，400万円をCに支払うように指示し，Aがこれに応じ，Cに対して400万円
を支払うというような場合です。同様のことは，BがA銀行に対して預金債権を
有している場合に，BがA銀行に指示して，自己の預金口座からCの預金口座へ
と預金を振り替えるように指示する場合にも，認められます。

　Bの指図によりAがCに対して給付をすれば，この給付の限度（上記の例で
は，400万円）において，CのBに対する債権，BのAに対する債権が弁済によっ
て消滅します。AからCへの給付がCのBに対する債権，BのAに対する債権に
弁済として充当されたことになるのです（AからCへの給付の効果がC・B間，B・A
間に帰属するわけです）。

　この場合に，CのBに対する債権，BのAに対する債権のそれぞれの発生原因
（上記の例では，金銭消費貸借と売買契約），あるいは両債権の発生原因に瑕疵があっ
たからといって，BのAに対する指図が無効になるわけではありません。BのA
に対する指図は，C・B間の原因関係，B・A間の原因関係と独立に存在している
のです。それぞれの原因関係の瑕疵については，各当事者間（C・B間，B・A間）
でそれぞれ清算されるべきでして（すぐ上のコラムの［β］を参照してください），B
の指図に基づいてされたCに対するAの給付に影響を及ぼすものではありません
（指図の無因性）。

　他方，指図そのものが無効である場合には，法律上の原因の欠如（指図の無効）
を理由としてCに対するAの不当利得返還請求権が認められます（これも，給付利
得です）。

23.3　給付利得と物権的返還請求権との競合問題

　たとえば，売主が所有している甲土地の売買契約で，売主が買主に甲土地を
引き渡したところ，その後に売買契約が取り消された場合に，売主は買主に対

して，売買契約の取消しを理由として甲土地の返還を求めることができます。ここで問われているのは，給付利得としての不当利得返還請求権です。

　他方で，売買契約が取り消された結果，甲土地の所有権は最初から売主にあったものとなりますから（物権行為の無因性の否定），売主は，買主に対して甲土地の返還（引渡し）を求めるときに，所有権に基づく返還請求権に依拠することもできます。

　学説のなかでは，給付利得が問題となる局面では，給付をもたらす原因となった当事者間の契約その他の原因関係の法理で解決すべきであって，物の支配を対世的に主張できるかどうかという点に着目した物権的返還請求権およびこれに関連する法理（物に関する費用・果実についての物権法上の規範）は妥当すべきではないとする見解が有力に唱えられています。

　しかし，この見解だと，買主が破産手続開始の決定を受けたような場合を考えてみますと，売主は目的物の所有者であるにもかかわらず，破産債権としての位置づけしか与えられず，破産財団からの按分弁済にしかあずからない不当利得返還請求権に依らざるを得なくなります。これに対して，所有権に基づく返還請求権だと，所有者である売主は取戻権を行使して，目的物を破産財団から取り戻すことができるのです（破産法62条）。それゆえ，このような場面までをも視野に入れたならば，給付利得の返還問題のみに一本化するのでなく，所有権に基づく主張，したがって，物権的返還請求権の成立およびその行使を認めるべきです。学説でも，物権的返還請求権と給付利得返還請求権との併存を認める立場が，多数ではないかと思われます。ただ，この場合も，双務契約での給付と反対給付の回復が問題となる局面では，目的物の返還請求が物権的返還請求権として行使されたのであれ，給付利得返還請求権として行使されたのであれ，給付と反対給付の牽連性を考慮し，反対給付（たとえば，売買代金）の返還との同時履行関係に置かれるべきでしょう。

　私は，むしろ，多数説からさらに一歩を進め，上記の有力説とは逆に，給付された物の占有の回復が問題となる場面では，物権的返還請求権に一本化したうえで，これに対して給付と反対給付との牽連性を考慮に入れた修正を加えるのが望ましいのではないかと考えています（物権的請求権に修正が加えられるとすれば，さしあたり，同時履行の抗弁権，消滅時効あたりでしょうか）。

23.4　給付利得返還請求権の要件

　給付による利得の返還請求が問題となる以上，まず，給付者が受益者に対して給付をしたのでなければなりません。

　次に，不当利得返還請求権が認められるには，給付が正当化されないといえなければなりませんから，給付の原因となった法律関係の不存在ないし無効（・取消し・解除）が認められなければなりません。侵害利得の場合と違い，給付利得の場合には，法律上の原因の不存在が不当利得返還請求権の要件となります。

　こうして，不当利得返還請求権の要件事実は，次の2つになります。給付者をX，受益者をYと表記します。

①　XがYに対して給付をしたこと
②　①の給付についての法律上の原因がなかったこと

　ここでは，受益者の得た「利益」は，①の事実のなかに現れています。他方，給付者に「損失」が生じているということは，給付利得においては，受益の判断と独立には問題となりません。給付利得では，財貨移転（給付）がされたのを不当と評価することを通じてそれを矯正すべく逆向きの財貨移転を生じさせるのですから，「誰から誰に，いかなる給付がされたのか」を確定すれば足ります。そして，それが，①の事実なのです。受益と損失との間の因果関係についても同様であって，独立の要件事実とする必要がありません。

23.5　給付利得の返還

23.5.1　原状回復義務──民法703条・704条の不適用

　問題の給付につき①・②の要件が充足されると，給付を給付保持者（受益者）から給付者へと巻き戻す関係が生じます。

　このとき，債権法が改正される前の伝統的立場は，民法703条および704条がここでも原則的に妥当し，受益者の返還義務の内容ないし責任内容を決定する

としていました。

　これに対して，現在の民法は，法律上の原因のない給付の返還（給付利得）一般について，①受益者は**原状回復義務**を負うこと，②原状回復の内容として，**原物返還**が原則であり，それが不能の場合には**価額返還**となること，③給付利得の返還範囲について**受益者の善意・悪意**は問題とならないことを基礎に据えています。無効・取消しの場合の原状回復に関する民法121条の２第１項や，（直接効果説をとった場合の）解除に関する民法545条は，このことを明らかにした規定であるといえます。その結果，給付利得については，民法703条・704条は適用されないものとみるべきです（給付利得の根拠は，民法121条の２第１項またはその法意に求めるのが適切であると考えます）。

23.5.2　原物の返還不能と価額返還義務

　給付利得の返還に関しては，民法703条・704条の基準によるのではなく，たとえ受益者が善意であっても，給付がなかった状態に原状回復させるべきであるとした場合には，既にされた給付の目的物が滅失・損傷その他により返還不能となったときに，どのような処理をすべきかという問題が生じます。

　この場合は，給付利得では，受領した目的物の客観的価値を返還するのを原則とすべきです（「原状回復」という場合に，この概念は，**原物返還義務**と**価額返還義務**を包含するものとして用いられています）。実現された給付の返還が不能となったときには，原則として，その給付の**客観的価値**が回復されるべきです。たとえば，売買契約に基づいて給付された目的物が買主のもとで滅失した場合には，その後に契約が取り消されたり，無効が判明したりしたときでも，目的物に代わる客観的価値が返還されるべきです。とはいえ，例外的に，目的物の滅失・損傷について返還請求者の側に帰責事由がある場合には，民法548条の趣旨（目的物の滅失・損傷につき給付受領者に帰責事由があるときは，給付受領者が滅失・損傷のリスクを負担するとの考え方）から，返還義務者は価額返還義務から解放されるというのが適切であると思われます。

　なお，目的物の価値代替物（代位物）——損害保険金請求権や第三者に対する損害賠償請求権など——が存在するときには，給付者は，この代位物の引渡しを求めることができるものとみるべきです。

　双務契約において給付と反対給付の双方が既に履行された後に，両給付を不当利得に基づき原状回復させるとき，それぞれの給付についてそれぞれ不当利得返還請求権が成立するのか（二請求権対立説），それとも，同種の給付の返還が問題となる場合に，両給付の差引計算をして，その残額について一方から他方への1個の返還請求権を認めるべきなのか（ドイツ語訳から，差額説といわれます。しかし，差引残高という意味でのSaldotheorieの訳であり，損害賠償法でいわれる差額説［Differenztheorie］とは意味が違います）という問題があります。

　たとえば，AがBに時価30万円の時計を18万円で売却し，双方とも履行を終えた後，錯誤を理由として売買契約が取り消された場合において，この時計がBのもとで大地震により滅失していたとします。二返還請求権対立説では，AのBに対する時計の価値30万円の返還請求権と，BのAに対する18万円の代金返還請求権とが併存します。そして，一方当事者が相殺の意思表示をすることによってはじめて，両請求権が対当額について消滅します。これに対して，差額説の立場では，時計の価値30万円と代金18万円の差額12万円の返還請求権がAからBに対して発生するということになります。

　ドイツでは差額説を基調とする立場が優勢ですが，わが国では，二請求権対立説を基調として多くの議論が展開されています。本文でみた2つの見解のいずれも，二請求権対立説を踏まえたものです。

23.5.3　特別の規定による修正
──利得消滅の抗弁の肯定

　民法は，一定の場合に，返還義務者（給付受領者）を保護するために，この者からの利得消滅の抗弁の提出を許しています。

　①　無効な無償行為に基づく債務の履行として給付を受けた者は，給付を受けた当時その行為が無効であることを知らなかったとき（給付を受けた後にその行為が取り消されて初めから無効であったものとみなされることとなった場合は，給付を受けた当時その行為が取消可能であることを知らなかったとき）は，その行為によって現に利益を受けている限度において，返還の義務を負うにとどまります（民法121条の2第2項）。無償行為（たとえば，贈与）の場合に，給付受領者が善意であるときには，この者の返還義務の範囲を現存利益に限ることで，給付受領者を保護しているのです。

②　行為の時に意思能力を有しなかった者は，その行為によって現に利益を受けている限度において，返還の義務を負うにとどまります（民法121条の2第3項前段）。これも，行為の時に意思能力を有しなかった者の返還義務の範囲を現存利益に限ることで，給付受領者を保護するものです。

③　制限行為能力者は，その行為によって現に利益を受けている限度において，返還の義務を負うにとどまります（民法121条の2第3項後段）。これも，行為の時に行為能力の制限を受けていた者の返還義務の範囲を現存利益に限ることで，給付受領者を保護するものです。

④　消費者契約法の規定により消費者契約につき取消権を行使した消費者は，意思表示を取り消すことができることを知らずに事業者から給付を受けていた場合には，現に利益を受けている限度において，返還の義務を負うにとどまります（消費者契約法6条の2）。詐欺・強迫（民法96条）の被害者についても，これと同様に解する余地がありそうです（消費者契約法6条の2の勿論解釈）。

23.6　使用利益・果実の返還

給付利得の返還がされる際に，給付目的物の使用利益や果実を受益者が返還しなければならないかどうか，返還を要するとしてその範囲はどのように定められるべきかという問題があります。

給付利得の返還に伴う使用利益ないし果実の返還に関しては，この問題は，不当利得に関する規律と民法189条・190条の占有物の返還に関する規律の関係をどのように解するかという観点から議論されてきました。とりわけ，善意占有者に果実の返還義務がない旨を定める民法189条1項が給付利得にも適用されるか否かが問題とされました。

これについては，給付利得返還請求権は給付の基礎となった法律関係を欠くために与えられるものだから，基礎となった法律関係（基礎的法律関係）の清算という観点から使用利益の処理をすべきであって，基礎的法律関係を前提にしない所有者・占有者間での果実の帰属を定めた民法189条・190条を適用すべきでないとの立場が支持を集めています。

もっとも，基礎となった法律関係の清算という観点から使用利益を捉えたときに，双務契約の清算の局面で，目的物の使用利益（果実）と対価の使用価値

（利息）の返還関係をどのように処理をすればよいのかについては，見解の対立があります。

　一方で，民法575条を類推適用すべきであるとの見解が唱えられています。この立場からは，売買契約を例にとれば，目的物の返還がされる前は，売主は代金の利息を保持し（買主からの利息支払請求を拒否でき），買主は目的物の使用利益・果実を取得できる（売主からの使用利益引渡請求を拒否できる）ということになります。

　しかし，契約時の主観的等価関係として捉えられる給付・反対給付の使用利益の交換に妥当する民法575条を返還時（清算時）の客観的交換関係として捉えられる給付・反対給付の使用利益の返還の場面に妥当させることには，疑問があります。民法575条の類推は否定されるべきです。給付利得返還請求権の発生後の使用利益（目的物から生じた果実・代金の利息）は，いずれの当事者も相手方に対して返還請求することができるものというべきでしょう。それゆえ，売買契約が無効または取り消された例では，売主は受領時からの利息を，買主は受領時からの果実・使用利益を相手方に返還すべきです（ただし，23.5.3で述べた特則のもとで現存利益の返還をすれば足りる給付受領者は，利息や果実・使用利益を返還する必要がないと解する余地があります）。

❖ 他人物売買の解除と目的物の使用利益の返還先 ════════════════

　他人物売買が債務不履行を理由として解除されたときに（民法542条1項1号参照），買主が目的物の使用利益を誰に返還すべきか（他人物売主に対して返還すべきか，真の所有者に対して返還すべきか）ということが問題となります。

　判例は，次のように述べて，買主に対する他人物売主の使用利益返還請求権を肯定します。すなわち，「売買契約が解除された場合に，目的物の引渡を受けていた買主は，原状回復義務の内容として，解除までの間目的物を使用したことによる利益を売主に返還すべき義務を負うものであり，この理は，他人の権利の売買契約において，売主が目的物の所有権を取得して買主に移転することができず，民法561条の規定〔改正前のもの。新法のもとでは債務不履行を理由とする解除の一般規定である民法542条1項1号の規定によることになります〕により該契約が解除された場合についても同様であると解すべきである。けだし，解除によって売買契約が遡及的に効力を失う結果として，契約当事者に該契約がなかったと同一の財産状態を回復させるには，買主が引渡を受けた目的物を解除するまでの間に使用したことによる利益を返還させる必要があるのであり，売主が，目的物につき使用権限を取得しえず，したがって，買主から返還された使用利益を究極的には正当な権利者からの

請求により保有しえないこととなる立場にあったとしても，このことは右の結論を左右するものではないと解するのが相当だからである」（最判昭51・2・13民集30-1-1）。学説には，賛否両論があります。類型論をベースに，かつ，真の所有者から使用利益の返還請求がされる場合をも考慮に入れて，この判決の当否を検討してみてください。

第24章

特殊の給付利得

24.1 非債弁済

　非債弁済とは，給付時に債務が存在しないにもかかわらず，弁済として給付をした場合をいいます。この場合，給付者は，法律上の原因のない給付をしたのですから，①債務の弁済として給付をしたことと，②弁済の当時に債務が存在していなかったことを主張・立証することにより，給付受領者に対して，給付したものの返還を請求することができます。

　しかし，給付者が給付行為時にその債務が存在しないことを知っていた場合には，その返還を請求することができません（民法705条）。これは，信義則の一発現形態としての矛盾行為禁止（禁反言）の考慮によるものです。給付者が債務の不存在を知っていたことについては，返還請求を受けた給付受領者が主張・立証責任を負います。

　もっとも，給付者が債務の不存在を知りながら弁済したのであっても，弁済をするにつき「無理からぬような客観的事情」が存在する場合には，上述の信義則に照らして民法705条は適用されず，原則どおり返還請求権が認められます（最判昭40・12・21民集19-9-2221）。

　非債弁済は，公共料金等の過払の場合のほか，利息制限法違反の超過利息の弁済に関連して論じられることが多いです。後者については，債権総論の教科書の説明を参照してください（最大判昭43・11・13民集22-12-2526，最判昭44・11・25民集23-11-2137）。

❖ 預金者以外の者に対する預金の払戻しによる不当利得 ════════

　S銀行がGから受け入れている預金を，GではなくてDに払い戻してしまった場合には，2とおりの不当利得返還請求が問題となります。

　1つは，Dに対するGの不当利得返還請求であり，もう1つは，Dに対するS銀行の不当利得返還請求です。これらの局面では，S銀行がDに対してした預金債権の弁済が民法478条（善意無過失の者による表見受領権者への弁済）の要件を充たせば有効となる（Gの預金債権が消滅する）ということが，どのようにかかわるのかが問題となります。

　①　Dに対するGの不当利得返還請求は，侵害利得の一種として捉えられるものです。本来はGに帰属すべき払戻額に相当する額がDに帰属しているからです。このとき，Gから不当利得を理由として払戻額相当額の支払を求められたDは，「S銀行のした弁済は，S銀行の過失によるものであって無効だから，Gの預金債権は今なお存在している。だから，Gには『損失』は発生していない」といって，Gからの請求を拒絶することができるでしょうか。

　この点について，判例は，みずからに弁済受領権限があるとして債務者から債務の弁済を受けた者（D）がこのような主張をすることは信義則に反し許されない（禁反言〔矛盾行為の禁止〕）としています。さもなければ，真の債権者は，債務者が弁済をするにあたり善意無過失であったか否かという，みずからの関与していない問題についての判断をしたうえで，訴訟の相手方を選択しなければならなくなってしまいます。しかし，何の非もない債権者がこのような訴訟上のリスクを負担すべき理由はありません（最判平16・10・26判時1881-64）。

　②　Dに対するS銀行の不当利得返還請求は，給付利得（非債弁済）の一種として捉えられるものです。S銀行は，預金者がGであるにもかかわらず，Dに対して払戻しをしているからです。このとき，S銀行から不当利得を理由として払戻額相当額の返還を求められたDは，「S銀行のした預金の払戻しが民法478条により預金債権の有効な弁済として評価されれば，Gに対するS銀行の預金債務は消滅し，これによってS銀行は預金債務から解放されるから，S銀行に『損失』は発生しない。だから，この預金の支払が有効な否かが確定されるまでは，『損失』の要件は充足されない」といって，S銀行からの請求を拒絶することができるでしょうか。

　この点について，判例は，Dに対するS銀行による預金債権の弁済が無効であり，GがS銀行に対する預金債権を失っていないときには，S銀行は払戻額相当額の損失を被っているとして，Dに対するS銀行の不当利得返還請求を認めています（最判平17・7・11金判1221-7）。そもそも，S銀行からの不当利得返還請求に対して，債権者でないDが，S銀行による自己への弁済が民法478条により有効であることまたは有効となる可能性を指摘して返還を拒絶するのは信義則に反するのではないのか（民法478条は，外観を信頼した善意弁済者保護の規定であって，弁済受領

者が同条に依拠して自己の利益の保護を求めるのはおかしい），一般論としてはＳ銀行
に払戻額相当額の損失があるとしたうえで，Ｓ銀行の主観的態様については民法
705条の枠内で処理すれば足りるのではないか，考えてみてはいかがでしょうか
（もっとも，具体的な事案の処理としては平成17年判決の枠組みでよく，上記のような信
義則による処理はむずかしかった事案です。その理由は，同判決を読んで考えてみてく
ださい）。

24.2　弁済期前の債務の弁済

　債務者が債務の弁済期前に給付をしたとき（期限前弁済），この給付は債務の
弁済として評価され，その債務は消滅します。債務者としては，その意思がな
くても結果的に期限の利益（民法136条１項により，債務者にあるものと推定されて
います）を放棄したのと同一の結果になるというだけのことです。したがって，
債務者は，期限前の弁済であったということを理由に，給付の返還を請求する
ことはできません（民法706条本文）。

　もっとも，債務者が錯誤により期限前に給付をした場合には，債務者は，こ
のことを主張・立証することにより，債権者に対して，期限前の弁済を受けた
ことによって債権者が得た利益の返還を請求することができます（民法706条た
だし書）。給付された金銭を弁済期まで運用することにより得たであろう利息
の返還が，この例です。この場合にも，給付そのものの返還請求は認められて
いない点に注意が必要です。

24.3　他人の債務を自己の債務と誤信して　　　弁済した場合

　第三者が債権者に対してした給付が「他人の債務」の弁済にあたるとき，当
該給付がその「他人の債務」についてのものとしてされたのであれば，民法
474条の問題となります。そこでは，第三者の給付が原則として債務者自身に
よる給付と同一の評価を受け，債務者の債務の消滅をもたらします（第三者弁
済）。この場合には，給付をした第三者は債務者に対する求償権を取得すると
ともに，求償権を確保するために原債権者に代位することができます（弁済者

代位。民法499条以下）。

　他方，第三者の給付が例外的に債務の弁済と評価されない場合がありますが，その場合には，第三者から債権者に対する給付利得の返還請求が問題となります。これに関する特別の規定は置かれていません。

　これに対して，第三者が「他人の債務」を「自己の債務」と誤信して給付をした場合には，その給付は，実際には存在しない「自己の債務」に向けられているのであり，「他人の債務」への関連づけの意思を欠くから，他人の債務への第三者弁済（民法474条）としては評価されません。「自己の債務」についての非債弁済ということになります。

　このとき，民法は，給付をした第三者が債権者に対する不当利得返還請求権を有することを前提としたうえで，この第三者の給付により債権が消滅したものと信頼して一定の挙動をとった債権者を保護するために，例外的に債権者に対する不当利得返還請求権が否定される場合を定めました。

　すなわち，債権者が善意で証書を滅失・損傷したとき（債権者が債権の証明手段を失うことを想定したものゆえ，証書を債務者や給付者に返還した場合を含むと解すべきです。最判昭53・11・2判時913-87）や，担保を放棄し，または時効によって債権を失ったとき，弁済をした者は，債権者に対し給付の返還を請求することができないとしたのです（民法707条1項）。

　民法707条1項適用の結果として給付者から債権者への不当利得返還請求権が否定される場合には，債権者による給付利益の保持が正当化されますが，その反射的効果として，「他人の債務」への弁済が有効なものとして評価されることになります。それゆえ，「他人」，すなわち債務者は，債務から解放されます。ここでは，民法474条によって第三者弁済が有効とされたのと同様の状況が出現しているのです。このとき，給付者は，いまや債務から解放されることとなった債務者に対して，求償権を行使することができます（民法707条2項）。これは，求償利得の一場合です。

24.4 不法原因給付

24.4.1 不法原因給付制度の概要

AがBに賭博で負けたために金を支払ったとか，XがYを呼び出して売春行為をさせたうえでYに金を支払ったといったような場合に，賭博や売春の合意は公序良俗に反して無効です（民法90条）。このとき，支払われた金銭相当額が法律上の原因のない利得であるとの理由によりAやXからの返還請求を認めたのでは，公序良俗に違反する行為をした者に法の保護を与える結果となってしまいます。そこで，民法は，「不法の原因」のために給付をした者が，この給付（不法原因給付）につき不当利得返還請求権を有しないものとしました（民法708条本文）。「汚れた手を有する者は，法の助力を求めることはできない」とのクリーン・ハンズの原則に基づき，不当利得返還請求権を否定したのです（最判昭37・3・8民集16-3-500）。

もっとも，民法は，「不法の原因」が受益者についてのみ存した場合には，給付者からの不当利得返還請求を認めています（民法708条ただし書）。

24.4.2 不法原因給付における「不法」の意味
——民法90条の「公序良俗違反」との関係

民法708条の規定については，行為の反社会性・反道徳性を強調する観点から民法が道徳を取り入れたものとして理解し，行為当時の社会生活や社会感情に照らせば倫理・道徳に反する行為に対して，法が給付の取戻しにつき助力を拒んだものとするのが，これまでの支配的立場です。判例も，「民法第708条は社会的妥当性を欠く行為を為し，その実現を望む者に助力を拒まんとする私法の理想の要請を達せんとする民法第90条と並び社会的妥当性を欠く行為の結果の復旧を望む者に助力を拒まんとする私法の理想の要請を達せんとする規定である」としています（最判昭29・8・31民集8-8-1557）。

この立場からは，公序良俗違反の法律行為を無効とする民法90条が反社会的・反道徳的な目的のためにされた法律行為の実現を禁止するものであるのに対して，民法708条は，そのような法律行為が履行されてしまった場合に，既に

発生した結果の回復に法が助力を与えないものであると理解することで，民法90条と民法708条は表裏の関係にあるものと捉えられます。

　もっとも，判例・通説は，そのうえで，民法708条の「不法」を民法90条の「公序良俗違反」よりも狭く捉えるべきである旨を説いています。民法90条にいう「公序良俗違反」にあたるもののうち，人倫・道徳律に反する行為のみを民法708条に入れることを企図しているのです。すなわち，判例は，民法708条の不法原因給付と評価されるためには，問題の行為が「その社会において要求せらるる倫理，道徳を無視した醜悪なもの」でなければならないとしているのです（前掲最判昭37・3・8）。こうした判例・通説の背後には，単に強行法規に違反するというだけでは，民法708条の「不法」を認めるに十分ではないことが含意されています。

　これに対して，判例・通説とは別の論拠により，民法708条の「不法」を民法90条の「公序良俗違反」よりも狭く解すべきであるとの見解が唱えられています。それによれば，民法90条においては法律行為ないし契約の効力を否定するというレベルにとどまるのに対して，民法708条においては，既に給付された物の返還を認めないという強い効果が予定されています。不法原因給付の返還問題を考えるにあたっては，こうした効果面における質的差異を踏まえて，民法708条の「不法」の意味が捉えられるべきです。いいかえれば，民法90条違反の契約に基づき給付がされたすべての事例を不法原因給付として捉え，返還請求権を排除するのは適当ではありません。むしろ，民法708条により「不法原因給付」とされるのは，給付の返還により原状回復できる地位を給付者から奪い取るのでなければ，契約を無効とした意味がないという場合に限定されるべきです。

24.4.3　民法708条の類推適用

　不法原因給付を不当利得として返還請求することを原則的に認めないとするのが民法708条ですが，同じ給付の返還やそれに相当する行為を，給付者が，不当利得とは別の根拠に基づいて請求した場合には，この請求にとって民法708条は障害とならないでしょうか。

　たとえば，①契約が公序良俗違反により無効であるときに，給付者が所有権に基づいて給付目的物の返還を請求した場合，②貸主が借主に対し，超高金利

の金銭消費貸借契約に基づいて貸付元本と利息の支払を求めた場合，あるいは，③給付者が給付受領者に対し，この者の不法行為を理由として損害賠償請求の形で給付の価値相当額の支払を求めた場合などが，これにあたります。

判例（前掲最判昭29・8・31，前掲最判昭37・3・8，最大判昭45・10・21民集24-11-1560）・通説は，「みずから反社会的な行為をしたものに対しては，その行為の結果の復旧を訴求することを許さない」（前掲最大判昭45・10・21）との民法708条の趣旨に照らせば，給付者が物権的請求権に依拠して給付目的物の返還を請求することや，受領者の不法行為を理由とする損害賠償請求として給付目的物の価値相当額の支払を請求することは許されないとします。さらに，契約に基づく履行請求も認められないとします。これらの事例への民法708条の類推適用を肯定するのです。

❖ 損益相殺と民法708条の類推適用 ══════════════════

最高裁は，「社会の倫理，道徳に反する醜悪な行為に該当する不法行為の被害者が，これによって損害を被るとともに，当該醜悪な行為にかかる給付を受けて利益を得た場合には，同利益については，加害者からの不当利得返還請求が許されないだけでなく，被害者からの不法行為に基づく損害賠償請求において，損益相殺ないし損益相殺的な調整の対象として被害者の損害額から控除することも，民法708条の趣旨に反するものとして許されない」としています（①最判平20・6・10民集62-6-1488，②最判平20・6・24判時2014-68）。これらの事件では，このような一般法理のもと，ヤミ金融業者が元利金の名目で違法に金員を取得する手段として著しく高利の貸付けをした際に，業者が借主に対して交付した金員や（①事件），高額の配当をうたい，米国債の購入資金名下に金員を騙取した投資詐欺事件において，業者が配当金の名目で投資者に交付した金員を（②事件），被害者からの損害賠償請求に際して損害額から控除すべきでないとしたのです。

24.4.4　不法原因給付を返還する特約の効力

当事者が不法な給付をする際にあらかじめ給付返還特約を結んでおく場合，このような特約は，不法原因給付を助長することになるから無効です。これに対して，不法原因給付と評価される給付がされてしまっていた場合に，その給付を返還する特約を当事者が結んだときは，その特約は有効でしょうか。

こうした事後的な給付返還特約は民法708条に抵触せず，民法90条違反でもないというのが通説です。不法を抑止するというポリシーがこの場面では作用しないことと，民法708条の起草趣旨は不法者の原状回復請求に裁判所が力を貸さないということだけであることが，事後的な給付返還特約の有効性を肯定する理由として挙げられます。判例もまた，不法な給付の原因となった契約を当事者が合意の上で解除し，給付の返還特約を締結した場合に関して，民法708条の趣旨は「給付者の返還請求に法律上の保護を与えないというだけであって，受領者をしてその給付を受けたものを法律上正当の原因があったものとして保留せしめる趣旨ではない」ことを根拠に，特約の有効性を認めています（最判昭28・1・22民集7-1-56，最判昭37・5・25民集16-5-1195。ただし，どちらも，一般論としてその旨を述べたにとどまります）。

24.4.5　不法原因給付における「給付」の意味

民法708条にいう「給付」とは，債務の履行が終局的に完了したことを意味します。その理由としては，①不法原因給付の終局的実現に至らない段階で返還請求を否定すると，給付の終局的実現のためにさらに法の強制・国家の助力を要することになり，民法90条の趣旨に反するという点と，②終局的実現に至らない段階では，返還請求を認めることによって不法の実現を抑止することが可能であるという点が挙げられています。

この意味において，「給付」が完了したといえるためには，金銭の場合には，金銭の交付がされることを必要とし，動産の場合には，引渡しがされることを必要とします。これらについては，異論はありません。

問題なのは，不動産が譲渡された場合における「給付」の完了の意味です。判例は，未登記建物については引渡しによって債務の履行が完了するが，登記済建物については引渡しでは足りず，登記の移転を要するとの立場を採っています（未登記建物につき，前掲最大判昭45・10・21，登記済建物につき，最判昭46・10・28民集25-7-1069。なお，この2つの最高裁判決で問題となったのは，建物の贈与を受けた妾が贈与者である男性に対して「所有権に基づく移転登記手続」を訴求したという事案です。ここでは，贈与契約の有効性を民法90条で吟味し，贈与契約に基づく所有権移転登記手続請求の可否という観点から処理すべきではなかったのかという根本的な疑問が残ります）。そして，これを支持する学説は，次のような理由により，こ

のような区別を正当化しようとします。

①　登記済建物については，不動産取引における登記の法的・社会的重要性を考慮すべきです。また，仮に所有権移転登記が未了であるにもかかわらず引渡しだけで「給付」ありとされ，返還請求が民法708条で拒否されるとなると，受領者が給付者に対して移転登記手続を訴求できることになってしまい，これでは不法な目的の達成をできるだけ抑制しようとする民法708条の趣旨に反する結果となってしまいます。したがって，登記済建物については，移転登記がされてはじめて「給付」があったとするのが相当です。

②　未登記建物については，引渡しが所有権移転の主たる表象なのですから，引渡しだけで「給付」となるとみるべきです。

その他，不動産の処分に関しては，不動産上への抵当権の設定行為が「給付」にあたるかどうかも問題とされています。抵当権は実行によってはじめて実質的利益を与えるものであり，実行前は不法の実現を抑止することが可能ですから，設定者による抵当権設定登記の抹消請求を認めるべきです。

24.4.6　所有権の帰趨──受領者への所有権帰属

給付原因である契約が公序良俗に反し無効である場合には目的物の所有権は給付受領者に移転しないが（物権行為の無因性の否定），既にされた給付につき，不法原因給付者が給付の返還請求をすることは，民法708条の趣旨に照らして許されないとの立場（前掲最大判昭45・10・21）を採った場合には，所有と占有の分離が固定化されてしまうという懸念が生じます。とりわけ，所有権が第三者に対しても主張し得る絶対権であるがゆえに，所有権の帰趨がどのようになるかは，給付利得の返還に劣らず，きわめて重要な問題です。

この問題につき，判例は，給付者において給付した物の返還を請求できなくなったときは，「その反射的効果として」目的物の所有権は給付者の手を離れて受領者に帰属するに至ったものと解するのが「最も事柄の実質に適合し，かつ，法律関係を明確ならしめる」として，受領者への所有権帰属を肯定します（前掲最大判昭45・10・21）。学説の多くもこれを支持し，取引安全・法律関係明確化の要請から，反射的効果としての受領者への所有権帰属は絶対的に生じるとしています。

24.4.7　不当利得返還請求権が否定されない場合

　民法708条ただし書は,「不法の原因」が受益者についてのみ存した場合には,給付者からの不当利得返還請求を認めています。

　判例は,密輸の資金に関する消費貸借契約に関してですが,さらにここから一歩を進め,貸主の貸金返還請求（不当利得返還請求ではない点に注意してください。上記 24.4.3）をめぐって,**貸主側の不法が借主側の不法に比して甚だ微弱**であるときには貸主からの返還請求を排斥することはできないとしています（前掲最判昭29・8・31）。ここでは,給付者に「多少の不法的分子」があったとしても,その「不法的分子」が「甚だ微弱」なもので,受益者の不法と比べれば「問題にならぬ程度のもの」である場合は,不法は受益者の一方にあるといってよいとの理解から,民法708条本文による返還請求権の遮断効を否定するとの考え方が,基礎に据えられているのです。なお,この判例理論をさらに進めて,およそすべての不法原因給付事例で,給付者側の不法の内容・程度と受益者側の不法の内容・程度とを比較衡量して,不法原因給付の返還請求の可否と返還範囲を判断すべきものとするかどうか（過責の考量ともいわれます）については,見解が分かれています。

■ 費用利得 ■

　　費用利得とは，ある者の財産・労務が他人の財産に投下されたことによって，その他人の財産が増加したところ，その他人（受益者）のもとでの財産の増加が法秩序によって正当化されないという場合です。費用投下による財産の増加が法律上の原因のないものでなければならないから，契約中での合意に基づいて費用投下がされた場合や，法律の規定で費用投下が義務づけられているような場合（たとえば，賃貸人の修繕義務に関する民法606条）は，そもそも費用利得の問題領域からはずれます。

　　費用利得の特質は，「費用投下により支出者に生じた損失（支出）を，どのように相手方に負担させるか」という観点から，つまり，投下費用の償還の問題として支出を捉えるという点にあります。

　　しかし，実際には，わが国で費用利得が考慮されるべき場面は，それほど多くはありません。

　　①　費用負担について当事者間に特約があれば，費用の償還問題は，これによって処理されます。

　　②　契約関係から生じる費用の負担に関しては，費用負担問題が生じ得る重要な契約類型について，民法が特別の規定を用意しています。たとえば，使用貸借における費用負担（民法595条），賃貸借契約に基づく必要費や有益費の償還請求権（民法608条），委任契約に基づく費用償還請求権（民法650条。民法665条で寄託契約に準用されています）などの諸規定があります。

　　③　義務がないのに他人の事務を他人のためにする意思をもって処理し，その際に費用が支出されたという場合も，事務管理者の有益費用償還請求権（民法702条）の問題として処理されます。

　　④　所有者・占有者の関係から生じる費用償還請求権の問題については，物権法に特別の規定（民法196条）が置かれています。民法196条の規定は，占有者が所有者に占有物を返還する場合に，必要費の償還請求権と有益費の償還請求権を認めたうえで，両者につき，それぞれ特別の制約を付したものです。さらに，民法299条の規定は留置権に関するものですが，所有者に対する留置権者の必要費・有益費の償還請求権について，民法196条と同様の規定を置いています（詳細については，物権法と担保物権法の体系書・教科書を参照してください）。

　　結局，費用利得において不当利得返還請求権が独自の意味をもつのは，所

有者自身が占有している物に他人が費用を投下した場合であって，かつ，事務管理の要件に該当しない事例に，ほぼ限定されます。たとえば，自分の水田の害虫を駆除するために農薬を散布したところ，自分の水田上にまかれた農薬が突風に流されて，ほとんど隣の水田に散布される結果になったという場合や，所有者の居住している家屋を第三者が修繕したものの，事務管理に該当しない場合が考えられます。

このとき，不当利得に基づいて投下費用の償還請求をする者は，①みずからが費用を支出したこと（およびその額）と，②その費用が相手方（受益者）のために支出されたことについて主張・立証しなければなりません。ここでは，①・②と別個に「法律上の原因の不存在」という事実を主張・立証する必要はありません。私的自治の原則と財産権絶対の原則の支配する民法のもとで，受益者は，特別の合意または法律の規定がない限り，他人に対して自己の事務のために支出をするよう請求する権利を有しないのですから，①・②の事実が主張・立証されたときには，他人の費用投下を受けた者は「法律上の原因のない利益」を保持しているといえるのです。

ところで，費用利得が問題となる場面では，利得の押しつけの問題が議論されています。これは，「受益者は，その費用投下の結果が自己にとって価値のあるものを越えて支出者に填補する必要がない」（押しつけられた利得については，受益者は返還する必要がない）という考え方です。私的自治の原則と財産権絶対の原則のもとでは，自己の財産管理に対する介入（他人による費用投下）がされ，これにより自己に有利な（または，少なくとも不利にならない）財産的価値の増加が生じている場合であっても，その価値増加の結果を受け入れるかどうかは，財産管理主体（受益者）自身がみずからの主体的判断により決定することができます。したがって，押しつけられた利得について，受益者は返還する必要がないのです。なお，「利得の押しつけ」は，費用利得の返還請求に対する受益者の抗弁として機能します。

第25章

三当事者間の不当利得

25.1 騙取金銭による不当利得

25.1.1 問題の所在

たとえば，自分が所有している動産や不動産を他人に騙し取られたとき，所有者は，その動産・不動産を現在占有している者に対し，所有権に基づき返還請求をすることができます。

これに対して，たとえば，Ｘが所有していた100万円をＭが騙し取り，これをＹに対して負担していた100万円の借入金債務の弁済に充てたというような場合に，Ｘは，Ｙに対し，「あの100万円は自分の所有物だ」として，所有権に基づき100万円の返還を求めることができるでしょうか。

民法総則または物権法で詳しく学ぶように，わが国では，金銭は，占有あるところに，所有ありとの考え方が，判例・通説を形成しています（最判昭39・1・24判時365-26）。金銭は，特別の場合を除いては，物としての個性を持たず，単なる価値そのものと考えるべきであり，価値は金銭の所在に随伴するものだから，金銭の所有者は，特段の事情がない限り，その占有者と一致するとされているのです（封金〔袋に入れられて封をされた金銭〕が封金のまま移転し，現在も封金のままであるというような場合は，物としての個性に着目することで，所有者と占有者が一致しないことがあります）。

したがって，上の例では，Ｘは，100万円の占有を失うや否や，100万円の所有権を失います。したがって，100万円の金銭所有権に基づいて，Ｙに対し100万円の返還請求をすることはできません。

しかしながら，その一方で，わが国の判例・通説は，一定の場合に，不当利得に基づいて，XがYに対して，100万円の返還を求めることができるものとしています。「騙取された金銭について，Xは形式的には所有権を失うが，それは金銭の特殊性に基づく理由によるものであり，実質的には，騙取された金銭は，なお，騙取されたXに帰属しているものとみることができる」としたうえで，Xに対しYが返還義務を負うと解することが法律上の理念より生じる公平の理想に適合するものと考えられるときに，不当利得を根拠として，100万円の返還請求を認めるという理論を採用しているのです（これから述べる判例の枠組みは侵害利得の視点から構成できますが，衡平説〔前述 21.3.1〕の思想が基礎となっている──正しくは，侵害利得の捉え方としては不徹底である──点に注意してください）。

もっとも，騙取金銭による利得を不当利得として構成するときには，要件面でクリアーしなければならないいくつかの問題があります。以下では，これらの問題を重点的に取り上げます。なお，この先の説明では，特段の説明をしない限り，被騙取者X，騙取者M，受益者Yと表記します（なお，騙取以外に横領の場合もありますが，以下では，騙取に一括します）。

25.1.2　騙取金銭による不当利得が問題となる事例

騙取金銭による不当利得が問題となる場面は様々ですが，ひとまず，次のような場合を念頭においておけばよいでしょう。

①　MがXから騙取した金銭で，Yに対する自己の債務を弁済する事例

②　MがXから騙取した金銭で，Yに対するDの債務を弁済する事例（ここでは，騙取金銭による不当利得の相手方としては，YとDとが考えられます）

③　MがXから騙取した金銭を，Yに贈与する事例

25.1.3　衡平説を基礎に据えた場合

（1）　衡平説の考え方　　わが国の判例・通説は，不当利得に基づく騙取金銭の返還請求権を，衡平説の観点から導いています。「およそ不当利得の制度は，ある人の財産的利得が法律上の原因ないし正当な理由を欠く場合に，法律が，公平の理念に基づいて，利得者にその利得の返還義務を負担させるもので

ある」として，Xに対しYが返還義務を負うと解することが法律上の理念より生じる公平の理想に適合するものと考えられるときに，不当利得を根拠として，100万円の返還請求を認めるという理論を採用しているのです（最判昭49・9・26民集28-6-1243）。この判決の調査官解説では，「騙取された金銭は，右のように形式的には騙取者Y〔注。記号を修正〕の所有に帰することとなるが，それは金銭の特殊性に基づく理由によるものであって，実質的には，なお騙取された者に帰属しているとみることができる」と説かれています。

衡平説の考え方については，既に第21章で述べました（21.3.1）。

（2）　不当利得返還請求権の要件　　ここで不当利得の返還請求権が認められるためには，次の4つの要件を充たさなければなりません。

①　Yが利益を受けていること（受益。財産総額の増加）

②　Xが損失を受けていること（損失。財産総額の減少）

③　Yの受益が，Xの財産または労務に由来するものであること（受益と損失の因果関係）

④　Yの受益に法律上の原因のないこと

このうち，気をつけなければならないのは。③と④の要件です。

まず，受益と損失の因果関係（③）です。この点に関して，かつては，ここで，因果関係の直接性が要求されていました。中間者が介在している場合には因果関係の直接性がないとした大審院判決もありました（大判大8・10・20民録25-1890ほか）。

しかし，判例は，その後，当時の支配的学説の強い影響を受けて社会観念上の因果関係（社会通念上の因果関係）という基準で受益と損失の因果関係を判断するという立場に転じています。「Mが，Xから金銭を騙取又は横領して，その金銭で自己の債権者Yに対する債務を弁済した場合に，XのYに対する不当利得返還請求が認められるかどうかについて考えるに，騙取又は横領された金銭の所有権がYに移転するまでの間そのままMの手中にとどまる場合にだけ，Xの損失とYの利得との間に因果関係があるとすべきではなく，Mが騙取又は横領した金銭をそのままYの利益に使用しようと，あるいはこれを自己の金銭と混同させ又は両替し，あるいは銀行に預入れ，あるいはその一部を他の目的のため費消した後その費消した分を別途工面した金銭によって補填する等してから，Yのために使用しようと，社会観念上Xの金銭でYの利益をはかったと認められるだけの連絡がある場合には，なお不当利得の成立に必要

な因果関係があるものと解すべき」であるとしているのです（前掲最判昭49・9・26）。

　余計なことを一ついえば，社会観念上の因果関係を考えるときに中間者の資力をどのように評価すればよいかが問題となります。金銭の場合には，中間者に資力があれば，その者の資産と混ざり合ってしまうため，Ｘに帰属すべき金銭によりＹが受益したとはいいづらくなるからです。やはり，ここでも中間者の無資力が必要というべきでしょう。ただ，どの時期の無資力かということは，問題となりそうです。騙取金銭による不当利得請求権が責任財産保全制度として機能しているという点に鑑みれば，中間者の処分行為時を基準とするのがよいかもしれません。

　次に，法律上の原因のないこと（④）です。この点に関して，「ＹがＭから右の金銭を受領するにつき悪意又は重大な過失がある場合には，Ｙの右金銭の取得は，被騙取者又は被横領者たるＸに対する関係において，法律上の原因がなく，不当利得となるものと解するのが相当である」とされています（前掲最判昭49・9・26。先行する判例として，最判昭42・3・31民集21-2-475〔ただし，重過失については言及なし〕）。法律上の原因のないことという要件のなかに，公平判断が凝縮されているのです。

　ここでは，法律上の原因のないことという要件の充足性を判断する基準として，Ｙの悪意・重過失が挙げられています。騙取金であることについて悪意・重過失のＹは利得保持の正当な理由を欠き，信義衡平の原則に照らして保護に値せず，受益を被騙取者Ｘに返還すべきであるとするわけです。

　このような理解からは，ＹがＭから金銭を受領するにつき，この金銭はＭにおいてＸから騙取したものであることを知っていたこと（悪意），または知らなかったことにつき重大な過失があったことを根拠づける具体的事実は，請求原因として，Ｘが主張・立証すべきものであるということになります。

25.1.4　類型論を基礎に据えた場合——侵害利得

（1）　侵害利得　　これに対して，類型論を基礎に据えた場合は，金銭の不当利得を理由としてＸがＹに対して受益の返還を求める際に問題となるのは，「他人の財貨からの利得」（侵害利得。本来はＸに割り当てられるべき金銭的価値がＹに帰属しているということを理由とした不当利得）です。

（2）　不当利得返還請求権の要件　　ここで不当利得の返還請求権が認められるためには，①Yの受益（およびその額）と，②Yの受益がXに由来すべきものであること（Yに帰属している金銭的価値がXの金銭的価値に由来するものであること）が主張・立証されなければなりません。

ところで，前述したように，騙取金銭による不当利得の場面では，Xのもとから騙取された金銭がMの資産に入り込んだうえで，次にYへと移転したという状況が認められます。金銭に物としての個性がない以上，Yの受益はMに由来するのであって，Xに由来するとはいえないのではないかが問題となります。この問題は，衡平説では，受益と損失の因果関係の問題として論じられますが，類型論のもとでは，②の要件の充足性に関する問題として位置づけられます（なお，衡平説の場合と同様に，中間者の資力をどのように扱うかが問題となります）。

（3）　受益者の抗弁——金銭的価値支配権原の喪失　　類型論のもと，侵害利得という観点から騙取金銭による不当利得の問題を捉えるときには，被騙取者Xからの不当利得返還請求に対し，Yは，「Xは，その金銭的価値の支配権原を失った」という抗弁を出すことができます。ここでは，次の2つが重要です。

①　X・M間での契約とそれに基づく金銭の交付によるXの価値支配権原の喪失　　Yは，たとえば，X・M間で契約（売買契約，贈与契約，請負契約など）が締結され，その支払として金銭がXからMに交付されたことを主張・立証したり，X・M間での金銭消費貸借に基づく借入金返還債務の履行として金銭がXからMに交付されたことを主張・立証したりすることで，Xが問題の金銭的価値についての支配権原を喪失したとして，不当利得返還請求を否定することができます。なお，Xは，このとき，再抗弁として，X・M間の原因契約の無効・取消し・解除等を主張・立証していくことになります。

②　Yが金銭的価値の支配権原を取得したことによるXの価値支配権原の喪失　　これは，動産所有権の即時取得（民法192条）に基づく原所有者の所有権喪失の抗弁に対応するものです。比ゆ的にいえば，Yが問題の金銭的価値を即時取得したのだから，その反射的効果として，Xがこの金銭的価値についての支配権原を喪失したということになるのです。

もっとも，ここでは，金銭のもつ高度の流通性と弁済手段としての性格を考慮したとき，Yのもとでの金銭価値の帰属が正当化されないのは，当該金銭的価値の取得が騙取金銭によることにつきYが悪意・重過失の場合に限られるべ

きです。Yが軽過失にとどまるときには，Yへの当該金銭的価値の帰属は正当とされるべき（したがって，不当利得返還請求は否定されるべき）です（手形の善意取得に関する手形法16条2項，小切手の善意取得に関する小切手法21条，指図証券の善意取得に関する民法520条の5も参照してください）。衡平説に立つ場合とで，悪意・重過失の位置づけが異なる点に注意してください。

なお，この場合，YがMから金銭を受領するにつき，Mに金銭的価値支配権原がないことを知っていたか，もしくは疑っていたこと（悪意），またはMに金銭的価値支配権原があると信じたことにつき重大な過失があったことを根拠づける具体的事実は，動産所有権の即時取得の場合と同様，Xが金銭的価値支配権原を喪失したとのYの抗弁に対する，Xからの再抗弁として位置づけられるのが適切です。

25.1.5　利得消滅の抗弁

これについては，侵害利得について触れた 22.7 を再確認してください。

25.1.6　詐害行為取消権による処理の可能性

（1）　緒　論　騙取金銭による不当利得の問題については，これを「不当利得」という構成で処理すべきものなのか，不当利得構成は技巧的であって，より適切な法律構成に依るべきではないのかということが，絶えず問題とされています。なかでも，金銭騙取事例は不当利得制度によって処理されるべきでなく，責任財産保全制度として捉えられるべきだとする見解が有力に唱えられています。①騙取金銭による弁済であることをYが知っていても，MがXに弁済するに足りる十分な資力をもっていれば，Yには責められるべき点は何もないことと，②そもそも，騙取金銭による利得が問題となる局面でのYは債権に基づいて金銭を受領しているのであり，金銭受領に「法律上の原因」があるから，不当利得が問題となる余地はないことを根拠に，ここで問題となっているのは，無資力であるMがおこなった詐害行為を理由とする詐害行為取消権（民法424条以下）の問題であるとするのです。XのMに対する債権がMの行為により害されたと捉え，Mが無資力のときに，悪意の受益者Yを被告として，Xが詐害行為（上記の例では，弁済）の取消しを裁判所に求めるという構

成になります。

　詐害行為取消権の制度については，債権総論の教科書で確認してください（以下は，この制度を学んでから，一読してください）。ここでの**騙取金銭の返還問題**を詐害行為取消権によって処理するときには，次の2点が重要になります。

　①　詐害行為取消権では，**債務者Mの無資力が要求されます**（詐害行為時の無資力および事実審最終口頭弁論終結時の無資力）。これに対して，金銭騙取の不当利得構成だと，衡平説からは，無資力は社会観念上の因果関係の問題に取り込まれ，他方，類型論からは，Mの無資力は，受益についてのXへの価値帰属の問題に取り込まれます。

　②　詐害行為取消権では，Yの主観的態様として求められる「受益者の悪意」とは，「MがYとの間で弁済または法律行為をすることにより，MのXに対する弁済が不可能となることを知っていること」（＝「XのMに対する債権が害されるとの事実を知っていること」）を意味します。したがって，金銭騙取の不当利得構成とは，Yの悪意の対象が違うのです。

25.2　誤振込みと不当利得

25.2.1　誤振込みと預金債権の成立

　振込依頼人がみずからの過誤により，本来意図した者（A）と異なる者（B）の預金口座への振込みを金融機関に依頼し，入金記帳が実行されたとき（**誤振込み**），判例によれば，振込依頼人と受取人との間に振込みの原因となる法律関係が存在するか否かにかかわらず，受取人と預入金融機関の間の預金契約（預金規定）に基づき，受取人を債権者とする預金債権が成立します（最判平8・4・26民集50-5-1267。振込依頼人が「(株)東辰」の口座に振り込むように依頼すべきところを，かつての取引関係があった「(株)透信」の口座に振り込むように依頼してしまった事案です）。こうすることが，資金移動の安定と円滑処理の要請にも資することになります。

25.2.2 受取人に対する振込依頼人からの不当利得返還請求の可否

このとき，振込依頼人は，受取人に対して，振込金額と同額の不当利得の返還請求をすることができます（上記判決〔傍論〕）。たしかに，受取人は振込金額に相当する預金債権を取得したのであり，しかも，この預金債権は受取人と預入金融機関の間の預金契約（預金規定）に基づいて成立したものですが，預金債権に相当する金銭的価値は，受取人ではなく，振込依頼人に帰属すべきものと考えられるからです。これは，「金銭の不当利得」が問題となる場合の1つであって，侵害利得としての性質をもつ不当利得返還請求です。

25.2.3 仕向銀行に対する振込依頼人からの不当利得返還請求の可否

振込依頼人は，振込委託契約を締結した金融機関（仕向銀行）に対して，振込金額と同額の不当利得返還請求をすることができるでしょうか。振込依頼人と金融機関との間には振込委託契約が締結されており，この契約に基づいて振込金相当額が振込依頼人から金融機関に給付されたのですから，この給付には「法律上の原因」があります。したがって，金融機関に対し振込依頼人が振込金相当額を不当利得として返還請求をするには，振込委託契約の瑕疵，具体的にいえば，振込委託契約の錯誤（民法95条）に依拠していかなければなりません。しかし，誤振込みの場合は，振込依頼人の重過失が障害となって，錯誤取消しの主張が認められないのが通例であると思われます。

25.2.4 口座開設者（受取人）からの預金払戻請求の可否

口座開設者（受取人）は，みずからの預金口座に誤振込金が振り込まれたとき，上述した預金契約（預金規定）に基づく預金債権の成立を根拠として，金融機関に対して預金の払戻しを請求することができるでしょうか。

刑事事件に関する最高裁の判決には，誤振込みがあることを知った預金者（口座開設者）が，その情を秘して預金の払戻しを請求することは詐欺罪の欺罔行為にあたり，また，誤振込みの有無に関する錯誤にあたるというべきだから，錯誤に陥った銀行窓口係員から預金者が預金の払戻しを受けたときには詐欺罪

が成立するとしたものがあります（最決平15・3・12刑集57-3-322）。この最高裁決定の法理からすれば，誤振込みによる預金であることについて悪意の口座開設者は預金の払戻請求をすることができないともいえそうです。

　しかしながら，他方で，最高裁は，夫Ｐ名義の通帳と妻Ｑ名義の通帳が盗まれ，Ｐ名義の通帳の定期預金から払い戻された多額の金銭が犯人グループによってＱ名義の普通預金口座に振り込まれたという状況下で，この事実を知ったＱ（自己に帰属しない預金であることについて悪意の口座開設者ということになります）が自分たち夫婦の財産を守るためにおこなったＱ名義の普通預金の払戻請求は権利濫用ではないとしています（最判平20・10・10民集62-9-2361）。

　この問題については，預金契約（預金規定）に基づいて入金記帳が実行された時点で預金者を債権者とする預金債権が成立したとしたうえで，前掲最決平15・3・12で問題となったような場面では，民法708条の不法原因給付の類推適用によって預金者からの預金払戻請求（寄託物返還請求）を否定し，既に預金が払い戻されている場合には，無権限者に対する払戻しであることを理由に金融機関から預金者に対する払戻額に相当する額の返還請求を認めるということでよいのではないかと思われます。

25.2.5　被仕向銀行に対する振込依頼人からの不当利得返還請求の可否──被仕向銀行による相殺の可能性

　受取人の預金口座への振込金入金の委託を受けて入金記帳をした金融機関（被仕向銀行）が，受取人への貸付金債権を回収できなくなっていたときに，誤振込金の入金記帳により成立した預金債権と，受取人に対する貸付金債権とを対当額で相殺し，みずからの貸付金債権を回収したとします。このとき，振込依頼人は，この金融機関に対し，振込金相当額を不当利得として返還請求できるでしょうか。

　下級審裁判例では，ＸがＡに対する振込みを依頼すべきところ，誤って，Ｂに対する振込みをＳ銀行（仕向銀行）に依頼し，Ｓ銀行からの指図を受けてＹ銀行（被仕向銀行）が同行に開設されているＢ名義の預金口座に入金記帳をした状況下で，Ｙ銀行が，これにより成立したＢの預金債権とＢに対する自己の貸付金債権とを相殺し，みずからの貸付金債権を回収したというケースが問題となりました。そこでは，振込依頼人Ｘが被仕向銀行Ｙに対してした振込金相当額の不当利得返還請求について，次のような判断がされています（『光

林堂」とすべきところを「悠閑堂」と誤入力したインターネットによる振込委託に関する名古屋高判平17・3・17金判1214-19をとりあげます。ほかにも，東京地判平17・9・26判タ1198-214，名古屋高判平27・1・29金判1468-25)。

そこでは，組戻し（振込委託契約の合意解除）の依頼がされ，かつ，受取人が誤振込みの事実を認めて被仕向銀行による返還を承諾している場面に限定した上で，受取人・被仕向銀行間で振込金相当額の預金契約が成立したとしても，「正義，公平の理念に照らし，その法的処理において，実質はこれが成立していないのと同様に構成し」振込依頼人への直接の不当利得返還義務が認められるべきであるとされました。重要なのは，そこで挙げられている次のような衡量因子です。

（i）　受取人は，組戻しに対する承諾により，入金拒否または振込金相当額の預金の「事実上」の放棄の意思表示をしたものと解せられる（受取人は，振込金について預金債権を有しないことを認めている）。

（ii）　受取人が当該振込金相当額の預金債権を行使することは考えられず，このままの状態では振込金の返還先が存在しないことになり，被仕向銀行に「利得が生じたのと同様の結果になる」。

（iii）　被仕向銀行が誤振込みであることを知っているとき，資金移動面に関する被仕向銀行の円滑処理・紛争回避の利益を保護する必要はない。

（iv）　受取人・被仕向銀行ともに誤振込みであることを知っているとき，誤振込みをした者に不利益を負わせるのが公平であるとはいえない。

この判決は，先行する判例（前掲最判平8・4・26）に依拠して被仕向銀行に対する受取人の預金債権の成立を認めつつ，他方で，正義・衡平の観点に基づき，振込依頼人からの被仕向銀行に対する不当利得の返還請求を認めています。これにより，誤振込みの場合につき，衡平説のもと，騙取・横領金による「金銭の不当利得」類型とは違う新たな「金銭の不当利得」類型が作り出されたものといえましょう。ここでは，受取人の事実上の権利放棄行為によって，振込金相当額の価値が受取人ではなく，被仕向銀行に帰属しているものと捉えることで，誤振込金の価値を被仕向銀行に帰属させることを正当化する理由がないことから，振込依頼人による不当利得返還請求を認めたものと考えられます。

25.3 転用物訴権

25.3.1 意 義

転用物訴権とは，契約上の給付が契約の相手方以外の第三者の利益になった場合に，給付をした契約当事者が第三者（受益者）に対してその利益の返還を請求することのできる権利をいいます。「転用物訴権」というものの，わが国では，**不当利得返還請求権の一種と捉えられています。**

❖ **転用物訴権の由来**

　転用物訴権とは，ローマ法の actio de in rem verso に由来するものです。そこで想定されていたのは，たとえば，X が Y の奴隷，子息または被用者（M）と取引をし，M が X との取引によって取得した物を Y がその利益において利用したという場合に，X が actio de in rem verso（転用物訴権）に基づいて，直接に Y に対して契約上の給付を請求することができるという場合であり，それは，代理制度の代替物としての地位を有するものでした。それが，後世のヨーロッパ大陸法に不当利得の理論の一内容として——対象となる場面を拡張しつつ——承継されています。もっとも，転用物訴権を認めるか，どの範囲で認めるかといった点に関して，大陸法諸国でも，対応はまちまちです。

25.3.2 転用物訴権が問題となる事件類型

（1）**ブルドーザー事件**　　わが国では，転用物訴権をめぐる議論は，ブルドーザー事件と呼ばれる最高裁判決（最判昭45・7・16民集24-7-909）を契機として，学説の表舞台に登場しました。

　この事件では，Y 所有のブルドーザーを賃借していた M が，これを X に修理させ，引渡しを受けた後に倒産しました。これにより，M に対する X の修理代金債権の回収は事実上不可能となりました。他方，Y は，M 倒産の後にブルドーザーの返還を受け，これを他に売却しました。このような状況下で，X が Y を相手どり，Y が修理代金相当の価値を不当に利得しているとして，その返還を求めたのです。最高裁は，受益と損失の間に社会観念上の因果関係が

ないとした原判決を破棄したのですが，その要旨は，次の2つの部分から成っています。

①　本件ブルドーザーの修理は，一面において，Xにこれに要した財産および労務の提供に相当する損失を生じさせ，他面において，Yにこれに相当する利得を生じさせたもので，Xの損失とYの利得との間に直接の因果関係ありとすることができる。本件において，Xの給付を受領した者がYではなくMであることは，損失と利得の間に直接の因果関係を認めることの妨げとなるものではない（①については，直接の因果関係を肯定している点に注意してください）。

②　ただ，この修理はMの依頼によるものであり，したがって，XはMに対して修理代金債権を取得するから，修理によりYの受ける利得は，いちおうMの財産に由来することとなる。したがって，XはYに対し利得の返還請求権を有しないのを原則とするが，Mの無資力のため，修理代金の全部または一部が無価値であるときは，その限度において，Yの受けた利得はXの財産および労務に由来したものということができ，Xは，修理によりYの受けた利得を，Mに対する代金債権が無価値である限度において，不当利得として，Yに返還を請求することができる。

ところで，この最高裁判決は，因果関係要件について扱ったものですが，傍論ながら，法律上の原因に関する問題にも触れ，「修理費用をMにおいて負担する旨の特約がMとYとの間に存したとしても，XからYに対する不当利得返還請求の妨げとなるものではない」とも述べていました。しかし，これに対しては学説の批判があり，Yにとって有償行為か無償行為かを区別し，無償行為についてのみ転用物訴権を肯定すべきであるとの見解が強く主張されました。

（2）　実質的判例変更　このようななかで，最高裁は，その後，最後の点につき実質的に変更を加えたとみるべき新たな判断を下しました（最判平7・9・19民集49-8-2805）。

この事件では，YがMに自己所有建物を営業用建物として賃貸しました。その際，Y・M間での賃貸借契約では，Mが権利金を支払わないことの代償として，この建物の修繕，造作の新設，変更等の工事はすべてMの負担とする旨の特約が交わされていました。

この状況下で，XがMからこの建物の修理工事を請け負い，修繕工事をして工事完成後にMに引き渡したところ，その後にMが行方不明になり，Xの残代金債権の回収は事実上不可能な状態に陥りました。他方，Yは，Mによ

る無断転貸を理由に賃貸借契約を解除し，建物を自分のもとに引きあげました。そこで，XがYを相手どって，残代金相当額につき不当利得返還請求をしたのです。

この事件で，転用物訴権の成否に関して最高裁が示した判断枠組みは，次のようなものです。

① 建物の所有者Yが法律上の原因なくして修繕工事に要した財産・労務の提供に相当する利益を受けたということができるのは，Y・M間の賃貸借契約を全体としてみて，Yが対価関係なしに当該利益を受けたときに限られる。

② YがMとの間の賃貸借契約において，Mに対し，何らかの形でXの財産・労務の提供に相当する出捐ないし負担をしたときは，Yの受けた利益は法律上の原因に基づくものというべきであり，XがYに対して不当利得としてその利益の返還を請求することができるとするのは，Yに二重の負担を強いる結果となる。

この判決により，転用物訴権は無制限に認められるものではなく，①Mの無資力によりXの債権回収が事実上不可能であることと並び，②Yが対価関係なしに（＝Mとの関係において無償で，または，Yの利得保有に対応する反対債権をMが有することなしに）Xの労務・財貨から利益を受けていることが，転用物訴権が認められるための要件になることが明らかとなりました（転用物責任構成の限定的肯定説。①は因果関係要件，②は「法律上の原因」欠如の要件に関するものです。②の場合に転用物訴権が認められるのは，無償で受益したYの保護が弱くなるのはやむを得ないのであって，無償で受益したYよりもXを保護すべきであるとの判断がはたらくからだといえましょう）。

25.3.3　転用物訴権構成への疑問

学説では，ここでの問題を転用物訴権と構成して不当利得の法理で解決するのに対し，批判的な見解が有力に主張されています。その際，転用物訴権を否定する論拠とされているのは，次の点です。

① M無資力のリスクをYに転嫁することへの疑問　　X・M間にもM・Y間にも契約関係が存在しているときには，それぞれの契約関係に基づいて給付がおこなわれています。このような場合に，Xとしては，みずからの契約相手方であるMが無資力であるためにMから債権（契約上の給付）の実現を受け

られないというリスクは，この者と契約を締結したX自身が負担すべきであって，第三者であるYに転嫁すべきではありません。

　②　債権者平等原則からの疑問　　転用物訴権を認めたならば，Mが無資力の場合に，Xは，Yから債権を回収することができるため，Mの一般債権者の1人であるにもかかわらず，Mのその他の一般債権者に対して優先する立場に立つことになってしまい，不当です。

　③　受益者の二重負担からの疑問　　転用物訴権全面肯定説に対しての批判ですが，Yの利得保有がM・Y間の関係全体からみて有償と評価できる場合に転用物訴権を認めたのでは，Yは請負報酬に関して，Mに対する支払とXに対する支払という二重の経済的負担を強いられることになってしまい，不当です。

　このような疑問を出して転用物訴権構成を否定する諸説は，Xとしては，責任財産保全制度としての債権者代位権，詐害行為取消権によりどころを求めるか，または，Mに対する債権の弁済があるまで，自己の占有下にある物件をMやYに返還せずに留置するべきであり（民法295条参照），かつ，その限度にとどまるのが相当であるとします。そして，これらの手段によることができない事例については，Mに対する債権の弁済が得られない場合には，まずMを被告とする給付訴訟を提起して確定判決を得，次にこれを債務名義として当該受益に関するMのYに対する債権を差し押えるという手続を踏まなければならないとします。

　要するに，転用物訴権否定説ないし制限説の背景には，Xは直接の給付相手方であるMの資力のみを当てにしてよいのであって，転用物訴権によりもたらされるXのMに対する債権についての責任財産の事実上の拡張というXの特権（優先的立場）を認めることには否定的または限定的であるべきであるという思想をみてとることができます。

事項索引

判例索引

著者紹介

潮見　佳男（しおみ　よしお）

1959年	愛媛県生まれ
1981年	京都大学法学部卒業
	京都大学博士（法学）
1995年	大阪大学法学部教授
1999年	京都大学大学院法学研究科教授
2022年	逝去

主要著書

『契約規範の構造と展開』(有斐閣，1991年)

『民事過失の帰責構造』(信山社，1995年)

『契約責任の体系』(有斐閣，2000年)

『契約法理の現代化』(有斐閣，2004年)

『債務不履行の救済法理』(信山社，2010年)

『ケッツ・ヨーロッパ契約法 I 』(共訳，法律文化社，1999年)

『民法総則講義』(有斐閣，2005年)

『不法行為法 I 〔第 2 版〕』(信山社，2009年)

『不法行為法 II 〔第 2 版〕』(信山社，2011年)

『民法（債権関係）改正法の概要』(きんざい，2017年)

『新債権総論 I 』(信山社，2017年)

『新債権総論 II 』(信山社，2017年)

『詳解 相続法』(弘文堂，2018年)

『プラクティス民法・債権総論〔第 5 版〕補訂』(信山社，2020年)

『新契約各論 I 』(信山社，2021年)

『新契約各論 II 』(信山社，2021年)

『基本講義 債権各論 II 　不法行為法〔第 4 版〕』(新世社，2021年)

『民法（全）〔第 3 版〕』(有斐閣，2022年)

ライブラリ 法学基本講義 = 6-I

基本講義 **債権各論 I**
契約法・事務管理・不当利得　**第4版**

2005年 11月 10日 ⓒ	初 版 発 行
2009年 11月 25日 ⓒ	第 2 版 発 行
2017年 6月 25日 ⓒ	第 3 版 発 行
2022年 2月 25日 ⓒ	第 4 版 発 行
2024年 2月 25日	第4版第6刷発行

著　者　潮　見　佳　男　　　　発行者　森　平　敏　孝
　　　　　　　　　　　　　　　　印刷者　加　藤　文　男
　　　　　　　　　　　　　　　　製本者　小　西　惠　介

【発行】　　　株式会社　**新世社**
〒151-0051　東京都渋谷区千駄ヶ谷1丁目3番25号
編集☎(03)5474-8818(代)　　　サイエンスビル

【発売】　　　株式会社　**サイエンス社**
〒151-0051　東京都渋谷区千駄ヶ谷1丁目3番25号
営業☎(03)5474-8500(代)　振替　00170-7-2387
FAX☎(03)5474-8900

印刷　加藤文明社　　　製本　ブックアート
≪検印省略≫

ISBN978-4-88384-344-2
PRINTED IN JAPAN

サイエンス社・新世社のホームページのご案内
https://www.saiensu.co.jp
ご意見・ご要望は
shin@saiensu.co.jp　まで.